工藤元男先生退休記念論集編集委員会 編

中国古代の法・政・俗

汲古書院

工藤元男先生　研究・教育業績一覧

〔略年譜〕

一九五〇年一月　山形県村山市楯岡に出生
一九六八年三月　山形県立楯岡高等学校卒業
一九七四年三月　早稲田大学教育学部社会科地理歴史専修卒業
一九七九年三月　早稲田大学大学院文学研究科史学（東洋史）専攻博士前期課程修了
一九八二年三月　早稲田大学大学院文学研究科史学（東洋史）専攻博士後期課程単位取得満期退学
一九九八年十一月十日
　学位請求論文「睡虎地秦簡よりみた秦代の国家と社会」により、「博士（文学）早稲田大学」を授与される
二〇二〇年三月　早稲田大学文学学術院定年退職

〔職歴〕

一九九〇年四月　文教大学国際学部専任講師（～一九九四年三月）
一九九四年四月　早稲田大学文学部助教授（～一九九九年三月）
一九九九年四月　早稲田大学文学部教授（～二〇〇七年三月）
二〇〇七年四月　早稲田大学文学学術院教授（～二〇二〇年三月）

この間、青山学院大学文学部、茨城大学教養部、慶應義塾大学文学部、中央大学大学院文学研究科、東京大学文学部、明治大学文学部、山口大学人文学部、淑徳短期大学等に出講、武漢大学「中国伝統文化与現代化研究中心」兼職教授、同「簡帛研究中心」客座教授等をつとめる。

〔学内役職〕

第二文学部教務副主任（教務担当）（一九九六年九月〜一九九八年九月）
大学院文学研究科委員長（二〇〇二年九月〜二〇〇四年九月）

〔学会役職〕

中国出土資料学会会長（一九九八年三月〜二〇〇〇年三月）
早稲田大学東洋史懇話会会長（二〇一三年三月〜二〇一八年三月）
日本秦漢史学会副会長（二〇一四年十一月〜二〇一六年十一月）
この間、日本道教学会理事、東方学会評議員などをつとめる。

〔著書〕

1．『中国古代文明の謎』（光文社文庫―グラフィティ・歴史謎事典⑦、一九八八年十月）
2．『睡虎地秦簡よりみた秦代の国家と社会』（東洋学叢書、創文社、一九九八年二月）
3．『中国古代文明の形成と展開』（早稲田大学オンデマンド出版シリーズ、二〇〇三年三月）

4．『睡虎地秦簡所見秦代国家与社会』（廣瀬薫雄・曹峰訳、上海古籍出版社、二〇一〇年十一月。精装版、二〇一八年九月）
5．『占いと中国古代の社会――発掘された古文献が語る――』（東方選書㊷、東方書店、二〇一一年十二月）

〔共著〕
1．『馬王堆帛書　戦国縦横家書』（朋友書店、一九九三年十二月）
2．『秦簡牘整理与研究』（教育部哲学社会科学研究重大課題攻関項目、経済科学出版社、二〇一七年七月）

〔編著〕
3．『中国世界遺産の旅3――四川・雲南・チベット――』（講談社、二〇〇五年十月）
4．『長江流域と巴蜀、楚の地域文化』（アジア地域文化学叢書3、雄山閣、二〇〇六年十一月）
5．『中国古代史論集――政治・民族・術数――』（雄山閣、二〇一六年九月）
6．『睡虎地秦簡訳注――秦律十八種・效律・秦律雑抄――』（汲古書院、二〇一八年五月）

〔共編著〕
1．『四川岷江上游歴史文化研究』（四川大学出版社、一九九六年十二月）
2．『特集　四川民族走廊』（『アジア遊学』五、勉誠出版、一九九九年六月）
3．『羌族歴史文化研究』（四川人民出版社、二〇〇〇年五月）
4．『中国四川西部人文綜合研究』（四川大学出版社、二〇〇三年一月）

5.『二年律令與奏讞書』（上海古籍出版社、二〇〇七年八月）
6.『東アジア古代出土文字資料の研究』（アジア研究機構叢書人文学篇第一巻、雄山閣、二〇〇九年三月）
7.『四川民族歴史文化綜合研究——中国西部南北遊牧文化走廊研究報告之三』（重慶出版社、二〇一〇年三月）
8.『アジア学のすすめ』第三巻アジア歴史・思想論（弘文堂、二〇一〇年六月）

〔調査・研究報告書〕

1.『雲夢秦簡《日書》の研究』（平成三・四年度文部省科学研究費補助金／一般研究（C）研究成果報告書、一九九三年三月）
2.『四川省成都盆地における巴蜀文化の研究』（平成九年度～平成十二年度科学研究費補助金／基盤研究（B）（2）研究成果報告書、二〇〇一年七月）
3.『秦簡・楚簡よりみた中国古代の地域文化の研究』（平成十五年度～平成十八年度科学研究補助金／基盤研究（C）研究成果報告書、二〇〇八年五月）

〔高等学校教科書〕

1.『明解世界史A—最新版—』（共著、帝国書院、一九九五年一月）
2.『明解世界史A—初訂版—』（共著、帝国書院、一九九九年一月）
3.『明解世界史A—最新版—』（共著、帝国書院、二〇〇四年一月）
4.『明解世界史A—新訂版—』（共著、帝国書院、二〇〇七年一月）
5.『明解世界史A』（共著、帝国書院、二〇一三年一月）

6.『明解世界史A』（共著、帝国書院、二〇一七年一月）

〔監修〕

1.『古代中国文明』（コリンヌ・ドゥベーヌ＝フランクフォール著・南條郁子訳、知の再発見双書八六、創元社、一九九九年九月）

〔論文〕

1.「秦の内史――主として睡虎地秦墓竹簡による――」（『史学雑誌』第九〇編第三号、一九八一年三月）
2.「秦内史」（李守愛訳、『簡牘学報――秦簡研究専号――』第一〇期、簡牘学会、一九八一年七月）
3.「睡虎地秦墓竹簡に見える大内と少内――秦の少府の成立をめぐって――」（『史観』第一〇五冊、一九八一年九月）
4.「戦国秦の都官――主として睡虎地秦墓竹簡による――」（『東方学』第六三輯、一九八二年一月）
5.「馬王堆出土『戦国縦横家書』と『史記』」（早稲田大学文学部東洋史研究室編『中国正史の基礎的研究』、早稲田大学出版部、一九八四年三月）
6.「睡虎地秦墓竹簡の属邦律をめぐって」（『東洋史研究』第四三巻第一号、一九八四年六月）
7.「睡虎地秦墓竹簡『日書』について」（『史滴』第七号、一九八六年一月）
8.「二十八宿占い（1）――秦簡『日書』剳記――」（『史滴』第八号、一九八七年一月）
9.「埋もれていた行神――主として秦簡『日書』による――」（『東洋文化研究所紀要』第一〇六冊、一九八八年三月）
10.「雲夢睡虎地秦墓竹簡『日書』の史料的可能性」（昭和六十一・六十二年度科学研究費補助金総合研究（A）研究成果報告書

『東アジア史上の国際関係と文化交流』〈研究代表福井重雅〉、一九八八年三月）

11.「雲夢睡虎地秦墓竹簡『日書』より見た法と習俗」（『木簡研究』第一〇号、一九八八年十一月）

12.「雲夢睡虎地秦墓竹簡『日書』より見た秦・楚の二十八宿占い――先秦社会における文化の地域性と普遍性をめぐって――」（『古代』第八八号、一九八九年九月）

13. The Ch'in Bamboo Strip Book of Divination (Jih-shu) and Ch'in Legalism. *ACTA ASIATICA*. no.58. pp.24-37. THE TOHO GAKKAI. 1990

14.「雲夢睡虎地秦墓竹簡『日書』と道教的習俗」（『東方宗教』第七六号、一九九〇年十一月）

15.「日書の風景――データベース化による先秦社会の諸相――」（『古代文化』第四三巻第八号、一九九一年八月）

16.「禹の変容と五祀」（『中国―社会と文化』第七号、一九九二年六月）

17.「雲夢秦簡与《日書》」（中国秦漢史研究会編『秦漢史論叢』第五輯、法律出版社、一九九二年八月）

18.「雲夢秦簡《日書》所見法与習俗」（莫枯訳、『考古与文物』一九九三年第五期。

19.「張騫が大夏で見た蜀布と邛竹杖について」（平成四・五年度科学研究費補助金／総合研究（A）研究成果報告書『アジアにおける国際交流と地域文化』〈長澤和俊代表〉、一九九四年三月）

20.「戦国の会盟と符――馬王堆漢墓帛書『戦国縦横家書』二〇章をめぐって――」（『東洋史研究』第五三巻第一号、一九九四年六月）

21.「睡虎地秦簡『日書』における病因論と鬼神の関係について」（『東方学』第八八輯、一九九四年七月）

22.「雲夢睡虎地秦簡所見県・道嗇夫和大嗇夫」（劉暁路訳、中国社会科学院簡帛研究中心編『簡帛研究訳叢』第一輯、湖南出版社、一九九六年六月）

23．「禹形象的改観和五祀」（徐世虹・郗仲平訳、中国社会科学院簡帛研究中心編『簡帛研究訳叢』第一輯所収、湖南出版社、一九九六年六月）
24．「簡帛資料からみた楚文化圏の鬼神信仰」（『日中文化研究』第一〇号、一九九六年八月）
25．「皇帝号出現の背景──戦国時代の称帝問題をめぐって──」（『東方学会創立五十周年記念 東方学論集』、東方学会、一九九七年五月）
26．「禹の伝承をめぐる中華世界と周縁」（『中華の形成と東方世界』、岩波講座世界歴史第三巻、一九九八年一月）
27．「従卜筮祷簡看〝日書〟的形成」（『《人文論叢》特輯 郭店楚簡国際学術検討会論文集』、湖北人民出版社、二〇〇〇年五月）
28．「包山楚簡「卜筮祭禱簡」の構造とシステム」（『東洋史研究』第五九巻第四号、二〇〇一年三月）
29．「中国古代の社会史研究と出土文字資料──包山楚簡「卜筮祭禱記録簡」を中心に──」（日本秦漢史研究会編『殷周秦漢時代史の基本問題』、汲古書院、二〇〇一年六月）
30．「建除より見た「日書」の成立過程試論」（『中国─社会と文化』第一六号、二〇〇一年六月）
31．「蜀布と邛竹杖」（『早稲田大学大学院文学研究科紀要』第四七輯・第四分冊、二〇〇二年三月）
32．「祭祀儀礼より見た戦国楚の王権と世族・封君──主として「卜筮祭禱簡」・「日書」による──」（『グローバル資本主義と歴史認識』歴史学研究増刊号、no. 768、二〇〇二年十月）
33．「包山楚簡〝卜筮祭禱簡〟的構造与系統」（『人文論叢』二〇〇一年巻、武漢大学出版社、二〇〇二年十月）
34．「「秦の領土拡大と国際秩序の形成」再論」（『長江流域文化研究所年報』第二号、早稲田大学長江流域文化研究所、二〇〇三年十月）
35．「楚文化圏の卜筮祭禱習俗──上博楚簡〝柬大王泊旱〟を中心に──」（『長江流域文化研究所年報』第四号、二〇〇三年十月）

36・「出土文字資料よりみた巴蜀・楚の地域文化」(『アジア地域文化エンハンシング研究センター報告集Ⅱ―二〇〇三年度―』、アジア地域文化エンハンシング研究センター、二〇〇四年三月)
37・「平夜君成楚簡「卜筮祭禱簡」初探――戦国楚の祭祀儀礼――」(『長江流域文化研究所年報』第三号、早稲田大学長江流域文化研究所、二〇〇五年一月)
38・「望山楚簡「卜筮祭禱簡」の基礎的研究」(福井文雅博士古稀・退職記念論集刊行会編『福井文雅博士古稀記念論集　アジア文化の思想と儀礼』、春秋社、二〇〇五年六月)
39・「〝卜筮祭禱簡〟所見戦国楚的王権与世族・封君」(楚文化研究会編『楚文化研究論集』第六集、湖北教育出版社、二〇〇五年六月)
40・「秦の遷刑覚書」(『日本秦漢史学会会報』第六号、二〇〇五年十一月)
41・「秦の巴蜀支配と法制・郡県制」(21世紀COEアジア地域文化エンハンシング研究センター編『地域文化学の構築』、雄山閣、二〇〇六年三月)
42・「楚文化圏所見卜筮祭禱習俗――以上博楚簡《東大王泊旱》為中心」(武漢大学簡帛研究中心主辨『簡帛』第一輯、上海古籍出版社、二〇〇六年十月)
43・「東アジア世界の形成と百越世界――前漢と閩越・南越の関係を中心に――」(21世紀COEアジア地域文化エンハンシング研究センター編『アジア地域文化学の発展』雄山閣、二〇〇六年十一月)
44・「九店楚簡「告武夷」篇からみた「日書」の成立」(記念論集刊行会編『福井重雅先生古稀・退職記念論集　古代東アジアの社会と文化』、汲古書院、二〇〇七年三月)
45・「「卜筮祭禱簡」から「日書」へ――九店楚簡《日書》の研究――」(『二〇〇七年度　大学研究助成アジア歴史研究報告書』、

財団法人ＪＦＥ21世紀財団、二〇〇八年三月）
46．「従地域文化論的観点考察“楚文化”」（『珞珈講壇』第四輯、武漢大学出版社、二〇〇八年六月）
47．「平夜君楚簡“卜筮祭禱簡”初探――戦国楚的祭祀儀礼――」（『簡帛研究』二〇〇五、広西師範大学出版社、二〇〇八年九月）
48．「社会史研究与“卜筮祭禱簡”・“日書”」（佐竹靖彦主編『殷周秦漢史学的基本問題』、中華書局、二〇〇八年九月）
49．「従九店楚簡《告武夷》篇看《日書》之成立」（武漢大学簡帛研究中心主辦『簡帛』第三輯、上海古籍出版社、二〇〇八年十月）
50．「秦の巴蜀支配と移民」（『史滴』第三〇号、二〇〇八年十二月）
51．「中国古代の「日書」にみえる時間と占卜」（『メトロポリタン史学』第五号、二〇〇九年十二月）
52．「秦国的巴蜀統治和法治・郡県制」（共編『四川民族歴史文化綜合研究――中国西部南北遊牧文化走廊研究報告之三――』、重慶出版社、二〇一〇年三月）
53．「秦漢田律考――以与習俗的関聯為主――」（中国社会科学院歴史研究所・日本東方学会・大東文化大学編『中日学者中国古代史論壇文集』、中国社会科学出版社、二〇一〇年四月）
54．「フィールド歴史学と中国古代史」（共編『アジア学のすすめ』第三巻アジア歴史・思想論、弘文堂、二〇一〇年六月）
55．「秦対巴蜀的統治及其移民」（趙徳潤主編『炎帝文化研究』第一三輯、大象出版社、二〇一一年七月）
56．「尹湾簡牘《元延二年日記》与占卜」（北京師範大学古籍与伝統文化研究院編印『第二届中国古文献与伝統文化国際学術研討会会議論文集』、二〇一一年十月）
57．「日本秦簡研究現状」（武漢大学簡帛研究中心主辦『簡帛』第六輯、上海古籍出版社、二〇一一年十一月）
58．「「日書」と陰陽道書」（大橋一章・新川登亀男編『「仏教」文明の受容と君主権の構築』、勉誠出版、二〇一二年三月）

59. 「「日書」の史料的性格について——質日・視日との関連を中心として——」（渡邉義浩編『中国新出資料学の展開—第四回日中学者中国古代史論壇論文集—』、汲古書院、二〇一三年八月）
60. 「具注暦の淵源——「日書」・「視日」・「質日」の間——」（『東洋史研究』第七二巻第二号、二〇一三年九月）
61. 「具注暦的淵源—〃日書〃・〃視日〃・〃質日〃」（武漢大学簡帛研究中心主辨『簡帛』第九輯、上海古籍出版社、二〇一四年十月）
62. 「日本秦簡研究現状（続）」（編、武漢大学簡帛研究中心主辨『簡帛』第九輯、上海古籍出版社、二〇一四年十月）
63. 「「視日」再考」（新川登亀男編『仏教文明と世俗秩序——国家・社会・聖地の形成——』、勉誠出版、二〇一五年三月）
64. 「郡県少吏と術数——「日書」からみえてきたもの——」（池田知久他編『中国伝統社会における術数と思想』、汲古書院、二〇一六年十二月）
65. 「清華簡「繫年」第八章覚書」（『史滴』第三八号、二〇一六年十二月）
66. 「日本的秦簡牘研究」（共著『秦簡牘整理与研究』、経済科学出版社、二〇一七年七月）
67. Local Government Officials and Shu-shu: A View from Daybooks (Jih-shu). *ACTA ASIATICA*. no.113. THE TOHO GAKKAI. 2017
68. Trends in Research on Qin Bamboo Strips in Japan. *Bamboo and Silk*. vol.1. no.1. Brill. 2018

〔小論〕

1. 「最近の中国の出土文書をめぐって」（『世界史のしおり』三七号、帝国書院、一九八五年九月）
2. 「中国古代の占い」（『東書』一二五、東京書籍、一九八六年七月）
3. 「南越王墓出土の金印をめぐって——東アジア史研究の画期的新資料——」（『出版ダイジェスト』一九八六年九月三十日）

4．「驚異の漢墓」（梅津通郎他編『話題源・歴史』、東京法令社、一九八八年六月）
5．「斉の紫は敗素なれども価十倍す——訳注作業の中から——」（『創文』三二七、創文社、一九九一年十一月）
6．「殷から周——文武の覇業と易姓革命——」（『歴史読本』十一月号、新人物往来社、一九九一年十二月）
7．「始皇帝の統治原理をめぐって」（『世界史のしおり』五六号、帝国書院、一九九二年四月）
8．「雲夢秦簡に見える毒言（悪言）と共同体」（『東方』一四〇、一九九二年十一月）
9．「秦漢帝国が推進した対異民族政策の原理」（『グラフィック戦史シリーズ戦略・戦術・兵器事典』I中国古代編、学習研究社、一九九四年一月）
10．「秦の皇帝号と帝号をめぐって」（『東方』一六一、一九九四年八月）
11．「禹の遺跡とその民族的伝承を求めて」（『東洋の思想と宗教』一二号、一九九五年三月）
12．「四川岷江上流域における羌寨の調査」（『史観』第一三五冊、一九九六年九月）
13．「四川の歴史・民族・考古——地域史研究の可能性をもとめて——」（『東方』一八六、一九九六年九月）
14．「四川調査から探る中国古代文明の起源」（読売新聞夕刊、一九九七年十月三十日）
15．「秦簡研究から浮上した禹の行方をめぐって」（『創文』四〇一、創文社、一九九八年八月）
16．「解説　四川調査の背景」（『アジア遊学』五（特集　四川民族走廊）、勉誠出版、一九九九年六月）
17．「楚簡よりみた先秦文化の諸相」（共著、『東方学会報』七六、一九九九年七月）
18．「稲の起源と伝播」（『世界史のしおり』二〇〇〇年一月号、帝国書院）
19．「二年間の会長職を終えて」（『中国出土資料研究』第四号、二〇〇〇年三月）
20．「周縁から見る中国文明——四川調査を手がかりに——」（鶴間和幸・NHKスペシャル「四大文明」プロジェクト編著『N

HKスペシャル四大文明［中国］』、NHK出版、二〇〇〇年八月）

21・「秦簡から見えてきた秦の支配体制」（『月刊しにか』二〇〇〇年九月号、大修館書店）

22・「楚王への忠誠を示す貞問記録（包山楚簡・江陵望山楚簡・江陵九店楚簡）」（『東方』二七五、東方書店、二〇〇四年一月）

23・「序文――長江流域の地域文化論をめぐって――」（長江流域文化研究所編『長江流域と巴蜀、楚の地域文化』、雄山閣、二〇〇六年十一月）

24・「四川の古蜀文化――三星堆・金沙遺跡――」（『アジア遊学』九六、二〇〇七年二月）

25・「アジア地域文化エンハンシング研究センター」（『ワセダアジアレビュー』一、早稲田大学アジア研究機構、二〇〇七年四月）

26・「中国文明と〝四川モデル〟」（『創文』五一六、二〇〇九年一月）

27・「四川大地震で失われた文化遺産」（『ワセダアジアレビュー』五、早稲田大学アジア研究機構、二〇〇九年一月）

28・「中国史を彩る美女たち」（神遊第三七回公演、宝生能楽堂、二〇〇九年二月七日）

29・「水銀」（『世界史のしおり』四三、帝国書院、二〇一〇年四月）

30・「長江文明と黄河文明――中国文明と地域文化――」（並木頼壽・杉山文彦編著『中国の歴史を知るための六〇章』、明石書店、二〇一一年一月）

31・「中国文明と地域文化――日本における秦簡研究の現状――」（『ワセダアジアレビュー』九、早稲田大学アジア研究機構、二〇一一年二月）

32・「秦漢帝国所推行的対異民族政策原則」（張詠翔訳、『戦略戦術兵器事典――中国古代篇――』一、楓樹林、二〇一一年十一月）

33・「楚簡・秦簡研究と日中共同研究――コメントに代えて――」（藤田勝久編『東アジアの資料学と情報伝達』、汲古書院、二〇一三年十一月）

34．「絹に記す典籍、木切れに書く便り」（中国出土資料学会編『地下からの贈り物――新出土資料が語るいにしえの中国――』、東方書店、二〇一四年六月）
35．「禹　犯罪者を庇護する伝説上の帝王」（鶴間和幸編著『悪の歴史　東アジア編（上）』、清水書院、二〇一七年九月）

〔書評〕
1．「古賀登著『漢長安城と阡陌・県郷亭里制度』」（『史滴』第二号、一九八一年三月）
2．「池田雄一『李悝の法経について』」（『法制史研究』第三五冊、一九八五年三月）
3．「回顧と展望―戦国・秦漢―」（『史学雑誌』第九五編第五号、一九八六年五月。史学会編『日本歴史学界の回顧と展望１２中国Ⅰ殷～漢』山川出版社、一九八七年十一月、再録）
4．「山田勝芳『秦漢時代の大内と少内』」（『法制史研究』第三八冊、一九八九年三月）
5．「評　秦簡整理小組『天水放馬灘秦簡甲種《日書》釈文』、何双全『天水放馬灘秦簡甲種《日書》考述』」（『史泉』第七三号、一九九一年三月）
6．「池田雄一『戦国楚の法制――包山楚簡の出土によせて――』」（『法制史研究』四四、一九九四年三月）
7．「池田雄一著「漢代の讞制について――江陵張家山『奏讞書』の出土によせて――」、「江陵張家山『奏讞書』について」、「飯尾秀幸著「張家山漢簡『奏讞書』をめぐって」（『法制史研究』四六、一九九七年三月）
8．「田中静一・小島麗逸・太田泰弘編訳『斉民要術』――現存する最古の料理書――」（『vesta』no. 31、一九九八年五月）
9．「秦簡研究を促進する工具書――『睡虎地秦簡一字索引　日書甲乙種対照表』――」（『東方』二五三、二〇〇二年三月）
10．「民俗学と中国古代史研究――桐本東太著『中国古代の民俗と文化』――」（『東方』二八七、二〇〇五年一月）

11．「正史刑法志と出土資料のあいだ――内田智雄編『訳注 中国歴代刑法志』・『訳注 続中国歴代刑法志』の復刊によせて――」（『創文』四七九、二〇〇五年九月）

12．「小林茂著・内水面漁撈の民俗学」（『週刊読書人』二〇〇七年九月二十八日）

13．「冨谷至編『江陵張家山二四七號出土漢律令の研究』」（法制史学会編『法制史研究』五七、創文社、二〇〇八年三月）

14．「小林茂著『秩父 山の生活文化』――民俗対象を見る目の確かさ――」（『図書新聞』第二九四八、二〇一〇年一月一日）

15．「陳偉等著『楚地出土戦国簡冊〔十四種〕』」（『史滴』第三二号、二〇一〇年十二月）

16．「藤田勝久著『中国古代国家と社会システム――長江流域出土資料の研究――』」（『日本秦漢史研究』第一一号、二〇一一年三月）

17．「秦簡のまた一つの大きな発見『嶽麓書院蔵秦簡』（壹）」（『東方』三六六、二〇一一年八月）

18．「廣瀬薫雄『秦漢律令研究』」（『歴史学研究』八九三、二〇一二年六月）

19．「（書評）鶴間和俊著『秦帝国の形成と地域』」（『中国出土資料研究』第一八号、二〇一四年三月）

〔辞典・事典・ガイドブック〕

1．「禹歩・天罡」（『別冊歴史読本特別号 道教』、新人物往来社、一九九四年三月。後、坂出祥伸責任編集『「道教」の大事典――道教の世界を読む――』、新人物往来社、一九九四年七月に再録）

2．「吉・凶」（責任編集樺山宏一『歴史学事典3』（かたちとしるし）、弘文堂、一九九五年七月）

3．「暦注占い」（『月刊しにか』一九九六年七月号、大修館書店）

4．「雲夢秦簡」（樺山紘一責任編集『歴史学事典6』（歴史学の方法）、弘文堂、一九九八年十月）

5．「蕃客」（加藤友康責任編集『歴史学事典7』（戦争と外交）、弘文堂、一九九九年十二月）
6．「賓礼・客礼」（加藤友康責任編集『歴史学事典7』（戦争と外交）、弘文堂、一九九九年十二月）
7．「長江文明」「三星堆遺跡」（Microsoftエンカルタ百科事典二〇〇〇）
8．「秦簡」（『月刊しにか』二〇〇〇年二月号、大修館書店）
9．「「日書」研究関連文献目録」（『中国研究集刊』余号（第二七巻）、二〇〇〇年十二月）
10．「中国の歴史を読む本――②春秋戦国～秦漢」（『月刊しにか』二〇〇一年四月号、大修館書店）
11．「民間信仰の基層」（溝口雄三他編『中国思想史入門』、東京大学出版会、二〇〇一年七月）
12．「秦律」（山本博文責任編集『歴史学事典9』（法と秩序）、弘文堂、二〇〇二年二月）
13．「古代巴蜀の民族と秦の郡県支配」（鶴間和幸監修『よみがえる四川文明――三星堆と金沙遺跡の秘宝展――』図録、共同通信社、二〇〇四年）
14．「しゅらい【周礼】」・「ぜんじょう【禅譲】」・「ほうばつ【放伐】」（尾崎雄二郎他編『中国文化史大事典』、大修館書店、二〇一三年五月）

〔訳注・翻訳〕

1．「蔡邕『独断』の研究（1）」（『史滴』第二号、一九八一年四月）
2．「雲夢睡虎地秦墓竹簡『為吏之道』訳注初稿（1）」（『史滴』第九号、一九八八年一月）
3．「『日書』より見た秦人の神々の観念とその占いの方法について」（楊巨中著、滝口宏編『古代探叢Ⅲ』、早稲田大学出版部、一九九一年五月）

4．「上博楚簡《昭王毀室》等三篇の作者と作品のスタイルをめぐって」（陳偉著、長江流域文化研究所編『長江流域と巴蜀、楚の地域文化』（アジア地域文化学叢書3、雄山閣、二〇〇六年十一月）
5．「嶽麓書院秦簡「質日」初歩研究」（陳偉著・共訳、『中国出土資料研究』第一六号、二〇一二年三月）

〔その他〕

1．「古賀登先生の逝去を悼む」（共著、『東方学』第一二九輯、二〇一五年二月）

〔科研費採択〕

1．「雲夢秦簡「日書」の研究」（研究代表）、一般研究（C）、一九九一年～一九九二年
2．「雲夢秦簡より見た家族の研究——画像処理によるデータベースの構築——」（研究代表）、一般研究（C）、一九九三年
3．「四川省成都盆地における巴蜀文化の研究」（研究代表）、基盤研究（B）、一九九七年～二〇〇〇年
4．「秦簡・楚簡よりみた中国古代の地域文化の研究」（研究代表）、基盤研究（C）、二〇〇三年～二〇〇六年
5．「「日書」よりみた地域文化と中国文明」（研究代表）、基盤研究（C）、二〇〇八年～二〇一一年
6．「新出楚簡よりみた楚国史の新研究」（研究代表）、基盤研究（C）、二〇一四年～二〇一七年

〔受賞〕

1．「戦国秦の都官——主として睡虎地秦墓竹簡による——」（『東方学』第六三輯、一九八二年）により、第一回「東方学会賞」（一九八二年十一月四日）受賞。

2.『睡虎地秦簡所見秦代国家与社会』（廣瀬薫雄・曹峰訳、上海古籍出版社、二〇一〇年十一月）により、第十四届（二〇一〇年度）「華東地区古籍優秀図書奬二等奬」（二〇一一年十一月十日）受賞。

中国古代の法・政・俗　目　次

第二篇　秦漢時代篇

第三篇　魏晉以後篇

序

本書『中国古代の法・政・俗』は、恩師工藤元男先生が二〇二〇年三月をもって早稲田大学文学学術院をご退休なされるのを機に、先生のこれまでのご研究を記念し、また薫陶を享けた者たちが僅かなりともその学恩に報いるべく編んだ論文集である。したがって、執筆者は一九九七年四月に工藤研究室が始まって以来、先生にご指導いただいたことのある門下生（現役の大学院生も含む）が中心となっている。一方、先生は二〇〇〇年度に学内に長江流域文化研究所を立ち上げられてから今まで、所長として四川大学芸術学院や武漢大学簡帛研究中心と連携して日中共同研究を進めてこられたが、その共同研究に関わられた先生方からもご寄稿いただくことができた。さらに、先生のご著書『睡虎地秦簡よりみた秦代の国家と社会』は後に中文翻訳・刊行されたが（『睡虎地秦簡所見秦代国家与社会』上海古籍出版社、二〇一八年九月）、そこに関わられた先生方からも玉稿を賜った。結果、本書は先生の玉稿も含めて十八篇の論文を収録し、各論文で扱われる時代は新石器時代から明清・現代にまで及び、分野も多岐にわたる論文集となった。

本書に収録された論文が、時代・分野においてかくも広範囲に及ぶ内容となったのは、とりもなおさず先生のご研究・ご教育の成果の一端であろう。周知のように、先生のご研究は、睡虎地秦簡を始めとする出土文字資料をもとに〝中国古代の法と習俗〟を解き明かさんとするものであるが、そのうち法制史研究は武漢大学との戦国〜秦漢時代の簡牘資料の共同研究に、「日書」研究（特に禹についての神話・伝承へのご探究）は四川大学との羌族や白馬チベット族の民族調査および宝墩遺跡など新石器時代の城址遺跡の考古調査へも繋がっていった。このようにご研究を展開されてきた先生の下であればこそ、その門下生は時代や分野にとらわれることなく、それぞれの興味関心に忠実に学び、かつ研究し得たのであり、本書の多彩さもその現れとご理解いただけば幸いである。

ところが、各論文のテーマが多様であることは、書名と構成をどうするかで編集委員の頭を大いに悩ませることにもなった。二〇一九年五月、先生に編集状況をご報告しに伺ったときにご相談し、いくつもの案が浮かんでは消えたが、先生のご研究を象徴する「法」と「習俗」に「政治」という分野を加えて『中国古代の法・政・俗』と題することで、十八篇の論文全てのテーマを包括し得ると見做し、構成はおおよそ時代順に先秦・秦漢・魏晉以後に三分し、それぞれ六篇ずつ配することになった。

本書は、比較的若い研究者の論文を多く収録しているが、これも『早稲田大学長江流域文化研究所年報』など、いつも門下生の成果を発表する場をつくることに気を遣われていた先生のご退休を記念する論集ならではと考えている。その意味では、本書は二十数年にわたる工藤研究室の在り方そのものとも言えるだろう。このような本書をもって先生の今後益々のご活躍を祈念し、序に替えたい。

工藤元男先生退休記念論集編集委員会

中国古代の法・政・俗

中国古代の法と社会

第一篇　先秦時代篇

禹を運んだ道

工藤　元男

はじめに

これまで筆者は禹の神話の形成と展開、およびその歴史上の羌人と現在の羌族との関係について、中国四川省の岷江《びんこう》上流域でのフィールド調査による初歩的な検討をおこなった。(1) それをもとに「禹の伝承をめぐる中華世界と周縁」と題する一文を草し、(2) その中で、中国文明のグローバリゼーションと地域文化の消滅および再生の関係を考察し、地域文化の再評価を理論化して、これを「四川モデル」と命名した。(3) 二〇〇二年に文部科学省が研究拠点形成「21世紀COEプログラム」を募集したとき、この「四川モデル」をアジア諸地域において比較検証する共同研究組織「アジア地域文化エンハンシング研究センター」を起ち上げてこれに応募し（拠点リーダーは大橋一章教授、当時）、採択された。研究期間は二〇〇二年度～二〇〇六年度の五年間である。小論はその原点となった旧稿の改訂版である。

第一節　アジールの神としての禹

（一）西羌に出自する禹

『史記』巻一五・六国年表の序で司馬遷は、一般に知られている治水の聖王としての禹とは異なる貌を「或説」として紹介している。

或いは曰く、東方は物の始めて生ずる所、西方は物の成孰なり。夫れ事を作す者は必ず東南に於いてし、功實を收むる者は常に西北に於いてす。故に禹は西羌に興り、湯は亳に起こる。（後略）

このように、禹が西羌に出自するという伝承は戦国時代には存在していたようで、裴駰の『史記集解』は西晉の皇甫謐の次のような言を注引している。

孟子稱すらく、禹は石紐《せきちゅう》に生まれ、西夷の人なり、と。傳に曰く、「禹、西羌より生まる」とは是なり。

ここでいう「孟子」が戦国時代中期の孟軻の『孟子』だとすれば、この文は今本『孟子』にはみえないので、佚文ということになる。また同様の伝承は、前漢初期の陸賈の『新語』巻上術事篇においても「文王は東夷に生まれ、大禹は西羌に生まる」とみえる。時代はやや下るが、唐の張守節の『史記正義』には「禹は茂州汶川縣に生まる、本と冄駹《ぜんぼう》國、皆な西羌なり」とある。このように、禹が西羌（漢代の羌に対する総称）に生まれたという伝承は、少なくとも戦国時代にまで遡るごとくである。

（二）冉駹、アジール、禹

禹の西羌出自に関する具体的な記事として、前漢末の蜀郡成都の人揚雄の作と伝えられる『蜀王本紀』に、「禹は本と汶山《びんざん》郡廣柔縣の人、石紐に生まる」（『史記』夏本紀の『正義』引）とあり、三国時代の巴西西充国の人譙周《しょうしゅう》も、「禹は本と汶山《びんざん》廣柔縣の人。石紐に生まれ、其の地を刳兒坪《こじへい》と名づく。『世帝紀』に見ゆ」（『三国志』巻三八蜀書秦宓《しんふく》伝の裴松之注引譙周の『蜀本紀』）と述べている。汶山郡とは前漢武帝の元鼎六年（前一一一）に、蜀郡西北の山岳地帯（岷江《びんこう》上流）に分布する冉駹《ぜんぼう》を統治するために置かれた辺郡である。前漢宣帝の地節三年（前六七）に一度廃されて蜀郡に編入され、後漢末に復活し、東晉のときふたたび廃止された。[4] その汶山郡の属県の広柔県の石紐で禹が生まれた、というのである。

その冉駹の間に禹に対する特殊な信仰が存在していたことを伝えるのが、東晉・常璩の『華陽国志』である。『華陽国志』は上古より東晉の穆帝の永和三年（三四七）までの間の、現在の陝西南部〜四川・雲南・貴州方面の歴史・地理・人物などを紹介した地方志である。ただし、その文は『続漢書』郡国志五の蜀郡広柔県の条に対して、南朝梁の劉昭が注引する佚文である。

『帝王世紀』に曰く、「禹は石紐に生まる。縣に石紐邑有り」と。『華陽国志』に曰く、「夷人、其の地に營し、方百里、敢えて居牧せず。過《とが》あるも、その野中に逃ぐれば敢えて追わず、禹神を畏ると云う。能く三年藏《かく》るれば、人の得《とら》うる所となるも、則ち共に之を原《ゆる》し、「禹の神靈、これを祐く」と云う」と。

この文は北魏・酈道元の『水経注』巻三六沫水条にもほぼおなじ内容がみえ、そこでは

縣有石紐郷、禹所生也。今夷人共營之、地方百里、不敢居牧、有罪逃野、捕之者不逼、能藏三年、不爲人得、則共原之言大禹之神所祐之也。

に作り、文に若干の異同がみられる。これは劉昭注を引用したのであろうか。ともあれ、この佚文は蜀郡広柔県の石紐に禹をアジール神とする夷人（冉駹）の信仰があったことを伝えるものである。

（三）ヘンスラーのアジール論

周知のように、前近代の社会では、神殿・寺院・森などは国家権力であっても介入しえない聖域と観念されたという。そのような特殊なトポスをアジール（独asyl、英asylum）という。それはasylos、asylon（ギリシャ語、不可侵の意）に由来する語で、日本語の訳では「宗教的避難所」が当てられ、社会史の重要概念となっている。犯罪者がそこに逃げこめば官憲に逮捕されることはなく、それは近代以前の世界各地に存在した慣習法の一種であった。

ドイツの法制史家ヘンスラー（Henssler, Ortwin）は、アジールの形態を文化発展の諸段階に応じて三段階に区分する。最初の段階は「宗教的・魔術的段階」で、アジールのもっとも原始的段階であり、宗教的な制度と社会的な制度の大部分が同一であるような文化段階において形成される。この段階の人間はつねに血讐、獣類との戦い、自然の猛威などの脅威にさらされており、その恐怖や不安からわが身の庇護・救済をもとめる。このような心理状態に「オレンディスムス」が附加されると、宗教的・魔術的アジールが生まれる。オレンディスムスとは、北米イロクォイ族の「オレンダ」（神的な力）の語から宗教学者プフィスター（Pfister, Friedrich）が造語した借用概念である。それによれば、特定の区域、とくに礼拝所・墓所・住居などは、その周辺の空間よりも多くのオレンダをもっており、首長、聖職者、戦功いちじるしい戦士、狩人などはとくに諸力に満ちあふれていると考えられた。こうしたオレンディスムス的な力は、これと接触した対象に転移し、オレンダに満ちた場所や人と触れた者自身も不可侵の存在となる。そのため庇護をもとめる者は、オレンダを多くもっている場所や人物に接触しようとする。それを実現した者に対して追跡者が介入することは、神霊的領分の侵犯とみなされる。共同体はそのようなオレンダ化された人物に対して、少なくともそのオレンダ化作用が持続しているかぎり、それ以上の介入措置をいっさい差しひかえなければならなかった。(5)

(四) 東アジアにおけるアジールの習俗

(古代朝鮮半島の蘇塗)

そこで東アジアにおけるアジールの習俗の事例をみてみよう。それを代表するものは、古代朝鮮半島の馬韓地方の蘇塗《そと》で、『三国志』巻三〇魏書東夷伝の韓伝にみえる。

又た諸國に各〃別邑あり、之を名づけて蘇塗と爲す。大木を立て、鈴鼓を縣(懸)けて鬼神を事《まつ》る。諸〃の亡逃するもの、其の中に至れば、みな之を還《かえ》さず。好んで賊を作す。それ蘇塗を立つるの義は、浮屠《ふと》に似たる有るも、而るに行う所は善悪異なるなり。

この蘇塗の語源に関する解釈はさまざまであるが、それが古代朝鮮におけるアジールとしての聖域をしめすものであることは、すでに定説となっているようである。(6)

(日本中世の対馬のアジール)

日本中世の対馬にもアジールの習俗があったことは、平泉澄がすでに明らかにするところである。(7) 明末の朝鮮王朝の人、魚叔権の『稗官雑記』によると、対馬には次のような風俗があった。

南北に高山あり、皆な天神と名づけ、南は子神と称し、北は母神と称し、家家、素餐をもって之を祭り、山の

草木禽獣、敢えて犯す者無く、罪人走りて神堂に入らば、則ちまた敢えて追捕せず。(原文漢文)

これによると、中世末の対馬では、南北二つの高山にある神堂がアジールとなっており、罪人でもここに逃げ込んだ者は官憲の追捕を免れた。ただしこの文は『稗官雑記』より九〇年ほど前の文明三年(一四七一)頃に書かれた『海東諸国記』の文を伝写したものというので、正確にいえば、それは室町中期頃の対馬に存した習俗であるということになる。大正八年(一九一九)に現地を調査した平泉によると、この地域は「八町角」(八町四方)とよばれる森林で、その中に石壇がある。基底は正面二十尺、側面十八尺。七層からなり、上るにつれて狭くなる。住民はこの森を恐れて入らず、誤って入り込み、石壇をみた者は、草履を脱いでこれを頭上に載せ、背を向けずに後退したまま立ち去ったという。また平泉は当地に残る「卒土《ソト》」の地名が馬韓地方の「蘇塗」に由来すると指摘し、蘇塗の習俗が対馬に伝来したものと考えている。

以上、われわれは東アジアにおけるアジールの習俗を、中国・朝鮮・日本においてそれぞれ確認した。そこでヘンスラーのアジール論を、広柔県石紐におけるアジール習俗に適用すると、こうなるであろう。石紐の「野中」は禹の生誕地であり、それゆえそこはオレンダに満ちあふれた聖域であった。そこへ逃げ込んだ犯罪者をあえて逮捕しないのは、禹神を恐れる、つまり神霊的領分の侵犯者となることを恐れるからである。犯罪者でもそこに三年のあいだ隠れ潜んでいると、やがてその身にオレンダが満ちあふれ、「野中」から出ても捕まることはない。では、夷人にとって禹はなぜオレンダに満ちあふれた存在だったのであろうか。この問題はさらに検討を要する。

(五)冉駹と禹の信仰

禹をアジール神として信仰する「夷人」とは冉駹である。司馬遷は『史記』巻一一六西南夷列伝の序において、前漢時代における西南地域の諸族の分布状況を概括的に紹介しているが、冉駹については次のようにのべている。すなわち、筰から東北の地域には十指をもって数えられる部族の長がおり、冉駹が最大である。その習俗として、土著（定住）するものもあれば、移徙（移動）するものもある。それらの分布地は蜀（成都）の西である、と。

筰とは筰都夷《さくとい》で、現在の雅安市南辺から凉山彝《イ》族自治州にかけて分布した西南夷の一種である。その筰の東北、蜀の西とは、現在の都江堰市以北の地、すなわち岷江上流域を指すであろう。前漢時代の冉駹はほぼこの岷江上流域一帯に分布していた。前漢の武帝元鼎六年、この冉駹の分布地に汶山郡が置かれたことは先述した。その民族誌を『華陽国志』巻三蜀志の汶山郡の条は次のように伝えている。

（汶山郡は）属県が八あり、戸数は二十五万。（京師の）洛陽から三千四百六十三里に位置する。東は蜀郡、南は漢嘉郡、西は凉州の酒泉郡、北は陰平郡とそれぞれ郡界を接している。この郡には六夷・羌胡・羌虜・白蘭峒《はくらんどう》の九種の戎が居住し、物産には牛馬、旄氈《ぼうせん》、班罽《はんけい》、青頓《せいとん》、毞毲（旄氈以下は織物の名）、羊羖《ようこ》（羊皮の類）などがある。とくに諸種の薬や良い薫香が多く採れる。土地は塩分が多く、五穀に適しない。麦のみ育つ。氷が多くて寒く、夏でも解けない。そのため夷人たちは、冬は寒さを避けて蜀（成都）に下り、傭われ仕事で自活し、夏になると聚落に戻り、これを毎年のライフスタイルとしている。それで蜀人はかれらを五百石子とよんでいる。

この文を下敷きにした『後漢書』巻八六南蛮西南夷列伝は、さらに次のような内容を伝えている。

冉駹夷は、武帝がはじめて拓いた地に居住する部族である。元鼎六年にこの地に汶山郡を置いた。地節三年、郡の設置で賦税が重くなったと夷人たちがうったたので、宣帝は郡を廃して蜀郡に併合させ、蜀郡北部都尉の管轄に移管した。その山に六夷・七羌・九氐が居住し、それぞれ部落を営んでいる。その王侯はよく文書を理解し、法は厳格である。婦人を貴《たっと》び、母方の一族に親しむ。人が亡くなると、その遺体を焼く。気候は寒冷で、真夏でも（氷が）解けない。そのため夷人たちは、冬は寒さを避けて蜀（成都）に下って傭われ、夏は暑さを避けて聚邑に戻る。人々はみな山居し、石を重ねて家屋を建て、高いものは高さ十余丈にも達し、これを邛籠《きょうろう》という。土地は塩分が多く、穀・粟・麻・菽が育たず、収穫は麦のみだが、牧畜に適している。旄牛《ぼうぎゅう》がおり、角がないものを童牛といい、肉の重さは千斤、その毛で毦《じ》（毛飾り）を作る。名馬を産する。霊羊の角は毒を癒す。薬草を食べる鹿がおり、子を孕む鹿はその腸内の糞も解毒作用がある。五角羊・麝香・軽毛の毼雞・牲牲がいる。人々は旄氈・班罽・青頓・毞毲・羊羧の類の織物を織る。雑薬が多い。土地に塩分をふくむ土があり、それを煮て塩をつくり、麢・羊・牛・馬はそれを食べているので、みな肥えている。

両者の文の表現に一定の異同がみられるものの、それらはほぼ次のことを伝えている。汶山郡は前漢の武帝が元鼎六年に開置した辺郡で、東は蜀郡（治所は成都県、現在の四川成都市）、南は漢嘉郡（治所は漢嘉県、現在の四川蘆山県）、西は酒泉郡（治所は禄福県、現在の甘粛酒泉市）、北は陰平郡（治所は陰平県、現在の甘粛文県西）に接している。前漢の宣帝のとき夷人（冉駹）が税負担の重さをうったえた。そのため汶山郡を蜀郡に併合し、蜀郡北部都尉の管轄に移管した。冉駹は羌・氐を主とする諸族からなる部族である。その分布地は塩分の多い土地柄なので、農業には適せず、主に牧畜を生業としている。その毛で織られた種々の織物があり、薬草や薫香も産する。寒冷地に住んでいるので、冬は成都に下りて賃労働に従事し、夏は暑さをさけ山間の聚邑に戻る。石片を重ねて造った家屋に住み、高い建築物は邛籠とよばれる。その支配層は文書を読むことができ、法も厳格におこなわれている。また母権制的な家族制度を保持している。

禹の生誕地とされる汶山郡広柔県の石紐について、『史記正義』は、『史記』夏本紀の序の注で「茂州汶川縣の石紐山は、縣西七十三里に在り」とする唐・李泰等の『括地志』の文を引用している。これより唐代では石紐が山名として伝承されていたことが知られる。

禹の生誕地を広柔県石紐とする史料は、揚雄の作と伝えられる『蜀王本紀』である。それは蜀中の掌故故事を採録した地方志であるが、『漢書』巻三〇芸文志にその名がみえない。徐中舒はこの作者を蜀漢の譙周とみている。[8] しかし先述のように、『史記集解』に引かれた西晉の皇甫謐の言によれば、禹の生誕地を石紐とする説の上限は、目下戦国時代中期である点に注意する必要がある。

（六）岩間墓と石紐

さらに注目されるのは考古学上の知見である。四川の南方に位置する雲南省晉寧県の石寨山遺跡は、古代滇王国の王墓群として知られてる。その墓葬の特色は自然岩石の間の空隙（亀裂部分）を選んで坑を掘り、死者を埋葬していることである。発掘報告書はこれを次の三種に分類している。①二つの岩石に挟まれた空隙地を利用して坑を掘り葬するもの。②幾つかの岩石間にある空地を利用して坑を掘り葬するもの。③近くに岩石がない窪地に埋葬したもの。[9] 考古学者の量博満《はかりひろみつ》はその葬制を「岩間墓」と命名し、岩間墓に対してそのような態をとらしめた葬観念（岩間葬）の背景を追求している。その検討の中で量がとくに注目したのは、禹の家族にまつわる特殊な誕生伝説であった。禹の子の啓が石に化した母を破って生まれたという石中誕生譚（『淮南子』佚文）、禹が母の背や胸を裂いて生まれたという胸坼《きようたく》誕生譚（『論衡』奇怪篇、『帝王世紀』佚文等々）、こうした異常誕生伝説が鯀・禹・啓など夏の人々に集中しているというのである。[10] 量は禹と石紐に関しても興味深い指摘をしている。量によれば、石紐とは地名を示す固有名詞ではなく、土地の状況を意味する普通名詞である。それが「石縫」であり、また「石坳《せきよう》」であり、それらはじつはみな土地の窪みを指す言葉である。禹の誕生地とされる石紐は、そのような石縫が走る荒地の態に由来する、というのである。つまり、量は汶山郡広柔県一帯と石寨山墓葬群一帯を共通した自然環境と想定し、そのため両地に共通した観念が生まれ、それが「岩塊中より生まれた人は、死してふたたび岩塊中に帰る」という観念であり、これが岩間墓を生み出した葬観念である、という結論を導いたのである。[11] この解釈は首肯され、これを敷衍すれば、そのような葬観念を共通の基盤として、雲南では岩間墓が生まれ、四川では禹（およびその家族）が石から生まれたという伝説になった、ということになる。

（七）古代四川におけるアジールの背景

この想定は、禹の生誕地とされる場所が、石寨山遺跡一帯のように、「石縫の走る荒地」であることが前提となる。これを傍証するのが『易林』である。『易林』は前漢の焦延寿の撰と伝えられる易占文献であるが、その「漸」の卦辞に次のようにある。

　舜は大禹を石夷の野より升《のぼ》す。徴せられて玉闕に詣り、拝して水土を治む。

これより前漢時代に禹を「石夷」の出自とする伝承のあったことが知られる。石夷とはまさに量のいわゆる「石縫の走る荒地」に居住する夷人の意であろう。禹の石中誕生譚に関してより完成された伝説は、『呉越春秋』下巻越王無余外伝にみえる。

　禹の父鯀は、帝顓頊の後なり。鯀、有莘氏《ゆうしんし》の女を娶り、名を女嬉と曰う。年壮なるも未だ孳《こをうま》ず。嬉、砥山《しざん》に於いて薏苡《よくい》を得て之を呑み、意、人の感ずる所と爲るが若く、因って妊孕し、脅を剖きて高密を産む。西羌に家し、地を石紐と曰う。石紐は蜀の西川に在るなり。

禹が母の女嬉の脇腹を割いて生まれ、石紐に生誕したとするこの胸坼《きょうたく》誕生譚は、「岩塊中より人が生まれる」観念

図一　岷江上流域の景観（日中共同研究所提供）

を具象化したものと解される。すなわち岩塊中より人が生まれるという当初の観念が、後になって人が母の脇腹を割いて生まれるというイメージに具象化され、神話化されたものと言えよう。

四川西北部を南北に流れる岷江は、岷山弓杠嶺と郎架嶺をそれぞれ東西二つの河源とし、二つの流れは松潘県の紅橋関で合流した後、そこから南流して都江堰市までを上流、楽山市までを中流とし、宜賓市で長江の本流に流れ込む。冉駹を統治するために置かれた汶山郡の管轄地域は、岷江上流とその支流一帯を中心とする。この一帯は名だたる高山峡谷地帯であり（図一）、まさに「石縫の走る荒地」にふさわしいところである。禹の石中誕生譚もこのような自然環境をもとにして生まれたのであろう。罪を犯した夷人が石紐の野中に逃げ込むと、禹の神霊が祐けてくれるという特殊な習俗の背景は、これでようやく明らかになる。そこは高山峡谷地帯であり、石縫の中から禹が生まれたという伝説に支えられた聖域（アジール）だったのである。

第二節　禹の初源をもとめて

（一）禹と羌人をめぐる論争

前掲の冉駹の民族誌によると、この部族を構成する人群は「六夷・羌胡・羌虜・白蘭峒の九種の戎」（『華陽国志』蜀志）、あるいは「六夷・七羌・九氐」（『後漢書』南蛮西南夷列伝）であった。これより、冉駹は氐・羌系の部族であることが知られる。禹を羌人の伝説中の人物と主張したのは顧頡剛《こけつごう》である。かれは『説文』虫部に「禹は、蟲《ちゅう》なり」とある説解にもとずき、禹を夏の九鼎（九州の長官が奉献した金《どう》で作ったと伝えられる宝鼎）に鋳込まれた動物の一種であると主張して、古伝説に対する近代的研究の幕を開いた。後になって「禹は南方民族の神話中の人物」と訂正し、さらに禹と西羌の関係をしめす史料によって、禹を「羌族の伝説上の人物」と推定し、童書業との共著において「姜姓民族の伝説中の宗神」・「西方民族伝説中の人物」と解釈の変更をくりかえした。[12] ともあれ、この議論の中で禹と羌との関係が大きくクローズアップされることになったことは、大きな成果といえよう。

（二）魚形の洪水神の禹

この問題に関する日本の研究者の議論としては、白川静の所論が注目される。白川は禹の原形を「魚形の洪水神」と捉えている。[13] その論拠として、禹は「偏枯《へんこ》」であるとする先秦文献に散見する記事を挙げる。偏枯という耳慣れないこの語は、『山海経』大荒西経に次のようにみえる。

互人の國あり。（郭璞云う、人面魚身なり、と。）…（中略）…魚あり、偏枯。名づけて魚婦と曰う。顓頊死して即ちまた蘇《よみがえ》る。風、北より來るとき、天乃ち大いに水泉す。蛇乃ち化して魚と爲る。これを魚婦と爲す。顓頊死して即ちまた蘇る。

清の王念孫は「互人之國」（原文）を「氏人之國」と改め、郝懿行《かくいこう》は本文の「人面魚身」の四字を郭璞注の混入とする。(14)

白川はこの本文を次のように解釈する。偏枯は魚婦とおなじ意味で、魚形の神を表し、水をよぶ洪水神である。季節ごとに襲ってくる洪水も、これを克服することにより農耕の豊饒が約束される。この文はそれを神話的に表現したものである。顓頊は鯀の父、禹の祖父、ゆえに禹もまた洪水神である。したがってそれは「洪水神の死と復活の儀礼」を神話的に表現したものである。後にそれが忘れ去られ、偏枯とは治水のため山川を跋渉して病み疲れた禹の姿を表す言葉と理解されるようになった。

図二　半坡遺址出土彩陶盆

　その傍証として、白川は仰韶文化半坡類型の半坡遺址出土の彩陶盆に描かれた「人面魚身絵」（図二）を取り上げ、それを洪水神禹の原形、かたわらの魚紋を鯀とし、この解釈をさらに禹の字形から補強する。すなわち「禹」は金文で「」・「」などに作り、二匹の龍を上下に組み合わせた字形となっている。下の「九」の形は雌の龍、上の「虫」は雄の龍。禹の字形がこのような構成になっているのは、

魚形の洪水神という禹の初源のイメージが、殷代になって洪水神一般の形態としての「龍形の神」に理解されるようになったからだ、と。[15]

禹を人面魚身の洪水神とする白川の解釈は、『山海経』海内南経の文がこれを傍証している。すなわち、その氐人国の条に「氐人國は、建木の西に在り、その人爲る、人面にして魚身、足無し」とあり、氐人国の人々を「人面魚身」としている。それは氐人が「人面魚身」としての禹の神話の伝承を保持していたからである。先秦文献で氐と羌は互用されるほど近い関係として表されているので、羌も氐と禹の信仰を共有していたと思われる。つまり、氐・羌は新石器時代にまで遡る人面魚身の洪水神信仰を共有していたが、そのような神格が後に「龍形の神」に認識が変化して以後、漢字で表記する段階になって「禹」字が成立した、と言うのである。

（三）禹の伝説の形成と氐羌

かくて「禹」字が成立すると、洪水神話も伝説化された。ヨーロッパ古典古代の神話化の過程は、歴史上の人物が人々に記憶され、神話化されて、神話上の人物となる。神話学ではこれを「史実の神話化」(euhemerization) とよぶ。しかし中国ではこれと真逆で、神話的な存在が歴史上の人物として人間化され、小南一郎の言う神話の人格化・伝説化（逆 euhemerization）がその特徴とされる。[16] したがって、禹の場合もこの「逆 euhemerization」によって、神話の伝説化、すなわち魚形の洪水神から治水の聖王へと変貌をとげたものと考えられる。氐や羌は五胡十六国時代に部族や国家を形成するが、漢代の記録にみえる部族の一つが冉駹であった。冉駹が禹に対する篤い信仰をもっていたのは、その構成人群としての氐・羌の信仰を継承したものであったからであろう。

すると、これより禹の伝説には主に二系統あったことになる。一つは「石中誕生譚」であり、その発展形態の胸坼《きょうたく》誕生譚である。もう一つは「治水伝説」である。この二系統の伝説に氐と羌がともに深くかかわっていたわけである。では、氐・羌の伝える禹の洪水神神話が、なぜ四川の地では石中誕生譚として現れるのであろうか。

第三節　羌人の遷徙

前漢の武帝が冉駹の統治のために置いた汶山郡の管轄範囲は、現在の羌族の主要居住地域とほぼ重なっている。この羌族に対する中国学界の一般的な説明は次のようである。

羌族の歴史は悠久で、三千年あまり前の古羌人まで遡る。羌人中の一支は春秋・戦国のとき、甘粛・青海地域からたえまなく岷江上流域一帯に遷居して人口を繁殖させ、当地の住民と融合し、しだいに今日の羌族を形成した。[17]ただし、羌人の一支が南下して岷江上流域に定着してゆく過程は複雑であり、不明な部分も少なくない。

（一）新石器時代～殷代の羌

黄河上流の青海省東部、甘粛省の洮河《とうが》流域、渭河上流と河西走廊の東部、寧夏回族自治区の南部は、馬家窯《ばかよう》文化とそれを継承した斉家文化の地域である。前者は新石器時代晩期、後者は新石器時代晩期～青銅時代早期の文化であるが、馬家窯文化馬家窯類型（約前三三〇〇～前二〇五〇）の青海大通上孫家寨墓地から注目すべき彩陶盆が出土している。この器の内側に手をつないで舞踏する人物たちが描かれ、その頭部は被髪のようにみえ、股のところに尾のような飾りが下がっている（図三）。[18]馬家窯文化を担った住民は「戎・羌族系の祖先」と解されている。[19]また、甘粛南部一帯の斉家文化と寺窪《じわ》文化の墓葬には、白石の副葬がよくみられる。甘粛省臨洮寺窪山の史前遺址を発掘した夏鼐《かだい》

図三　青海大通出土彩陶盆　『文物』1978年第3期、図版壹

は、灰色大陶罐の中から火葬による骨灰を発見した。[20]火葬の習俗は、甘粛南部の斉家文化と寺窪文化の墓葬にみとめられる。[21]このような白石崇拝と火葬の習俗は、後の羌族文化の特色としてよく知られているものである。

段麗波は次のように述べている。氐・羌の族源は黄河中上流の仰韶文化に発し、仰韶文化は後に馬家窯文化とその後の斉家文化へと発展した。氐・羌は分布地域が近く、おなじ考古学文化類型に起源するが、密接な関係であっても異なる民族である。氐・羌の中の一部は新石器時代に自然環境や歴史的原因などから不断に南下・西進・再南下した、と。[22]

この遷徙のルートが一九八〇年前後に社会学者費孝通によって提起された「蔵彝《ぞうい》走廊」である。それは一つの歴史的民族地域概念である。すなわち、地理的には、北は甘粛南部・青海東部、南は四川西部・西蔵東部・雲南西部およびミャンマー北部・インド東北部を含む狭長な地帯である。この地域は北から南にかけて怒江・蘭滄江《らんそうこう》・金沙江・雅礱江《がろうこう》・大渡河・岷江の六大河川が併流し、そのため西北・西南の諸民族が頻繁に遷徙して、相互に交流した歴史的通路である。[23]殷王朝の卜辞には、氐羌系統の人群がこの通路によって中原に進入するさい、殷王朝や他の族と生じた諸事が反映されている。[24]

卜辞は羌の基本字形を「[illegible]」に作る。それは「人頭の上に羊頭ある形に象り、もと畜牧業を主とする羌族を指している」[25]。『説文』羊部でも「(羌は) 西戎の牧羊の人なり」と説解している。方（地域、あるいは国家）としての「羌方」は、一・四期の卜辞中では殷と敵対し、二期の卜辞中では殷に臣属し、三・五期の卜辞中では叛服常なかった状況がみてとれる[26]。これに対して、族称としての「氐」は卜辞・金文の中にみえず[27]、『古本竹書紀年』にもみえず[28]、先秦文献においてはじめて「氐・羌」の連称が登場する。そのため、殷代では氐はまだ羌と未分化であったが、西周代以降に羌から分離した同源の族属とみなされている。

殷代の羌の分布は、甘粛の大部分と陝西西部を中心に、東は山西南部と河南西北一帯まで到達していたようである。しかし殷王朝の軍事的圧力を受けてしだいに西遷し、甘粛の羌は青海の河湟地域（青海の黄河上流・湟水両流域の地）に遷徙した[29]。

（二）西周・春秋・戦国時代の羌

前十一世紀、周の武王は西方諸族の勢力を糾合して殷王朝を倒した（殷周革命）。このとき周によって東方に分封された諸侯の中で、もっとも多かったのが姜姓である。もともと姫姓の周と姜姓の族は地理的に近く、婚姻関係を重ねていた。周の始祖后稷の母を姜嫄、古公亶父の妻を太姜、武王の妻を邑姜というのは、それを反映する。この姜姓の族について、『後漢書』巻八七西羌伝は「西羌の本は……姜姓の別なり」と述べている。西羌とは諸羌に対する漢代の総称であるが、その（西）羌と姜姓は、両者の字形や字音上などから密接な関係にあるとみられている。ちなみに事典などで姜は次のように説明されている。

> 姜　羌の一部で、一番先に遊牧を離脱し、農業活動をおこない、そのため羌《ママ》「羌より出づ」という。後、羌は族名に転じ、姜は姓氏となり、神農氏は姜姓である。（冉光栄[30]）

しかし王明珂は「姜姓族と羌は共に商人の西方の敵だが、かれらの地位は異なる。羌は犠牲に用いられた人群だが、姜姓の族と姫姓の周人は渭水流域の重要な氏族だった」[31]として、両者を別個のものとみている。ともあれ、東方に封建された姜姓諸侯の多くは、やがて中原世界に融合されていった。そこでふたたび目を転じ、河湟地域に遷徙した羌のその後の動向を追ってみよう。

春秋・戦国時代になると、羌は渭河流域を占拠した秦の西方進出の圧力を受けるようになる。『後漢書』西羌伝は次のように記している。厲共公（前四七六～前四四三、在位）のとき、秦に捕らえられて奴隷となっていた無弋爰剣《むよくえんけん》が湟中に逃げ帰り、推されて酋豪となった。爰剣は羌人に農業と牧畜を教えた。かれは一種の文化英雄と解される。戦国中期になると、献公（前三八四～前三六二、在位）は春秋時代の穆公の事績（西戎に覇たり）の恢復をめざし、渭河上流に進出した。爰剣の曾孫の忍の末の叔父である卬《こう》は秦の威勢を恐れ、族人をひきいて南下した。これが史籍にみえる羌人の最初の大規模な遷徙とされるものである。その後、卬の子孫は独立した種に分かれ、それぞれ牦牛《ぼうぎゅう》種越嶲羌（四川西昌東南）、白馬種広漢羌（四川西部）、参狼種武都羌（甘粛武威）となった。これに対して忍とその弟舞は湟中にとどまり、忍の子孫からは九種、舞の子孫からは十七種が生まれ、羌人の隆盛はこれよりはじまった、とする。こうしてあたかも細胞分裂するかのように、遷徙する先々でさまざまな種の生成と複合をくりかえし、さらに西へ南に遷徙し、南遷した羌の一群は青蔵高原に至り、あるいは大渡河や雅礱江支流の安寧河流域に至って、現在の蔵《チベット》族・彝《イ》族・白《ペー》族・納西《ナシ》族などの祖となり、さらにその一支は岷江上流一帯に進入して、現在の羌《チャン》族の祖になったとされている。[32]

石碩によると、蔵彝走廊は主に三つの並列する走廊から成るとする。一、西部の金沙江と雅礱江走廊。二、中部の大渡河走廊。三、東部の岷江上流走廊。[33] 岷江上流への羌人の進入は、この岷江上流走廊によるものであろう。現在の羌族の巫師が「祭山会」においてその祭祀儀礼の場で誦唱する「羌戈大戦《きょうかたいせん》」は、岷江上流域に入ってきたこの羌と先住民の戈基人《かきじん》との間で繰り広げられた攻防戦の記憶とされている。

第四節　史詩「羌戈大戦」

現在の羌族は四川省阿壩《アバ》蔵族羌族自治州の汶川・理県・茂汶羌族自治県（茂県）・黒水・松潘、および綿陽市の北川羌族自治県など、岷江・涪江《ふうこう》上流域を中心に集中的に居住し、一部は甘孜《かんし》蔵族自治州の丹巴県、貴州省銅仁地区の石阡県・江口県などにも散居している。二〇一〇年の全国第六次人口一斉調査の統計によると、総人口は三〇万九五七六人である。

羌族の信仰世界は多神教で、山神はその主要な神霊の一つであり、羌寨はそれぞれの山神をもっている。それを祭る「祭山会」は羌族の伝統節日の中でもっとも重視されるもので、羌語で釈比《シピ》、漢語で端公《ドワンゴン》とよばれる巫師（主に男性の宗教職能者）によって執りおこなわれる。その時期は地域により異なるが、年に二回、春と秋におこなわれる理県や汶川県と、五月あるいは六月に年一回おこなう茂県に大別される。(34) 巫師が誦唱する経典は師から代々口伝により継承されたもので、「釈比経典」とよばれる。

この「釈比経典」に対する学術的関心は、二〇世紀初めイギリス人宣教師のトーランス（Torrance, T.）が羌族地区で伝導したとき、その内容の一部を知ったのが最初とされている。(35) 一九四〇年代に入って中国人研究者自身による岷江上流域の調査がはじまり、人民中国成立後は一九五八年〜六二年、一九八三年に二度の現地調査がおこなわれた。その報告書の中の「羌族宗教習俗調査資料」に、汶川県綿池郷・雁門郷・龍渓郷、理県桃坪郷の釈比経典が紹介された。筆者はその一部を抄訳したことがある。[36] そして二十一世紀に入り、二〇〇三年に第三二回ユネスコ総会で「無形文化遺産保護条約」が採択されると、その事業の一環として二〇〇四年から「釈比経典」の蒐集が開始され、その成果は二〇〇八年に『羌族釈比経典』（上下巻）として刊行された。[37]

「編纂説明」はその経緯を次のように説明している。現存する四十九名の巫師と対面調査した結果、経典はほぼ五〇〇部存在することが判明した。ただ巫師が死亡して伝承が失われたり、経典名だけあるもの、あるいはタブーなどの事情で収録できないものもあり、じっさいに収録した経典は三六二部である。本書はこうして収録された経典を「三対照一付録」に区分し著録した。表記に工夫をこらし、一行目に国際音声記号で羌語の口頭経典を記し、二行目に中国語の逐語訳、三行目に中国語の意訳をつけ、最後に一括して各篇全文の中国語訳を掲載した。本書では経典全体を、史詩、創世紀、敬神、解穢、祭祀還願、婚姻、喪葬、駆害、符咒、禁忌、法具（以上、上巻）、十二駆邪治病保太平、哲学倫理、戦争、天文暦算占卜、科技工芸、建築、農牧、祝福詞、郷規民約、釈比戯、医薬（以上、下巻）の二二篇に分類した。

「羌戈大戦」は冒頭の史詩篇第一部に置かれ、その内容は十節からなる。（一）序源。（二）釈比、羊皮鼓を誦唱す。（三）天上から白石が降り雪山に変わる。（四）羌・戈、日補壩にて遭遇。（五）長子あちこちで神牛を探す。（六）木比から策を授かり、羌が戈に勝つ。（七）競技場で羌人が戈に勝つ。（八）木比が法術を使って、戈人亡ぶ。（九）羌人、格溜に家を建てる。（十）霍巴は豚を買い、祝賀会を開く。釈比はまず序源において、その史詩を次のような内容から誦唱する。

……むかしむかしから、／褒め称えられる故事が伝わっている。われ釈比は今日褒め称えたい、／わが祖先を褒め称えるのだ。……／かれらは荒野から遷徙し、／かれらは広く果てしない草原から遷徙してきた。／かれらは悪賢い魔兵とはげしく戦い、／かれらは凶悪残忍な戈基と智慧・勇気を闘わし、／豊かで美しい日補壩に定住した。……／子孫たち、しっかり心に銘記せよ。／代々伝え、／祖先を忘れず、根源を忘れず、……／羌寨の男女はみなわかっている、／古歌はどの一言も古い話だ、／前人の智慧を古歌で伝え、／古歌を代々歌い伝え、／世々代々光芒を輝かせるのだ。

ここで唱われるのは二つの戦争である。一つは魔兵との戦争。羌人は北から進入した魔兵との戦争で移動を開始する。阿巴白構（阿巴は尊称、白構は羌人の始祖名）は釈比の祖師の錫拉から経典を授かって法術を取得するが、寝ているあいだに経典を山羊に食べられてしまう。そのためうまく法術が使えなくなり、魔兵との戦いに苦戦する。そのようすをみて憐れんだ天神の木比塔は、三つの白石を魔兵の前に落とす。白石はみな高い雪山と化して魔兵を阻み、そのため白構は羌人を率いて前進することができた。もう一つは戈基人との戦争である。白構に率いられた羌人は熱茲（現在の松潘県）に到着し、定住する。しかし日補壩（現在の茂県）には先住民の戈基人がいて、両者ははげしく戦う。何年たっても勝負がつかなかった。そこで白構は天神に神助を請う。天神の長男は天神の牧場で牛を放牧している。夕刻、牛の群れを天上に連れ帰るとき、二頭の神牛がいないことに気づく。天神は怒って、長男を人間界へ戻して探させた。長男は戈基人の門前で牛の肋骨を発見し、かれらが犯人だと知る。そこで天神は人間界に降り、羌人・戈基人の双方に対して諸神の祭りかたを問う。戈基人のものはみな逆で、羌人の祭りかたが正しかった。天神は怒って天上に戻る。天神は羌人と戈基人を日補壩に集めて勝負させる。以下は、(六)「木比から策を授かり、羌が戈に勝つ」の全文の訳文である。

天神阿巴木比塔は、／頭脳明晰で、術策を多くもっている。／羌と戈を日補壩に集め、／羌人と戈人に戦闘隊形を整えさせ、／戦場で勝負させる。／天神阿巴木比塔は／木の棒を羌人に渡し、／麻の茎を戈基に渡す。／その後でまず戈基によびかけ、／羌人を伐つように命ずる。／戈基は木比塔の言うことにしたがい、／木比塔の命令を受け入れ、／麻の茎をかかげてはげしく戦いに臨み、／まっこうから羌人を伐ってくる。／麻の茎を振りまわすビュンビュンという音。／つづいて伝わる麻の茎の折れる音と、／殺せと言う叫び声が交じる。／戈基の突進力は十分で、／天神阿巴木比塔は、／たえず戈基を称える、／戈基はみな鉄人だ、と。／天神阿巴木比塔は、／身を転じて羌人によびかける、／手にもつ木の棒を振り、／力をふりしぼって戈基を猛攻せよ、と。／棍棒を一度振れば一人死に、／二度振れば二人死に、／三回振れば三人死に、／数え切れない戈基が打ち殺され、／日補壩は死体が累々。／天神阿巴木比塔は、／まことしやかに羌人の無能を責め、／羌人は腕前がない、／木の棒を振りまわすのに力がない、と言う。／天神阿巴木比塔は、／羌人と戈人を阿如（羌語の地名）に導き、／山上の平地を戦場に移す。／天神阿巴木比塔は、／戈基に三つの雪の塊を渡し、／雪の塊を武器とさせ、／木比はまず戈基によびかける、／雪の塊を羌人に投げよ、と。／雪の塊は羌人の体にあたると、／みな砕けて四散し、／雪片が舞い上がってあたり一面に落ちる。／二つ目の雪の塊を羌人に投げつけると、／雪の塊はみな砕けて四散する。／三つ目の雪の塊を羌人に投げつけると、／雪の塊はやはり砕けて四散し、／雪片が舞い上がって地面いっぱいに落ちる。／木比はまことしやかに戈基を称える、／戈基には腕前がある、／戈基は鉄のように硬い、と。／戈基はそれを聞くとなおさら得意になり、／歯をむきだして笑う。／阿巴木比塔は体の向きを変えて、／三つの白石を羌人に渡す。／白石を武器にして、／容赦なく戈基に向かって投げつける。／羌人は白石を投げつける。／白石は戈人の体にあたる。／白石を一つ投げると一人が死に、／二つ投げると一対が死に、／三つ投げると三人が死ぬ。／日の出から日没まで戦い、／明け方から黄昏まで戦った。／戈基の死傷者は山野を覆い、／羌人は戦うほどに力がみなぎる。／天神阿巴木比塔は、／さらに羌人と戈人を楽依山（羌語の地名）に連れて行く。／

楽依山はすべて絶壁。／羌人と戈人はそれぞれ（絶壁の）両側に立つ。／羌人は右側、／戈人は左側。／羌人の身なりは雄々しく、／戈基は肩をすくめて四面をみる。／阿巴木比は岩石の側に立ち、／羌人と戈人に言う、／断崖の下は楽　園だ、／断崖の下は幸福の園だ、／先に岩の麓にたどり着いた者は、／天下の牛羊を自分のものにできる、と。／羌人は前もって用意する、／早朝に岩の下に隠れ、／岩の上にワラ人形を置き、／みせかけの衣服をうまく着せる。／木比は羌人のところに行き、／一人一人を岩の下へ落とす、／それから岩の下の方に首を伸ばして様子をうかがい、／岩の下の生活はどうかと尋ねる。／（岩の下に隠れている）羌人は急いで応えるが、／どの応えもみなはしゃいでいる。／岩の下の生活はとても良い、／岩中から流れでる泉は甘く、／満開のツツジは漂い香る、／岩の下は広々とした森林で、／岩の下では小鳥がさえずっている、／岩の下は寒くも熱くもなく、／岩の下は碉楼《ちょうろう》が連なっている、／豚の脂肉は三年も食べる分があり、／咂酒《ザージウ》は九年も飲める分がある、／岩の下は仙境のように楽しい。／木比はふりかえって戈基をみて言う、／戈基よ、お前たちは早く飛び下りて、／羌人より先に着くよう急げ、／一歩遅れたら楽園を失う、と。／羌人は岩の下で喜びに沸いている。／その声が聞こえると、戈基は大いにあせり、／戈基は心中うろたえる。／戈基は羌人にみな占領されるのをひたすら恐れ、／先を争って下へ飛び降りる。／一人飛び降りると一人死に、二人飛び降りると二人死ぬ。／岩の下は死体が累々。／残りの戈基は四方に散じ、／深山の林の中へ逃げる。／羌人は林の中に夾板（狩猟用道具）を仕掛け、／おいしい食べ物をその中に置き、／林の中に身を隠す。／（戈基人は）ひどく腹を空かして夾板に入り、／一人入って一人死に、／二人入って二人死ぬ。／残りの戈基は四方に逃げ、／山間の岩窟に逃げる。／羌人は細心に山中を巡邏し、／岩窟を調べては山狩りする。／以後、牛羊を失うことはなくなった。／種々様々な羌人たちはそろって喜ぶ。／以後、山々は平穏となり、／羌人の年寄りと子供は、みな平安を享受している。

この後で天神は羌人・戈基人を日補壩に集め、さらにかれらに対して天上に昇ったり堤に降りる競争、薪割り競争などを課すが、ここでも羌人は天神の神助をえて勝利する。最後に天神は法術をつかって大洪水を起こし、戈基人を滅ぼして羌人を救済する。こうして戈基人が滅亡した後、阿巴白溝は九人の息子、十八人の大将、そして羌人とを率いて格溜（現在の茂県県城）に進駐し、羌寨の建設をはじめる。屋根の上には白石を置いて天神を祭り、碉楼は四方をとりかこむ。さらに阿巴白構は九人の息子を岷山の各地に分け遣り、長男を熱茲大草原に、次男を格溜の花果山に、三男を夸咱（現在の汶川県威州一帯）の山河の景観がよいところに、四男を波西（現在の理県一帯）に、五男を茲巴（現在の黒水県一帯）に、六男を哈蘇（現在の汶川県綿虒一帯）に、七男を尾尼（現在の理県一帯）に、八男を羅霍（現在の都江堰市一帯）に、九男を巨達（現在の北川県）にそれぞれ派遣進駐させる。十八人の大将にはそれぞれ十八の関所を守らせる。阿巴白溝は天神の恩恵に感謝するため、長男に命じて豚の名産地の矢多（現在の成都市）に買いにやらせ、これより羌人の豚の飼育がはじまる。十月一日の吉日に天神を祭り、ヤク一二頭、白羊・黒羊三三頭、千斤の肥えた豚、まっ白な雄鶏六羽を屠り、祭塔の前に供えて天神を祭る。

以上が『羌族釈比経典』収録中の「羌戈大戦」の大要である。本書は重要なテクストではあるが、しかし大きな問題がある。たとえば、先述した一九五八年～六二年、一九八三年に二度おこなわれた現地調査の報告書である四川省編輯組『羌族社会歴史調査』（中国少数民族社会歴史調査資料叢刊、四川省社会科学院出版社、一九八六年）は、その中に汶川県雁門郷の巫師袁正祺の口述を記録した「羌戈大戦」（中国語訳）が収められている。また馮驥才主編『羌族口頭遺産集成　史詩長詩巻』（中国文聯出版社、二〇〇九年）には、汶川県綿池郷の巫師王治国の口述を記録した「羌戈大戦」（中国語訳）が収められているが、その末尾に「演唱者」「採録者」「翻訳者」「整理者」「流伝地域」「採録時期」を明記している。これに対して、『羌族釈比経典』にはそのような取材記録がなく、また取材した四十九名の巫師たちの間の伝承内容の異同をどう処理したのかも不明である。

おわりに

以上をまとめると、次のようになるだろう。白川静によれば、禹の神話の原型は新石器時代の仰韶文化に遡る魚形の洪水神だった。その神話を継承した氐・羌は、西北から西南へ遷徙した。その一支で岷江上流域に進入した羌人の子孫（と自認する人々）は、祭山会で巫師の誦唱する「羌戈大戦」の記憶を共有することで、その民族的アイデンティティをくりかえし構築され、羌族という「民族」を形作っていったのであろう。

『後漢書』西羌伝によると、羌人の大規模な遷徙は戦国時代に開始された。「羌戈大戦」によると、羌人が進入した岷江上流域には、すでに「戈基人」が定住していた。羌人は天神木比塔から与えられた白石を武器に戈基人と戦い、勝利することができた。しかし白石崇拝はすでに斉家文化や寺窪文化にみられる宗教的習俗である。すると、「羌戈大戦」で活躍する白石の要素は、もともと白石崇拝をもっていた羌人が岷江上流に進入して以後、これを戈基人との戦争と結びつけたものであろうか。

また、この羌人と戈基人との関係で注目されるのは、青海大通上孫家寨墓地出土の彩陶盆に描かれた、尾のような飾りを着けた人物像との関連である。というのは、四川省茂県で採録された「羌戈大戦」の中で、戈基人は「高い頬骨と短い尻尾を着けた現地の土人」と表現されているからである[38]。それは茂県の巫師から聞き取りされたものと推定されるが、現在の羌族が戈基人をこのように表現しているのは、戈基人が戦国時代にはじまる羌人の大規模遷徙よりも前の、新石器時代から移動し、岷江上流に定住した「古羌人」の子孫であったことを示唆するものであろう[39]。いずれにせよ、戦国時代以降、羌人が南下を開始し、その一支が岷江上流域に進入したことは、「羌戈大戦」にその記憶が残されているとともに、その遷徙の途上に点在する碉楼《ちょうろう》や考古遺存の石棺葬などから一定の傍証が得られよう。つまり、禹の神話はこのようなルート（蔵彝走廊）に沿って岷江上流に進入した羌人によって運ばれたのである。その結果、当地の自然環境（石縫の走る荒地）の中から発生した葬観念、すなわち「岩塊中より生まれた人は死してふたたび岩塊中に帰る」と結びつき、禹の二次神話としての石中誕生譚が生まれたと考えられる。禹をアジール神とする冉駹の信仰も、この二次神話から派生したものである。禹の生誕地を石紐と伝える文献上の上限が『孟子』であるのも、羌人の遷徙の開始時期と対応する。

注

（1）工藤元男「禹の遺跡とその民族的伝承を求めて」（『東洋の思想と宗教』一二号、一九九五年）、同「四川岷江上流域における羌寨の調査」（『史観』第一三五冊、一九九六年）。
（2）工藤元男「禹の伝承をめぐる中華世界と周縁」（『中華の形成と東方世界』所収、岩波講座世界歴史3、岩波書店、一九九八年）。同「周縁から見る中国文明―四川調査を手がかりに」（鶴間和幸編著『NHK スペシャル 四大文明［中国］』所収、日本放送出版協会、二〇〇〇年）および同「禹　犯罪者を庇護する伝説上の帝王」（鶴間和幸編著『悪の歴史　東アジア編（上）』所収、清水書院、二〇一七年）。
（3）工藤元男「中国文明と〝四川モデル〟」（『創文』五一六号、創文社、二〇〇九年）。
（4）久村因「前漢の汶山郡について」（鎌田先生還暦記念会編刊『鎌田博士還暦記念歴史学論叢』所収、一九六九年）。
（5）オルトヴィン・ヘンスラー（舟木徹男訳・解題）『アジール――その歴史と諸形態』（国書刊行会、二〇一〇年）。

（6）村山正雄「魏志韓伝に見える蘇塗の一解釈」（『朝鮮学報』第九輯、一九五六年）。
（7）平泉澄『中世に於ける社寺と社会との関係』（至文堂、一九二六年）。
（8）徐中舒「論蜀王本紀成書年代及其作者」（『社会科学研究』一九七九年創刊号、同『徐中舒歴史論文選輯（下）』、中華書局、一九九八年再録）。
（9）雲南省博物館『雲南晋寧石寨山古墓群発掘報告』（文物出版社、一九五九年）一〇頁。
（10）近年発見された清華簡の「楚居」にみえる楚の始祖伝承にも、穴熊が妣列を娶って二子をもうけ、二番目の子の麗季が母の胸を破って生まれたとあり、また殷の賢臣巨咸が楚（いばら）で母の胸を縫合してその命を助けたので、「楚人」という呼称が生まれたとある。禹の生誕伝説は楚の始祖伝説の関係においても注目される。
（11）量博満「岩間葬について」白鳥芳郎教授古希記念論叢刊行会編『アジア諸民族の歴史と文化―白鳥芳郎教授古希記念論叢―』所収、六興出版、一九九〇年。
（12）この間の論争については、御手洗勝『古代中国の神々』（創文社、、一九八四年）五～五一頁に詳しい紹介がある。
（13）白川静『中国の神話』（央公文庫、中央公論社、一九七五年）六一～六八頁。
（14）袁珂『山海経校注』（上海古籍出版社、一九八〇年）四一五頁。
（15）白川静前掲書『中国の神話』六五～六八頁。
（16）小南一郎『西王母と七夕伝承』（平凡社、一九九一年）八頁。
（17）周錫銀「羌族」（『中国大百科全書　民族』、中国大百科全書出版社、一九八六年）三七二頁。
（18）青海省文物管理所官吏考古隊「青海大通県上村家寨出土的舞踏紋彩陶盆」（『文物』一九七八年第三期）。
（19）厳文明「馬家窯文化」（『中国大百科全書　考古学』、中国大百科全書出版社、一九八六年）三〇三頁。

(20) 夏鼐「臨洮寺窪山発掘記」(『考古学論文集』所収、科学出版社、一九六一年)。
(21) 李水城「石棺葬的起源与拡散―以中国為例」(高大倫・宮本一夫主編『西南地区北方譜系青銅器及石棺葬文化研究』所収、科学出版社、二〇一三年)一二三頁。
(22) 段麗波『中国西南氐羌民族源流史』(人民出版社、二〇一一年)四〇頁。
(23) 費孝通「関於我国的民族識別問題」(『中国社会科学』一九八〇年第一期)、同「談深入開展民族調査問題」(『中南民族学院学報』一九八二年第三期)、同「民族社会学調査的嘗試」(同『従事社会学五十年』所収、天津人民出版社、一九八三年)。
(24) 段麗波前掲書『中国西南氐羌民族源流史』四九頁。
(25) 趙誠編著『甲骨文簡明詞典―卜辞分類讀本』(中華書局、一九八八年)一六三頁。
(26) 孫亜冰・林歓『商代地理与方国』(中国社会科学出版社、二〇一〇年)二六八頁。
(27) 島邦男『増訂 殷墟卜辞綜類』(汲古書院、一九九一年)七～一〇頁、二四三頁に「氐」字の用例が集成されているが、族称としてではない。
(28) 『今本竹書紀年』殷成湯一九年条と武丁三四年条に「氐・羌」の連称の記事がみえる。しかし『古本竹書紀年』にはみえない。
(29) 冉光栄・周錫銀「論甘青古代文化与羌族的関係」(中国西南民族学会編『西南民族研究』所収、四川民族出版社、一九八三年)二一九頁。
(30) 《羌族詞典》編委会編『羌族詞典』(巴蜀書社、二〇〇四年)七九頁。
(31) 王明珂『華夏辺縁―歴史記憶与族群認同』(允晨文化実業股汾有限公司、一九九七年)二三二頁。
(32) 四川省民族研究所編『四川少数民族』(四川民族出版社、一九八二年)四一・四二頁。

(33)　石碩「岷江上游走廊的歴史演変与民族文化特点」（冉光栄・工藤元男主編『四川岷江上游歴史文化研究』所収、四川大学出版社、一九九六年、四三頁。同『青蔵高原東縁的古代文明』、四川民族出版社、二〇一一年再録）。
(34)　松岡正子『チャン族と四川チベット族』（ゆまに書房、二〇〇〇年）一四一～一四九頁。
(35)　四川省少数民族古籍整理弁公室主編『羌族釈比経典（上巻）』（四川民族出版社、二〇〇八年）二頁。
(36)　工藤元男前掲論文「周縁から見る中国文明」一七〇～一七四頁。
(37)　四川省少数民族古籍整理弁公室主編『羌族釈比経典（上下巻）』（四川民族出版社、二〇〇八年）。
(38)　李冀祖捜集整理「羌戈大戦的伝説」（四川省茂汶羌族自治県文化館編・潘遠志編選『羌族民間故事』第二集、一九八二年）。なお、当該文は馮驥才主編『羌族口頭遺産集成　神話伝説巻』（中国文聯出版社、二〇〇九年）にも収められている。
(39)　松岡正子前掲書『チャン族と四川チベット族』六三頁。

春秋戦国時代墓制の一考察——金勝村二五一号墓を例として——

小澤　正人

はじめに

中国考古学において、墓葬研究は重要なテーマの一つである。文献資料に限りがある中国古代において、調査例が多く各地で発掘されている墓葬は欠くことのできない資料であり、葬送習俗のような文化史研究に限らず、殷周国家の構造や秦漢帝国の形成といった古代社会研究においても活用されている。

現在の中国考古学の基礎を作った研究者の一人である兪偉超は、一九八〇年代初頭に先秦時代と秦漢時代の墓葬に大きな変化があることを認め、「周制」から「漢制」といった概念で説明している。(1) 兪偉超が注目したのは諸侯墓クラスの墓葬構造で、「身分制度に基づく棺槨制度」を特徴とする「周制」から、「正蔵と外蔵槨から構成される構造」の「漢制」へと変化したと指摘している。

この「周制から漢制へ」といった兪偉超の枠組みは考古資料と文献資料を結びつけて導き出されたものであり、その手続きに検討の余地はあるものの、資料が増えた現在においても大枠において有効である。現在求められているのは、一九九〇年代以降の資料の増大を受け、それに基づくより詳細な議論である。本論文はこのような墓葬研究の一環として春秋戦国時代の墓制の特徴を明らかにすることを目的とするものであり、検討の対象として未盗掘墓の山西省太原市金勝村二五一号墓を取り上げる。

金勝村二五一号墓（以下、二五一号墓と略す）の発見は一九八七年である。太原市郊外にある太原第一火力発電所で拡張工事が計画され、それに先立ち同年三月から遺跡の確認調査が行われた。その結果一三五〇基の墓葬がみつかり、一一月までの間に一二〇基が調査された。この調査を受け、同年の一一月からは第二次の確認調査が行われ、春秋戦国時代の中型・大型墓葬が多数発見された。二五一号墓もこの第二次調査で確認されており、墓群のなかでは最大の規模を持つものであった。

発掘調査は一九八八年三月二〇日に始まり、六月五日に終了している。その後付属する車馬坑の調査が七月二〇日から九月二五日まで行われ、全体の調査が終了した。調査終了後整理作業が行われ、一九八九年に簡報が『文物』に掲載され、[2]一九九六年に報告書が刊行されている。[3]報告書では二五一号墓の年代を「春秋時代後期（紀元前四七五年から紀元前四五〇年ごろ）」としている。

春秋戦国時代では大量の墓葬が発掘されているが、そのほとんどは小型墓であり、二五一号墓のような規模の墓葬の調査例は少ない。しかも二五一号墓は未盗掘であり、この点からも春秋戦国時代の墓制を考える上では貴重な存在である。以下まず二五一号墓についてその構造と副葬品に分け概観してみたい。

第一節　墓葬構造

一・墓坑（第一図（一））

墓坑は上面で東西一一m、南北九・二m、底部で東西九m、南北六・八mを測り、地表面からの深さは一四mであ

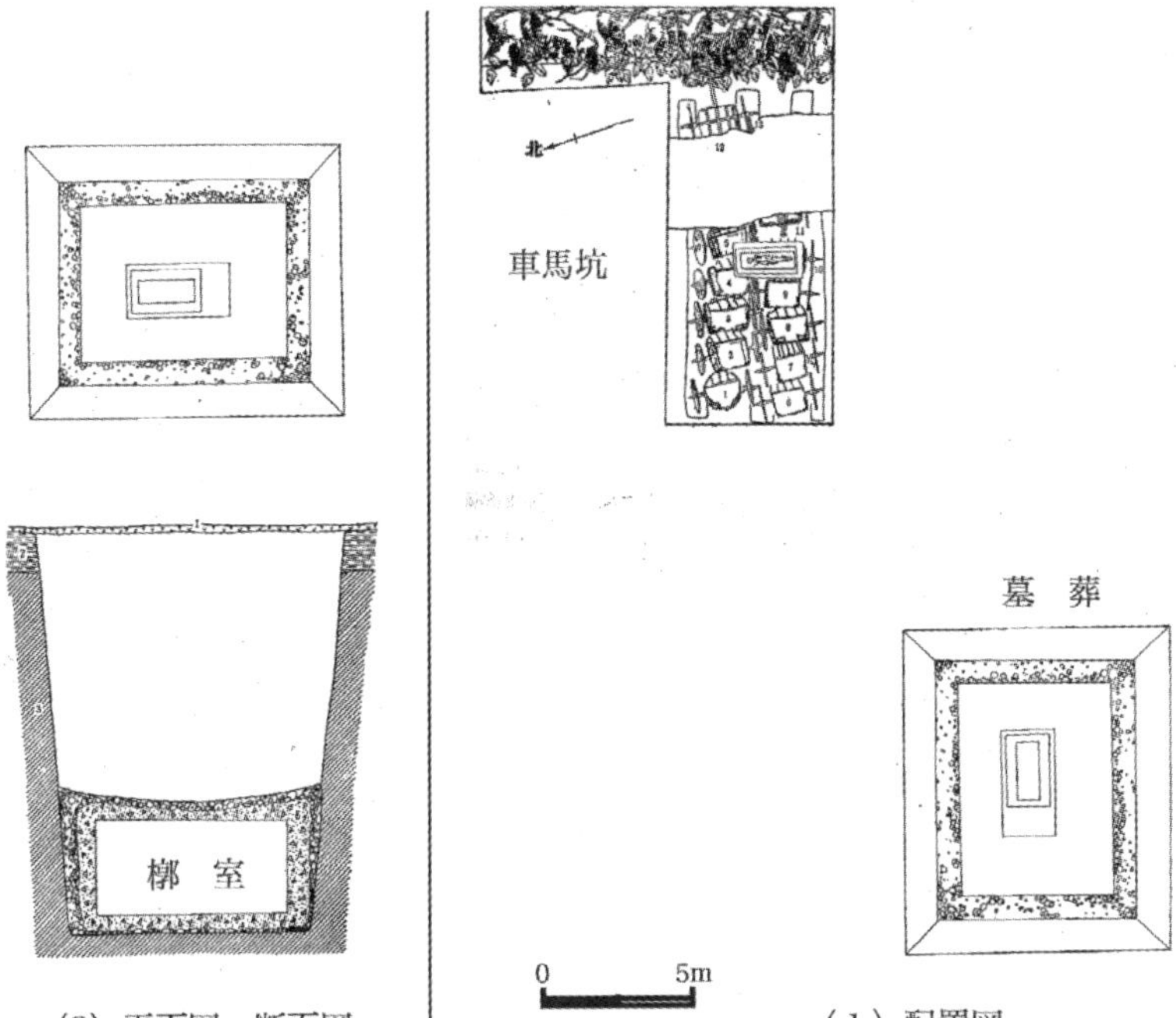

(2) 平面図・断面図　　(1) 配置図

第1図　金勝村251号墓　墓葬全体図

る。墓坑内の埋土は上下二層に分かれる。上層は礫土層で、槨室周辺に込められたものと同種の礫と土が混ざった層である。下層は「五花土」と呼ばれる埋め戻し土で、版築されていた。

墓底には木製の槨室が置かれ、底部を含む四周は礫と木炭で覆われていた。礫石層は厚さ六五cmから一〇〇cm弱、木炭層は厚さ五〇から一〇〇cmを測る。その構築過程は、①まず墓底に木炭をひく、②次に礫土層をひく、③槨室を置く、④槨室周囲の内側に礫土層、外側に木炭を込める、⑤槨室上部を礫土層で覆う、⑥その上部を木炭で覆う、と推定されている。このような構造は、槨室の保護を目的としたものと考えられる。[4]

二．葬具～槨室と木棺

二五一号墓の葬具は槨室と木棺から成り立っている。

槨室は東西長七．二m、南北幅五．二m、高さ三．四mを測り、柏木で作られていた。木材はほぼ腐っており詳細は不明だが、もっとも残存状況が良好であった底部では、小口面が縦・横二〇cm、長さが七mの木材が使われていた。

木棺は三重であった。外棺長さ三．五m、幅一．六m、高さは不明。全体は漆で覆われていたようで、黒色の地に紫と赤で幾何学文が画かれていた。木棺の両長辺からはそれぞれ四点、両短辺からはそれぞれ二点の装飾に使われた鋪首付銅棺環が出土している。

中棺は長さ二．四m、幅一．五m、高さは不明である。全体は漆で覆われていた。両長辺からそれぞれ三点の鋪首付銅棺環が出土している。

内棺は長さ二m、幅〇．八mで高さは不明。青灰色の地に赤で幾何学文を画いている。墓主の下には厚さ一．五～二．五cmの朱が撒かれていた。副葬品として武器・玉器などが出土している。

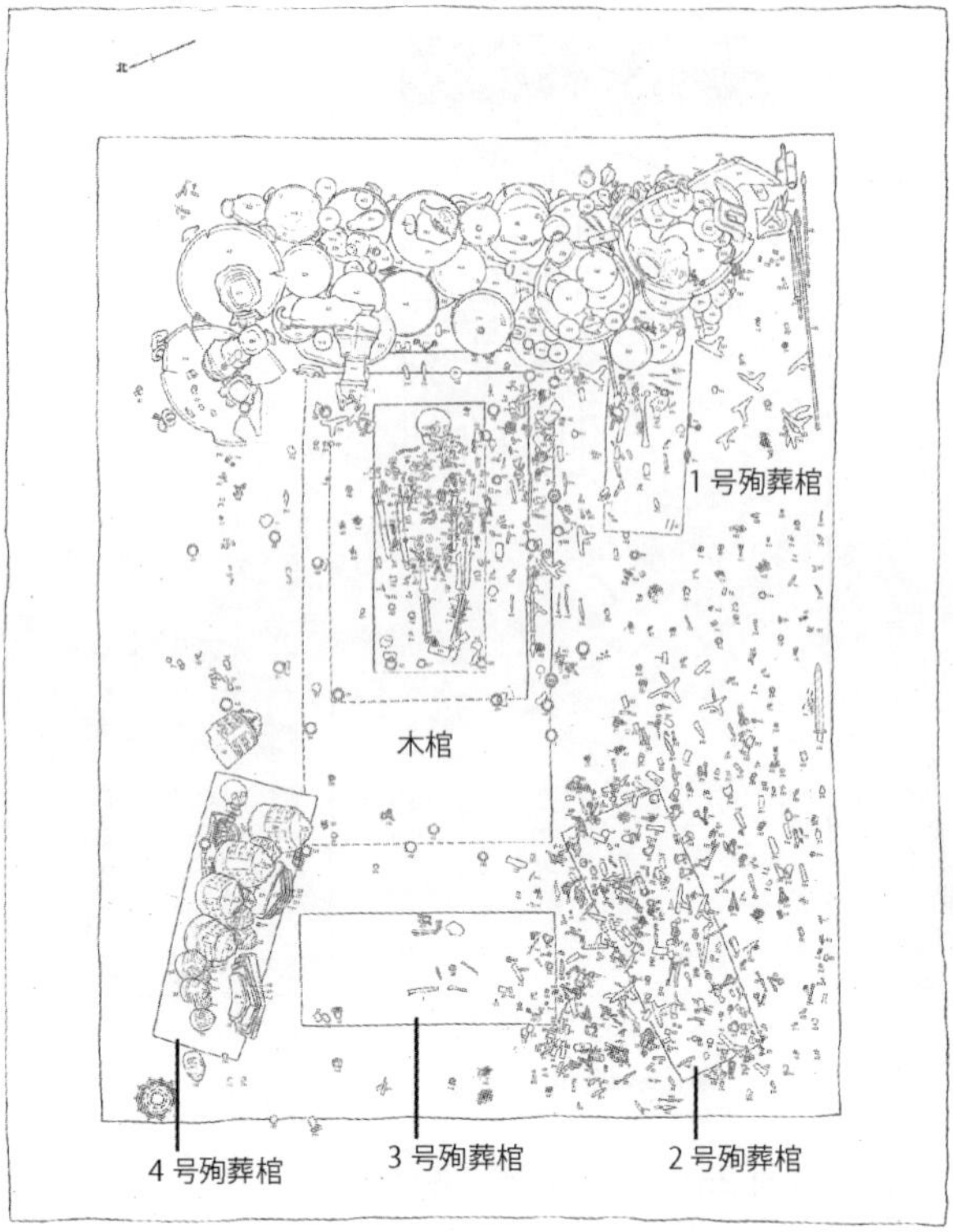

第2図　槨室内実測図

三．被葬者

被葬者は仰身伸展葬で、頭位は東である。遺体は腐食が激しかったが、残った骨からは腰で手を交差していたと推測されている。歯などの鑑定から、七〇歳前後の男性と推定されている。

四．陪葬棺（第二図）

槨室には木棺を囲むように四点の陪葬棺が置かれていた。

一号棺は長さ一．八m、幅〇．六mを測る。被葬者は仰身伸展葬で葬られており、残った人骨から二〇～二二歳の女性と考えられている。玉器（玉環、玉璋）、瑪瑙環、水晶等が出土している。

二号棺は長さ二．一m、幅〇．八mを測る。被葬者は頭位を東とした仰身伸展葬で葬られており、性別不明の青年と鑑定されている。棺内からは玉器六点（玉片三点、玉璋三点）、瑪瑙環、銅帯鈎、銅匙、車馬具などが出土しているが、棺上には武器・車馬・工具などが置かれおり、棺内とされた車馬具の一部はこの棺上のものが落下した可能性もある。

三号棺は長さ一．八m、幅〇．八五mを測る。被葬者は頭位を北とした仰身伸展葬で葬られており、成年女性と推定されている。腰部からはトルコ石の円珠二五〇点が出土しており、調査者は腕輪であったと推定している。

四号棺は長さ二．一m、幅〇．七mを測る。人骨の保存状態は良好で、被葬者は頭位を東とした仰身伸展葬で葬られており。年齢は二〇～二二歳の成年男子であった。棺内からは瑪瑙環一点、玉瑗一点、玉片一点、銅帯鈎・帯鈎一点が出土している。

五・副葬品の出土状況（第二図）

副葬品の内容は次節で取り上げることとし、ここでは出土状況について概観する。副葬品は槨室内から出土しており、出土位置から①木棺外、②木棺内に分けることができる。

①木棺外

槨室中央に置かれた木棺の周囲に副葬品が置かれていた。槨室が腐食・崩壊したときに影響を受けてはいるが、基本的な位置に変化はないと考えられる。

被葬者の頭部上方（槨室西部）からは青銅礼器がまとまって出土している。槨室南部からは武器・車馬具・工具が出土している。これら器物は種別ごとにまとまらず、混在して出土している。槨室北部のうち、西側では四号殉葬棺の上に編鐘や編磬などの楽器がまとまって置かれていた。東側では青銅製の部品が多数出土しており、楽器架が置かれていたと考えられる。槨室南部には周辺からの遺物が流れ込みはあるが、殉葬棺以外には目立った遺物は出土していない。

以上の出土状況から、埋葬時に副葬品の種別で置かれる位置が決められていたことがわかる。

②木棺内

副葬品は武器、玉器などがあった。武器は二本の戈、一〇〇点以上の銅鏃があり、特に腰部には四本の銅剣が置かれていた。玉器は被葬者を覆うように置かれていた。また腰部からは四点の純金製の帯鈎が出土している。

六・車馬坑（第一図（一））

墓坑の東北方向七〇五ｍのところで付属する車馬坑が発見されている。坑の形状は曲尺状で、東西方向の坑は主に二輪馬車が置かれていたことから「車坑」と呼ばれ、南北方向の坑は馬が埋葬されていたことから「馬坑」と呼ばれている。

車坑は東西長一二ｍ、南北幅六ｍ、地表からの深さ四．五ｍから五．五ｍを測る。東部が破壊されている。馬車は2列に並んでおり、一五台が検出されているが、報告者は最低でも一六台あったのではないかと推測している。馬坑から出土した馬は四四頭である。

第二節　副葬品

二五一号墓からは三四二一点の副葬品が出土している。ここでは代表的な副葬品を青銅礼器、楽器、武器、車馬具、玉器に分類して概観する。

一．青銅礼器（第三図・第四図）

青銅礼器は祭儀の実施に関わる器物で煮沸器、盛食器、酒器、水器、その他からなる。

煮沸器には鼎（第三図一～六）、鬲（第三図七）、甗（第三図八・九）といった器種がある。このうち鼎には大型（一）、中型（二～五）、小型（六）のものがある。これをセットとした場合、大型のもので実際の煮沸を行い、中型・小型のもので分配を行う、といった利用法が考えられる。その場合は、鼎は肉や魚の羹などを作る煮沸機能とそれを盛り付ける盛食の機能を兼ねたものということになる。また二五一号墓の鼎からは、羊・牛・豚・雁などの骨が出土して

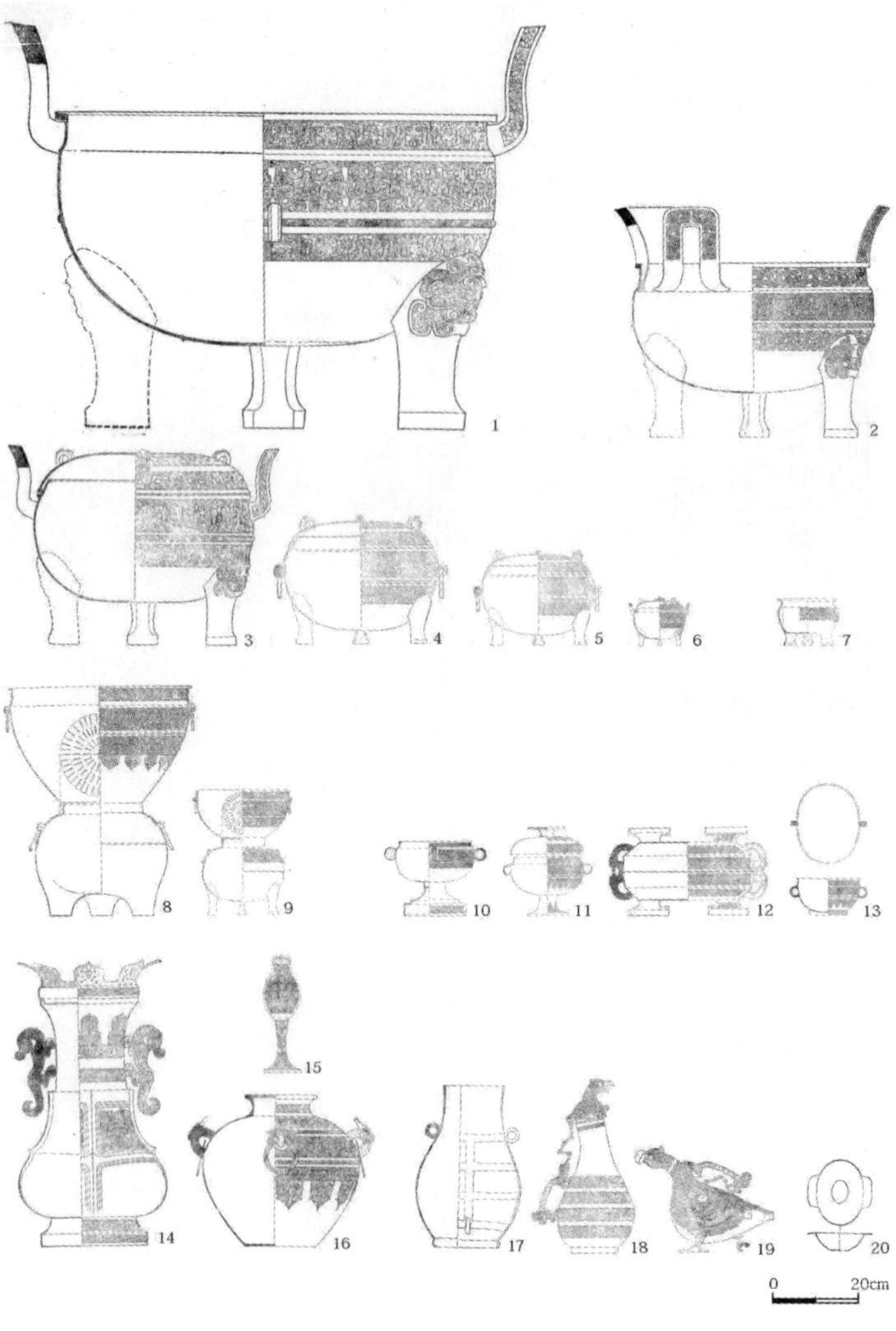

第3図　金勝村251号墓出土遺物（1）

いるが、これは食料を貯蔵したのではなく、埋葬前に祭祀を行い、そのまま副葬した結果であると考えられる。鬲も小型であることから、小型の鼎同様に羹などを盛り付けた盛食のために使われたと考えるべきである。甗は穀物を蒸したものと考えられ、その場合は次の盛食器とのセットを考えるべきである。

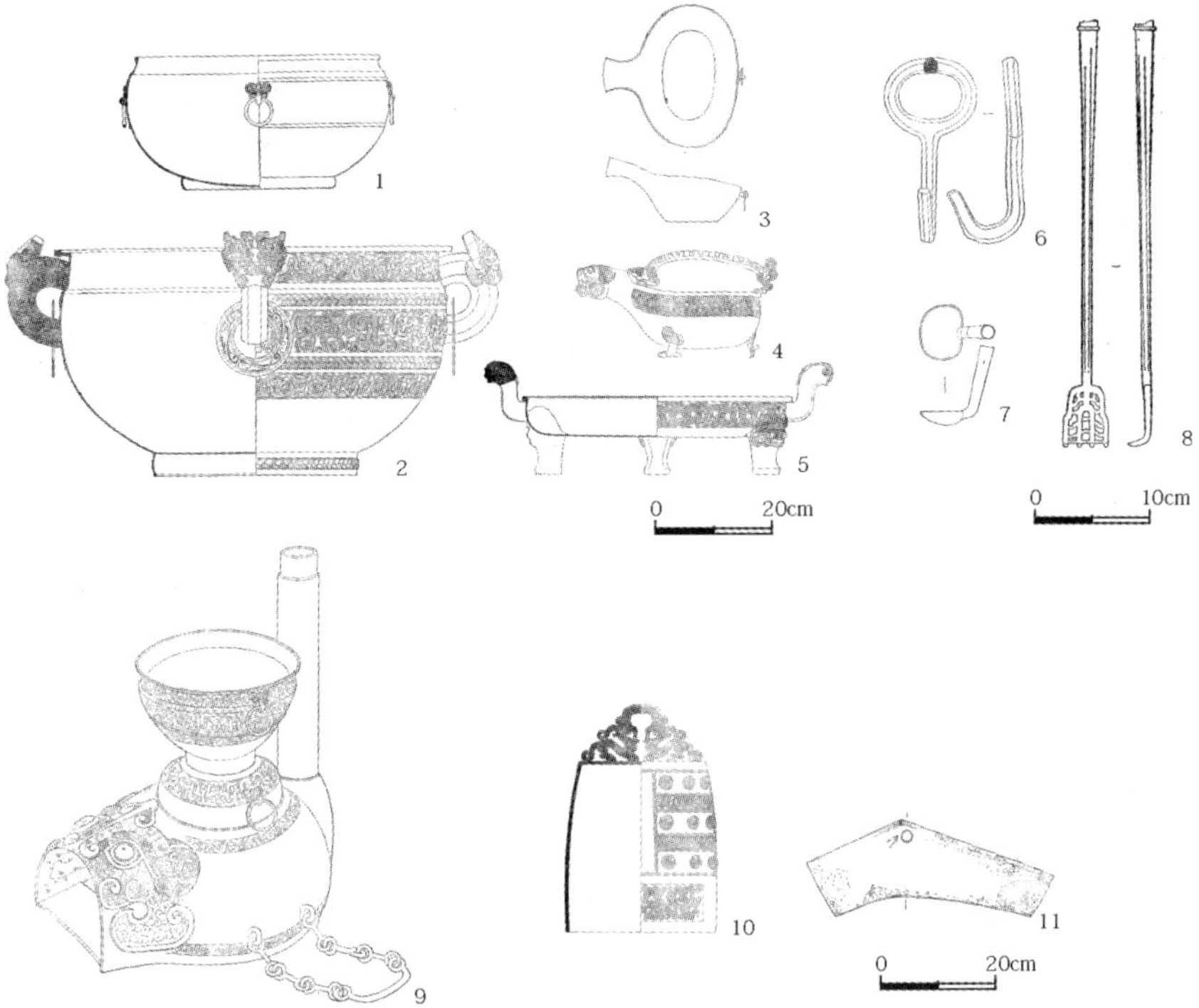

第４図　金勝村251号墓出土遺物（2）

盛食器には簋（第三図一〇）、蓋豆（第三図一一）、簠（第三図一二）、舟（第三図一三）などがあり、いずれも一対で副葬されていた。基本的には穀物を盛る器と考えられる。二五一号墓の蓋豆からはアワが出土しており、この推測を裏付ける。

酒器は壺類が中心である。出土した壺類は方壺（第三図一四）、高足壺（第三図一五）、罍（第三図一六）などの一対で副葬されたものと、偏壺（第三図一七）・匏壺（第三図一八）・鳥尊（第三図一九）といった一点のみのものがある。先の盛食器が一対のものが中心であったことを考えると、方壺・罍・高足壺などが基本となる器種であったと考えられる。この他、槨室西部で礼器と共に耳杯が一点出土しており（第三図二〇）、祭儀の際に使われていた可能性がある。また鑑（第四図一・二）については一般に水器に分類される

が、曾侯乙墓の例などから温酒のため器種である可能性もある。(5)

水器では先に触れた鑑の他に、匜・盤がセットで出土している。出土品には文様が鋳込まれたものと（第四図四・五）、無文のもの（第四図三）の2セットがある。

その他の器物としては銅鈎（第四図六）、銅匙（第四図七・八）、竈模型（第四図九）などがある。これらの器物は他の礼器と同じ場所から出土しており、出土位置から考えると、やはり祭儀の時に使われたと考えられる。竈模型は全長四六㎝で、煙突を具え、一カ所のみの掛口には釜と甑がセットとなって置かれていた。

なお青銅礼器から動物骨や穀物が出土していることは、副葬前にこれらの青銅礼器を使った祭祀がおこなわれたことを示唆している。

二．楽器（第四図）
楽器は祭儀の際に音楽を演奏するためのものであり、編鐘（一〇）と編磬（一一）が副葬されていた。またこれら楽器を吊す楽器架も副葬されていたことが関連する部品の出土から想定されている。

三．武器（第五図）
武器としては戈（一〜三）、矛（五）、戟（四）、鉞（六）、剣（七）、弓（八）および鏃（九〜一一）が副葬されており、いずれも実用器で、弓が木製である以外は青銅製である。出土点数は、戈一一点、矛二〇点、戟九点、剣六点、鉞一〇点、弓一点、鏃五一〇点であった。これら武器の大部分は槨室南部から車馬具や工具ともに出土しているが、この他木棺下や礼器下、さらに木棺内からも出土している。このうち木棺下や礼器下からは剣、戈、矛、戟、鏃といった武器が出土しており、報告者は『周礼』方相氏の条をひき、埋葬前の辟邪の儀式に使われたものではないかとしている。木棺内から出土したのは戈二点、剣四点、鏃一〇〇点だが、特に剣は被葬者の腰部から出土しており、生前の持ち物と考えられる。

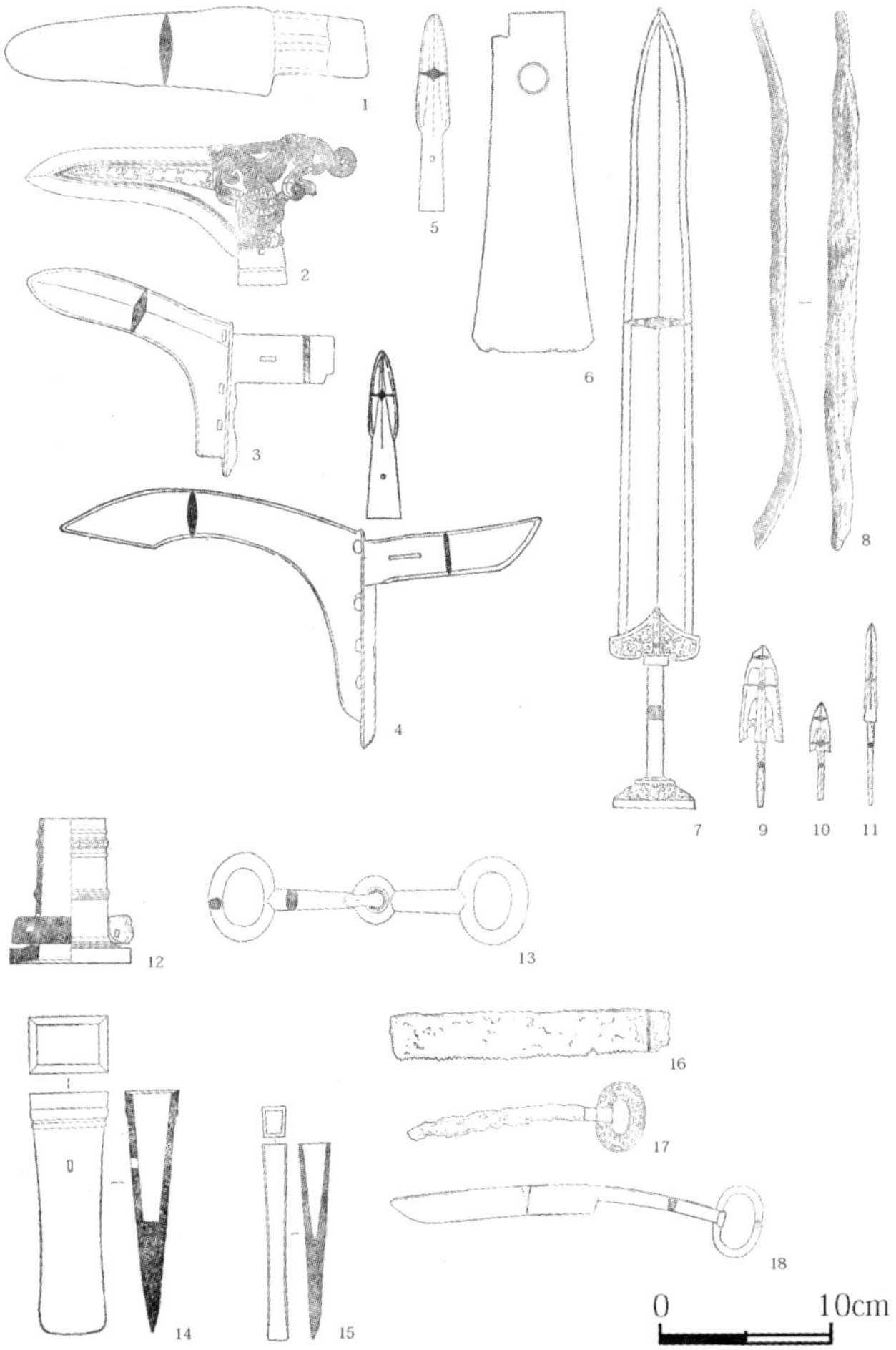

第５図　金勝村 251 号墓出土遺物（4）

四．車馬具（第五図）

出土した車馬具はすべて実用品でその点数は二一四点にのぼる。中心となるのは銅轄（一二）と銅銜（一三）であり、それぞれ馬車とそれを引く馬を象徴している。銅轄三六点、銅銜は六八点が出土している。この他には鈴や装飾品などが出土している。

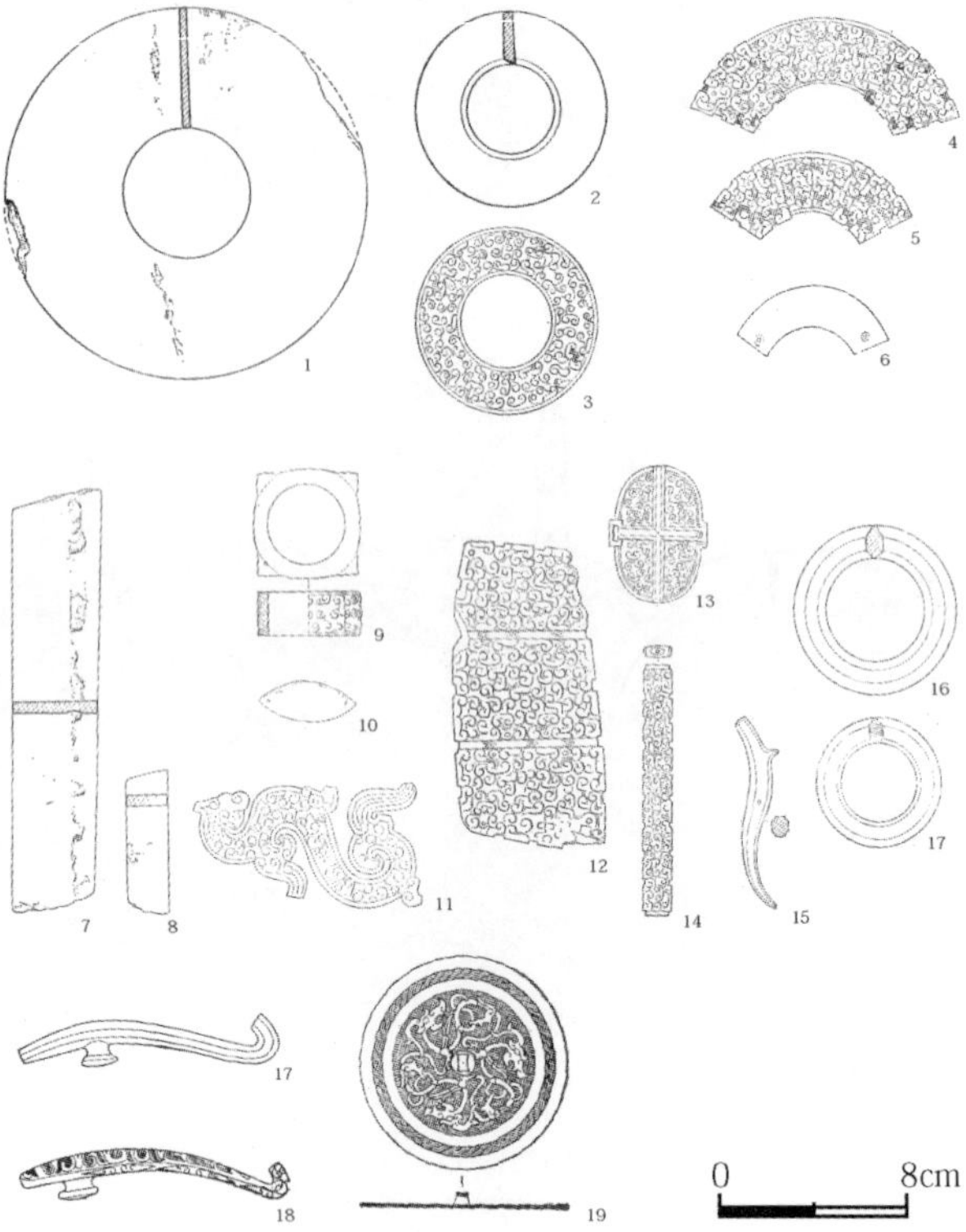

第6図　金勝村251号墓出土遺物（4）

五．工具（第五図）

工具には銅斧（一四）、銅鑿（一五）、銅鋸（一六）銅刀子（一七・一八）、などがある。銅刀子のうち柄を玉製としたもの（一七）二点が木棺の被葬者側から出土しており、生前の持ち物と考えられる。そのほかの工具は槨室南部から、武器や車馬具と混在した状態で出土している。南部から出土した工具は、袋状銅斧二九点、銅鑿九点、銅錐九点、銅鋸四点、銅刀子二一点である。

六．玉器（第六図）

玉器は二九七点が出土している。第六図のうち一～一四は玉製、一五～一七は瑪瑙製である。そのほとんどは木棺内から出土しており、少数が陪葬棺から出土している。器種は多様で、璧（一～三）・環（一六・一七）といった円形のもの、璜（四～六）のような弧状のもの、圭のような長条形のもの（七・八）、琮（九）、眼形玉（一〇）、龍形飾（一一）、その他多数の佩玉（一二～一五）がある。木棺内から出土した玉器のうち、一部は佩飾として身につけられていたと考えられるが、ほとんどの玉器は被葬者を覆うように置かれており、全てを佩飾として考えることはで

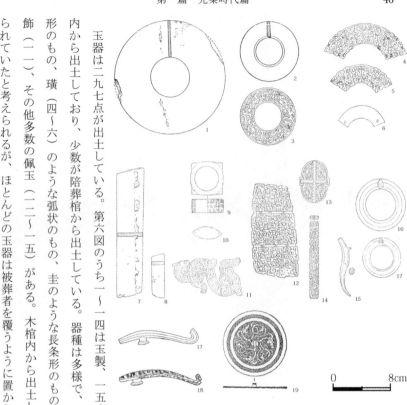

きない。例えば一一の眼形玉は両端に穿孔があり、かつ被葬者の目の部分から出土しており、虢国墓地二〇〇一号墓の事例を参考とすれば、布などに縫い付け、顔を覆ったものと考えられる。(6) このような事例を参考とすれば、出土した玉器の大部分は死体の保護を目的として使われたと考えられる。

玉器は殉葬棺からも出土しているが、この場合は殉葬者が身につけていた佩飾であったと考えられる。

七．日用品（第六図）

ここでいう日用品とは、生活の中で使う身の回りの品を指し、衣類、化粧道具などが含まれる。二五一号墓からは帯鈎（一七・一八）、銅鏡（一九）などが出土している。また棺内から出土した玉柄銅刀子（第五図一七）も被葬者の日用品として考えるべきである。

第三節　墓制の検討

以上が二五一号墓の調査結果である。これをもとに墓制について考えてみたい。

現在われわれが目にすることのできる墓葬は、被葬者の関係者がある目的と意図を持って構築したものである（このような「被葬者の関係者」を以下「造墓者」と呼ぶ）。二五一号墓について、このような造墓者の目的や意図をまとめると以下のようになる。

一．死体を安置する施設とする

墓葬の基本は被葬者の死体を安置する施設である。二五一号墓は墓坑に槨室を造り、三重もの木棺が準備して死体を安置している。さらに墓葬を護るための祭祀や死体を保全するために玉器で覆うことも、このような死体を安置することを目的としたものであると考えられる。

二　被葬者を想定した器物を副葬する

中国の墓葬の特徴は副葬品が豊かなことであり、二五一号墓も例外ではない。これら副葬品は大部分が実用品であることから、造墓者は被葬者を想定して器物を副葬したと考えられる。出土した副葬品は①青銅礼器、②楽器、③武器、④車馬具、⑤工具、⑥玉器、⑦日用品に分けられる。

このうち①〜④は被葬者の社会的な身分を表現するものとなっている。①と②は儀礼や祭祀などの祭儀に使われた器物（以下両者をあわせて「祭儀用品」と呼ぶ）である。春秋戦国時代において、儀礼や祭祀、特に祖先を祀る祭儀は重要視されており、一定の身分にあるものにとって、自らの社会的な地位にふさわしい祭儀を行うことは必須であった。③の武器は被葬者が武人としての性格を備えていたことを表している。④の車馬具についても、被葬者の身分を表現する器物であることが指摘されている[7]。さらに副葬品ではないが、墓葬近くに造られた車馬坑もこのような被葬者の社会的身分を表現する施設として考えられる。

⑤工具のうち、木棺内の被葬者の傍から出土した玉柄刀子は被葬者の持ち物であったと考えられるが、問題なのは槨室南部から出土した大部分の工具である。これら工具は武器や車馬具と混在して出土しているが、武器や車馬具のように被葬者の身分を表現する器物とは考えがたい。工具の副葬については西周前期の長子口墓[8]、後期の虢国墓地でも確認されており、いずれも車馬具と同じ場所に副葬されている。特に虢国墓地二〇一一号墓からは「太子車斧」銘

を持つ銅袋状斧が出土しており、この斧が車馬と関連づけられたものであることがわかる。このことと出土した工具が斧・鑿・錐といった木工具であることを考慮するならば、工具は車馬の制作や修復を想定して副葬されたと考えるべきである。従って、出土した工具は車馬具の一部として位置づけることができる。

⑦日用品は、被葬者の衣類や身の回りの品である。出土品としては帯鈎や鏡が該当するが、量的に多くはない。

残りの⑥玉器は二五一号墓ではそのほとんどが死体の保護を目的として死体を覆うように置かれており、被葬者に供されたものではない。しかし本来玉器は佩飾として身につけ、魔除け・護符的な性格を持っていたと考えられる。二五一号墓でも殉葬棺からは佩飾に使われたと考えられる玉器が出土しており、このことから二五一号墓の被葬者も当然佩飾を保持し、副葬されていたと考えられる。しかし二五一号墓木棺では佩飾の玉器と死体保護のための玉器が混在したために、その特定が難しくなってしまっている。しかし副葬されていたはずである佩飾については、護符や魔除けとして日常的に用いられたものとして、日用品の一種として捉えることも可能である。

以上の検討から、二五一号墓の副葬品は、被葬者の社会的な身分を表現するもの（祭儀用具（青銅礼器と楽器）・車馬具（工具を含む）・武器）と日用品（玉器（佩飾）を含む）に分けることができ、出土数や状況からすると前者が中心となっていることがわかる。

三．被葬者のための祭祀をおこなう場

二五一号墓では祭祀が行われた痕跡が確認されている。このうち槨室で副葬品や木棺の安置に先立ち行われた武器を使った祭祀については、墓葬の安全を願ってのものであり、上記（一）の範疇になる。

これとは別に青銅礼器の中からは獣骨や穀物のアワなどが出土しており、被葬者に対する祭祀が副葬前に墓葬でおこなわれたと考えられる。この祭祀は被葬者に向けたもので、祖先となった被葬者を送る祭祀と考えられる。

以上のような造墓者の目的や意図をもとに、二五一号墓の墓制を考えると以下のようになる。

造墓者が死体を埋葬保存する施設として槨室や木棺を作り、死体を護るために全身を玉器で覆い、さらに墓葬を護る祭祀をおこなっていたことからは、彼らが死によっても人は消滅せず、何らかの形で存在が継続する、といった死生観を持っていたことが窺える。

このような死生観に立つならば、副葬品の埋葬は単に死者を想定するというだけではなく、これからも存在する死者が必要とするものを考えて行われていたということになる。その副葬品が被葬者の社会的な地位を表現するものが中心となっていたことは、造墓者とっては被葬者を生前の社会的な地位に相応しい器物で埋葬することが、最っとも重要だと考えられていたことになる。

さらに墓葬において青銅礼器を使った祭祀が行われていたことは、被葬者が祖先に対する祭祀を受けていたことが想定される。このことは、墓葬において被葬者を生者とは別の存在とする意味づけが行われていたことを意味している。

つまり金勝村二五一号墓から考えられる墓制とは、被葬者が死後も存在するといった死生観のもとで死体を護り、被葬者の社会的な身分を表現するに相応しい器物を副葬し、あわせて被葬者を祖先へと送る祭祀を実施する場、ということになる。

おわりに

以上金勝村二五一号墓を取り上げ、その墓制を検討してきた。最後にこのような春秋戦国時代墓制の背景について考えてみたい。

岡村秀典は先秦時代の国家を「祭儀国家」として、国家の支配体制に儀礼・祭祀が重要な役割を果たしたことを指摘している(9)。この様な祭儀国家では国家の統治や社会的な身分が儀礼や祭祀によって表現されるのであり、そこから儀礼や祭祀を実施するための器物が重要視されたことが考えられる。金勝村二五一号墓において造墓者が被葬者の社会的な身分を表現する器物を重視していたのは、祭儀国家において器物が重視されていたことと関連づけて考えることができる。つまり祭儀国家において社会的な身分が器物により表現されることを背景にして、被葬者の社会的な身分を表現するに相応しい副葬品を中心とした春秋戦国時代の墓制が形成されたのである。

ではこのような春秋戦国時代の墓制は、次の秦漢時代の墓制、それは兪偉超のいう「漢制」ということになるが、になるとどのように変化したのであろうか。

朱律は兪偉超の言う「漢制」の特徴を「墓葬の邸宅化、副葬品のセットの生活化、夫婦合葬の常態化、墓祭制度の普及」としてまとめている(10)。筆者もこれまで前漢墓の墓制について検討してきたが、そこからは被葬者の社会的な身分を表す器物もあるが、それよりも被葬者の墓中での生活のための器物が中心となっており、死者の住処としての墓制が成立していることを指摘してきた(11)。以上のような漢墓の墓制は、本論文で明らかにした金勝村二五一号墓の墓制とは明らかに異なっている。このような「周制」から「漢制」への変化の実態やその背景を明らかにすることが今後の課題である。

注

（1）兪偉超「漢代諸侯王與列侯墓葬的形制分析」（『中国考古学会第一次年会論文集』所収、一九八〇年、文物出版社、北京）。その後一部を修正し、同氏著『先秦両漢考古学論集』（一九八五年、文物出版社、北京）に収められている。なおこの論文のもとになった報告は一九七九年に行われている。

（2）山西省考古研究所、太原市文物管理委員会「太原金勝村二五一号春秋大墓及馬坑発掘簡報」（『文物』一九八九年第九期）。

（3）山西省考古研究所、太原市文物管理委員会『太原晋国趙卿墓』（一九九六年、文物出版社、北京）。

（4）同時期の楚の地域では槨室は粘土で覆われており、同じように槨室の保護を目的としたものであると考えられる。

（5）湖北省博物館編『曾侯乙墓』（一九八九年、文物出版社、北京）。

（6）河南省文物考古研究所、三門峡市文物工作隊『三門峡虢国墓』（一九九九年、文物出版社、北京）。

（7）車馬のこのような役割を指摘した研究は多いが、近年のものとして以下のものがある。趙海洲『東周秦漢時期車馬埋葬研究』（二〇一〇年、科学出版社、北京）（日本語訳としては石谷慎・菊地大樹訳『中国古代車馬の考古学的研究』（二〇一四年、科学出版社東京、東京））。

（8）河南省文物考古研究所、周口市文化局『鹿邑太清宮長子口墓』（二〇〇〇年、中州古籍出版社、鄭州）。

（9）岡村秀典「農耕社会と文明の形成」（『岩波講座世界歴史』第三巻所収、一九九八年、岩波書店、東京）、岡村秀典『中国古代王権と祭祀』（二〇〇五年、学生社、東京）。

（10）朱律「従大伝統和小伝統的理論看“漢制”的形成與発展」（『中原文物』二〇一七年第五期）。

(11) 小澤正人「馬王堆一号墓副葬品からみた漢墓の特質」(岡内三眞編『技術と交流の考古学』所収、二〇一三年、同成社、東京)、小澤正人「巣湖漢墓の墓制」(『日本常民文化紀要』第三十三輯、二〇一八年)。

『交州外域記』に記される安陽王の事跡について

盧　丁（森　和訳）

はじめに

ベトナムの官撰史書である『大越史記全書』と『欽定越史通鑑綱目』には次のような話が記されている。蜀泮はもと中国の戦国時代の蜀国の王子である。蜀の先王が雄王と通婚を求めて拒まれたため、蜀国は文郎国と代々仇敵となった。蜀国が秦国に滅ぼされた後、蜀泮は軍を率いて南下し、現在の広西と雲南に至り、その後転々と南下し、代々の仇敵である文郎国に侵攻した。最後の雄王は自ら強勇を恃んで軍備を怠り、蜀泮が進攻しているとき酒に酔って井戸に落ちて死亡した。そこで蜀泮は自立して王となり、安陽王と称して、国号を甌雒と改めた。安陽王は越裳地区に新たな都思龍城を建設し、その都は巻貝のように螺旋状であったため、また古螺城とも呼ばれた。

安陽王の統治時代の事績について、ベトナムの史書の中の記載は甚だ少ない。ベトナムの歴史学者は多く『交州外域記』に記される安陽王の事跡を信じ、安陽王を偉大な君主と称え、その在位期間には霊弩を製造し、秦朝の幾度の侵攻を防いだとする。ベトナムの歴史学界はベトナムの古代史を区分する時、中古以前を原始時代、伝説時代、そして中国統治時代に分ける。その中で鴻龐氏と蜀氏は伝説時代に属し、蜀氏の伝説がすなわち安陽王伝説である。従って、広西・ベトナムの古史を掘り下げて理解するのに、安陽王伝説が内包する意味を理解するのは十分に重要なことである。

古籍としての『交州外域記』はすでに亡佚し、目下のところ歴史学界が引用する『交州外域記』は『水経注』葉楡水条の中から輯集されたものである。中国国内における安陽王伝説に関する研究は、主に著名な歴史家徐中舒氏の「《交州外域記》蜀王子安陽王史迹箋証」に見える。[1] 徐氏は歴史文献の関連記述に基づき、『交州外域記』中の蜀の王子安陽王の事跡に対して詳細な考証をしている。そこで本文は徐氏の論文の基礎の上に、安陽王の関連する事跡に対してさらに考証を加え、徐氏が言及しなかった問題について少し補充するつもりである。

第一節　蜀王子安陽王の身分について

『華陽国志』は、紀元前三一六年に秦軍が蜀の地に入って開明氏の蜀国を滅ぼし、そして巴郡と蜀郡を置いたと記す。『交州外域記』中の安陽王の主な事跡は南越王趙佗との紛争である。『史記』南越列伝は、紀元前二〇七年に秦が滅んだ時、趙佗が南海三郡を占拠領有したと記す。これによれば『華陽国志』の蜀王開明氏の亡国から安陽王と南越の紛争まで百十年余り隔たっており、そのため徐中舒氏は安陽王と蜀の開明氏の関係は説明し難いとする。

『交州外域記』中の蜀の王子の南下に関する記述に、

交址昔未有郡縣之時、上地有雒田、其田從水上下、民墾食其田、謂之雒民。設雒王・雒侯、主諸郡縣。縣多爲雒將、銅印青綬。後、蜀王子將兵三萬、來討雒王・雒侯、服諸雒將。蜀王子因稱安陽王。[2]

交址に昔未だ郡縣有らざるの時、上地に雒田有り、其の田水に従いて上下し、民墾きて其の田に食い、之を雒民と謂う。雒王・雒侯を設け、諸〃の郡縣を主らしむ。縣多く雒將と爲り、銅印青綬。後、蜀の王子、兵三萬を將い、來りて雒王・雒侯を討ち、諸〃の雒將を服せしむ。蜀の王子因りて安陽王を稱す。

とある。この記載に蜀の王子が雒を服属させた時代について記述はないが、しかし「銅印青綬」から秦国が用いた印綬制度が佩玉制度に取って代わった時代以後であるべきと推測することができる。四川地区のいわゆる「巴蜀銅印」は巴蜀と西南地区で以前はあるいは護身、吉祥のものであったかもしれないが、しかし秦が巴蜀を滅ぼした後、その性質に変化が生じた。秦文化の印綬の観念が巴蜀銅印の中に融け込んだのである。ここで「銅印青綬」と強調されているのは、まさしく秦漢の印綬文化の概念である。『後漢書』輿服志の記載によれば、春秋戦国時代、六国では佩玉制度が流行していたが、商君変法で印綬が組綬に取って代わり、秦が天下を併せると、印綬制度が推し広められた。そして漢代は秦の印綬制度を継承したため、『漢書』百官公卿表には「凡吏秩比二千石皆銀印青綬（凡そ吏の秩比二千石は皆な銀印青綬）」、「秩比六百石以上は皆な銅印黒綬」などとある。従って、『交州外域記』の記載中の「蜀の王子」が南下した時代はまさしく秦の印綬文化が盛行した時代である。

安陽王は記載中の蜀王開明氏の王子であるのか否か。現在の古籍資料と考古資料について見てみると、関連する証拠はない。しかし考古学文化から見ると、四川南部と雲貴・広西地域には多くの共通した文化要素が存在している。すなわち滇文化と夜郎文化および大石墓中から出土する文化遺物と巴蜀文化はいずれも多くの相似性を有している。川南・雲貴・広西・ベトナムで出土する無格剣・長骹矛。銅柄鉄剣・双耳㪉口罐・凸唇辺手鐲・玦形耳環・玉石管飾などの器物はみな考古学文化の一致性を示している。

東山文化はベトナムの青銅文化の代表的なもので、遺跡は一九二四年にベトナム清化省東山県東山村で発見された。東山文化の中にも比較的多くの漢式要素が発見され、それらの来源は蜀文化の影響を受けた可能性もある。例えば東山文化の長援無胡戈や長胡三穿局援戈は明らかに雲南省晋寧区の石寨山の影響を受けており、石寨山文化の中のこの二種類の形式の戈はみな蜀の戈の影響の下で生産されたものである。童恩正氏は東南アジア地域の考古発見の中から、東南アジアの古代文化のいくつかの特徴と四川の古代文化が一定の関係を有していることを鋭敏に認識され、その中には例えば、農作物におけるトウモロコシの栽培や、葬俗における岩葬・船棺葬・石椁葬・大石遺跡などがある。(3)

まさに西南地域の考古学文化の共通した特徴が比較的強いがために、『交州外域記』の安陽王南下に関する記述は一定程度の信ぴょう性があると、筆者に感じさせるのである。戦国後期、蜀国は当然西南地域で最も影響力のある国家であったはずである。秦は蜀を滅ぼした後、蜀郡を設置したとはいえ、恐らく行政上の変化は文化同一性の変化とは同じではなく、秦文化の流入も一定期間は四川南部地区に散在する蜀国遺民の、文化的な蜀国に対するアイデンティティを改変するすべはなかったであろう。この方面から見ると、安陽王が蜀の開明氏の血筋であったか否かは明らかにさして重要ではなくなる。蜀の王子が兵三万人を帯同したことと、その後彼の神弩に関する記載から推測すると、当時南下したいわゆる「蜀の王子」の軍隊は厳密な組織体系があり、当時の比較的高い軍事組織に属し、かつ兵器製造の手工技術を持っていた。このような数の軍隊規模はまさに当時の比較的大きな都市文明と密接な関係があるとすべきである。

従って、筆者は次のように考える。秦が蜀を滅ぼした後、旧蜀国にもとからあったいくらかの軍事組織集団と軍隊組織はけして完全に破壊されたのではなく、彼らは蜀国の南方に退いて復国の機会を窺い、秦国が蜀の地で行政的、軍事的統治を強めるにつれて、最後には南下に転じて雒の地を征服した。これらの南下した征服者は、戦国時代の蜀国と複雑に入り組んだ関係があり、蜀国の西南地域に対する文化的影響をも加わり、かくて「蜀の王子」の名義が建国に冠せられたのである、と。

第二節　安陽王の「神弩」について

『交州外域記』が言及する安陽王の事跡は主にその「神弩」をめぐる記述である。

後南越王尉佗舉眾攻安陽王。安陽王有神人皋通、下輔佐、爲安陽王治神弩一張、一發殺三百人。南越王知不可戰、卻軍住武寧縣。越遣太子名始、降服安陽王、稱臣事之。安陽王不知通神人、遇之無道、通便去。語王曰、「能持此弩王天下、不能持此弩者亡天下」。通去。安陽王有女名曰眉珠、見始端正、珠與始交通。始問珠、令取父弩視之。始見弩、便盜、以鋸截弩、訖、便逃歸、報南越王。南越王進兵攻之。安陽王發弩、弩折、遂敗。安陽王下船、徑出於海。(4)

後、南越王尉佗、眾を舉げて安陽王を攻む。安陽王に神人皋通有り、下に輔佐し、安陽王の爲に神弩一張を治め、一たび發するごとに三百人を殺す。南越王戰うべからざるを知り、軍を卻きて武寧縣に住む。越、太子の名は始を遣わし、安陽王に降服し、臣と稱して之に事う。安陽王、通の神人なるを知らず、之を遇すること無道なれば、通便ち去る。王に語りて曰く、「能く此の弩を持たば天下に王たり、此の弩を持つ能わずんば天下を亡わん」と。通去る。安陽王に女の名を眉珠と曰うもの有り、始の端正なるを見、珠、始と交通す。始、珠に問い、父の弩を取らしめて之を視る。始、弩を見、便ち盜み、鋸を以て弩を截つ。訖るや、便ち逃歸り、南越王に報ず。南越王、兵を進めて之を攻む。安陽王、弩を發するも、弩折れ、遂に敗らる。安陽王、船に下り、徑ちに海に出づ。

この記載について、徐氏は、神弩の機能を誇張しており、南越は大国であり、たとえ一時利を失ったとしても、降伏して臣と称し、太子を質とする道理はないと考え、そのため徐氏はこの記載をあまり信用せず、「この文章は極めて伝奇小説に似ている。『交州外域記』の作者は南越王が交趾を併合したときから少なくともすでに四百七、八十年以上隔たっており、故老の遺聞で生存する者もなく、彼はただ世俗に流伝する神話故事を交え採り、とりあえず集めて紙幅を補うしかなかったのである。伝承を信じるも疑うも、読者は当然識別できるはずである」という。(5)

まず、『交州外域記』に由来する神弩伝説は、後の史籍の記載の中では無限に誇張されており、例えば、「南越志」の中では「王有神弩、一發殺越軍萬人（王に神弩有り、一たび發すれば越軍萬人を殺す）」とあり、(6)『日南伝』に「神弩一張、一發萬人死、三發殺三萬人（神弩一張、一たび發すれば萬人死し、三たび發すれば三萬人を殺す）」と記されるがごとくである。(7)

一度で三百人、ひいては万人を殺す伝説について、徐氏は『華陽国志』南中志に「呉人愛蜀側竹弓弩（呉人、蜀の側竹の弓弩を愛す）」といい、漢代の南中ではすでに普遍的に弩を用い、蜀の弩はあるいは越の弩に較べて強力であったことがわかる。安陽王は蜀の地から来て越に対して戦争をしているが、一時期優勢であった可能性がある。千の弩を一斉に発したならば、一度の発射で三百人を殺すこともあるいは可能であったかも知れない。『交州外域記』の作者はただ神弩でもって安陽王のこの方面での優勢を誇張しているだけで、皐通も弩を整備するのが上手な人に過ぎなかっただけであろう」と指摘する。

現在の考古発見の総合資料を見ると、文献中で南越王が初めて安陽王の神弩に敗れたのは、けして蜀の弩が越の弩より強力であったためではなく、あるいは双方の軍隊の装備の伝統と作戦環境に関係している可能性がある。『交州外域記』に記された伝説が安陽王の神弩を強調したのはけして根拠がないわけではないであろう。川南から広西・ベトナムの境界はほとんどが丘陵や山岳の地形で、小集団の軍事力が戦いを行うのに適合している。遠距離射撃の弩は当然、当時この地域で最も戦闘力を発揮できた遠距離兵器であったはずである。安陽王の軍隊がもし蜀から南下してきた軍団で、紀元前三一六年に蜀国が滅亡してから紀元前二〇七年に趙佗が南越国を建てるまで、百年余りの間ずっと川南の川谷や丘陵、山岳で活動し、丘陵や山岳で戦う長い経験があり、それに加えて蜀国の大都市の手工業による軍事器械とロット生産の文化的伝統があったならば、遠距離射撃の弩兵の方面で明らかな優勢を獲得するのは容易であったであろう。

秦が蜀国を滅ぼした後、秦軍が南へ向かう歩みを止めた原因は多方面にわたる。秦軍の陣容と武器葬儀から見ると、その中の重要な原因の一つは秦の軍団が川谷や丘陵、山岳での作戦環境に適応していなかったためである可能性がある。

秦の兵馬俑坑の秦軍の陣容もつまりは戦国後期の秦軍で流行していた編成・陣容であろう。秦の始皇帝陵の兵馬俑坑一～三号坑から見ると、一号坑の秦軍の陣容は軽装歩兵、戦車部隊および重葬歩兵の混合編成で、軽装歩兵はほとんど装甲の防護がなく、重装歩兵の鎧も比較的簡単で、鎧の丈はわずかに下腹部を護るだけで、後ろのベストは腰までしかなく、腕の部分はただ肩と臂の外側に防具があるだけで、このような鎧の簡素さはかえって歩兵の機敏な動きに有利であった。軽装歩兵は主に弓箭を装備し、重装歩兵は長い武器および剣を装備している[8]。秦の兵馬俑坑二号坑は騎兵と戦車の混合編成で騎兵の主な武器は弓箭である。秦の始皇帝陵の銅車馬坑には盾の痕跡があるが[9]、車兵であれ騎兵であれ、いずれも兜はない[10]。

秦国の用兵について、『史記』張儀列伝の中に、

秦帯甲百餘萬、車千乘、騎萬匹、虎賁之士跿跔科頭貫頤奮戟者、至不可勝計。秦馬之良、戎兵之眾、探前趹後蹄間三尋騰者、不可勝數。山東之士被甲蒙冑以會戰、秦人捐甲徒裼以趨敵、左挈人頭、右挾生虜。夫秦卒與山東

之卒、猶孟賁之與怯夫、以重力相壓、猶烏獲之與嬰兒。夫戰孟賁・烏獲之士以攻不服之弱國、無異垂千鈞之重於鳥卵之上、必無幸矣。(11)

秦は帯甲百餘萬、車千乘、騎萬匹、虎賁之士の跿跔科頭、頤を貫かるるも戟を奮う者は、勝げて計うべからざるに至る。秦馬の良、戎兵の眾、前を探り後を趹り、蹄閒三尋騰がる者は、勝げて數うべからず。山東の士は甲を被て冑を蒙りて以て會戰するも、秦人は甲を捐て徒裼して以て敵に趨き、左に人頭を挈げ、右に生虜を挾む。夫れ秦卒と山東の卒とは、猶お孟賁の怯夫とのごとく、重力を以て相壓するは、猶お烏獲の嬰兒とのごとし。夫れ戰うに孟賁・烏獲の士以て服せざるの弱國を攻むるは、千鈞の重を鳥卵の上に垂らすに異なる無く、必ず幸無し。

とある。

張儀の秦軍に対するこの描写は、出土した兵馬俑の陣容と結合すると、秦軍が進攻性の比較的強い陣容に属していたことが見出せる。秦軍は山東の各国の軍隊と戦うとき、兜をつけずに裸足であり、はては鎧を脱ぎ去って進攻し、心理的に相手に恐怖を与えた。すなわち、秦軍は中原の各国と平原で戦闘するとき、その陣容と軍事装備はいずれも強力な進攻性の特徴を有しており、相対的に個人の防護装備は比較的弱かったのである。中原の戦車を主な攻撃とする陣型に対抗する中で、秦軍が利用できた陣容の特徴は少量の大盾で陣型防御とするものであった。ただしこのような進攻方式を丘陵や山岳の作戦に転用すると、複雑な地形で陣型を保つことが難しく、秦軍の個々の兵士の防御の弱さが加わり、遠距離射撃の武器が秦軍の個々の兵士に対して比較的大きな脅威となるのは容易であった。

『史記』は紀元前二一四年、秦が任囂と趙佗を派遣して西甌を壊滅させ、秦が南海と桂林、象郡を設置したことを記す。任囂と趙佗が率いた秦軍は当然兵馬俑の陣容に見えるような秦軍の特質を具えていたはずである。秦の二世皇帝が即位した後、陳勝・呉広が竿を掲げて蜂起し、天下が呼応して中原は混乱に陥ったが、趙佗はこのとき南海に割拠して自分の勢力を拡大し、安陽王と戦争を起こした。趙佗の率いていた軍隊は秦軍を基礎としていたことから、南越軍の陣容が当初秦軍の伝統的な作戦装備と組織編成の特徴を保持していた、すなわち進攻を重視し、個人の防護を軽視していた可能性は十分にある。

安陽王が南越王と初めて戦った場所についてははっきりした記録はないが、しかし広西・ベトナム辺境には十万大山や四方嶺および南詔山があり、丘陵・山岳地域に属す。平原や山間平地での戦いに慣れた南越王軍は安陽王と初めて戦ったとき、相手の強弩の遠距離射撃の陣に直面し、壊滅して帰ったのは、十分に考えられることである。

『交州外域記』中の「南越軍初戰失利後、遣太子始降服安陽王、臣事之（南越軍初めて戦いて利を失うの後、太子始を遣わして安陽王に降服し、之に臣事す）」について、徐中舒氏は「南越は大国であり、たとえ一時利を失ったとしても、降伏して臣と称し、太子を質とする道理はない」とする。[12] しかし『史記』南越列伝は、趙佗の建国が番禺を王都とする、つまり南海郡を基盤とするもので、その後桂林と象郡を併合したこと、秦人が嶺南を征服したとき、直接支配した地域はけして大きくなかったことに言及している。趙佗が安陽王と初めて戦ったとき、その基盤は当然まだ南海郡であったはずであり、そのため南越国が安陽王が戦いを始めたとき、実力も十分な大差があったわけではなかった。たとえ趙佗が象郡を制圧したとしても、土着の勢力が強大に過ぎることが分かり、最終的には交趾・九真二郡に分かれて使者を派遣して重大な事務を管掌させ、日常の事務はなお土着の各部落の首領に自己管理させたであろう[13]。これにより、敗戦後は史書に記されているように、表面上は降伏して臣と称した可能性はある。『史記』南越列伝は、南越が初めて建てられたとき、趙佗は「撃幷桂林・象郡、自立爲南越武王（撃ちて桂林・象郡を幷わせ、自立して南越の武王と爲る）」と記す。一郡の力で二郡を併呑したが、二郡にはまだ多くの強大な土着勢力があった。

従って、このときの南越は大国とは言えなかったのである。

第三節　安陽王の敗戦および関連事績について

『交州外域記』は安陽王の敗戦の原因を次のように記している。安陽王は皋通が神人であることを知らず、「遇之無道（之を遇すること無道）」であったので、皋通が離れてしまい、皋通は離れる前に安陽王に神弩の重要性を教えた。その後、南越の太子始が安陽王の女媚珠と付き合い、弩を盗み、鋸での弩を切断し、逃げ帰って南越王に報告した。南越王は軍を進めて再び安陽王と戦い、安陽王は弩が切れていたため、遂に敗れた、と。

上述した安陽王の敗戦はさらに文学的な伝説故事に類似しているため、歴史研究者はほとんどが信じていない。しかし筆者は、この伝奇故事の内容の背後にもいくらかの歴史的真実がその中に蔽い隠されているであろうと考えている。

まず、皋通の離脱はもしかすると安陽王内部の分裂を表しているのかも知れない。その次に、南越王が停戦して人を遣って安陽王の内部に入り込ませ、情報を探らせたことは、これは初戦に利がなかった南越王の対策としての動きに符合し、まさに初戦で南越王が蜀弩の性能と殺傷力を理解したからこそ、弩を盗み鋸で切断できたのである。この偵察・破壊という一連の動きの後、南越王が再び安陽王を攻めたとき、安陽王の弩は初戦の時の効力を発揮するのが難しく、失敗の後、海に出るのを余儀なくされた。敵方の弩兵に機能を発揮させなくするには、第一に敵方の装備の倉庫を急襲し、十分な弩矢の供給を欠乏させること、第二に個人の防護を強化し、盾と甲冑を利用して攻撃を仕掛け、弩兵の陣型を追い散らし、直接短い武器が相接する白兵戦に持ち込むことである。安陽王の弩兵の遠距離射撃の優勢が破られた後、秦軍の攻撃能力の強さを保持した南越軍は、短い武器が相接すると安陽王の軍に容易に勝利した。

『交州外域記』以外に、南朝劉宋時代の『南越志』・『日南伝』・『交州記』などにもみな安陽王についての記載がある。ベトナムの『大越史記全書』は十五世紀に編纂され、引用するところの内容の素材は『交州外域記』からであるが、しかし最終的に現れた安陽王伝説は中国唐宋時代の伝記小説の特徴を帯びており、南越の太子と媚珠についての愛情悲劇の故事の筋書きにさらに豊富な描写が加えられた。それが記録する南越王と安陽王の戦いは次の通りである。南越王が安陽王の神弩に撃退された後、双方は講和して婚姻を結ぶ。南越の王子趙仲始は婿として安陽王家に入り、公主の媚珠と結婚する。趙仲始は神弩の秘密を見つけ、偽物の弩と本物の弩をすり替える。彼は里帰りを名目に越に帰るが、行く前に臨み媚珠に「夫婦恩情不可相忘。如両国失和、南北隔別、我來到此、如何得相見（夫婦の恩情は相忘るるべからず。如し両国、和を失い、南北隔別し、我來りて此に到らば、如何にして相見ゆるを得ん）」と言う。媚珠は「妾有鵝毛錦褥常附於身、到處拔毛置岐路、以示之（妾に鵝毛錦褥の常に身に附くるもの有り、處に到りて毛を抜き岐路に置き、以て之に示さん）」と答える。仲始が北方に帰ると、南越王は兵を発して南下して安陽王を攻めた。安陽王は霊弩を盗まれたため、趙佗に敗れ、娘とともに馬に乗って逃げた。趙仲始は鵝毛を頼りにあくまで追いすがり、安陽王は海辺まで逃げてきて、馬を下りると、湧き出た金亀の助けの下、七寸の文犀を持って海の中に踏み込んだ。安陽王は海辺で馬を下りるとき、金亀が馬の後ろに乗っている人を指して「是賊也、蓋殺之（是れ賊なり、蓋し之を殺さん）」と言ったため、安陽王は剣を振るって媚珠を斬殺した。媚珠の血は海の中に流れ込み、明珠と化した。仲始は泣き悼むことやまず、媚珠の遺体を螺城に返して葬ると、その遺体は玉石と化した。後、媚珠を思い慕うがゆえに、井戸に身を投げて死んだ。

『大越史記全書』が編纂した安陽王の故事は『交州外域記』が記す安陽王の事跡に基づき、文学化した伝奇文学作品とすべきである。我々は『交州外域記』の記載から次のようなことを見出すことができる。魏晋以前の安陽王伝説は、主に突出した神人の力量から、諸神文化が盛行した時代の産物とすべきである。一方、『大越史記全書』の記述は都市文学の創作的な色彩をより多く加え、詐欺あり、愛情あり、ディテールもあり、唐宋伝奇により似た記述手段であり、諸神文化が衰退し、都市文化が発達した時代の文学的創作とすべきである。しかし諸神文化が盛行した時代であれ、都市文学が盛んな時代であれ、残されたこれらの記載はいずれも中原の史官が残した史書と性質が同等とはみなされず、それゆえに、その内容は歴史家の質疑を受けたのである。

おわりに

安陽王の事跡の伝説についての記載は、謹厳な歴史家のみるところ、歴史事実ではなく、文学的な創作故事により似ているとされていた。実際はそうではなく、辺境地域の神話伝説や口承文学などの文字資料は、表象上から見ると歴史事実を甚だ遠く離れているかのようであるが、しかし歴史記録が乏しい文化区域では、宗教神話と文学伝誦の資料も真実の歴史と一定の関連性を有しているのかも知れない。我々はただそれらの神話や口承の文学故事を深く分析すれば、表象の背後からわずかな歴史事実を掘り起こすことができるのかも知れない。

先学は『交州外域記』の安陽王の事跡を解読するとき、頭の中で中原の史籍を基準として、関連する記載に種々の質疑を呈してきた。筆者は、『交州外域記』の安陽王に関連する記載は当然、部分的な歴史的真実を反映していると考える。安陽王が「蜀の王子」の身分で出現したこと、神弩の伝説、敗戦の過程などは、本当に秦漢時代における蜀文化と南越文化との衝突と融合を反映しているのである。

注

（1）徐中舒「《交州外域記》蜀王子安陽王史迹箋証」、『四川大学学報叢刊』第五輯「四川地方史研究専集」、一九八〇年七月、第二～八頁。
（2）北魏・酈道元『水経注』巻三七・葉楡河、杭州、浙江古籍出版社、二〇〇一年一月、第五七〇頁。
（3）童恩正「試談古代四川与東南亜文明的関係」、『文物』一九八三年第九期を参照されたい。
（4）注（2）前掲書、第五七〇～五七一頁。
（5）注（1）前掲論文、第六頁。
（6）後晋・劉昫等『旧唐書』巻四一・地理志第二一、長春、吉林人民出版社、一九九五年、第一〇七八頁。
（7）宋・李昉等『太平御覧』巻三四八・兵部七九、四部叢刊三編子部、上海、上海書店出版社、一九三六年、第九冊。
（8）陝西省考古研究所始皇陵秦俑考古発掘隊編『秦始皇陵兵馬俑坑一号坑発掘報告 1974-1984』、文物出版社、一九八八年十月。
（9）秦始皇兵馬俑博物館、陝西省考古研究所編『秦始皇陵銅車馬発掘報告』、文物出版社、一九九八年七月。
（10）秦始皇兵馬俑博物館編著『秦始皇陵二号兵馬俑坑発掘報告』、科学出版社、二〇〇九年一月。
（11）漢・司馬遷『史記』巻七〇・張儀列伝、北京、綫装書局、二〇〇六年十二月、第三一四頁。
（12）注（1）前掲論文、第六頁。
（13）張栄芳・黄森章『南越国史』、広東人民出版社、二〇〇八年九月第二版、第六八～六九頁。

春秋楚の婚姻記事における婚姻規範と女性

平林 美理

はじめに

西周から春秋時代にかけての諸侯の婚姻は、「同姓不婚」を原則としていたとされる。その内実について江頭廣氏は、特定の姓や諸侯同士の複数世代に渡る母方交叉イトコ婚による通婚関係である「二族連世交換婚」の存在を指摘した。[1] ただし、諸侯の政治や外交と通婚関係は密接に結びついたものであり[2]、齋藤道子氏は、理念上はそのような婚姻習慣が志向されたものの、実際には他姓の女性との婚姻関係を介在する事で厳密な交叉イトコ婚になっていない事例も出現するなど、現実の通婚関係は政治的な力関係にも左右されていたと指摘する。[3] また、斉・魯などに見える長期的な通婚関係は特殊な事例であり、春秋諸侯の普遍的な習慣ではないとする立場もある。[4]

婚姻習慣とも密接に関わる諸侯の継承制度については、西周時点では諸侯によって父子相続と兄弟相続の両者が並存し、父子相続が主流となるのは春秋中期から戦国時代とする議論がある。[5] 婚姻習慣についても、例えば同姓婚の事例は斉や晉など特定の諸侯に偏っており、地域性や氏族ごとの特徴があった可能性は高い。出自の異なる各地の諸侯たちがどの程度共通の婚姻習慣を有していたのかは、各国諸侯の他国に対する「戎狄」視や「無礼」という評価のような認識にも関わる問題であり、この点を無視して春秋社会を理解することはできない。

本稿で取り上げる楚は、春秋三伝が基本的に楚王を敢えて「楚子」と表記していることをはじめ、末子相続の習慣など中原の諸侯とは異質な面を持つ勢力として扱われてきた。[6]しかし一方で、例えば晉とその近隣の「戎狄」との婚姻が晉が中原では特殊なケースであったことに比べると、楚の場合は中原の諸侯ともあまり隔てなく婚姻関係が見えており、婚姻の面で果たして異質な存在であったのかという点については検討の余地がある。本稿では楚王室の婚姻記事に見える規範意識に注目し、春秋社会における楚の婚姻の位置づけに考察を加えたい。

第一節　春秋期の楚の通婚関係と婚姻規範

『左伝』に見える春秋時代の楚の婚姻関係について整理すると、楚王室の夫人の出身地として史料中に見えるのは鄧・陳(息)[7]・鄭・邛・巴・晉・秦・越であり、楚の王女の出嫁先としては蔡・江などが見える(【表一】・【表二】参照)[8]。地域に着目すると、鄧・江など楚の周辺の小諸侯が多いものの、晉や鄭など中原の中心的な諸侯とも通婚関係があり、通婚対象自体は他の諸侯の場合と大きく違いは無いように見える。また、婚姻相手は諸侯だけでなく、当時楚の支配下にあった蔡の鄖陽封人の娘を正式な婚礼を経ずに「奔」によって妻とした平王の例や、季芊のように楚国内の大夫に嫁いだ例も存在する。婚姻相手が多様な一方で同じ諸侯との複数回の婚姻例は稀だが、鄭については例外的に、楚から鄭の文公に文芊が嫁ぎ、その後、僖公二二年（前六三八）に文公の公女を楚の成王が娶っており、母方交叉イトコ婚とみられる婚姻が行われている。文芊の名は『左伝』僖公二二年が初出だが、夫である文公は荘公二一年（前六七二）に即位してこの時在位三五年であり、恐らく楚の文王期から成王期の早い時期に婚姻が結ばれたと推測される。ただし、この時期以降の鄭との婚姻関係は、『左伝』には昭公元年の公子囲（後の霊王）と鄭の公孫段氏との婚姻が見えるのみで、魯と斉の通婚関係のように長期的な通婚相手であったわけではないようである。

【表一】『左伝』に見える楚王室関係者の婚姻記録

夫	出典	夫人の出身・名前	子
武王	『左伝』桓公一三年	鄧・鄧曼	文王
文王	『左伝』荘公一四年	息・息嬀（陳の公女・もと息公夫人）	堵敖・成王
成王	『左伝』僖公二二年	鄭・文公の公女二名	
若敖	『左伝』宣公四年	䢵・闘伯比の生母	闘伯比
闘伯比	『左伝』宣公四年	䢵・子文の生母	子文
荘王	『左伝』襄公九年	楚荘夫人・出自不詳	共王
公子囲（霊王）	『左伝』昭公元年	鄭・公孫段氏の女	
霊王	『左伝』昭公四年	晋・平公の女	
共王	『左伝』昭公一三年	巴・巴姫	
平王	『左伝』昭公一九年	楚・蔡の郹陽封人の女	太子建
（太子建→）平王	『左伝』昭公一九年	秦・嬴氏	昭王？
昭王	『左伝』哀公六年	越・越王勾践の女	恵王

【表二】『左伝』に見える楚王室女性の出嫁記録

嫁ぎ先	出典	出嫁者	婚姻当時の楚王
鄭・文公	『左伝』僖公二二年	文芈	文王～成王
江	『左伝』文公元年	江芈（成王の妹）	成王
楚・伍挙	『左伝』襄公二六年	王子牟の女	康王以前
蔡・（太子般→）景侯	『左伝』襄公三〇年	康王の女？	郟敖
楚・鍾建	『左伝』定公五年	季芈（昭王の妹）	昭王

また、不成立に終わった中原諸侯との縁談事例として、魯の僖公と斉の婚姻に関する『公羊伝』僖公八年（前六五二）およびその何休解詁には、

秋七月、禘于太廟、用致夫人。用者何。用者不宜用也。致者何。致者不宜致也。禘用致夫人、非禮也。夫人何以不稱姜氏。貶。曷爲貶。譏以妾爲妻也。其言以妾爲妻奈何。蓋脅于齊媵女之先至者也〔何休解詁：以不致楚女及夫人至皆不書也。僖公本聘楚女爲嫡齊女爲媵。齊先致其女脅僖公、使用爲嫡。故致父母辭言致。不書夫人及楚女至者、起齊先致其女、然後脅魯立也。楚女未至而豫廢、故皆不得以夫人至書也〕。

秋七月、太廟に禘するも、用て夫人を致す。用は何か。用は宜しく用うるべからざるなり。致は何か。致は宜しく致すべからざるなり。禘するに用て夫人を致すは、非禮なり。夫人何ぞ以て姜氏を稱せざるか。貶す。曷ぞ貶を爲すか。妾を以て妻と爲すを譏るなり。其の妾を以て妻と爲すと言うは奈何。蓋し齊の媵女の先に至る者に脅さるるなり〔何休解詁：楚女を致さざると夫人至るを皆な書せざるを以てなり。僖公、本と楚女を聘して嫡と爲

し、齊女は媵と爲さんとす。齊先ず其の女を致して僖公を脅し、用して嫡と爲さしむ。故に父母の辭を致して致と言う。夫人と楚女至るを書せざるは、起ちて齊先ず其の女を致し、然る後、魯を脅して立たしむるなり。楚女未だ至らずして豫め廢さる、故に皆な夫人至るを以て書すを得ざるなり」。

とあり、何休はこの時本来なら楚の女性が僖公に嫁ぐはずだったと述べている。(9)『左伝』や『史記』などにこれに類する記述は無く何休がいかなる史料に拠ったかは不明だが、事実であるとすれば、鄭と同じく春秋前期に中原の姫姓諸侯と楚が婚姻を結ぼうとしたケースということになる。この婚姻が不成立に終わった背景について、何休は斉が魯を脅したと述べている。当該時期の魯に対する斉の発言力の強さを踏まえると、何休が言うような斉の介入の可能性は高いように思われる。

楚の貴族層の婚姻習慣について文崇一氏は、中原同様に理念上は一夫一妻多妾制、実質的には一夫多妻制であったとする。(10)楚における正夫人と妾の地位の関係については、『国語』楚語上に次のような記述がある。

司馬子期欲以妾爲内子〔韋昭注：卿之嫡妻曰内子〕、訪之左史倚相、曰、「吾有妾而愿。欲笄之。其可乎」。對曰、「昔先大夫子囊違王之命謚、……君子之行、欲其道也、故進退周旋、唯道是從。夫子木能違若敖之欲、以之道而去芰薦、吾子經營楚國、而欲薦芰以干之。可乎」。子期乃止。

司馬子期、妾を以て内子と爲さんと欲し〔韋昭注：卿の嫡妻、内子と曰う〕、之を左史倚相に訪いて、曰く、「吾れ妾有りて愿なり。之を笄せんと欲す。其れ可なるか」と。對えて曰く、「昔、先大夫子囊は王の命謚に違い、……君子の行い、其の道ならんことを欲するなり。故に進退周旋、唯だ道に是れ從う。夫れ子木は能く若敖の欲に違い、以て道に之きて芰薦を去り、吾子は楚國を經營し、芰を薦めて之を干さんと欲す。可ならんや」と。子期乃ち止む。

これは、平王の子・司馬子期が妾を正夫人に格上げしようとしたところ、左史倚相の反対に遭ったという記事であり、ここでは妾と正夫人の間には明確な区別が為されている。通常、夫人と妾の差異は正式な婚姻儀礼の有無であるとされ、その違いは中原諸侯においてもしばしば問題となっている。例えば、魯の声伯の生母は、正式な夫人でないことを理由に、夫の兄・宣公の夫人から義妹として認められていない[11]。また、晋の霊公即位をめぐる国内対立においては、各後継者候補たちの立場に対して、その生母たちの妻としての地位の違いが一定の影響を与えている[12]。

ただ、正夫人と妾について区別する言説が見える一方で、特に太子の正統性をめぐる場面では正夫人とその媵の間には必ずしも大きな差異が無いように見えるケースが多く、実態として正夫人とそれ以外の妻たちは必ずしも厳密に区別されていた訳ではなかった。この点は『左伝』に見える楚の婚姻関係に関しても同様で、平王の太子建のように「奔」関係から生まれた子が太子として臣下達から一定の支持を集めている例もあり、正夫人と妾、あるいは嫡庶の別のような区別が当時どの程度重視されていたのかについては問題がある。

このように、そもそも一夫一妻多妾制という理解の仕方自体に春秋時代の婚姻の実態とは相違すると思われる部分はあるものの、通婚相手を見る限り、春秋前期における北狄諸部族との婚姻が周王室や晋に限られたあくまで特殊な事例であることと比べると、同時期の楚には中原の諸侯たちと通婚関係を結ぶにあたって大きな障害はなかったのではないかと思われる。

第二節　『左伝』・『史記』における楚の婚姻規範の「乱れ」

『左伝』の楚の婚姻に関する記述の中には、後代の注釈などにおいて楚の規範の乱れ、あるいは楚が中原の規範の外の勢力であることの表れとして批判的に扱われてきた記事が少なくない。楚の婚姻規範の乱れの例としてしばしば引かれる記述の一つとして、『左伝』僖公二二年の、

丙子晨、鄭文夫人芈氏・姜氏、勞楚子於柯澤。楚子使師縉示之俘馘。君子曰、「非禮也。婦人送迎不出門。見兄弟不踰閾。戎事不邇女器」。丁丑、楚子入饗于鄭。九獻、庭實旅百、加籩豆六品。饗畢、夜出。文芈送于軍。取鄭二姫以歸。叔詹曰、「楚王其不沒乎。爲禮卒於無別。無別不可謂禮。將何以沒」。諸侯是以知其不遂霸也。

丙子晨、鄭文夫人芈氏・姜氏、楚子を柯澤に勞う。楚子、師縉をして之に俘馘を示さしむ。君子曰く、「非禮なり。婦人送迎するに門を出でず。兄弟を見るに閾を踰えず。戎事は女器を邇づけず」と。丁丑、楚子入りて鄭に饗せらる。九獻し、庭實旅百、加籩豆六品あり。饗畢り、夜出ず。文芈、軍に送る。鄭の二姫を取り以て歸る。叔詹曰く、「楚王其れ沒らざるか。禮を爲して別無きに卒る。別無きは禮と謂う可からず。將た何を以て沒らん」と。諸侯、是を以て其の霸を遂げざるを知るなり。

という記事がある。鄭の文公夫人となっていた楚出身の文芈（芈氏）が戦場の陣中に赴いて楚の成王を慰労し、その後、鄭でもてなされた成王が鄭の二公女を連れ帰ったという出来事であるが、この事件について、『史記』宋微子世家襄公一三年（前六三八）条は、

楚成王已救鄭、鄭享之。去而取鄭二姫以歸。叔瞻曰、「成王無禮、其不沒乎。爲禮卒於無別。有以知其不遂霸也」。

楚の成王已に鄭を救い、鄭之を享す。去りて鄭の二姫を取り以て歸る。叔瞻曰、「成王禮無し、其れ沒らざるか。禮を爲して別無きに卒る。以て其の霸を遂げざるを知る有るなり」と。

として、鄭の文公夫人が楚王の親族である点などには触れず、「取鄭二姫」という行動だけに言及し、成王の行動を礼を失したものとして記述している。『史記索隠』は「鄭二姫」を鄭の文公夫人芈氏・姜氏の娘たちのことと解し、『史

記正義』は叔瞻の言う「成王無禮」は「取鄭二姫」のことを指すと注している。「鄭二姫」について杜預は、文芊の娘、すなわち成王にとっての姪に当たると解釈しており、この婚姻は後代の解釈では、伯父が姪を娶ったものとして批判的に扱われてきた。これに対して文崇一氏は、「鄭二姫」を文芊の娘とする解釈はあくまで杜預以降の説であって、『左伝』および『史記』においては叔詹の言として男女の別を無視したことへの批判が述べられているに過ぎず、「鄭二姫」が文芊の娘とは限らないことを指摘している。(13) また、実際に文芊の娘であったとしても、複数世代にわたる相互的な婚姻関係自体は春秋時代を通して様々な諸侯に見えるもので、『史記』とその注釈に基づく成王の行動への批判は、当時の実際の婚姻規範の観点からは必ずしも妥当とは言えない。(14)

このように『左伝』の記述に比べて、『史記』やその注釈において楚王への批判が強まっているケースは他にもあり、昭公一九年（前五二三）、太子建のために娶った女性を父である平王が横取りして妻とした事件も、『左伝』に比べて『史記』では平王の行動への批判が強調されている。事件について『左伝』昭公一九年には、

　楚子之在蔡也、郹陽封人之女奔之、生大子建。及即位、使伍奢爲之師。費無極爲少師、無寵焉、欲譖諸王、曰、「建可室矣」。王爲之聘於秦。無極與逆、勸王取之。正月、楚夫人嬴氏至自秦。

　楚子の蔡に在るや、郹陽の封人の女、之に奔り、大子建を生む。即位するに及び、伍奢をして之に師と爲らしむ。費無極、少師と爲るも、寵無く、諸を王に譖らんと欲し、曰く、「建、室《めあわ》すべし」と。王、之が爲に秦より聘す。無極、逆うるに與り、王に勸め之を取らしむ。正月、楚夫人嬴氏、秦自り至る。

とあり、その後も『左伝』昭公二〇年（前五二二）に、

　費無極言於楚子曰、「建與伍奢將以方城之外叛。自以爲猶宋・鄭也。齊・晉又交輔之、將以害楚。其事集矣」。王信之、問伍奢。伍奢對曰、「君一過多矣。何信於讒」。王執伍奢、使城父司馬奮揚殺大子。未至而使遣之。三月、

大子建奔宋。

費無極、楚子に言いて曰く、「建と伍奢、將に方城の外を以て叛かんとす。自ら以爲えらく、猶お宋・鄭のごときなり、と。齊・晉又た交〻之を輔け、將に以て楚を害せんとす。其の事集る」と。王、之を信じ、伍奢に問う。伍奢對えて曰く、「君の一過は多し。何ぞ讒を信ずるか」と。王、伍奢を執え、城父の司馬奮揚をして大子を殺さしめんとす。未だ至らずして之を遣わせしむ。三月、大子建、宋に奔る。

とあるように、讒言によって平王自身は太子建の動向に対して疑心暗鬼になってはいるものの、その疑念を受ける形で発せられた伍奢の「君一過多矣」（杜預はこれを「一過、納建妻」と解す）という批判以外、太子建の側には積極的に平王の横取り行為を批判するような行動は見られない。

一方この事件について『史記』巻四〇楚世家では、

平王二年、使費無忌如秦、爲太子建取婦。婦好。來未至。無忌先歸、說平王曰、「秦女好、可自娶。爲太子更求」。平王聽之、卒自娶秦女、生熊珍。更爲太子娶。是時伍奢爲太子太傅、無忌爲少傅。無忌無寵於太子、常讒惡太子建。建時年十五矣、其母蔡女也。無寵於王、王稍益疏外建也。六年、使太子建居城父、守邊。無忌又日夜讒太子建於王曰、「自無忌入秦女、太子怨。亦不能無望於王。王少自備焉。且太子居城父、擅兵、外交諸侯、且欲入矣」。平王召其傅伍奢責之。

平王二年、費無忌をして秦に如き、太子建の爲に婦を取らしむ。婦好し。來るも未だ至らず。無忌先ず歸り、平王に說きて曰く、「秦女好し、自ら娶る可し。太子の爲に更に求めよ」と。平王之を聽き、卒に自ら秦女を娶り、熊珍を生む。更に太子の爲に娶る。是の時、伍奢、太子の太傅爲り、無忌、少傅爲り。無忌、太子に寵無く、常に太子建を讒惡す。建、時に年十五、其の母は蔡女なり。王に寵無く、王稍く益〻建を疏外するなり。六年、太子建をして城父に居り、邊を守らしむ。無忌又た日夜太子建を王に讒して曰く、「無忌の秦女を入れし自り、太子怨む。亦た王に望み無きこと能わず。王少しく自ら備えよ。且に太子、城父に居り、兵を擅にし、外は諸侯に交わり、且に入らんと欲す」と。平王、其の傅伍奢を召し之を責む。

とあり、費無忌（『左伝』では費無極）による讒言という形ではあるが、平王と太子建の婚姻を巡る事件と後の両者の対立が、より直接的に関連付けられている。[15] 加えて、楚世家平王一三年（前五一六）条には、

十三年、平王卒。將軍子常曰、「太子珍少、且其母乃前太子建所當娶也」。

十三年、平王卒す。將軍子常曰く、「太子珍は少し。且つ其の母、乃ち前太子建の當に娶るべき所なり」と。

とあり、楚世家の太史公賛では、

太史公曰、楚靈王方會諸侯於申、誅齊慶封、作章華臺、求周九鼎之時、志小天下。及餓死于申亥之家、爲天下笑。操行之不得、悲夫。勢之於人也、可不慎與。弃疾以亂立、嬖淫秦女。甚乎哉、幾再亡國。

太史公曰く、楚の靈王方に諸侯を申に會し、齊の慶封を誅し、章華臺を作り、周の九鼎を求むるの時、志、天下を小とす。申亥の家に餓死するに及び、天下の笑と爲る。操行の得ざるは、悲しいかな。勢の人に於けるや、慎まざる可けんや。弃疾、亂を以て立ち、秦女を嬖淫す。甚だしいかな、幾んど再び國を亡ぼさんとす。

と、平王の秦女との婚姻が特に批判の対象とされるなど、『史記』では平王による秦女の横取り行為の不当さが繰り返し強調されている。

『左伝』においては、太子建が実際に夫人の横取りを理由に父親を恨んでいたのかは明言されていない。また、『左伝』には楚の使者が婚姻の返礼のため同年に秦を訪問した記事も見えるが、その際に秦との間でこの事件について特に問題になったような記述は見えず、[16] 当事者の感情とは別に、外交問題になるような性質のものではなかった可能性

もある。『左伝』において父が子の妻を娶った事例は、本箇所以外では衛の宣公が太子の妻として迎えた宣姜を「取」った例[17]、蔡の景侯が太子般のために迎えた楚女に「通」じた例[18]がある。前者では子の側が父に対して行動に出てはいないが、後者の場合は太子般が父を殺害するに至っており、その対応にはかなりの差異がある。ただ、いずれの例も、平王と秦女の婚姻における秦の動向と同じく夫人の実家には特に動きが見られない点は共通している。離縁のケースなどでは嫁ぎ先で不当な事態が起きた際に女性の実家側が動く例がしばしば見られるが、そのような場合と比べると、これらのケースでは諸侯間で婚姻関係を結ぶことそれ自体に意味があり、具体的に相手の公室の「誰と」婚姻するかは必ずしも大きな問題ではなかったとも考えられよう。

これらの婚姻記事が専ら『左伝』より後代の解釈によって倫理的に批判されてきたものであるのに対して、『左伝』の記述の段階で規範からの逸脱を理由に楚の婚姻が批判的に語られている記事として、文王夫人・息嬀をめぐる一連の記事がある。楚の文王と陳の公女・息嬀の婚姻は、息嬀が最初の嫁ぎ先である息の敗戦によって楚へ再嫁したもので、この事件は後代の『列女伝』などでは息嬀の貞女性を示す説話として、内容が改変されながらも広く流布した[19]。

この事件について、『左伝』荘公一四年（前六八〇）には、

蔡哀侯為莘故、縄息嬀以語楚子。楚子如息、以食入享。遂滅息、以息嬀歸。生堵敖及成王焉、未言。楚子問之。對曰、「吾一婦人、而事二夫。縱弗能死、其又奚言」。楚子以蔡侯滅息。遂伐蔡。秋七月、楚入蔡。

蔡の哀侯、莘の故の爲に息嬀を縄め、以て楚子に語る。楚子、息に如き、食を以て入りて享す。遂に息を滅ぼし、息嬀を以て歸る。堵敖と成王を生むも、未だ言わず。楚子、之を問う。對えて曰く、「吾、一婦人にして二夫に事う。縱い死すること能わずとも、其れ又た奚ぞ言わん」と。楚子、以えらく、蔡侯、息を滅ぼさしむと。遂に蔡を伐つ。秋七月、楚、蔡に入る。

とあり、息嬀は、再婚して楚の文王の妻となることに対して「吾一婦人、而事二夫。縦弗能死、其又奚言」と抵抗を示し、夫となった文王に対して口をきかないという行動を取っている[20]。

また、『列女伝』などに見えない『左伝』独自の息嬀の記事として、『左伝』荘公二八年（前六六六）には、

楚令尹子元欲蠱文夫人、爲館於其宮側、而振萬焉。夫人聞之、泣曰、「先君以是舞也、習戎備也。今令尹不尋諸仇讎、而於未亡人之側、不亦異乎」。御人以告子元、子元曰、「婦人不忘襲讎。我反忘之」。秋、子元以車六百乗伐鄭。

楚の令尹子元、文夫人を蠱さんと欲し、館を其の宮の側に爲りて、萬を振わす。夫人、之を聞き、泣きて曰く、「先君、是の舞を以いしや、戎備を習わせるなり。今、令尹、諸を仇讎に尋いずして、未亡人の側に於いてするは、亦た異ならずや」と。御人、以て子元に告げ、子元曰く、「婦人、讎を襲うを忘れず。我反って之を忘る」と。秋、子元、車六百乗を以いて鄭を伐つ。

という事件も見える。この記事は、未亡人である息嬀を夫の弟である令尹・子元が「蠱」そうとし、それを息嬀が批判するというもので、『左伝』の記述は楚王室の一員である子元の倫理違反を糾弾する意図を持っているように読み取れる。しかし、子元のように夫を亡くした夫人に対してその義弟が接近する例は、楚に限らず『左伝』中に「通」や「事」という形でしばしば見え、特に「事」の場合、それに伴って義兄弟を後見人として我が子を「屬」すという行為が付随している点が特徴的であると同時に、そこに善悪の価値判断はなされていないケースが多い。その一例が、『左伝』閔公二年（前六六〇）に見える、魯の荘公の妾・成風と荘公の弟・成季の「事」関係である。

成季之將生也、桓公使卜楚丘之父卜之。曰、「男也。其名曰友。在公之右、間于兩社、爲公室輔。季氏亡則魯不昌」。又筮之、遇大有之乾。曰、「同復于父、敬如君所」。及生、有文在其手。曰「友」。遂以命之。……成風聞成

季之繇、乃事之、而屬僖公焉。故成季立之。

成季の將に生まれんとするや、桓公、卜楚丘の父をして之を卜せしむ。曰く、「男なり。其の名を友と曰う。公の右に在り、兩社に間まり、公室の輔と爲らん。季氏、亡びば則ち魯は昌えざらん」と。又た之を筮し、大有の乾に之くに遇う。曰く、「同じく父に復る。敬せらるること君所の如くならん」と。生まるるに及び、文の其の手に在る有り。曰く、「友」と。遂に以て之に命ず。……成風、成季の繇を聞き、乃ち之に事えて僖公を屬す。故に成季、之を立つ。

このように公室の有力者などに「事」えて我が子を「屬」すという行動は、『左伝』に見える限り、正夫人ではない女性と公室の有力者の間で行われる例が多く、この他に魯の文公の二妃・敬嬴が東門襄仲に「事」えて我が子を「屬」した例などがある。[21] 吉本道雅氏はこの時期の楚王室の情勢について、子元は先君の弟として王に次ぐ地位にあり、子元の後ろ盾を獲ることがまだ幼い成王にとって必要だったと指摘する。[22] また、齋藤道子氏は、楚の令尹が政治的な主導権を持つようになったのは子元以降であることを指摘しており、[23] そのような楚王室の政治体制の変化も、子元から息嬀に対する接触と関係があるものであった可能性が高い。文王死後から成王即位にかけての楚王室の混乱については『左伝』・『史記』いずれの記述も乏しく具体的な経緯は現時点で明らかにしがたいが、少なくとも子元による「蠱」という行為の背景には、楚王室の倫理上の問題ではなく、先王の遺児の「屬」を巡る文脈を想定すべきであろう。

また、子元の「蠱」同様に後代において淫事と解されるものの、春秋時代には広く諸侯の間で行われていた事が窺える特殊な婚姻のひとつに「烝」という婚姻習慣がある。楚の事例については『左伝』成公二年（前五八九）に、

楚之討陳夏氏也、莊王欲納夏姬。申公巫臣曰、「不可……」。王乃止。子反欲取之。巫臣曰、「是不祥人也……」。子反乃止、王以予連尹襄老。襄老死於邲、不獲其尸。其子黑要烝焉。

楚の陳の夏氏を討つや、荘王、夏姫を納れんと欲す。申公巫臣曰く、「不可なり……」と。王乃ち止む。子反、之を取らんと欲す。巫臣曰く、「是れ不祥の人なり……」と。子反、乃ち止め、王、以て連尹襄老に予う。襄老、邲に死し、其の尸を獲ず。其の子黒要、焉に烝す。

とある。「烝」自体は主に春秋時代初期に中原諸侯において行われた記事が見え、楚特有の婚姻習慣というわけではなかった。なおかつ、「烝」は後代の注釈などでこそ淫事と解されているが、同時代的には必ずしも批判の対象ではなく、一定の正当性を持つ婚姻関係であった可能性が高い(24)。

このように、楚の婚姻記事における「中原の婚姻規範からの逸脱」と理解されてきた事柄の多くは、楚に特有の逸脱行為というわけではなく、そもそも春秋時代当時の規範に照らし合わせると逸脱行為と見なすこと自体に疑問が生じるケースがほとんどであり、実態として楚がことさらに「中原の規範」から外れた存在であったと理解することには問題がある。

なお、春秋時代の婚姻に関してしばしば批判の対象となる婚姻事例のひとつに「同姓不婚」の原則を破っての同姓婚があるが、『左伝』には、斉や晋に特に多く事例が見える一方で、楚においてはその例が見えない。斉の同姓婚事例は主に公族大夫の婚姻、晋の場合は主に晋公と姫姓を称す戎狄部族との婚姻として見えるが、楚の場合は国内の臣下との婚姻も基本的には異姓出身者と行われている。当時の楚において「同姓不婚」という観念が積極的に意識されていたかはわからないものの、斉のような春秋時代の中心的諸侯や、周王室とつながりの深い晋のような姫姓諸侯においても同姓婚が頻繁に見られるのに対して、中原とは異質な国と見なされてきたはずの楚では、むしろ「同姓不婚」は厳密に守られており、後代に認識されている「中原の婚姻規範」と春秋社会の実態は大きく異なっていた可能性もあるのではないだろうか。

第三節　楚を舞台とした貞女・賢女記事と楚王室の女性

前節で見たように、楚の婚姻を巡る事件の多くは、『史記』を始め後代の視点からは倫理的な観点から批判的に語られてきた。一方で、楚の文王夫人・息嬀の記事では、『左伝』の記述自体は楚王や令尹の行為に批判的ではあるものの、息嬀については貞女あるいは賢夫人として描写されていた。

楚王夫人については、息嬀以外にも『左伝』において賢夫人としての位置づけが与えられている例があり、楚の武王夫人・鄧曼は、『左伝』桓公一三年（前六九九）に、

十三年春、楚屈瑕伐羅。鬬伯比送之還、謂其御曰、「莫敖必敗。舉趾高。心不固矣」。遂見楚子曰、「必濟師」。楚子辭焉。入告夫人鄧曼。鄧曼曰、「大夫其非衆之謂。其謂君撫小民以信、訓諸司以德、而威莫敖以刑也。莫敖狃於蒲騷之役、將自用也。必小羅。君若不鎭撫、其不設備乎。夫固謂君訓衆而好鎭撫之、召諸司而勸之以令德、見莫敖而告諸天之不假易也。不然、夫豈不知楚師之盡行也」。楚子使賴人追之、不及。

十三年春、楚の屈瑕、羅を伐つ。鬬伯比、之を送りて還り、其の御に謂いて曰く、「莫敖必ず敗れん。趾を舉ぐること高し。心固からず」と。遂に楚子に見えて曰く、「必ず師を濟せ」と。楚子焉を辭す。入りて夫人鄧曼に告ぐ。鄧曼曰く、「大夫、其れ衆を之れ謂うに非ず。其れ君の小民を撫するに信を以てし、諸司を訓するに德を以てし、莫敖を威すに刑を以てせんことを謂うなり。莫敖、蒲騷の役に狃れ、將に自ら用いんとするなり。必ず羅を小とせん。君若し鎭撫せずんば、其れ備えを設けざらんか。夫、固より君の衆を訓えて好く之を鎭撫し、諸司を召して之を勸むるに令德を以てし、莫敖を見て諸に天の易に假さざるを告げんことを謂うなり。然らずんば、

夫豈に楚師の盡く行くを知らざらんや」と。楚子、頼人をして之を追わしむるも、及ばず。

とあるように、武王に対する諫言を行う存在の一人として登場する。『左伝』荘公四年（前六九〇）には、

四年春王三月、楚武王荊尸、授師孑焉、以伐隨。將齊、入告夫人鄧曼曰、「余心蕩」。鄧曼歎曰、「王祿盡矣。盈而蕩、天之道也。先君其知之矣。故臨武事、將發大命、而蕩王心焉。若師徒無虧、王薨於行、國之福也」。王遂行、卒於樠木之下。

四年春王三月、楚の武王荊尸し、師に孑を授け、以て隨を伐たんとす。將に齊せんとし、入りて夫人鄧曼に告げて曰く、「余の心、蕩く」と。鄧曼歎じて曰く、「王の祿、盡きたり。盈ちて蕩くは、天の道なり。先君其れ之を知れり。故に武事に臨み、將に大命を發せんとして、王の心を蕩かす。若し師徒虧くる無く、王、行に薨ぜば、國の福なり」と。王遂に行き、樠木の下に卒す。

とあり、武王の命運が尽きたことを鄧曼が指摘するなど、『左伝』においては鄧曼に対して、ある種の賢人や予言者のような性格が与えられている。(25) 武王の子・文王を鄧の祁侯が「吾甥」と称していることから、鄧曼は文王の生母とみられる。(26) 文王夫人であり成王の母であった息嬀の場合と同様、後継者の母親としての地位が、このような王に対する発言力と結びついていた可能性もあるだろう。

楚王室における楚王夫人や王の生母の地位について分かる記述は乏しいが、『左伝』襄公九年（前五六四）に、

楚荘夫人卒。王未能定鄭而歸。

楚の荘夫人卒す。王、未だ鄭を定むる能わずして歸る。

という記事が見えるように、荘王夫人の死によって出兵先から共王が帰国しており、先君夫人が先君の死後も一定の尊重を受けたことが窺える。また、『左伝』昭公一三年（前五二九）には、

初、共王無冢適、有寵子五人、無適立焉。乃大有事于羣望而祈曰、「請神、擇於五人者、使主社稷」。乃遍以璧見於羣望曰、「當璧而拜者、神所立也。誰敢違之」。既乃與巴姫密埋璧於大室之庭、使五人齊而長入拜。康王跨之、靈王肘加焉、子干・子晳皆遠之。平王弱、抱而入、再拜、皆厭紐。鬭韋龜屬成然焉。且曰、「棄禮違命。楚其危哉」。

初め、共王、冢適無く、寵子五人有り、適立するもの無し。乃ち大いに羣望に事有りて祈りて曰く、「請う、神、五人の者より擇び、社稷を主らしめよ」と。乃ち遍く璧を以て羣望に見えて曰く、「璧に當たりて拜する者は、神の立つる所なり。誰か敢えて之に違わん」と。既にして乃ち巴姫と與に密かに璧を大室の庭に埋め、五人をして齊して長より入りて拜せしむ。康王之に跨がり、靈王肘加し、子干・子晳皆な之に遠ざかる。平王弱く、抱かれて入り、再拜し、皆な紐を厭す。鬭韋龜、成然を屬す。且つ曰く、「禮を棄て命に違う。楚其れ危うき哉」と。

とあるように、共王の後継者選びの場に、王だけでなく巴姫という女性が同席している。巴姫について、『史記集解』は賈逵の言を引いて共王の妾と解しているが、このような祭祀に関わる場に参加していることを踏まえると、私妾のような存在ではなく、楚王室において一定の地位を有する夫人の一人であったと考えるべきだろう。

また、『左伝』哀公一六年（前四七九）にも、

石乞尹門。圉公陽穴宮負王、以如昭夫人之宮。

石乞、門に尹たり。圉公陽、宮に穴して王を負い、以て昭夫人の宮に如く。

という記述があり、太子建の子・白公の反乱の際、恵王は白公に一時捕らえられたものの、実母である昭王夫人の宮に逃げこみ、その後復位を果たしている。この時の昭王夫人の具体的な動向は史料上に見えないが、都が白公に押さえられていた状況下においても、先君夫人の宮が避難先に足るだけの場であったことが窺える。

楚王夫人だけでなく楚の王女についても、『左伝』文公元年（前六二六）には、

初、楚子將以商臣爲大子、訪諸令尹子上。子上曰、「君之齒未也。而又多愛、黜乃亂也。楚國之舉、恆在少者。且是人也、蜂目而豺聲、忍人也。不可立也」。弗聽。既又欲立王子職、而黜大子商臣。商臣聞之而未察、告其師潘崇曰、「若之何而察之」。潘崇曰、「享江芊而勿敬也」。從之。江芊怒曰、「呼、役夫。宜君王之欲殺汝而立職也」。告潘崇曰、「信矣」……。

初め、楚子將に商臣を以て大子と爲さんとし、諸を令尹子上に訪う。子上曰く、「君の齒、未なり。而るに又た愛多く、黜くれば乃ち亂るるなり。楚國の舉、恆に少者に在り。且つ是の人や、蜂目にして豺聲、忍人なり。立つ可からざるなり」と。聽かず。既にして又た王子職を立てて、大子商臣を黜けんと欲す。商臣之を聞きて未だ察らかにせず、其の師潘崇に告げて曰く、「之を若何にして之を察らかにせん」と。潘崇曰く、「江芊を享して敬すること勿れ」と。之に從う。江芊怒りて曰く、「呼、役夫。宜しく君王の汝を殺して職を立てんと欲すべし」と。潘崇に告げて曰く、「信なり」と……。

とあり、成王の妹・江芊が成王の政治的意向を把握しているような描写がされている。ここでの江芊は自らの発言によって敵対する太子商臣に情報を与えてしまう役割であり、鄧曼や息嬀のような「賢夫人」と呼べる立場ではないものの、「成王の意向を知る者」として扱われており、王とその姉妹の政治的結びつきが窺える。

以上はいずれも断片的な記述ではあるものの、『左伝』における鄧曼や息嬀の「賢夫人」としての記事の背景には、楚王夫人や楚王の姉妹などの、楚王や王室に対する一定の発言力の存在があった可能性がある。

また、『左伝』における国君夫人に関する記述には、魯の文姜や衛の南子など夫人を政治的混乱の原因として非難するような例も非常に多いが、楚王夫人については基本的に賢明な女性として扱われている事は、『左伝』の楚に関

する記事のひとつの特徴であるように思われる。鄧や息など中原諸侯から嫁いだ女性達を通して楚王室を批判するような意図があったとも考えられるが、『左伝』には楚王室出身の女性を「貞女」として扱う記事も存在する。『左伝』定公四年（前五〇六）には、

己卯、楚子取其妹季芈畀我、以出、涉睢。鍼尹固與王同舟。……楚子涉睢濟江、入于雲中。王寢。盜攻之、以戈擊王。王孫由于以背受之、中肩。王奔鄖。鍾建負季芈以從。

己卯、楚子、其の妹季芈畀我を取り、以て出で、睢を涉る。鍼尹固、王と舟を同じくす。……楚子、睢を涉り江を濟り、雲中に入る。王寢ぬ。盜、之を攻め、戈を以て王を擊つ。王孫由于、背を以て之を受け、肩に中る。王、鄖に奔る。鍾建、季芈を負い以て從う。

とあり、続く『左伝』定公五年（前五〇五）に、

王將嫁季芈、季芈辭曰、「所以爲女子、遠丈夫也。鍾建負我矣」。以妻鍾建、以爲樂尹。

王將に季芈を嫁がせんとするも、季芈辭して曰く、「女子爲る所以は、丈夫に遠ざかるなり。鍾建、我を負えり」と。以て鍾建に妻わせ、以て樂尹と爲す。

とあるように、楚の昭王の妹・季芈畀我は、呉の侵攻から逃れる際に「女子は男性から遠ざかるものである」にも関わらず臣下である鍾建に背負われたため、他の相手との縁談を拒み、そのため昭王が季芈を鍾建に嫁がせた。『左伝』において、季芈のように未婚の女性が自身の婚姻について意見を述べる例は本箇所以外に見えず、非常に特異な記事と言える。季芈が主張する「所以爲女子、遠丈夫也」という規範は、『礼記』曲礼上の「男女不雜坐、不同椸枷、不同巾櫛、不親授」のような男女の別に関する規範と共通するものであり、楚の事件としてこのような規範に則った記述が見えることは、『左伝』における楚の扱いだけでなく、いわゆる儒学的な規範意識の成立過程における楚の位置

づけを考える上でも注目すべきだろう。
ただ、このように『礼記』に見えるような礼制観からは賞賛されるように思える季芊のエピソードではあるが、『史記』だけでなく、『礼記』などの男女規範を重んじる『列女伝』でもこの事件は言及されていない。これについては、『史記』を始めとする後代の史料が基本的に『左伝』以上に楚の婚姻規範に対して批判的であることを踏まえると、『左伝』に見えるこのような楚出身女性の記事が、後代の楚に対するイメージと整合性を取れないものであったことが、その背景にあったのではないかと推測される。

おわりに

楚の婚姻習慣や継承制度については、従来その特殊性が注目される傾向にあった。ただ、実際に具体的な記述を見ていく限り、『左伝』において楚の婚姻習慣は中原諸侯とそこまで大きく異なるものとして描かれている訳ではなく、季芊の記事のように、いわゆる後代の儒学的な倫理意識が楚の事例として見えるケースも存在している。むしろ中原諸侯の婚姻記事と比較すると、従来イメージされてきたような婚姻規範上は、同姓婚を頻繁に行っている晋や斉の方が特殊といってもよく、根本的な問題として、従来周の礼制や婚姻習慣として認識されてきたものが、実際に如何なる経緯で成立したものであったかについては、再検討の余地があると思われる。

注

（1）　江頭廣『姓考—周代の家族制度—』（風間書房、一九七〇年）一三六～一七一頁参照。また、江頭氏の議論の背景には、『爾雅』の親族呼称から古代の婚姻習俗を論じた加藤常賢氏の議論がある（加藤常賢『支那古代家族制度研究』岩波書店、一九四〇年、下篇第九章「甥・舅姑」参照）。

（2）例えば斉と魯の間には春秋初期から中期にかけて長期に渡る通婚関係があり、この関係を介して斉が魯に対して政治的介入を行っていたことが指摘される。詳細は宇都木章「『春秋』に見える魯の公女（一）」（『中国古代史研究』第六、研文出版、一九八九年。宇都木章『春秋戦国時代の貴族と政治：宇都木章著作集第二集』名著刊行会、二〇一二年再録）、吉田章人「魯・斉関係における婚姻と夫人」（『史学』七八－三、二〇〇九年）参照。

（3）齋藤（安倍）道子「春秋時代の婚姻—その時代的特質を求めて—」（『東海大学文明研究所紀要』一二、一九九二年）参照。

（4）小林伸二「婚姻と国際社会」（同『春秋時代の軍事と外交』汲古書院、二〇一五年）参照。

（5）宇都木章「宗族制と邑制」（『古代史講座』六、学生社、一九六二年。宇都木章『中国古代の貴族社会と文化：宇都木章著作集第一集』名著刊行会、二〇一一年再録）、同「西周諸侯系図試論」（『中国古代史研究』二、吉川弘文館、一九六五年。前掲書二〇一一再録）参照。

（6）楚王室の継承制度について、楊升南氏や何浩氏、張君氏は、伝世文献の楚王の系譜から、末子相続ではなく長子相続が楚の主流であったと主張した。しかし、これに対して齋藤道子氏は、伝斉文献の楚王の系譜に作爲が加わっている可能性があることを指摘し、平王期を境として兄弟相続から嫡長子相続への固定化が進んだと論じている。詳細は、楊升南「是幼子継承性、還是長子継承制？」（『中国史研究』一九八二年一期）、何浩・張君「試論楚国的君位継承制」（『中国史研究』一九八四－四）、齋藤道子「楚の王位継承法と霊王・平王期」（『史学』五七－一、一九八七年）、同「春秋楚国の王と世族—その系譜関係をめぐって—」（『日中文化研究』一〇、勉誠社、一九九六年）参照。また、吉本道雅氏は、熊勇以前の楚国君系譜について、本来兄弟継承であったものを父子継承に改変したのではないかと指摘する（吉本道雅『中国先秦史の研究』京都大学学術出版会、二〇〇五年、第二章「楚―西周春秋期―」参照）。近年では山田崇仁氏が、清華大学蔵戦国楚竹書「楚居」を活用し、『史記』楚世家の楚王の系譜が先秦期の認識とは異なる可能性を指摘している（山田崇仁「楚の熊咢から武王までの系譜の検討」『花園大学文学部研究紀要』四九、二〇一七年参照）。

（7）楚の文王夫人・息嬀は、陳の公女ではあるが、息へ嫁いだ後、文王によって息が滅ぼされた際にその妻として再婚させられている。この婚姻に対して息嬀の実家である陳公室が何らかの対応をしたような記述はなく、陳と楚の間に姻戚関係という意識があったのかは不明である。

（8）この他、伝世文献では『国語』周語中に盧出身の荊嬀という夫人の名が見えるが、詳細は不明。『韓詩外伝』巻二や『列女伝』賢明伝楚荘樊姫篇には荘王夫人として樊姫という女性の記事が見えるが、両者のエピソードの成立時期は『左伝』よりも時代が下るとみられ、樊姫という夫人が実在した可能性はあるものの、エピソード自体の史実性については問題がある。樊姫の問題について、詳細は下見隆雄『劉向『列女傳』の研究』（東海大学出版会、一九八九年）二八五～二九六頁参照。なお、羅運環「楚国后妃考」（同『出土文献与楚史研究』商務印書館出版、二〇一一年）は、『戦国策』、『列女伝』などに登場する人物も含めて、戦国時代までの楚王夫人の整理を行っている。

（9）小寺敦『先秦家族関係史料の新研究』（汲古書院、二〇〇八年）七八頁参照。なお、『春秋』の当該記事に対して『穀梁伝』は公羊伝とほぼ同じ説明をするが、『左伝』は宗廟の問題から説明をしており、楚との婚姻問題については全く触れていない。

（10）文崇一『楚文化研究』（中央研究院民俗学研究所専刊之十二、一九六七年）七七頁参照。

（11）『左伝』成公一一年（前五八〇）に、「聲伯之母不聘、穆姜曰、「吾不以妾爲姒」。生聲伯而出之、嫁於齊管于奚、生二子而寡」とある。

（12）『左伝』文公六年（前六二一）参照。ただし、当該記事においては単純に生母の地位の上下だけが問題とされたわけではなく、後ろ盾となる秦など外部の諸侯との血縁の有無も重要な要素として議論されている。

(13) 注 (10) 前掲書八〇頁参照。

(14) なお、齋藤道子氏は、一見すると叔母の嫁ぎ先の公女を夫人に迎え交叉イトコ婚に見える例でも、実際には必ずしも叔母の実子を娶っているとは限らず、擬似的な交叉イトコ婚に留まっているケースも少なくないことを指摘している (注 (3) 前掲論文参照)。そのような例があることを踏まえると、仮に文氏の言うように「鄭二姫」と文芊に直接の血縁関係がない場合でも、形としては交叉イトコ婚と同様の役割が期待されたのではないかと思われる。

(15) 同事件について『史記』巻五秦本紀には、「哀公八年、楚公子弃疾弑靈王而自立、是爲平王。十一年、楚平王來求秦女爲太子建妻。至國、女好而自娶之。十五年、楚平王欲誅建、建亡」とある。

(16) 同年の夏のこととして、『左伝』昭公一九年に「令尹子瑕聘于秦、拜夫人也」とある。

(17) 『左伝』桓公一六年 (前六九六) に、「初、衞宣公烝於夷姜、生急子。屬諸右公子。爲之娶於齊而美、公取之、生壽及朔。屬壽於左公子」とある。

(18) 『左伝』襄公三〇年 (前五四三) に、「蔡景侯為大子般娶于楚、通焉。大子弑景侯」とある。

(19) 『左伝』荘公一〇年 (前六八四) に、「蔡哀侯娶于陳、息侯亦娶焉。息嬀將歸、過蔡。蔡侯曰、「吾姨也」。止而見之、弗賓。息侯聞之怒、使謂楚文王曰、「伐我、吾求救於蔡而伐之」。楚子從之。秋九月、楚敗蔡師于莘、以蔡侯獻舞歸」とあり、この敗戦を怨んだ蔡の哀公によって楚が息を滅ぼすように仕向けられ、文王の息嬀との婚姻に繋がった。息嬀を巡る史料の内容の変遷については、拙稿「「息嬀説話」考—その変遷から見た春秋時代における女性の再婚の位置づけ—」(早稲田大学長江流域文化研究所編『中国古代史論集—政治・民族・術数—』雄山閣、二〇一六年) において論じた。

(20) ただし、春秋時代には再婚に否定的な思想は自体は存在したものの、寡婦を貫いた女性が積極的に賞賛の対象とされるようになるのは漢代以降のことであり、春秋時代の時点では再婚自体を否定する傾向は薄かったと思われる。注（19）前掲論文参照。

（21）『左伝』文公一六年に「文公二妃敬嬴生宣公。敬嬴嬖、而私事襄仲。宣公長、而屬諸襄仲。襄仲欲立之、叔仲不可。仲見于齊侯而請之。齊侯新立、而欲親魯、許之。冬十月、仲殺惡及視、而立宣公」とある。「事」と「屬」の結果、成風の依頼を受けた公子牙の場合、当初は子般を即位させようとしたが、後に閔公が殺されると、成風に「屬」された僖公を擁立している。敬嬴の場合は「事」の結果、後継者争いに東門襄仲が大きな役割を果たし、敬嬴が生んだ宣公の即位に成功している。このほか、「事」を伴わない国君の兄弟への「屬」事例として、『左伝』桓公一六年の「初、衞宣公烝於夷姜、生急子。屬諸右公子。爲之娶於齊而美、公取之、生壽。及朔、屬壽於左公子」や、『左伝』昭公八年の「陳哀公元妃鄭姫生悼大子偃師、二妃生公子留、下妃生公子勝。二妃嬖、留有寵、屬諸徒招與公子過。哀公有廢疾、三月甲申、公子招・公子過殺悼大子偃師而立公子留」などがある。「事」が男女関係を伴うものであったかは不明だが、公子の後見役と先君の妻の間で結ばれる政治的要素を持った関係という点では、筆者が以前検討した、『左伝』閔公二年に見える哀姜と公子慶父の「通」関係や、衛の宣姜と昭伯の「烝」関係などと似た側面を有している。拙稿「春秋時代における「烝」婚の性質」（『史観』一七二、二〇一五年）、同「春秋時代の「烝」・「報」・「通」事例から見た諸侯の婚姻習慣の変化について」（『早稲田大学大学院文学研究科紀要』六一、二〇一六年）参照。

（22）吉本注（6）前掲書三三八頁参照。

（23）令尹について齋藤氏は、子元やその後令尹となった闘氏らの時代頃から実体のある政治権力を持つようになったこと、成王期に実際に政務を担当していたのは王ではなく令尹であったことを指摘している。詳細は齋藤（安倍）道子「春秋前期における楚の対外発展―『左伝』を中心に―」（『東海大学紀要』文学部三二、一九七九年）、同「楚の王権構造に関する一試論」

（『東海大学文明研究所紀要』一〇、一九九〇年）参照。

(24)「烝」の春秋時代における位置づけについては、注（21）前掲論文二〇一五参照。

(25) なお、『史記』には鄧曼に関する記事は見えないものの、『列女伝』仁智伝楚武鄧曼篇には、「鄧曼者、武王之夫人也。王使屈瑕爲將、伐羅。屈瑕號莫敖、與羣帥悉楚師以行。鬪伯比謂其御曰、「莫敖必敗。舉趾高、心不固矣」。見王曰、「必濟師」。王以告夫人。鄧曼曰、「大夫非衆之謂也。其謂君撫小民以信、訓諸司以德、而威莫敖以刑也。莫敖、狃於蒲騷之役、將自用也。必小羅。君若不鎭撫、其不設備乎。於是王使賴人追之、不及。莫敖令於軍中曰、「諫者有刑」。及鄢、師次亂濟、至羅。羅與盧戎擊之、大敗。莫敖自經荒谷。羣師囚於治父、以待刑。王曰、「孤之罪也」。皆免之。君子謂、鄧曼爲知人。『詩』云、「曾是莫聽、大命以傾」、此之謂也。王伐隨且行、告鄧曼曰、「余心蕩、何也」。鄧曼曰、「王德薄而祿厚、施鮮而得多。物盛必衰。日中必移。盈而蕩、天之道也。先王知之矣。故臨武事、將發大命、而蕩王心焉。若師徒毋虧、王薨於行、國之福也」。王遂行、卒於樠木之下。君子謂、鄧曼爲知天道。『易』曰、「日中則昃、月盈則虧、天地盈虚、與時消息」、此之謂也」とあり、詳細は異なっているものの、鄧曼の賢女としての性格は『左伝』と共通する。

(26)『左伝』荘公六年（前六八八）に、「楚文王伐申、過鄧。鄧祁侯曰、「吾甥也」、止而享之。騅甥・聃甥・養甥請殺楚子、鄧侯弗許。三甥曰、「亡鄧國者、必此人也。若不早圖、後君噬齊、其及圖之乎。圖之、此爲時矣」。鄧侯曰、「人將不食吾餘」。對曰、「若不從三臣、抑社稷實不血食、君焉取餘」。弗從。還年、楚子伐鄧、十六年、楚復伐鄧、滅之」とある。

『左伝』における礼による予言

劉　胤汝

はじめに

『左伝』の大きな特徴の一つは、叙述中に大量の予言が用いられている点である。予言者として登場する人物は、天文・占卜を司る卜・史のほか、貴族や、歴史と人物を評論する「君子」・「仲尼」など、多様である。これらの予言は、予言の手段によって、方術に基づくものと道徳観に基づくものとの二種類に大別できる。[1] 道徳観に基づく予言には、特に礼観念を根拠に予言する例（以下、「礼による予言」という）が多く見える。[2] 勿論、それは説話の作者が、自分の礼観念を正当化するために創作したものである可能性もあり、そのまま春秋時代の史実として捉えることには問題がある。しかし別の見方をすれば、礼による予言には予言者（説話の作者）の因果関係に対する考え方などが明示されており、『左伝』の礼観念を解明するための重要な手掛かりとなっている。

これまで『左伝』の予言については多くの研究がなされているが、「礼」による予言に関しては必ずしも十分に検討がなされたとは言えない。[3] したがって本稿では、基礎的作業として、『左伝』の登場人物の運命を対象とする、礼による予言の因果関係を整理・分析した上で、予言の特色について考察を加える。以下、行論の都合上、予言内容の吉凶に応じて、二節に分けて論を進める。なお、以下で引用する史料は特に記載がない限り『左伝』である。

第一節　吉事についての予言

吉事についての予言には、個人の政治的地位の獲得（国君の即位二例、大夫の執政一例）と健康の回復（国君の病気治癒一例）という二種類の内容が見られる。

一．政治的地位の獲得

①〔莊公十一年〕秋、宋大水。公使弔焉、曰、「天作淫雨、害於粢盛、若之何不弔」。對曰、「孤實不敬、天降之災、又以爲君憂、拜命之辱」。臧文仲曰、「宋其興乎。禹・湯罪己、其興也悖焉。桀・紂罪人、其亡也忽焉。且列國有凶、稱孤、禮也。言懼而名禮、其庶乎」。既而聞之曰公子御説之辭也。臧孫達曰、「是宜爲君、有恤民之心」。（前六八三年）

①には二つの予言が含まれている。一つは魯の使者に対する宋人の外交辞令を根拠として、臧文仲が宋の興盛を予言したもの、もう一つは臧文仲の祖父臧哀伯（臧孫達）が、外交辞令の作者が宋の公子御説であったと聞いて、宋桓公の即位を予言したものである。[4] 両者のうち、宋桓公即位についての予言は的中したが、宋の興盛についての予言が成就したと看做せるような記述は『左伝』中には見えない。

類似する説話は『史記』宋微子世家・『韓詩外伝』・『説苑』君道篇にも見えるが、[5] 記述に「礼」字が含まれるのは『左伝』の説話のみであり、礼を根拠として予言している。『韓詩外伝』・『説苑』版の説話において、孔子（君子）の宋人の外交辞令に対する評価の主旨は「過而改之、是不過也（過而改之、是猶不過）」、つまり政治上の過ちは天罰を受けるべきだが、国君自らが過ちを改めさえすれば、過ちがなかったことと同じであるというものである。一方で、『左伝』の場合、臧文仲と臧哀伯の論評にはこういった考え方は見えない。予言の作者は、外交辞令に表れた天への畏敬や、災害の発生に対応する国君の自称の変化など、外在する言語的表現に重点を置き、言語を通して発話者の「恤民之心」が直接的に窺えるとしている。ここで注目すべき点は、外交辞令の性格や虚言の可能性は全く考慮されていないことである。言語は発話者の「心」をそのまま反映したものとして、『左伝』においては理解されている。

②〔僖公二十三年〕楚子曰、「晉公子廣而儉、文而有禮。其從者肅而寬、忠而能力。晉侯無親、外内惡之。吾聞姬姓、唐叔之後、其後衰者也、其將由晉公子乎。天將興之、誰能廢之。違天必有大咎」。乃送諸秦。（前六三七年）

これと同じ晉文公の亡命説話は『国語』晉語にも見える。②の「晉公子廣而儉、文而有禮」の一句について、『国語』は「且晉公子敏而有文、約而不諂」に作り、「有禮」という表現は見えない。ここで楚成王は、公子重耳の「有禮」という外面的特質を、将来の即位に貢献する一つの要素としている。

③〔襄公二十六年〕鄭伯賞入陳之功。三月甲寅朔、享子展、賜之先路三命之服、先八邑。賜子産次路再命之服、先六邑。子産辭邑、曰、「自上以下、降殺以兩[6]、禮也。臣之位在四。且子展之功也、臣不敢及賞禮、請辭邑。」公固予之、乃受三邑。公孫揮曰、「子産其將知政矣。讓不失禮」。（前五七四年）

子産が軍功の恩賞を辞退した時の応対を根拠に、公孫揮は子産が鄭国の執政の卿になることを予言した[7]。これに対して周大璋『左傳翼』は、「他人辭讓、多是畏禍、此獨以禮爲本、較常情更有純雜之分、故云「將知政」」と評価し[8]、子産の「讓」の「以礼爲本」という特性を指摘している。それは単なる「讓」ではなく、礼に適った「讓」である。子産は先に「自上以下、降殺以兩、禮也」と、礼の規定を引用して自分の地位に相応しい賞賜の内容を述べてから、軍功を子展に讓った。襄公二十一年に「禮、政之輿也」とあるように、礼は政治の運び手に比喩されていた。子産は「讓」

を実践する時でも礼を重視していたため、執政者の能力が備わっていると認められたのであろう。

二．健康の回復

④〔襄公十年〕宋公享晉侯於楚丘、請以「桑林」。荀罃辭。荀偃、士匄曰、「諸侯宋・魯、於是觀禮。魯有禘樂、賓祭用之。宋以「桑林」享君、不亦可乎」。舞、師題以旌夏、晉侯懼而退入於房。去旌、卒享而還。及著雍、疾。卜、桑林見。荀偃・士匄欲奔請禱焉。荀罃不可、曰、「我辭禮矣、彼則以之。猶有鬼神、於彼加之」。晉侯有間、……。（前五六三年）

晉悼公は殷王の舞楽「桑林」を見た後病に罹った。占卜の結果では、桑林の神の祟りとされたが、晉の荀罃は悼公の病気を鬼神とは関係ないものとし、その治癒を予言した。荀罃がこのように考えた理由は、「我辭禮矣、彼則以之。猶有鬼神、於彼加之」、即ち鬼神の公平・公正性を信頼し、本来殷王に対してなされる礼遇を晉側が一度辞退した以上、責任は賓客の晉側から主人の宋側に移ったということである。この記事において、桑林の神は理性を持つ存在であり、理非曲直を問わず当たり散らす「厲」と異なり[9]、人間の言動を観察して責任を問うという形で人間に罰を加えるものと理解されている。晁福林氏は、この説話を根拠として、春秋時代の人々の観念において、鬼神は礼の守り手であったと指摘している[10]。このような理解を踏まえると、鬼神は礼によって罰を決めるものであり、人間は礼を遵守すれば、鬼神の祟りを受けないことになる。

以上、①②③④はともに個人の言行など外面的要素を通して、その政治的地位の獲得や、健康の回復を予言するものである。これらの予言においては、礼に適っているかどうかが個人の身体状況と政治的地位の指標とされている。また、予言者（とその観念における鬼神）にとって、個人の言行がその「心」を確実に反映しているかどうかは全く問題視されていない。

第二節　凶事についての予言

凶事の予言については、その予言内容の軽重によって、個人の運命として最悪の結末である死亡・無後と、生存はしたものの国外追放される出奔・大帰との二種類に分けて検討する。

一．死亡・無後

『左伝』において、死亡と無後は個人の運命にとって最悪の結末とされている。字面からみると、無後とは後代がない、つまり個人の血脈の断絶という意味であるが、『左伝』においては、単純な血脈の断絶ではなく、個人の後嗣がその禄位を守れず、即ち官職につけなかったということを指している。例えば荘公十六年の「公父定叔出奔衛、三年而復之、曰、「不可使共叔無後於鄭」」、宣公四年の「其孫箴尹克黄……王思子文之治楚國也、曰、「子文無後、何以勸善」。使復其所、改命曰生」といったケースでは、共叔段と子文にはいずれも子があるが、その子が国外に出奔し、もしくは罪を犯して官職を失った場合にも「無後」と称している。また、死亡と無後を併称する例として荘公三十二年に「成季使以君命命僖叔、待於鍼巫氏。使鍼季酖之曰、「飲此則有後於魯國。不然、死且無後」」とある。

では、予言のうえでは個人のどのような行為が死亡や無後の禍もたらすと考えられているのであろうか。以下、予言の根拠とされている出来事に応じて、容儀・男女関係・信とそれ以外の計四分類に分けて検討する。

〔一〕容儀

①〔僖公十一年〕天王使召武公・内史過賜晉侯命。受玉惰。過歸、告王曰、「晉侯其無後乎。王賜之命而惰於受瑞、先自棄也已、其何繼之有。禮、國之幹也。敬、禮之輿也。不敬則禮不行、禮不行則上下昏、何以長世」。（前六四九年）

②〔襄公二十一年〕會於商任、錮欒氏也。齊侯・衛侯不敬。叔向曰、「二君者必不免。會朝、禮之經也。禮、政之輿也。政、身之守也。怠禮失政、失政不立、是以亂也」。（前五五二年）

③〔定公十五年〕春、邾隱公來朝。子貢觀焉。邾子執玉高、其容仰。公受玉卑、其容俯。子貢曰、「以禮觀之、二君者、皆有死亡焉。夫禮、死生存亡之體也。將左右周旋、進退俯仰、於是乎取之。朝祀喪戎、於是乎觀之。今正月相朝、而皆不度、心已亡矣。嘉事不體、何以能久。高仰、驕也、卑俯、替也。驕近亂、替近病。君爲主、其先亡乎」。（前四九五年）

④〔成公十三年〕公及諸侯朝王、遂從劉康公・成肅公會晉侯伐秦。成子受脤於社、不敬。劉子曰、「吾聞之、民受天地之中以生、所謂命也。是以有動作禮義威儀之則、以定命也。能者養以之福、不能者敗以取禍。是故君子勤禮、小人盡力、勤禮莫如致敬、盡力莫如敦篤。敬在養神、篤在守業。國之大事、在祀與戎。祀有執膰、戎有受脤、神之大節也。今成子惰、棄其命矣、其不反乎」。（前五七八年）

これら四つの予言について、概要を示すと以下の通りである。

①周王の賜命儀式で、晉恵公が玉を授かる際の不敬な容儀を見た内史過が、敬・礼の関係を根拠に恵公の無後を予言した。恵公の子のうち、懐公は即位してまもなく文公に殺され、娘は秦で下女になった。(11)

②斉荘公・衛殤公の会盟中の不敬を見た叔向が、会朝・礼・政・身の関係を根拠として両君の死亡を予言した。荘

公は襄公二十五年（前五四八年）に崔杼に殺された[12]。
③魯定公・邾隠公の朝見での不適切な容儀を根拠として、子貢は両君の死亡を予言した。定公は同年に死亡し[13]、隠公は哀公二十四年（前四七一年）にその無道な行為を責められ、越人によって逮捕されたが、その死亡について『左伝』には記載されていない[14]。
④戦闘前の受脤の礼における成粛公の不敬を見た劉康公が、敬・礼・命の関係を根拠として、その死亡を予言した。成粛公は同年死亡した[15]。
予言が行われた場面は、①賜命儀式、②会、③朝、④戦闘前の祭祀など、外交・軍事面の重要な儀式である。②の「會朝、禮之經也」、③の「夫禮、死生存亡之體也。……朝祀喪戎、於是乎觀之」、④の「國之大事、在祀與戎」が示すように、これらの儀式は非常に重要視されている。とりわけ③の「將左右周旋、進退俯仰、於是乎取之。朝祀喪戎、於是乎觀之」は、礼を観ることは、礼を行うことと同等な重要性を持つことを窺わせる。観礼者である予言者は、まず傍観者の視座から礼を行う者の表情、手の位置、体のジェスチャーなどを精査した。そして、「受玉惰」・「不敬」・「執玉高、其容仰」・「受玉卑、其容俯」など、礼に適っていないところを発見したら、それを「自棄」「心已亡」「棄其命」のような行為と解釈し、必ず「命」を失うと予言した。

こうしたパターンの予言は、以上の四例以外にも、『左伝』『国語』には多く見られる[16]。李恵儀氏は、『左伝』はジェスチャーと運命との関係を考える際に、「内なる自分」に注目していないことを指摘している。運命は個性によって決定するものではなく、個人の寿命を決定する外部の力と捉えられ、又は個人の社会的地位や機能に相応しい義務を果たすか否か、という外から観察可能な外面化された行動の部分（ジェスチャー）によって決定されるものとされている[17]。

李氏が言う通り、「容儀類予言」の場合、[18]「民受天地之中以生、所謂命也。是以有動作禮義威儀之則、以定命也。能者養以之福、不能者敗以取禍」（④）といったように、『左伝』は個人の観察可能な外面的行為を重視しており、個人の性格やその死亡を引き起こす事件の経緯に興味を示していない。個人の運命は完全に観礼者の解読によって決定された。ここでの観礼者は実在の人間に限らず、祭祀対象者である「神」も儀式の場面における隠形の観礼者として働いている。「君子勤禮、小人盡力、勤禮莫如致敬、盡力莫如敦篤。敬在養神、篤在守業」（④）では君子と小人それぞれの役割が示されている。君子は「養神」[19]、即ち神を祭る際に、恭敬な態度で礼に努めることが最も大事である。一方、小人は自分の業務上の本分を守って、篤実な態度で力を尽くすことが要求されている。当時の貴族は、君子（貴族）が「礼」と「養神」に努め、「神」を喜ばせて加護を得ることこそが、自分の責任であると認識していた。「神」は礼を行う者の容儀によって処置を決めるため、「神」によって観察可能な容儀が重要視されている一方で、個人の性格は直接に観察できないものとして軽視されている。予言者もある程度、「神」の反応を推測して個人の生死を予言したと考えられる。

〔二〕男女関係

⑤〔桓公十八年〕春、公將有行、遂與姜氏如齊。申繻曰、「女有家、男有室、無相瀆也、謂之有禮。易此、必敗」。
（前六九四年）

⑥〔莊公二十四年〕秋、哀姜至。公使宗婦覿、用幣、非禮也。御孫曰、「男贄大者玉帛、小者禽鳥、以章物也。女贄不過榛栗棗脩、以告虔也。今男女同贄、是無別也。男女之別、國之大節也。而由夫人亂之、無乃不可乎」。（前六六九年）

⑦〔僖公二十二年〕丙子晨、鄭文夫人芈氏・姜氏勞楚子於柯澤。楚子使師縉示之俘馘。君子曰、「非禮也。婦人

送迎不出門、見兄弟不逾閾、戎事不邇女器」。……饗畢、夜出、文羋送於軍、取鄭二姫以歸。叔詹曰、「楚王其不沒乎。爲禮卒於無別、無別不可謂禮、將何以沒」。諸侯是以知其不遂霸也。（前六三八年）

これら三例について、要約すると以下のような内容となる。

⑤魯桓公が夫人文姜を連れて斉に行く前、申繻は既婚の男女が互いを汚すべきではないと諫めて、桓公の死亡を予言した。同年、桓公は斉で殺された[20]。

⑥魯荘公が宗婦に命じて大夫が持つべき贈物を持って、魯に到着した夫人哀姜に謁見させた。御孫は、男女の区別を夫人のことで乱すのは大きな間違いであったと諫め、哀姜の死亡を予言した。荘公没後、哀姜は慶父との姦通により、公位継承紛争を起こして閔公二年（前六六〇年）に斉人に殺された[21]。

⑦楚成王が鄭文公の両夫人に俘虜と敵の左耳を見せたこと、文羋が成王を軍営まで送ったこと、成王が鄭の公女二人を連れ帰ったこと、叔詹はこれら三つの事件を根拠として、成王が安らかに死ねないであろうと予言した。成王は文公元年（前六二六年）、太子商臣に自殺を強いられた[22]。

これら三例は全て不当な男女関係から個人の死亡を予言した例である。⑤⑥は共に諸侯が夫人の姦通の兆しを速やかに気づかなかったことにより、政治的混乱を引き起こしたという事件である。しかし、予言創作の恣意性によるものだろうか、⑤において魯桓公は殺されたものの、文姜は無事であり、⑥において哀姜は殺された一方、魯荘公は路寝、即ち礼制上正しい場所で死亡したという違いがある[23]。

⑦には、成王の死亡についての予言のほかに、成王は覇者になれまいという「諸侯」の予言も見える。では、何故『左伝』は楚成王の男女関係上の問題を称覇と生死の問題に繋げているのだろうか。李氏によると、『左伝』において、男女関係における礼の当否は、他方面の礼的区別（ritual distinctions）の指標とされている[24]。「無別」は男女関係

のみならず、他方面の礼においても根本的原則に背く行為であるため、『左伝』では、ある一つの問題について「無別」の者は、礼の根本的原則を理解していない者と認識されている。「無別不可謂禮、將何以沒」(⑦)に示されているように、礼の根本的原則を理解していないならば、必ず命を失うことになるというのが『左伝』の認識である。

〔三〕信

⑧〔僖公七年〕鄭伯使大子華聽命於會、言於齊侯曰、「泄氏・孔氏・子人氏三族、實違君命。君若去之以爲成、我以鄭爲内臣、君亦無所不利焉」。齊侯將許之。管仲曰、「君以禮與信屬諸侯、而以姦終之、無乃不可乎。子父不奸之謂禮、守命共時之謂信。違此二者、姦莫大焉」。公曰、「諸侯有討於鄭、未捷。今苟有釁、從之、不亦可乎」。對曰、「君若綏之以德、加之以訓辭、而帥諸侯以討鄭、鄭將覆亡之不暇、豈敢不懼。若摠其罪人以臨之、鄭有辭矣、何懼。且夫合諸侯以崇德也、會而列姦、何以示後嗣。夫諸侯之會、其德刑禮義、無國不記。記姦之位、君盟替矣。作而不記、非盛德也。君其勿許、鄭必受盟。夫子華既爲大子而求介於大國、以弱其國、亦必不免。鄭有叔詹・堵叔・師叔三良爲政、未可間也」。齊侯辭焉。子華由是得罪於鄭。(前六五三年)

⑨〔成公十五年〕楚將北師。子囊曰、「新與晉盟而背之、無乃不可乎」。子反曰、「敵利則進、何盟之有」。申叔時老矣、在申、聞之、曰、「子反必不免。信以守禮、禮以庇身、信禮之亡、欲免得乎」。(前五七六年)

⑩〔成公十六年〕子反入見申叔時、曰、「師其何如」。對曰、「德・刑・詳・義・禮・信、戰之器也。德以施惠、刑以正邪、詳以事神、義以建利、禮以順時、信以守物。民生厚而德正、用利而事節、時順而物成、上下和睦、周旋不逆、求無不具、各知其極。故詩曰、「立我烝民、莫匪爾極」。是以神降之福、時無災害、民生敦厖、和同以聽。莫不盡力以從上命、致死以補其闕、此戰之所由克也。今楚内棄其民、而外絶其好、瀆齊盟、而食話言、奸時以動、而疲民以逞、民不知信、進退罪也、人恤所厎、其誰致死。子其勉之。吾不復見子矣」。(前五七五年)

これら三例は礼に対する「信」の重要性を根拠とする予言である。各予言の経緯を要約すると以下の通りとなる。

⑧鄭の太子華は甯毌の会において、父成公の命に背いて、斉桓公に鄭の三大夫の族を取り除くことを条件に、斉への服従を申し出た。管仲はそれを礼と信に背く売国行為として、子華の死亡を予言した。(25)

⑨成公十二年（前五七九年）、晉と楚は宋の盟で和議したが、まもなく楚は鄭・衛に出兵を決意した。子嚢はこれを盟に背くことと諫めたものの、子反は宋との盟を全く気にせず、敵情が楚側に有利であるなら盟約に背いてもいい、という意思を示した。これを聞いて申叔時は鄢陵の戦で敗れた子反の自殺を予言した。(26)

⑩鄢陵の戦の直前、子反は申叔時に戦いの成敗を聞くと、申叔時は⑨の予言を繰り返した。

信と礼との関係と信・礼それぞれの作用について、⑨には「信以守禮、禮以庇身」、すなわち、信は礼を守り、礼は身を守るという論理が示されている。「違此二者、奸莫大焉」「信禮之亡、欲免得乎」といったように、信と礼がなければ、身の保障を失うことを意味している。太子華は父命と君命に背き、「既爲大子而求介於大國、以弱其國」とあるように、太子の身分としてすべきではなかったことをした上、鄭の恨みを買ったのも当然である、というのがここでの『左伝』の論理である。また、⑩は⑨の補足説明と見做せる記述であり、子反の背信は宋の盟に対してだけでなく、春耕の時期に戦争を発動して民の信用もなくしたという、内外両方に対する背信であったと論じられている。

〔四〕その他

⑪〔文公十五年〕齊侯侵我西鄙、謂諸侯不能也。遂伐曹、入其郛、討其來朝也。季文子曰、「齊侯其不免乎。己則無禮、而討於有禮者、曰、「女何故行禮」。禮以順天、天之道也、己則反天、而又以討人、難以免矣。詩曰、「胡不相畏、不畏於天」。君子之不虐幼賤、畏於天也。在周頌曰、「畏天之威、於時保之」。不畏於天、將何能保。以亂取國、奉禮以守、猶懼不終、多行無禮、弗能在矣」。（前六一二年）

⑫〔昭公元年〕叔向出、行人揮送之。叔向問鄭故焉、且問子皙。對曰、「其與幾何。無禮而好陵人、怙富而卑其上、弗能久矣」。（前五四一年）

⑬〔昭公十二年〕楚子狩於州來……右尹子革夕、王見之、去冠・被、舍鞭、與之語曰、「昔我先王熊繹、與呂伋・王孫牟・燮父・禽父並事康王、四國皆有分、我獨無有。今吾使人於周、求鼎以爲分、王其與我乎」。……王曰、「昔我皇祖伯父昆吾、舊許是宅。今鄭人貪賴其田、而不我與。我若求之、其與我乎」。……王曰、「昔諸侯遠我而畏晉、今我大城陳・蔡・不羹、賦皆千乘、子與有勞焉。諸侯其畏我乎」。

……對曰、「臣嘗問焉。昔穆王欲肆其心、周行天下、將皆必有車轍馬跡焉。祭公謀父作「祈招」之詩、以止王心、王是以獲沒於祗宮。臣問其詩而不知也。若問遠焉、其焉能知之」。王曰、「子能乎」。對曰、「能。其詩曰、「祈招之愔愔、式昭德音。思我王度、式如玉、式如金。形民之力、而無醉飽之心」」。王揖而入、饋不食、寢不寐、數日、不能自克、以及於難。

仲尼曰、「古也有志、「克己復禮、仁也」。信善哉。楚靈王若能如是、豈其辱於乾谿」。

⑭〔昭公十五年〕十二月、晉荀躒如周、葬穆后、籍談爲介。既葬、除喪、以文伯宴、樽以魯壺。王曰、「伯氏、諸侯皆有以鎭撫室、晉獨無有、何也」。文伯揖籍談、對曰、「諸侯之封也、皆受明器於王室、以鎭撫其社稷、故能薦彝器於王。晉居深山、戎狄之與鄰、而遠於王室。王靈不及、拜戎不暇、其何以獻器」。……賓出、王曰、「籍父其無後乎。數典而忘其祖」。

籍談歸、以告叔向。叔向曰、「王其不終乎。吾聞之、「所樂必卒焉」。今王樂憂、若卒以憂、不可謂終。王一歲而有三年之喪二焉、於是乎以喪賓宴、又求彝器、樂憂甚矣、且非禮也。彝器之來、嘉功之由、非由喪也。三年之喪、雖貴遂服、禮也。王雖弗遂、宴樂以早、亦非禮也。禮、王之大經也。一動而失二禮、無大經矣。言以考典、典以志經、忘經而多言舉典、將焉用之」。

これらは〔一〕〔二〕〔三〕のどれにも当てはまらない予言の例であり、内容は以下のようなものとなっている。

⑪斉懿公は魯の西鄙を侵し、さらに魯に来朝した曹を侵略した。季文子はこれによって懿公の死亡を予言し、懿公は文公十八年（前六〇九年）、彼に苛められた臣下によって殺された(27)。

⑫公孫黒は無礼にして人を凌ぎ、富を自慢し尊卑を重んじなかった。子産はこれによって公孫黒の死亡を予言した。昭公二年（前五四〇年）、公孫黒は子産に自殺を強いられた(28)。

⑬本記事には二人の予言者が登場する。一人は「數日、不能自克、以及於難」と予言した地の文の作者で、もう一人は「仲尼」である。二人の予言者はいずれも昭公十三年（前五二九年）の楚霊王の自殺を予言した(29)。

⑭本記事には二つの予言が見られるが、それらのうち叔向の予言は礼を論拠としている。叔向の予言は、周景王は憂いによって死亡するというものである。景王は昭公二十二年（前五二〇年）、後継者問題が未解決のままで病死した(30)。

以上の四つの記事において、予言がなされる原因となった予言対象者の行為は、⑪⑫では強者が弱者を虐げること、⑬では我儘であったこと、⑭では喪礼中であるにもかかわらず楽しんでいたことである。

⑪の斉懿公は昭姫の子舎を殺して即位したため、もともと即位の正当性がなかった。その上、弱小国を虐待して、数多くの無礼をなした。季文子は懿公の諸行為が礼に反することを非難したうえで、礼は天に順うもの、「天之道」と説いている。天への畏敬によって、人は礼を守らなければならないので、礼を守れば自分の命も守れるという論理を展開している。

⑬の楚霊王は遠祖の故事を挙げて、周に鼎を求めたり、鄭に旧許の地を求めるなど、現実離れしたことばかりを考

えていた。子革の諫言を聞いて反省したが、結局自分の我儘を抑えられず、その我儘によって生じた多数の敵に身を滅ぼされた。(31)「仲尼」は、楚霊王がその命を失った原因は、「克己復礼」を実践できなかったためとする。「克己復礼」は『論語』顔淵にも同文が見られるが、『論語』では孔子自身の言葉とされ、ここでは昔の言説として「仲尼」に引用されている。この予言においては、礼を守るため、私欲を抑制する重要性が強調されている。

⑭の叔向の予言においては、景王の「樂憂」は必ず応報的に、彼を憂いの中で死亡させるとされている。これは、景王が喪中に行った「以喪賓宴、又求彝器」という二つの非礼行為によって、「王之大經」である礼を失い、礼を失えば必ず命を失うという論理である。景王が死亡した直後、王子朝の乱が起り、周王朝は大幅に弱体化した。無礼とされていた王子朝を景王が後継者として選んだのも、(32)⑦において楚成王の男女関係上の問題が称覇と生死の問題に関連づけられた例と同じように、失礼が無謀な決断へ導くという『左伝』の思想からみれば必然の結果であろう。

二、出奔・大帰

次に諸侯・卿大夫の出奔、夫人の大帰（妻が夫によって離縁されること）など、個人の国外追放に対する予言を扱う。諸侯の出奔には魯昭公・魯哀公の二例があり、卿大夫には宋の楽大心の一例、夫人の大帰には魯文公夫人出姜の一例がある。

⑮〔昭公五年〕公如晉、自郊勞至於贈賄、無失禮。晉侯謂女叔齊曰、「魯侯不亦善於禮乎」。對曰、「魯侯焉知禮」。公曰、「何爲。自郊勞至於贈賄、禮無違者、何故不知」。對曰、「是儀也、不可謂禮。禮所以守其國、行其政令、無失其民者也。今政令在家、不能取也。有子家羈、弗能用也。奸大國之盟、陵虐小國。利人之難、不知其私。公室四分、民食於他。思莫在公、不圖其終。爲國君、難將及身、不恤其所。禮之本末、將於此乎在、而屑屑焉習儀

以亟。言善於禮、不亦遠乎」。君子謂、「叔侯於是乎知禮」。（前五三七年）

魯昭公が晋に朝した時、極めて煩瑣な儀礼にも関わらず、間違いを全く起こさなかった。これを見た女叔斉は、魯国公室の政権を三桓によって奪われて、賢臣を起用しなかったなど、昭公の政治上の愚昧と、朝見の儀礼に習熟していたこととの対照によって、昭公は「儀」のみを知り、「礼」を知らない人と断言して、その出奔を予言した。[33]

本説話は『左伝』昭公二十五年に見える、子大叔が「揖讓周旋之禮」を「礼」ではなく「儀」に帰属させる言説と同じ理念に基づくものと考えられる。[34]従来、⑮の「儀」は、「礼」としての地位を奪われ、「礼」と全く別の概念になったとされている。[35]確かに、本説話は「儀」を重視する思想を批判している。しかし前述の「容儀類予言」のように、『左伝』においても依然として「儀」を通して個人の死生禍福を予言する例は散見される。これは「儀」がなお重要視されていることを示しており、しかも「儀」の作用は、場合によっては、決定的と言っても過言ではない。『左伝』における「礼」と「儀」の関係は、「儀」は「礼」の基礎と前提として、「礼」に包含されているというのがより適切であろう。レベルで言えば、「礼」は「儀」より上級なものであると認識されている。個人は、まず他人によって「儀」に適っているか否かの検証を受けなければならない。「儀」に適っていないなら地位や命を失うこととなり、適っているならはじめて上級の「礼」を理解できる。昭公の問題は、「儀」を習っただけで上の「礼」の段階に進む意向がなかったということであるから、「容儀類予言」に見える「儀」すら知らなかったために死亡が予言された例とはやや異なっている。

⑯〔哀公十六年〕夏四月己丑、孔丘卒。公誄之曰、「旻天不吊、不憖遺一老。俾屏余一人以在位、煢煢余在疚。嗚呼哀哉尼父。無自律」。子贛曰、「君其不沒於魯乎。夫子之言曰、「禮失則昏、名失則愆」。失志爲昏、失所爲愆。生不能用、死而誄之、非禮也。稱一人、非名也。君兩失之」。（前四七九年）

孔子没後、魯哀公の誄詞を聴いた子貢は、それを失礼・失名（名分を失う）な言行であったとし、哀公二十七年（前四六八年）の哀公の出奔を予言した。[36]子貢は、哀公が天子の自称「余一人」を僭越したのは「非名」[37]、その生前に任用できなかった死者に対して、誄詞で自分が政治上の補佐と保障を失った寂しさを表していた行為は「非礼」であると考えた。礼と名を失えば判断力も失い、正確な決定ができなくなる。ここでは、哀公がその後越に助けを求めて自国を討伐し、三桓を排除しようとしたことが、形勢を察しなかった無謀な決断と批判されている。

⑰〔文公四年〕逆婦姜於齊、卿不行、非禮也。君子是以知出姜之不允於魯也。曰、「貴聘而賤逆之、君而卑之、立而廢之、棄信而壞其主、在國必亂、在家必亡。不允宜哉。『詩』曰、「畏天之威、於時保之」。敬主之謂也」。（前六二三年）

文公二年（前六二五年）、文公と出姜の婚姻に当たって、魯は卿を派遣し斉に幣を納めたが、逆女の段階では卿ではなく大夫が夫人を迎えた。君子はこの非礼な行為を根拠として、文公十八年（前六〇九年）の出姜の斉への帰国を予言した。[38]

この出来事について、魯側の気が変わったことは、夫人は魯人に尊敬されておらず、つまりその地位が不穏であったことを意味し、それはさらに国の内乱を引き起こす、と君子は判断した。『左伝』文公十八年によると、文公に寵愛されていた次妃敬嬴の子・宣公は、襄仲と斉侯の後見を受けて即位し、出姜は母国の援助も失い、魯から追い出されたのである。[39]しかし、魯が何故「貴聘而賤逆」を選んだのかについて詳しい経緯は記載されていないため、⑰の「卿不行」という行為がなぜ出姜の大帰の兆しとして捉えられているかは不明である。

⑱〔昭公二十五年〕春、叔孫婼聘於宋、桐門右師見之。語、卑宋大夫、而賤司城氏。昭子告其人曰、「右師其亡乎。君子貴其身而後能及人、是以有禮。今夫子卑其大夫而賤其宗、是賤其身也、能有禮乎。無禮必亡」。（前五一

七年）

楽大心は宋に聘した叔孫婼と語り合っている時、自国の大夫と楽氏の大宗司城氏を軽蔑した。叔孫婼はこれを無礼な言行として、定公十年（前五〇〇年）の楽大心の出奔を予言した。(40) 結局、応報的に、楽大心は失言によって楽氏の大宗との関係悪化を招き、宋から追い出された。

本説話で注目されるのは、自国の大夫と自分の大宗を軽蔑するのは、自分自身を軽蔑するのと同じであると認識されていることである。これは血族集団を重視する宗法思想に由来しているものと考えられる。

以上、本節では死亡・無後と出奔・大帰の二種類にわけて、凶事についての予言を検討した。例数からみれば、凶事についての予言は吉事より圧倒的に多い。死亡・無後の予言がなされる原因としては、①②③④不当な容儀、⑤⑥⑦男女関係の無別、⑧⑨⑩盟約や人民に対する背信行為、⑪⑫他国・他人を虐げる無礼な行為、⑬我儘な言行、⑬本来憂うべきことを楽しむことなどが見られる。また、出奔・大帰の予言がなされる原因としては、⑮「儀」には習熟しているが「礼」を知らないこと、⑯礼と名を失うこと、⑰出嫁国による冷遇、⑱自国の大夫と自分の大宗を言語で軽蔑することなどが見られる。

しかし、先にもやや言及した通り、『左伝』の予言創作には恣意性があるといわざるをえない。というのも、予言の原因となった行為の軽重は、実際に発生した事態の軽重とは必ずしも一致していないからである。例えば、「容儀類予言」における外面的容儀である「儀」の誤りと比べて、⑮の「儀」自体は問題ないものの、「礼」を知らない場合のほうが問題の程度は軽いと言えよう。また、⑰の場合、魯による冷遇は夫人本人には変えられなかったことである。夫人本人に失礼な言行が見つからない場合の方が、⑤⑥⑦の夫人自らが不適切なことをした場合よりましであるのも明らかである。なお、⑯⑱は死亡や無後の予言と比較しがたいため、全面的にみれば、死亡や無後の予言内容の事態は、すべて出奔・大帰の予言より酷いとは言い切れない。

また、前節で検討した予言と同じく本節の例においても、個人の性格や本心に興味を示さず、その言行など外面的要素だけを根拠にして予言がなされている。特に「神」とかかわっている宗教的背景がある「容儀類予言」は、このような『左伝』の考え方の特色を色濃く示している。

おわりに

以上、本稿では『左伝』における個人を対象とする礼による予言を、予言内容の吉凶に分けて、予言の内容とその中の因果関係を整理・分析した上で、その予言の特色について考察を加えた。

本稿で採り上げた予言は、予言作者が自分の礼観念を宣伝するために、歴史上の人物の結末を参照して創作したものである可能性が高い。したがって、「夫禮、死生存亡之體也」（第二節③）に示されるように、礼の重要性が意図的に高められ、礼は直接個人の生死を左右できるものとされている。礼を守れば、高い政治的地位を獲得でき、鬼神の祟りから身体の健康を守ることができる。一方で、儀礼進行中の不当な容儀、男女関係の乱れ、背信、残虐、貪欲などの悪行によって、死亡、或いは子孫の禄位を保障できない無後の結末になっている。

予言作者は創作に際して、歴史事件の諸要因を避けて、人物の言行と挙止の合礼や失礼を死生禍福の兆しにしていた。とりわけ「容儀類予言」において、容姿上の些細な過失は、直ちに過失者に死亡をもたらす。このような礼的応報観の根底には、作者が礼を主張するためにその作用を誇張した以外に、宗教的背景も存在していたと考えられる。

そして、このような礼の極端な重視は歴史人物の個性の軽視に繋がった。『左伝』では、個人の運命を決定したのはその個性ではなく、外在的、観察可能な礼の実践状況であると認識されているのである。

なお、『左伝』の礼による予言には、本稿で採り上げた個人を対象とするもののほか、宗族・国家に対するものも見られる。今後それらについても検討し、『左伝』における礼による予言の全貌とその礼思想を明らかにしたい。

注

（1）『左伝』の予言の分類について、津田左右吉『左伝の思想史的研究』（『津田左右吉全集』第十五巻、岩波書店、一九八七年（一九三五年初出））は思想や道徳的意義においてのものと、卜筮・占星術によるものの二種類、国の治乱、戦の勝敗、ある国における災厄というような政治的意義を有することと、家の興廃や個人の死亡というような私生活に関することの二種類に分類している。張衛中「左伝預言探析」（『益陽師専学報』一九九六年第十七巻第三期）はもっぱら『左伝』における「理性」的予言を論じたもので、予言された事件の内容から、それを個人の昇降禍福、国家の興衰存亡、戦争の勝負得失の三方面に分類している。吉本道雅「『左伝』の豫言」（『京都大学文学部研究紀要』第五五号、二〇一六年）は『左伝』の予言を卜筮・星気、あるいは名・相・夢・謠言・災祥などを対象とする雑占、医などの方術を用いた予言と、方術を用いていない予言に分類している。

（2）本稿では「礼による予言」を「予言中に「礼」の字が含まれ、そして予言の根拠（またはその一部）が「礼」にある予言」と限定している。たとえ礼と密接な関係を持つ予言であっても、説話中に「礼」の字が見られないのであれば算入しない。例として、「春、會於柤、會呉子壽夢也。三月癸丑、齊高厚相大子光以先會諸侯於鍾離、不敬。士莊子曰、「高子相大子以會諸侯、將社稷是衛、而皆不敬、棄社稷也、其將不免乎」」とある。これは襄公十年に士渥濁が襄公十九年の高厚の死を予言したものであり、本稿第二節の容儀類予言と同質なものであると考えられる（本稿第二節を参照）。しかし、「礼」の字がない記述を用例として選択すると、客観性を確保できないため、本稿はそれらを「礼による予言」としない。

（3）『左伝』の礼による予言を論じたものとして、津田左右吉（注（1）津田左右吉前掲書第四章「礼に関する二面の思想」四八九～四九六頁）と板野長八（板野長八『儒教成立史の研究』第四章第一節（二）3「礼による予言」（岩波書店、一九九五年、一一二～一一四頁。初出は『史学研究』一二七、一九七五年））の両氏が挙げられる。津田氏の研究は示唆に富むが、氏は『左伝』を前漢末期に成立した書物とし、礼による予言の中の「容儀類予言」（本稿第二節を参照）も、「前漢末の五行説と特殊の関係がある」とされている。その結論についてはなお検討する余地があると考えられる。また、板野氏が礼のよる予言を採り上げた目的は、主に『左伝』の「天経地義」説に傍証を提供することであり、必ずしも予言自体の論理の解明を目的としたものではない。また、挙げられている例は少なく、全面性に欠けると思われる。

（4）孔疏に「謂御説明年爲君之後、方始聞之。聞之時已爲君、故云是人宜爲君也」とあり、楊注もこれに従い、臧孫達の言葉を宋桓公即位後の追加的評価とする。しかし、即位後のものであるなら、宋桓公を「公子御説」と称しているとは考えられないので、ここでは即位前の予言とする。

（5）『史記』宋世家「九年、宋水、魯使臧文仲往弔水。湣公自罪曰、「寡人以不能事鬼神、政不脩、故水」。臧文仲善此言。此言乃公子子魚教湣公也」。

『韓詩外伝』巻三「宋大水。魯人弔之曰、「天降淫雨、害於粢盛、延及君地、以憂執政、使臣敬弔」。宋人應之、曰、「寡人不仁、齋戒不修、使民不時、天加以災、又遺君憂、拜命之辱」。孔子聞之、曰、「宋國其庶幾矣」。弟子曰、「何謂」。孔子曰、「昔桀紂不任其過、其亡也忽焉。成湯文王知任其過、其興也勃焉。過而改之、是不過也」。宋人聞之、乃夙興夜寐、弔死問疾、戮力宇内、三歳、年豐政平。鄉使宋人不聞孔子之言、則年穀未豐、而國家未寧。『詩』曰、「佛時仔肩、示我顯德行」」。

『説苑』君道「宋大水、魯人弔之曰、「天降淫雨、谿谷滿盈、延及君地、以憂執政、使臣敬弔」。宋人應之曰、「寡人不佞、齋戒不謹、邑封不修、使人不時、天加以殃、又遺君憂、拜命之辱」。君子聞之曰、「宋國其庶幾乎」。問曰、「何謂也」。曰、「昔者夏桀殷紂不任其過、其亡也忽焉。成湯文武知任其過、其興也勃焉。夫過而改之、是猶不過。故曰其庶幾乎」。宋人聞之、夙興夜寐、早朝晏退、弔死問疾、戮力宇内。三年、歲豐政平。嚮使宋人不聞君子之語、則年穀未豐而國未寧。『詩』曰、「佛時仔肩、示我顯德行」、此之謂也」。

（6）楊注「降原作隆、今從石經・宋本・金澤文庫本訂正」。

（7）『左伝』襄公三十年「鄭子皮授子產政、辭曰、「國小而逼、族大寵多、不可爲也」。子皮曰、「虎帥以聽、誰敢犯子。子善相之、國無小、小能事大、國乃寬」」。

（8）李衛軍『左伝集評』（北京大学出版社、二〇一六年）一三四八頁所引。

（9）厲とは、子孫が断絶して祀られていない人鬼である。『左伝』成公十年「晉侯夢大厲、被髮及地、搏膺而踊曰、「殺余孫不義、余得請於帝矣」。壞大門及寢門而入。公懼、入於室。又壞戶」。昭公七年「鄭子產聘於晉。晉侯有疾、韓宣子逆客、私焉、曰、「寡君寢疾、於今三月矣。並走羣望、有加而無瘳。今夢黃熊入於寢門、其何厲鬼也」」。高木智見「夢にみる春秋時代の祖先神」（『名古屋大学東洋史研究報告』十四、一九八九年）を参照。

（10）晁福林「春秋時期的鬼神観念及其社会影響」（『歴史研究』一九九五年第五期）

（11）『左伝』僖公二十四年「壬寅、公子入於晉師。丙午、入於曲沃。丁未、朝於武宮。戊申、使殺懷公於高梁」。『左伝』僖公十七年「夏、晉大子圉爲質於秦、秦歸河東而妻之。惠公之在梁也、梁伯妻之。梁嬴孕、過期、卜招父與其子卜之。其子曰、「將生一男一女」。招曰、「然。男爲人臣、女爲人妾」。故名男曰圉、女曰妾。及子圉西質、妾爲宦女焉」。

（12）『左伝』襄公二十五年「崔氏側莊公於北郭。丁亥、葬諸士孫之里。四翣、不蹕、下車七乘、不以兵甲」。

（13）『左伝』定公十五年「夏五月壬申、公薨。仲尼曰、「賜不幸言而中、是使賜多言者也」」。

(14) 『左伝』哀公二十四年「邾子又無道、越人執之以歸、而立公子何。何亦無道」。

(15) 『左伝』成公十三年「成肅公卒於瑕」。

(16) 例として、『左伝』桓公十三年「莫敖必敗。擧趾高、心不固矣」、『左伝』襄公二十八年「蔡侯歸自晉、入於鄭。鄭伯享之、不敬。子産曰、「蔡侯其不免乎。日其過此也、君使子展迋勞於東門之外、而傲。吾曰、「猶將更之」。今還受享而惰、乃其心也。君小國、事大國、而惰傲以爲己心、將得死乎」、『左伝』襄公三十年「初、王儋季卒、其子括將見王而歎。單公子愆期爲靈王御士、過諸廷、聞其歎而言曰、「烏乎、必有此夫」。入以告王、且曰、「必殺之、不慼而願大、視躁而足高、心在他矣」」。『国語』周語「柯陵之會、單襄公見晉厲公視遠歩高。……單子曰、「君何患焉。晉將有亂、其君與三郤其當之乎」」などがある。

(17) Wai-yee Li（李恵儀）, "The Readability of the Past in Early Chinese Historiography", Harvard University Press, 2007, pp. 178–190.

(18) 「容儀類予言」とは、個人の容儀を根拠として、その運命を予言することである。

(19) 『左伝』における「神」は全て人間を越えた宗教的な存在であり、『荘子』刻意「純粋而不雜、靜一而不變、惔而無爲、動而天行、此養神之道也」の人間の内面的精神の「神」とは異なる概念である。

(20) 『左伝』桓公十八年「夏四月丙子、享公。使公子彭生乘公、公薨於車」。

(21) 『左伝』閔公二年「閔公之死也、哀姜與知之、故孫於邾。齊人取而殺之於夷、以其尸歸、僖公請而葬之」。

(22) 『左伝』文公元年「冬十月、以宮甲圍成王。王請食熊蹯而死。弗聽。丁未、王縊」。

(23) 『春秋』莊公三十二年「公薨於路寢」。『左伝』成公十八年「公薨於路寢、言道也」。『禮記』喪大記「君夫人卒於路寢」。楊注に「可見當時之禮、以諸侯及夫人死於路寢爲得其正」とある。

(24) 注（17）李恵儀前掲書一四九頁。

（25）『左伝』僖公十六年「冬十一月乙卯、鄭殺子華」。宣公三年「誘子華而殺之南里」。

（26）『左伝』成公十六年「楚師還、及瑕。王使謂子反曰、「先大夫之覆師徒者、君不在。子無以爲過、不穀之罪也」。子反再拜稽首曰、「君賜臣死、死且不朽。臣之卒實奔、臣之罪也」。子重復謂子反曰、「初隕師徒者、而亦聞之矣。盍圖之」。對曰、「雖微先大夫有之、大夫命側、側敢不義。側亡君師、敢忘其死」。王使止之、弗及而卒」。

（27）『左伝』文公十八年「齊懿公之爲公子也、與邴歜之父争田、弗勝。及即位、乃掘而刖之、而使歜僕。納閻職之妻、而使職驂乘。夏五月、公遊於申池。二人浴於池、歜以扑抶職。職怒。歜曰、「人奪女妻而不怒、一抶女庸何傷」。職曰、「與刖其父而弗能病者何如」。乃謀弑懿公、納諸竹中。歸、舍爵而行。齊人立公子元」。

（28）『左伝』昭公二年「秋、鄭公孫黑將作亂、欲去游氏而代其位、傷疾作而不果。駟氏與諸大夫欲殺之。子産在鄙、聞之、懼弗及、乘遽而至。使吏數之、曰、「伯有之亂、以大國之事、而未爾討也。爾有亂心無厭、國不女堪。專伐伯有、而罪一也。昆弟争室、而罪二也。薰隧之盟、女矯君位、而罪三也。有死罪三、何以堪之。不速死、大刑將至」。再拜稽首、辭曰、「死在朝夕、無助天爲虐」。子産曰、「人誰不死。凶人不終、命也。作凶事、爲凶人。不助天、其助凶人乎」。請以印爲褚師。子産曰、「印也若才、君將任之。不才、將朝夕從女。女罪之不恤、而又何請焉。不速死、司寇將至」。七月壬寅、縊。尸諸周氏之衢、加木焉」。

（29）『左伝』昭公十三年「夏五月癸亥、王縊於芋尹申亥氏」。

（30）『左伝』昭公二十二年「王子朝、賓起有寵於景王、王與賓孟説之、欲立之。劉獻公之庶子伯蚠事單穆公、惡賓孟之爲人也、願殺之。又惡王子朝之言、以爲亂、願去之。……夏四月、王田北山、使公卿皆從、將殺單子・劉子。王有心疾、乙丑、崩於榮錡氏。戊辰、劉子摯卒、無子、單子立劉蚠。五月庚辰、見王、遂攻賓起、殺之、盟羣王子於單氏。……丁巳、葬景王。王子朝因舊官、百工之喪職秩者、與靈・景之族以作亂」。

（31）『左伝』昭公十三年「楚子之爲令尹也、殺大司馬薳掩而取其室。及即位、奪薳居田。遷許而質許圍。蔡洧有寵於王、王之滅蔡也、其父死焉、王使與於守而行。申之會、越大夫戮焉。王奪鬬韋龜中犨、又奪成然邑而使爲郊尹。蔓成然故事蔡公、故薳氏之族及薳居・許圍・蔡洧・蔓成然、皆王所不禮也、因群喪職之族、啟越大夫常壽過作亂、圍固城、克息舟、城而居之」。

（32）『左伝』昭公二十六年「閔馬父聞子朝之辭、曰、「文辭以行禮也。子朝干景之命、遠晉之大、以專其志、無禮甚矣、文辭何爲」」。

（33）『左伝』昭公二十五年「子家子曰、「諸臣僞劫君者、而負罪以出、君止。意如之事君也、不敢不改」。公曰、「余不忍也」。與臧孫如墓謀、遂行」。

（34）『左伝』昭公二十五年「子大叔見趙簡子、簡子問揖讓周旋之禮焉。對曰、「是儀也、非禮也」」。

（35）津田氏は、「この礼は広い意義的のであって、政治的または家族的の尊卑上下の分際をも、また政治道徳もしくは政治そのものをも、包含させているのであり、儀礼とてもそれから除外されてはいないが、儀礼における挙止動作の価値は礼をこう考えることによって甚だしく低められ、礼としての地位を奪われたのである」、と指摘している。注（1）津田左右吉前掲書四九六～四九八頁。加藤常賢氏は、「儀礼共に本来は儀礼の意味であったが、茲に至っては截然二者となって、礼とは政治・法律・道徳・経済の原理・形式・作用を意味し、儀とは屑屑たる個人的動作の修飾として型式的儀礼の意となって、之を軽視することになった」と指摘している。加藤常賢『礼の起源と其発達』（中文館書店、一九四三年）一四八頁。

（36）『左伝』哀公二十七年「公患三桓之侈也、欲以諸侯去之。三桓亦患公之妄也、故君臣多間。公遊於陵阪、遇孟武伯於孟氏之衢、曰、「請有問於子、余及死乎」。對曰、「臣無由知之」。三問、卒辭不對。公欲以越伐魯、而去三桓。秋八月甲戌、公如公孫有陘氏、因孫於邾、乃遂如越。國人施公孫有山氏」。

（37）『左伝』において、「余一人」は全部周王の自称として使用されている。

(38) 『左伝』文公十八年「冬十月、仲殺悪及視而立宣公。書曰「子卒」、諱之也。……夫人姜氏歸於齊、大歸也。將行、哭而過市曰、「天乎、仲爲不道、殺適立庶」。市人皆哭。魯人謂之哀姜」。

(39) 『左伝』文公十八年「文公二妃。敬嬴生宣公。敬嬴嬖而私事襄仲。宣公長而屬諸襄仲、襄仲欲立之、叔仲不可。仲見於齊侯而請之。齊侯新立而欲親魯、許之」。

(40) 『春秋』定公十年「宋樂大心出奔曹」。

清華簡「湯在啻門」に見える「五」の観念について[1]

曹　峰（小林　文治訳）

はじめに

「湯在啻門」は清華大学蔵戦国竹書中の一篇である。[2]その内容は、湯王と小臣（すなわち伊尹のこと。文中では「天尹」とも記される）の対話であり、湯王が小臣に今に伝わる「古の先帝の良言」について、具体的には「何以成人。何以成邦。何以成地。何以成天」など、天地間の最も根本的な問題について教えを請うというものである。本篇において特徴的なのは、文中に「五」の数字が大量に現れる点である。例えば「五以成人」「五以相之」「五以將之」「五味之氣」「五曲」「五穀」などが見え、さらに「水・火・金・木・土」の配列も見える。これより、「湯在啻門」にはすでに比較的明確な「五行」意識が認められる。では、「湯在啻門」は「五行」思想の発展史上、どのような位置にあるのか。そして「湯在啻門」中の「水・火・金・木・土」はいずれの五行説と最も近い関係にあるのか。それは五行元素並列の五行か、それとも「尚土」の五行か。「湯在啻門」にはすでに相生相克の原理が認められるのか。さらに「五」観念の分析を通じて、「湯在啻門」の思想的特質及び成書年代を特定できないだろうか。本稿は、これらの問題について考察を加えていく。

第一節　「湯在啻門」に見える「五」に関する資料

「湯在啻門」中において、湯王が小臣伊尹に「幾言成人。幾言成邦。幾言成地。幾言成天」と問うた後、小臣伊尹は「五以成人、徳以光之。四以成邦、五以相之。九以成地、五以將[之]。九以成天、六以行之」と答える部分がある。「幾言」とは「どの数字を用いれば要約できるか」という意である。例えば竹簡本『文子』に「平王曰「王者幾道乎」。文子曰「王者一道」」とあり[3]、今本『文子』道徳篇は「文子問曰「王道有幾」。老子曰「一而已矣」」に作る。これより、「幾」字を見ると、数字を用いて質問するとき、その返答は必ず数字を用いて表現していたことがわかる。翻って「湯在啻門」を見ると、数字を用いて要約する表現が頻出することに気づく。例えば「成人」は「五」、「成邦」は「四」、「成地」は「九」と「五」、「成天」は「九」、「六」等である。その中でも「五」の頻度が最も高い。この点は『尚書』洪範と同様、「湯在啻門」が世界を数字によって表現することを好む傾向を示し、同時に「五」を特に尊ぶ時代背景のもと完成された作品であることを示す[4]。

いわゆる「五以成人」とは、本文後段に明確に説明があるように「五味之氣」を指す。原文は「唯彼五味之氣、是哉以爲人」とある。ここで「成人」について討論する際、まず「五味之氣」について論じているのは、二つの原因によると考えられる。一つ目は、湯王の問に答える伊尹は『史記』巻三殷本紀及び『孟子』万章章句上に「以滋味悦湯」「以割烹要湯」などとあるように、「滋味悦湯」として有名である点である。清華簡「湯處於湯丘」では伊尹が調理に例えて治国の道を論じている。なお、竹簡の状態を見ると、「湯在啻門」と「湯處於湯丘」はもともと同じ一篇だった可能性が高い[5]。この「湯處於湯丘」には「五味皆哉」という句が見える。「哉」字について、整理者は「䎼」字に読み替えている。「飪」字について、『説文』丮部に「設飪也」とある。したがって上掲の「是哉以爲人」は五味の調理・調和及び摂取を通して、生命を維持する意かもしれない。

二つ目は、伝世文献には「味」をもって「気」を論じる例が多い点である。例えば『国語』周語中に「五味實氣」、『春秋左氏伝』昭公二十五年に「則天之明、因地之性、生其六氣、用其五行、氣爲五味、發爲五色、章爲五聲」、同昭公元年条に「天有六氣、降生五味、發爲五色、徵爲五聲」などとある。前後の文意を合わせると、「味」と「氣」の関係は以下のごとく解される。すなわち、「五味」の正しい摂取は人生の第一歩であり、また最も重要な一歩である。「五味」が備わることで「精氣」が生まれ、これにより生命が生育・維持される。人の健康状態・寿命の長短及び政治の興廃等は全てこれより始まる、と。このように見てくると、「湯在啻門」中の「氣」の議論がまず「五味」に例えて展開されているのは、決して偶然ではない(6)。

もっとも「湯在啻門」では「五味」が何を指すのか明確な説明はない。これについて、『管子』水地篇に「五味者何。曰五藏。酸主脾、鹹主肺、辛主腎、苦主肝、甘主心」、孔家坡漢簡「歳」に「東方酸、南方鹹、西方苦、北方齊(辛)、中央甘、是謂五味」とある。これら二つの史料と上掲『春秋左氏伝』昭公二十五年の「則天之明、因地之性、生其六氣、用其五行。氣爲五味、發爲五色、章爲五聲」を参考にすれば、この「五味」が五行思想を背景としていると言っても大過ないだろう。

次に、「四以成邦、五以相之」の部分について。本句は後文で「唯彼四神、是謂四正、五以相之、德・事・役・政・刑」と具体的に説明が加えられている。これによれば、「成邦」はまず「四神」すなわち「四正」の支配を受け、次に五種の要素を用いて補助とし、これが人事上の「德・事・役・政・刑」である。ここでは五行の意識が見えるばかりでなく、この五行は「尚土」の五行であることを示唆する点に注目される。

最後に「九以成地、五以將[之]」の部分について。本句の意味については、後文で「唯彼九神、是謂地真、五以將之、水・火・金・木・土、以成五曲、以植五穀」と説明されている。これによれば、「成地」はまず「九神」すなわち「地真」の支配を受け、次に五種の要素を用いて補助とする。これが「水・火・金・木・土」である。そして「水・火・金・木・土」があってはじめて「五曲」と「五穀」が完成される。「五曲」について、李守奎氏は『太平御覧』百穀部引『周書』中の「凡禾、麥居東方、黍居南方、稻居中央、粟居西方、菽居北方」を引き「五穀」と対応する「五方」の意としている。(7) 李氏の解釈は非常に示唆に富むもので、特に注意すべきは、ここでの「水、火、金、木、土」を「地」の五行とみなしている点である。この点は次節にて詳しく検討する。(8)

「九以成天、六以行之」の部分は「九」及び「六」を用い「天」を論じており、「五」については触れられていないようである。しかしこれもやはり「五」と関係があると思われる。というのも、「九以成地」と「九以成天」は対応関係にあり、同時に「九地」「九天」と対応する。これはすなわち「九野」「九州」のことと考えられる。(9) 区域観念としての「九野」「九州」は、東南西北中の基礎に東南・西南・西北・東北を加えるというように、実際には「五（東南西北中）」の基礎のもと構築される。この点については龐樸氏も「大九州はまさに五方説の変形と言える」と指摘している。(10) 従って「九以成天」中に実は「五」の観念が隠されているのである。

このように見てくると、湯王が求める天地間の最も根本的な問題、すなわち人・国家・天・地の構成要素はすべて「五」と関係し、「五行」の二字が見えなくとも基本的に「五行」の意識は確かに存在していた。「湯在啻門」において、「五」は天地人を包括し、「五行」は世界の最も重要な問題に答えることができるとされているのである。

第二節　「水・火・金・木・土」は「地」の五行に属する

「湯在啻門」に見える「水・火・金・木・土」は「九以成地、五以將[之]」中に見え、これによれば「水・火・金・木・土」が現れることにより、「五曲」と「五穀」は形成される。この五種の元素は、後世五行の元素に取って代わられ、「成人」「成邦」「成天」中には現れず、「成地」のみに現れるようになる。このように見ると、「湯在啻門」中の「水、火、金、木、土」は狭義のものである「地」の五行に過ぎないようである。整理者が指摘しているように、「湯在啻門」に最も類似しているのは『春秋左氏伝』文公七年の「水・火・金・木・土・穀、謂之六府」という記述である。[11] 本部分は晉の大夫郤缺が趙宣子に『夏書』について論じている部分で、「六府」は古代に物資財用を主管した官である。『夏書』の出典は恐らく『古文尚書』大禹謨に「水・火・金・木・土惟修、正徳利用厚生惟和……六府三事允治、萬世永賴」とある部分ではないだろうか。「六府」については他にも『墨子』節葬下篇に「五官六府、辟草木、實倉廩」、『礼記』曲礼下に「天子之五官。曰司徒・司馬・司空・司士・司寇、典司五衆。天子之六府。曰司土・司木・司水・司草・司器・司貨、典司六職」、その鄭玄注に「府、主藏六物之税者、此亦殷時制也、周則皆屬司徒。司土、土均也。司木、山虞也。司水、川衡也。司草、稻人也。司器、角人也。司貨、丱人也」とある。以上の記述は財政官としての「六府」の特徴をよく表している。もっとも、伝世文献では「六府」が「水火金木土」に「穀」を加えて表現されている例が多いようで、上掲の『春秋左氏伝』文公七年以外にも『大戴礼記』四代に「水火金木土穀、此謂六府、廢一不可、進一不可、民並用之。今日行之、可以知古、可以察今、其此邪」とある。このことについて、范毓周氏は「「穀」が「六府」の中でも副次的材料として用いられていることから、西周末年にはすでに「穀」が「六府」枠外のものと考える傾向にあった」と指摘している。范氏は自説の実例として以下の『国語』鄭語に見える西周・幽王の史伯と鄭の桓公との問答を例に挙げる。

夫和實生物、同則不繼。以他平他謂之和、故能豐長而物歸之。若以同裨同、盡乃棄矣。故先王以土與金木水火雜、以成百物。(12)

范氏の指摘は一定の説得力があるように思われる。例えば『尚書』洪範は殷人箕子が周武王に論じた治國方略とされるが、略説の第一は「五行」についてであり、そこで箕子は「一曰水、二曰火、三曰木、四曰金、五曰土」について以下のように説明する。

水曰潤下、火曰炎上、木曰曲直、金曰從革、土爰稼穡。潤下作鹹、炎上作苦、曲直作酸、從革作辛、稼穡作甘(13)

一見してわかるように、本記述も財政面から論じた「水・火・木・金・土」の解釈であることは疑いない。

この他、『春秋左氏伝』昭公二九年に「五行之官、是謂五官……木正曰句芒、火正曰祝融、金正曰蓐收、水正曰玄冥、土正曰後土」、馬王堆帛書「要」篇に「有地道焉、不可以水・火・金・土・木盡稱也」とある記述も同様の例である。いずれにせよ、ある歴史段階において、「水・火・金・木・土」は確かに財貨管理の要素及び人の保養の根本として捉えられていたことが看取できる。この中では「穀」府が削除されているが、その理由として、「水・火・金・木・土」の抽象性が強まったこと、「水・火・金・木・土」が五行と一致していったことと関係がある可能性がある。このように見てくると、伝世文献中の地に「五材」「五行」の観念が備わっている現象が散見するのも不思議ではない。例えば、『国語』魯語上に「及天之三辰、民所以瞻仰也。及地之五行、所以生殖也」、『春秋左氏伝』昭公三二年に「天有三辰、地有五行」、同昭公一一年に「譬之如天、其有五材、而將用之」とある。これらは天に五材が備わっている点を論じているが、実際、この五材とは生命を維持させ得る五種の元素を指す。するとこの天の五種の元素は前述した地の五種の元素と全く同様のものと言えるのである。

もっとも、注意すべきは「湯在啻門」の「水・火・金・木・土」という五行の配列は『尚書』洪範の「水・火・木・金・土」、『国語』鄭語の「金・木・水・火・土」、『春秋左氏伝』昭公二九年の「木・火・金・水・土」とは異なり、『春秋左氏伝』文公七年、『尚書』大禹謨、『大戴礼記』四代篇、馬王堆帛書「要」篇と一致するという点である。すると地の五行の配列にはいくつかの配列方式が存在したのかもしれない。すなわち、「湯在啻門」・『春秋左氏伝』文公七年・『尚書』大禹謨・『大戴礼記』四代篇・馬王堆帛書「要」篇の各配列は「水・火・金・木・土」という配列を採用した結果と思しい。後述するように、一部の医書などは唐代に至るまで本配列を採用している。この配列がなぜ唐代まで用いられたかについては不明な点が多く、今後の詳細な研究を俟ちたい。

以上、文献比較から「湯在啻門」に見える「水・火・金・木・土」の理論的背景を明らかにできた。「湯在啻門」に見える五行は、後世天地人すべての領域に広汎に使用される広義の五行では決してなく、「地」の五行に由来する狭義の五行であった。「地」の五行は長い歴史的変遷過程があり、すなわち、『古文尚書』大禹謨・『春秋左氏伝』文公七年・『大戴礼記』・馬王堆帛書によってその変遷過程が明確に追え、『尚書』洪範・『春秋左氏伝』昭公二九年条、『国語』鄭語によって部分的に証明することができる。「湯在啻門」はこの成立過程に関する新たな史料と位置づけることができる。興味深いのは、「湯在啻門」は「水・火・金・木・土」の配列を論じた後、「以植五穀」に触れている点である。この「穀」は「水・火・金・木・土」と不即不離の状態にあり、このことは「湯在啻門」の地の五行と「六府」の関係性を改めて証明するものと言える。[14] 地の五行についてはさらに『鶡冠子』王鈇篇に「天用四時、地用五行、天子執一以居中央、調以五音、正以六律、紀以度數、宰以刑德」、『文子』微明篇に「昔者、中黃子曰「天有五方、地有五行。聲有五音、物有五味、色有五章、人有五位」」とある。これら史料にも五行を地に帰結させる痕跡を見出すことができる。しかしこれら史料では天地間の万事万物をすべて五に帰結させている点からすると、『文子』微明篇成立の時点ではすでに広義の五行を用い世界を構築するようになっていたと思しい。

第三節　「湯在啻門」には既に尚土と生克観念が備わっているか

五行観念の変遷史では、以下の三つの問題が関鍵となる。第一に、「土」を主とする尚土の五行となっているかどうか、第二に、相生相克の観念が備わっているかどうか、第三に、陰陽と結びつき、往復循環しすべてを包括する陰陽五行を形成し、世界を構築する際の最も重要な要素となっているかどうか。本節では、まず「湯在啻門」に尚土と生克観念が既に備わっているかどうかを検討する。

一般に、伝世文献に見える最も早い尚土説の例は上掲『国語』鄭語に見える西周・幽王の史伯と鄭の桓公との問答であり、そこには「故先王以土與金木水火雜、以成百物」とある。また最も早い五行の例は『尚書』洪範の「一曰水、二曰火、三曰木、四曰金、五曰土」であるが、これは主要なものと副次的なものが不明確なものに過ぎない。例えば、龐樸氏は『尚書』洪範の五行について「五者が並列された五行説は恐らく西周初期の思想であろう」と指摘している。(15)また李学勤氏は『尚書』洪範の「五行」と「貌、言、視、聴、思」の「五事」は対応し、『中庸』及び帛書『五行』と比較すると、以下の表のごとき顕著な対応関係が見出されるとする。(16)

	洪範	中庸	五行
土	思曰睿、睿作聖	聰明睿知、足以有臨也。	聖
金	聽曰聰、聽作謀	寛裕溫柔、足以有容也。	仁
火	言曰從、從作乂	發強剛毅、足以有執也。	義
水	貌曰恭、恭作肅	齊莊中正、足以有敬也。	禮
木	視曰明、明作哲	文理密察、足以有別也。	智

このうち「聽曰聰、聽作謀」と「寛裕溫柔、足以有容也」の間が対応しない点に関し、李学勤氏は「仁」概念の出現がやや遅く、『尚書』洪範の時点ではまだ現れていないことによるとする。李氏の観点に従えば、伝世文献における最も早い五行において既に尚土説が備わっていたと言える。

注意すべきは、清華簡「管仲」篇にも「前有道之君所以保邦、天子之明者、能得僕四人、而己五焉。諸侯之明者、能得僕三人、而己四焉。大夫之明者、能得僕二人、而己三焉」とあるように同様の言説が見られることである[17]。ここでは「湯在啻門」と同様、保邦のあり方についての重要法則が論じられており、天子は「五」となることができる存在であり、諸侯は「四」、大夫は「三」にしかなれない存在と描写されている。天子の数字である「五」は「四」に「一」を加えたものであり、天子はまさにその「一」である。ここでは五行の元素は直接用いられていないが、尚土説が背景にあることは疑いない。もともと「湯在啻門」と同一篇を構成していた「湯處於湯丘」は直接「五」に言及していないが、郭梨華氏によれば同書には「五」の意識が随所に現れているという。郭氏によれば、例えば身体に対する食物の味の作用は五つの側面に分けられ、各側面は以下のような特徴がある。すなわち、まず伊尹が調理した食物を飲食する際、その美味を味わうことができる点、次にその食物の味が痛みを伴う病気の身を治癒し、体を和らげる点、次に九竅を順調にする点、次に内蔵・心気・咽喉を順調にする点、これは食物が五臟六腑に影響を与えたと言える。最後は心地よい気持ちを全体的に整える点で、この状態は比較的長く持続する、と。(18) 郭氏の説明する五つの側面のうち、前の四者と比べて最後の「舒快以恆」は明らかに高次のものであり、これが前述の天子の「一」に相当する。

上海博物館蔵戦国竹簡「凡物流形」は特に「一」の観念を強調している。その中でも「聞之曰。一生兩、兩生三、三生四、四成結。是故有一、天下無不有丨（順）。無一、天下亦無一有丨（順）」という記述がある。「四」字は字形を見ると「女」字に似ているが、沈培氏はこれを「四」と釈読し、筆者もこれに従う。(19) 筆者は「四成結」の部分は五行中に見える「一」をもって「四」を統べる基本構造を示すもので、「是故」以下は「執一」を有する者だけが五行を把握及び超越し、万能の境地に至ることができる意と考えている。これについて、郭店楚簡「五行」及び馬王堆帛書「五行」引『詩経』鳲鳩は「淑人君子、其儀一兮。其儀一兮、心如結兮」とあり、一句後にまた「能爲一、然後能爲君子」とある。馬王堆帛書「五行」にはさらに詳しく「能爲一者、言能以多［爲一］。以多爲一也者、言能以夫［五］爲一也。……一也者、夫五為［一］心也、然後德（得）之。一也、乃德已。德猶天也、天乃德已」とある。見られるように、「五行」では「結」「一」「五行」「心術」が結びついており、特に「一」の位置と「結」の作用が突出している。

『黄帝四経』十六経・立命には五行原理に基づいて黄帝が描写されている。すなわち、「昔者黄宗質始好信、作自爲像、方四面、傅一心。四達自中、前參後參、左參右參、踐位履參、是以能爲天下宗」とある。さらに黄帝の描写として「方四面、傅一心」とあり、ここでは中央に居り、四面を見通して「一心」の明察を輔けることができ、これによって天下の宗となることができる存在とされている。また『黄帝四経』十六経・五正に「天地陰陽、取稽於身、故布五正、以司五明」とあり、劉彬氏はこの「五正」を自分の体を手本として創出した「規矩繩權衡」五種の法を指し、八卦中の某卦及び四時・五方などを組み合わせて作り出された特殊な易学モデルとする。そのモデルは以下のごとくである。すなわち、君主は規矩權衡を四つの正卦に配し、繩を卦に配して中央に置き、四時・五方・五行を配合する。その目的は陰陽・四時・五行を調和し、天人祥和の理想的な政治的領域に到達しようというものである。[20]このような五正のあり方は『鶡冠子』度萬篇にも「故布五正、以司五明」、その後段に「凡問之要、欲近知而遠見、以一度萬也」とある。この記述はまさに行を用いつつ、さらに「一」の「要」を獲得すべき思想を表している。[21]

郭店簡「五行」・清華簡「管仲」・上博簡「凡物流形」の成立年代はいずれも「湯在啻門」と近く、また馬王堆帛書「黄帝四経」は漢初に抄録されたといえども先秦資料の参考にできる。これらの文献はいずれも尚「土」説が明確に現れている（場合によっては尚「一」説とも言い得る）。この尚「土」説は出現が早いだけでなく、様々な政治学説に不断に利用され続けてきた。何故ならば、統治階層側からすれば、五行の原理を利用する目的は、世界の構成要素を把握するためばかりでなく、その原理を借用して世界の構成要素中の最も重要なものを把握するためにあるからである。

「湯在啻門」は明確な尚土説は見いだせないが、その痕跡が無いわけではない。例えば「成邦」に関する部分に「五以相之」と説く箇所があり、これは具体的には「五以相之、德・事・役・政・刑」の意である。ただし古典文献中には「德・事・役・政・刑」と同様もしくはそれに類する文例はない。五行と人事が組み合されている例は郭店楚簡「五行」及び馬王堆帛書「五行」に見える「仁・義・禮・智・聖」である。このうち、最後の「聖」は「仁・義・禮・智」より高次の観念で、「仁・義・禮・智」では「四行」に過ぎず、「聖」を加えることで「五行」が成立する。これはまさに「四」に「一」を加えた「尚土」類の五行である。「湯在啻門」において序列が最も高い「徳」は「事・役・政・刑」と明確に異なり、「徳」は無形的・内在的・超越的な観念に属し、「事・役・政・刑」はこれとは別種に属する。「事・役」は臣下及び民が負担する職責及び労役を指し、「政・刑」は統治者が用いる寛厳両種の政治手段を指す。これらは有形的・外在的な観念に属する。このように見てくると、もし戦国中期における「五行」を代表とする儒家が尚土五行を用いて自らの主張を改変・宣伝するとしたら、他学派の論者も自らの理論を尚土五行の枠組みに落し込むことも可能であろう。もっとも、「土」は「五行」中において最も重要な元素としてほとんど正面に用いられているが、「湯在啻門」中の「徳」は「美徳」のみならず「悪徳」も表し、「事・役・政・刑」も美と悪の区別が存在することになる。これは「五行」を代表とする事物にはみな正反両面があることを示す。この現象は「五行」変遷史上類例のないことで、非常に興味深い。

次に、相生相克の問題について見てみたい。「湯在啻門」の整理者は既に「水・火・金・木・土」の配列が『春秋左氏伝』文公七年の「水・火・金・木・土・穀、謂之六府」と一致することを指摘しているが、これはすべて相克の序列である。[22] 重要なのは、これが偶然現れた相克配列なのか、それとも意図的なものなのか、という問題である。この問題に対し「湯在啻門」からは多くの情報が引き出せないものの、「湯在啻門」が「何以成人」を論じる際、長文で懐胎の十ヶ月を詳細に説明している点に注目される。すなわち、

一月始鍚(揚)、二月乃裹、三月乃形、四月乃貼、五月或收、六月生肉、七月乃肌、八月乃正、九月[illegible](顯)章、十月乃成、民乃時生。

とある。本部分は特に文字の解釈において説明が必要な部分が多いが、全体として十ヶ月の懐胎の過程を述べたものと解して異論はない。本記述に関し、整理者は『管子』水地篇・『文子』九守篇・『淮南子』精神訓等に見える関係資

料を対照させている。[23]もし五行の観点からこの十ヶ月の懐胎過程を見るならば、重要であるのは『管子』水地篇及び馬王堆帛書「胎産書」であろう。まず馬王堆帛書「胎産書」の以下の記述を見てみたい。

故人之産殹、入於冥冥、出於冥冥、乃使爲人。一月名曰留（流）刑……二月始膏……三月始脂……、［四月］而水受（授）之、乃使成血……五月而火受（授）之、乃使成氣……、六月而金受（授）之、乃使成筋……、七［月而］而水受（授）［之、乃使成骨］……八月而土受（授）［之、乃使成膚革］……［九月而石受（授）之、乃使成］毫毛……十月、氣陳□□。（馬王堆帛書「胎産書」[24]）。

「胎産書」に見える懐胎の過程は五行と密接な関係にあり、ここでは「水（四月）-火（五月）-金（六月）-木（七月）-土（八月）」という序列が見える。この序列は「湯在啻門」の「成地」に部分的に見える相克序列の五行と全く同じである。魏啓鵬氏は「本文の「石」は穀物糧食の比喩表現である。稲などの穀物の実はみなノギがあるので、本文の「石（穀）を授かる」の句は毛髪が生えてくる意である」とする。[25]このような五行と穀物の比喩表現の関係は『春秋左氏伝』文公七年の「水・火・金・木・土・穀、謂之六府」及び「湯在啻門」「水・火・金・木・土……以植五穀」とある記述とまさに一致する。

以上の分析から、「湯在啻門」の五行系統は『春秋左氏伝』文公七年を主とする「六府」説及び馬王堆帛書「胎産書」を主とする医学体系と一致することがわかった。とは言うものの、これら「六府」説及び医学体系の分析を通しても、「湯在啻門」の「水・火・金・木・土」の相克序列に具体的な意味が備わっていたことを証明することはできない。何故ならば『春秋左氏伝』文公七年と「胎産書」に見える「水・火・金・木・土」の序列は偶然相克序列のごとく現れたに過ぎない可能性が高いからである。民を豊かにするために利用される「六府」説や懐胎過程に見える相克序列に具体的な意味は全くなく、これと反対に、相生系統の五行であって初めて万物や人体の生長に関する前後関係を説明できる。前掲資料において相生序列が用いられず、相克序列が用いられているのは、これら文献の作者に相生相克の意識がなかったからであろう。筆者はかつて「清華簡「湯在啻門」与「氣」相関内容研究」において以下のように指摘した。すなわち、もし「七月乃肌」と「乃使成膚革」が対応関係にあるとすれば、「五月或收」と「乃使成筋」も対応関係にあると言える。すると、その他の月も「胎産書」と対応関係が見いだせるかもしれず、「湯在啻門」の五行序列も「水（三月）-火（四月）-金（五月）-木（六月）-土（七月）」に準えることができるかもしれない、と。(26)これを考えるに、旧稿は「湯在啻門」中に見える相克の意義を過剰に重視したと言わざるを得ず、牽強付会の感がある。このような考え方は必要ではなかったことを付言しておく。

次に再び『管子』水地篇の「五味者何。曰五藏。酸主脾、鹹主肺、辛主腎、苦主肝、甘主心」の部分を検討したい。本段の配列について、魏啓鵬氏は以下のように指摘している。すなわち、本段と『黄帝内経』素問・陰陽応象大論の「木生酸、酸生肝……火生苦、苦生心……土生甘、甘生脾……金生辛、辛生肺……水生鹹、鹹生腎」では語句の異同が多いものの、『黄帝内経』と『今文尚書』欧陽の説と一致し、「木・火・土・金・水」の相生序列が見える。このことから、『管子』水地篇の配列は「木・水・金・火・土」であり、相生でもなければ相克でもない。もし水地篇に五行の観念があったら、『尚書』洪範や『春秋左氏伝』と同様、未だ五行相生もしくは相勝は備わっておらず、五種の基本物質に対する認識は未だ素朴な初期段階に留まっていた、と。(27)

では、「湯在啻門」が成立した時代には相生相克の観念は未だ存在していなかったと結論づけるべきなのだろうか。筆者は早急に結論を出す必要はないと考えている。龐樸氏によれば五行相生相剋の成立時期は非常に早く、相生説は春秋時代に遡る。龐氏はさらに王引之『経義述聞　春秋名字解詁』の以下の記述を引用し、次のように指摘している。すなわち、

秦白丙字乙。丙、火也、剛日也。乙、木也、柔日也。名丙字乙者、取火生於木、又剛柔相濟也。

鄭石癸字甲父。癸、水也、柔日也。甲、木也、剛日也。名癸字甲者、取木生於水、又剛柔相濟也。

楚公於壬夫字子辛。壬、水也、剛日也。辛、金也、柔日也。名壬字辛者、取水生於金、又剛柔相濟也。

衛夏戊字丁。戊、土也、剛日也。丁、火也、柔日也。名戊字丁者、取土生於火、又剛柔相濟也。


とあり、経伝を見ると、春秋時代において十干が用いられている名前は、十人余り見出される。その中で、字の意味が考証できない魯孟丙・仲壬兄弟・晉胥甲・楚門辛、及び他の意として用いられている楚の公子午（字は子庚）以外では、王説を反証しうる例は見いだせない、と。(28) 王引之及び龐氏の観点は春秋時代の客観的現象である名前の分析から導き出されたもので、これら名前は後世の改竄の痕跡はないと考えられる。すると両者の観点は成立し得ると言えよう。龐氏はまた『春秋左氏伝』文公七年の「水・火・金・木・土・穀、謂之六府」をもって春秋時代に相克説が存在したと指摘するが、これは前述の論証と同様、問題がある。ただし『墨子』貴義篇に「帝以甲乙殺青龍於東方、以丙丁殺赤龍於南方、以庚辛殺白龍於西方、以壬癸殺黑龍於北方」とある日者の言説は、当時相克説が現れて久しいことを示すと言える。

以上のように見ると、「湯在啻門」は明確な相生相克の観念が認められないからと言って、「湯在啻門」の成立当時、相生相克の観念が存在していなかったと安易に論断することはできない。相生相克は卜筮系統の文献に多く用いられ、個人・国家・王朝の命運や変遷・交代原理を表現するが、「湯在啻門」はこれらの問題に触れていないので、「湯在啻門」中に相生相克の観念は直接見えないのである。

第四節　五行観よりみた「湯在啻門」の性質と年代

前述したように、「湯在啻門」は「五」字を多用していることから、世界を数字化・秩序化・統一化することを好む傾向にあり、同時に「五」を尊ぶ時代背景下に完成した作品と言える。文中の「水・火・金・木・土」は比較的明確な「地」の五行であり、すでに尚土の意識が見える。ただし「湯在啻門」おいて相生相克の観念が運用されていたと明確に示す証拠は見出せない。このような「五」「五行」について、吾淳氏は「春秋中期、特に晩期以降、「五行」概念は徐々に定型化され始めていたと思しい。これは主に後世踏襲されていく基本的な観念・方法が当時ほぼ形成されていたことを示す。その観念とは、一に「五行」概念を通じて事物の基本属性、特に効能・価値を把握すること。二に「五行」によって宇宙の図式を表現すること。これは原始的全体観念及び秩序観念と同じ流れを汲む。方法上、「五行」もしくは「五」に関する多くの思想と論述は「比類」「附數」の考え方を用いて論述する傾向が非常に強いという点は、当時の「五類」化・「五数」化を示している」と述べている。[29]吾氏の指摘を参考に「湯在啻門」に見える「五」の観念を見てみると、基本的に吾氏の指摘する「五」「五行」の観念と符合することがわかる。「湯在啻門」に見える「水・火・金・木・土」は地に関する基本属性と効能・価値を指し、「湯在啻門」は「五」の運用によって天・地・邦・人の包括を試みる宇宙図式及び「比類」「附數」の思考方式を表現しているのである。

このような状況は、「湯在啻門」と書写年代がほぼ同じ郭店簡「五行」及び上博簡「凡物流形」も類似している。郭店簡「五行」は人間の五種の徳行を五行に結びつけ、「聖」を突出した観念とし、それを「天道」としている。これは人間倫理を宇宙運行の規範と体系の中に組み込む試みである。上博簡「凡物流形」は「湯在啻門」と同様で、人を含む宇宙の万物が生成・存在し得る根本原因を追求する。例えば、「凡物流形」に「民人流形、奚得而生。流形成體、奚失而死。有得而成、未知左右之情。天地立終立始、天降五度、吾奚衡奚縱。五氣竝至、吾奚異奚同。五音在人、孰爲之公」とある。本段の大意は以下のごとくである。「人の胚胎が形成された後、いったい何によって生まれ出るのか。胚胎して出生した後、人はいったい何を失うと死亡するのか。人が何かにより生まれ人となったといっても、左右（世間・万物が対立する双方によって構成される法則）の実際状況はわからない。天地は人類のために始終（の法則）を創出した。天が人のために五種の基準を下されたならば、私はどのように横の方向・縦の方向から把握すべきなのだろうか。五種の気が同時に出現したらば、私はどのように異なる角度・同じ角度から認識すべきなのだろうか。人が五種の声（任意の各種思想を指す）を発することができるのならば、誰が彼らのために公平に裁定できるのだろうか」。ここでの「五度」「五氣」「五音」はすべて天が人に付与した根本的意義を持つ原理と要素のことで、「五行」観念の表現のひとつである。「湯在啻門」以外に清華簡の中で「五」の観念に言及する史料は多いものの、上述の「管仲」以外、その多くは未発表である。例えば、清華簡の整理者の一人である李守奎氏はつとに清華簡において「古代の帝王伝説と陰陽五行及び諸神は密接に結びついており、体系的で内容も豊富である。長篇の資料のほとんどはこのような内容で、あるものは五紀・五算・五時・五度・五正・五章等の内容を緻密に体系立てている。内容の豊富さは驚くべきもので、我々の想像を遥かに越えている。このような内容は我々が理解しているような戦国期の人々の古史観念及び陰陽五行の枠組みに対して重要であることは言を俟たない」と評価している。[30]これより、「湯在啻門」で「五」の観念が多用されることは偶然ではなく、「湯在啻門」はやはり「五」を尊ぶ時代背景下で成立した作品と言わなければならない。

ただし、前述したように「湯在啻門」の五行は依然として狭義の五行に過ぎず、相生相克観念の運用も認められない。同時に、「五」も最高の、絶対の元素では決してない。例えば本文には「四以成邦、五以相之。九以成地、五以將[之]。九以成天、六以行之」、「唯彼四神、是謂四正、五以相之、德・事・役・政・刑」、「唯彼九神、是謂地真、五以將之、水・火・金・木・土」、「唯彼九神、是謂九宏、六以行之、晝・夜・春・夏・秋・冬」とあるように、支配的地位にある要素は「四正」の「四神」、「地真」の地の「九神」、「九宏」の天の「九神」などと称される。「邦」や「地」における「五」は「相」と「將」の補助的役割を担っているに過ぎない。「天」において補助する役割を担っているのは「六」で、すなわち「晝・夜・春・夏・秋・冬」である。このように、「湯在啻門」の「五」は絶対的、至高の数字とは言えない[31]。特に指摘しておくべきは、「湯在啻門」中の五行は陰陽と五行が組み合わされた陰陽五行ではないという点である。従って、後世発達した陰陽五行観念と同一視することはできない[32]。五行の配列に関して言えば、陰陽五行学説が広汎に流行した後、比較的固定された相生序列である「金・木・水・火・土」及び相克序列「水・火・金・木・土」とも同様のものとも言えない。

このように、後世の比較的典型的な陰陽五行学説である「五徳終始説」や比較的典型的な陰陽五行文献、例えば占いの道具としての睡虎地秦簡「日書」、兵陰陽技術としての張家山漢簡「蓋廬」[33]、政治管理手段としての『管子』五行篇・『礼記』月令・『呂氏春秋』十二紀、『淮南子』天文訓及び『春秋繁露』中の陰陽と五行を論じる各篇と比較すると、「湯在啻門」は確かに天地人神を包括して論じようとしているが、用いられている五行は依然として狭義の、単純な五行に過ぎず、陰陽と五行が結びつき、時間上において往復循環し、空間上においてすべてを包括し、構造上において臨機多変、内容上において豊富多様、過去を総括し、未来を展望できる陰陽五行とは言えない。狭義の五行観と比べ、このような発達した陰陽五行観をここでは広義の五行観と称す。広義の五行観では、「五」はすでに神の影響下になく、天下を統一する宇宙図式の最高代表となっているのである。

おわりに

以上の検討を総合すると、本稿の結論は以下のようになる。「湯在啻門」には当時の思想家が五行を利用として世界秩序を構築しようとする努力が見出されるが、当時五行は唯一で最高のものではなく、「湯在啻門」に見える狭義の五行観は秦漢時代に見える世界の森羅万象を五行の枠組みに組み込む広義の五行とは大きく異なる。清華簡の書写年代はおよそ戦国中期ごろなので、「湯在啻門」の創作年代もおそらく春秋晩期から戦国早期のころであろう。この時期に狭義の五行観が現れる点は五行観念の歴史的変遷と照らし合わせるとおおよそ妥当なものである。また「湯在啻門」の気論[34]及び鬼神観[35]の考察から、以下の点が指摘できる。すなわち、「湯在啻門」において人身の養生をもって治国を論じる特徴は、そもそも黄老道家が特に重視した問題であった。例えば伊尹は道家の重要な人物であり、「地真」は道家の専門用語である。また「四神」「九神」「天尹」の各概念も道家もしくは道教における「神人」「真人」「天人」と関係があると思しい。とすれば後世の道家・道教は「湯在啻門」等の文献よりさまざまな概念を吸収していた可能性がある。鬼神観の点から見ると、「湯在啻門」は鬼神を重視しているものの、鬼神のみに頼らず人の理性・思考も重視しているもの、また神秘的力を生む禁忌としての鬼神の力を借りる描写も見られる。このような傾向は鬼神を絶対的なものと見る墨家とは無関係で、思想的傾向は黄老道家により近いと言える。前引の『鶡冠子』『黄帝四経』等の黄老道家文献は積極的に五行を思想体系の中に組み込んでいる。従って、文献の性質から言えば、豊富な五行観が含まれている「湯在啻門」は、後世の思想、特に黄老道家思想の源流であると考えるのが妥当であろう。

注

（1）本稿は国家社科基金重大項目「黄老道家思想史」（項目番号：16ZDA106）の成果の一部である。

（2）李学勤主編『清華大学蔵戦国竹簡（伍）』（上海：中西書局、二〇一五年）。本篇は二一支の竹簡より成り、完整簡は四四・五センチメートル、三道の編綴痕がある。いくつかの簡は簡頭及び簡の末尾が欠損しているが、文字に影響はない。内容はよくまとまっており、文字も明瞭で、状態が非常によい。篇題「湯在啻門」は整理者が便宜的に付したもの。主要な整理者は李守奎氏。筆者は先行研究をまとめた上で、詳細な釈文を作成した。拙稿「清華簡《湯在啻門》訳注」（『出土文献と秦楚文化』一〇、二〇一七年。八七―一一四頁）。本文の表記について、学界で共通認識となっている通仮字に関しては、そのまま通行字を用いた。（）内の字は通仮字を表し、［］内の字は文脈により補った文字である。

（3）釈文は河北省文物研究所定州漢簡整理小組「定州西漢中山懐王竹簡『文子』釈文」（『文物』、一九九五年第一二期）によった。

（4）尚「五」とは「五」に神秘的で特殊な意義を持たせる考えである。例えば『周易』繫辞に「天數五、地數五、五位相得而各有合。……凡天地之數五十有五、此所以成變化而行鬼神也」とある。このように「五」字を用いて世界を概括・描写する例は枚挙にいとまがない。劉起釪「五行原始意義及其紛歧蛻変大要」（艾蘭・汪濤・范毓周主編『中国古代思維模式与陰陽五行探源』、江蘇古籍出版社、一九九八年）、一五一頁参照。このほか、吾淳氏も「尚五」に関する比較的詳細な考察を行っている。吾淳『中国哲学的起源：前諸子時期観念・概念思想発生発展与成型的歴史』（上海人民出版社、二〇一〇年）第九章「六・春秋：尚「五」観念以及数観念的展開」、一九四・一九五頁参照。

（5）清華大学出土文献読書会は「竹簡の長さ・幅及び背面に見える節の位置と形状から、「湯在啻門」第二一簡と「湯處於湯丘」第一組第一七簡は同じ竹から作成されたことがわかる。この配列によるならば、「湯在啻門」は「湯處於湯丘」の前段に配するのが妥当で、編綴痕の位置から、両篇は作成当時一つの冊書に編集されていたと思しい」とする。清華大学出土文献読書会「清華簡第五冊整理報告補正」（清華大学出土文献研究与保護中心網站、http://www. tsinghua. edu. cn、二〇一五年四月八日）参照。

（6）「湯在啻門」に見える「気」論に関しては、拙稿「清華簡《湯在啻門》与「気」相関内容研究」（『哲学研究』、二〇一六年第一二期）参照。

（7）李学勤主編『清華大学藏戦国竹簡（伍）』、一四七頁。

（8）劉起釪氏は五行を「天」「地」「人」の三種に分類し、五行の原始的意義は天上の五星の運行を示すとする。最も早く見える五行を天上五星とする点は未だ定論とし難いが、五行を「天」「地」「人」の三種に分類する方法は確かに首肯すべきである。注（3）前掲劉氏論文、一三三―一六〇頁。

（9）具体的論説は拙稿「清華簡《三寿》・《湯在啻門》二文中的鬼神観」（『四川大学学報』、二〇一六年第五期）参照。

（10）龐樸「先秦五行説之嬗変」（劉貽群編『龐樸文集』第一巻、山東大学出版社、二〇〇五年）、一七〇頁。

（11）李学勤主編『清華大学藏戦国竹簡（伍）』、一四七頁。

（12）范毓周「「五行説」起源考論」（艾蘭・汪濤・范毓周主編『中国古代思維模式与陰陽五行探源』）、一二四頁。

（13）『尚書』洪範の成書年代は古くから争論がある。もっとも遅い説は戦国晩期とするものだが、現代の研究者はそれより早いと考える傾向にある。筆者は劉起釪氏と李若暉氏の観点が比較的穏当と考えている。劉氏は「「洪範」の内容は殷代から西周に伝えられ、内容に手を加えられながら春秋前期には基本的に今日のような状態になっていた」とする。劉起釪『尚書校釈訳論』（中華書局、二〇〇五年）、一二一八頁参照。李若暉氏も「今本「洪範」の内容からすると、成書年代は春秋前期とすべきである」「「洪範」は先秦の長い期間に多くのテキストが成立したが、基本的内容は一致している。しかし文字のみならず篇章や構成はそれぞれ異なる」とする。李若暉「《尚書・洪範》時代補証」（『中原文化研究』、二〇一四年第一期）、五一—五五頁参照。注目すべきは、清華簡第六冊「管仲」篇に「君當歲、大夫當月、師尹當日」という箇所がある点である。この文は恐らく「洪範」の「王省惟歲、卿士惟月、師尹惟日、歲月日時無易、百穀用成」を引用しているのだろう。するとこれは「洪範」が比較的早い段階で成立した論拠の一つと成りうる。李学勤主編『清華大学藏戦国竹簡（陸）』（中西書局、二〇一六年）、一一二頁参照。

(14)　論理的な面から見れば、まず「水火金木土」の序列があり、それが「湯在啻門」等の文献から影響を受け、「水火金木土穀」の「六府之名」が成立したという見方は成り立ちうる。であるならば、「湯在啻門」の成立年代もより早く想定できることになる。ただし「湯在啻門」において「穀」は「水、火、金、木、土」五種の元素の具体的結果であるので、両者を同次元のものとすることはできない。もっともこのようなある時は分離し、ある時は結びついている状態は「湯在啻門」における五行が「地之五行」及び「六府」思想の影響から抜け出し、独立したより広汎な五行観念へと変容する過程にある証左と言えるのかもしれない。

(15)　注（9）前掲龐氏論文、二五六頁。

(16)　李学勤「帛書《五行》與《尚書・洪範》」（『簡帛佚籍与学術史』、江西教育出版社、二〇〇一年）、二八三—二八四頁。

(17)　李学勤主編『清華大学藏戦国竹簡（陸）』、一一六頁。

(18)　郭梨華「清華簡（五）関於「味」之哲学探究」（「道統思想与中国哲学国際学術研討会」会議論文、四川師範大学、二〇一六年一〇月）。

(19)　沈培「略説上博（七）新見的「一」字」（復旦大学出土文献与古文字研究中心網、http://www.gwz.fudan.edu.cn、二〇〇八年一二月三一日）。

（20）劉彬「帛書易伝《要》篇「五正」考釈」（『周易研究』、二〇〇七年第二期）。
（21）『鶡冠子』天権篇に「左木右金前火後水中土」とあり、これも典型的な尚土説である。
（22）李学勤主編『清華大学藏戦国竹簡（伍）』、一四七頁。
（23）李学勤主編『清華大学藏戦国竹簡（伍）』、一四八頁。
（24）馬王堆帛書「胎産書」の釈文は裘錫圭主編『長沙馬王堆漢墓簡帛集成（陸）』（中華書局、二〇一四年）、九三―九四頁参照。張瀚墨氏が提示するように、歴史上、隋・巣元方『諸病源候論』の「婦人妊娠病諸候」、唐・孫思邈『備急千金方』の「婦人方」養胎及び丹波康頼撰『医心方』任婦脈図月禁法のごとき医書は、みな同じ五行序列を用いて懐胎過程を表現している。馬王堆「胎産書」も同様の思想背景によるものだろう。張瀚墨「《湯在啻門》十月懐胎与早期中国術数世界観」（『饒宗頤国学院院刊』四、二〇一七年五月）、一八六―一八七頁。
（25）魏啓鵬「《管子・水地》新探」（艾蘭・汪濤・范毓周主編『中國古代思維模式与陰陽五行探源』）、三一一頁。
（26）注（5）前掲拙稿。
（27）注（24）前掲魏氏論文、三一一頁。
（28）注（9）前掲龐氏論文、二五七頁。
（29）吾淳『中国哲学的起源：前諸子時期観念、概念思想発生発展与成型的歴史』、二〇〇頁。
（30）李守奎「楚文献中的教育与清華簡《繫年》性質初探」（復旦大学出土文献与古文字研究中心編『出土文献与古文字研究』第六輯、上海古籍出版社、二〇一五年）、二九七頁。
（31）例えば『礼記』礼運は人が「五行之秀氣」「五行之端」である時、「五行・四時・十二月、還相爲本也。五聲・六律・十二管、還相爲宮也。五味・六和・十二食、還相爲質也。五色・六章・十二衣、還相爲質也」と述べている。この記述は「湯在啻門」よりも体系的で、しかも五行が交代して主とし、五行の一つも欠けてはならないことを説き、また後文で「五行之動、迭相竭也」と述べ、陸佃の注は「水旺則金竭，木王則火竭」とある。ここでは五行相生が含まれている。

（32）清華簡「管仲」篇の整理者は「その中（「管仲」篇）には陰陽五行の思想が多く含まれている」と指摘している。李学勤主編『清華大学藏戦国竹簡（陸）』、一一〇頁。しかし、実際には本文中に陰陽と五行を組み合わせる痕跡は見いだせない。前掲李守奎「楚文献中的教育与清華簡《繫年》性質初探」という論文の中でも、数度今後公表する資料の中に「陰陽五行」が含まれている点を強調しているが、筆者はこの点に対して懐疑的である。恐らくは五行のみか、陰陽と五行が分けられて描写されているに過ぎず、両者はまだ組み合わされていないのではないだろうか。

（33）睡虎地秦簡「日書」中の陰陽五行については劉楽賢『睡虎地秦簡日書研究』（文津出版社、一九九三年），三四六―三四九頁、及び王愛和著、金蕾・徐峰訳『中国古代宇宙観与政治文化』（上海古籍出版社、二〇一一年）、一一七―一二一頁参照。張家山漢簡「蓋廬」中の陰陽五行については邵鴻『張家山漢簡《蓋廬》研究』（文物出版社、二〇〇七年）参照。

（34）注（5）前掲拙稿。

（35）注（8）前掲拙稿。

第二篇　秦漢時代篇

秦における盗賊捕縛と民の臨時徴発

小林　文治

はじめに

筆者はこれまで秦漢時代において民が行う労役に考察を加えてきた。その主なものとして、中央や地方で行われる土木作業、国家運営に必要な輸送作業などが挙げられ、さらにこれに戍卒として派遣されたり、戦役に徴発される兵役が加わる。これらは国家が民に課す主な労役であるが、これ以外に民が臨時的に徴発され、使役される時がある。それが本稿で扱う治安維持としての盗賊捕縛の任務である。

そもそも、秦漢時代における在地社会の治安維持は、郷・亭が担っていたことが知られている。水間大輔氏によれば、[1]郷には郷嗇夫・郷佐のほか、游徼・郷卒が所属し、亭には長官である亭長以下、三～四人の亭卒（亭父・求盗）が所属していた（統一秦の資料では亭の長官は亭長ではなく「校長」と称され、その配下は全て「求盗」と称されている。また禁苑には「憲盗（「害盗」とも表記される）」が配置されていた）。治安維持は主に亭の職務だが、治安維持の強化が必要なところには游徼が置かれ、亭の治安維持活動を補強していた。[2]もっとも、亭はその規模の小ささから、大規模な反乱や群盗の対応は想定されていなかった。[3]そのような場合、民が適宜徴発され、県官は捕縛隊を組織し、対応に当たった、と。

秦末漢初における民の徴発を伴う捕縛隊に関する史料は、捕律を始めとする秦漢律及び岳麓書院蔵秦簡「爲獄等状四種」・張家山漢簡「奏讞書」等の法律文書と、里耶秦簡等の行政文書に散見する。例えば張家山漢簡「二年律令」捕律を見ると、盗賊の規模、発生場所などによる様々なケースに対応するため、詳細な規定が作られていたことがわかる。また「爲獄等状四種」「奏讞書」には盗賊捕縛隊の実例があり、それを見ると民が徴発される場合と徴発されない場合の双方があることがわかる。これより秦漢律と「爲獄等状四種」等の文書を組み合わせれば、盗賊捕縛の実例のなかで、律令が実際にどのように運用されていたかという点が検討可能になる。本稿は上記の資料を用い、民はどのような場合に徴発され、どのような者が捕縛隊への参加するのか、その徴発方法・徴発の過程はどのようなものか、という点を検討する。

上記の資料に加えて、近年新たな資料が参照できるようになった。それが岳麓書院蔵秦簡「秦律令（壹）」に収録されている「奔敬（警）律（以下、奔警律と称す）」である。「奔敬（警）」とは「急事に駆けつける」意で、奔警律とは反乱などの緊急事態が発生した際に用いる律である。そもそもこの奔警律は二〇〇九年に陳松長「岳麓書院蔵秦簡総述」にて紹介された秦律の一つで、公表当初から注目を集めてきた[4]。ただし「岳麓書院蔵秦簡総述」に掲載された時点では排列が不完全で、奔警律の一部のみが掲載された形となっていた。二〇一六年に『岳麓書院蔵秦簡（肆）』が出版されると、竹簡第二組に奔警律の全文が収録され、排列案が新たに提示されている。そこで本稿では、まずこの全文が明らかになった奔警律を検討し、律文に見える民の徴発及び指揮官について検討する。次に「爲獄等状四種」「奏讞書」に見える盗賊捕縛隊の実例を検討し、どのような盗賊が発生した場合に、どのような官吏がどのような者を率いているのか検討する。最後に秦漢律と盗賊捕縛隊の実例から得られた知見をまとめ、民はどのような状況になったら徴発されるのか、そこにはどのような傾向があるのかを見ていく。

第一節　「秦律令（壹）」奔警律概観

奔警律の専論はこれまでに陳偉・曹旅寧・陳松長各氏の三篇がある。(5) このうち陳偉・曹旅寧両氏の論考は『岳麓書院蔵秦簡（肆）』出版以前に発表されたもので、陳松長「岳麓書院蔵秦簡綜述」に掲載された釈文に依拠している。従って、『岳麓書院蔵秦簡（肆）』が出版された後の専論は陳松長氏の論考のみとなる。

はじめにで触れたように、奔警律は『岳麓書院蔵秦簡（肆）』第二組に排列されている。第二組はほとんどの条文が「某〃律曰」という開頭語より始まる特徴があるが、現在のところ、確実に「奔警律」の語が認められるのは一条のみで、177/1252, 178/1253, 179/1369, 180/1383の計四簡である。排列について、背面を見ると、画線はほとんど認められず、(6) 反印文もわずかに残るのみだが、(7) 陳松長氏は整理小組の排列を妥当なものとする。(8) 本稿ではひとまず整理小組の排列に従う。(9) 次に、奔警律全文と書き下し文を提示する。書き下し文は便宜的に五つの部分に分けて内容を説明する。

奔敬（警）律177/1252, 178/1253, 179/1369, 180/1383

●奔敬（警）律曰、先粼黔首當奔敬（警）者、爲五寸符、人一、右在【縣官】、左在黔首、黔首佩之節（即）奔敬（警）∠。諸挾符者奔敬（警）故徼外盜徹所、合符焉、以譔（選）伍之。黔首老弱及⿸疒夅（癃）病、不可令奔敬（警）者、牒書署其故、勿予符。其故徼縣・道各令守城邑害所、豫先分善署之、財（裁）爲置將吏而皆令先智（知）所主。節（即）奔敬（警）、各亟走、所主將吏善辦治之。老弱・⿸疒夅（癃）病不足以守∠、豫遺重卒期足以益守、令先智（知）所主。

●奔警律に曰く、①先ず黔首の奔警に當る者を粼《えら》び、五寸の符を爲り、人ごとに一、右は縣官に在り、左は黔首に在り、黔首、之を佩きて即ち奔警せよ。②諸〃の符を挾む者は故徼の外盜の徹所に奔警し、符を焉に合わせ、以て選びて之を伍せ。③黔首、老弱及び癃病たりて、奔警せしむ可からざる者は、牒書して其の故を署し、符を予うこと勿れ。④其《も》し故徼の縣・道ならば各〃令をして城邑の害所を守らしめ、豫め先ず分けて善く之に署し、裁きて爲に將吏を置きて皆な先ず所主に知らしめよ。即し奔警せば、各〃亟かに走り、主る所の將吏は善く之を辦治せよ。⑤老弱・癃病の以て守るに足らずんば、豫め重《おお》く卒の期足するを遣《おく》りて以て守を益し、先ず所主に知らしめよ。

①は、奔警の選抜方法についての規定。これによれば、まず黔首で「奔警」に当たる者を選び、五寸の符を作成し、一人に一つとし、右は県官が保管し、左は黔首が保管する。「奔警」が発動したら黔首はこれを携帯して「奔警」しなければならないとある。

②は、奔警の発生時の行動についての規定。「奔警」に徴発され、符を携帯する者は辺境の「外盗」が発生した現場に赴き[10]、黔首が持つ符と県官の符と合わせ、県官は黔首を選抜して伍を組織して対応するとある。

③は、奔警に当たらない者についての規定。黔首が老人・子供及び残疾者であったりして「奔警」に従事できない者は、その理由を「牒書（「牒」に書き記すこと）」して、符を与えてはいけないとある。

④の「其故徼」以下は「奔警」発動後の県・道の行動規定と解すよりも、治安が不安定な場所における平時の将吏・卒の配置規定と解すべきではないか。というのも、④の部分は辺境（文中の「故徼」）の治安不安定な場所についての規定を記した後、さらに「節（即）奔敬（警）」と始まり、当該地で「奔警」が発動した場合の行動を規定している。つまり、本句は「辺境の県[11]・道ならば（平時は）県令に城邑の治安不安定な場所を守らせ、配下の者をよく分

置し、また将吏を分置したら責任者に通知せよ。もし奔警が発動したら、……」という文意と見なすべきである。そうすると⑤「老弱」～「所主」部分も「其故徼」～「所主」の部分と同様、奔警発動に際する行動規定ではなく、老人・未成年・残疾者が多い地域での平時の守備規定とみなす方が合理的であろう。すなわち、もしある地域が老人・子供及び残疾者ばかりで守備するのに耐えられない場合は、予め多くの守備するに足る卒を派遣して守備を増やし、責任者に通知すべきであるという規定である。

本条の律名でもある「奔警」について、陳松長氏は以下のように説明している。すなわち、岳麓書院蔵秦簡「秦律令（貳）」第一組030/1018, 031/1014, 032/1015簡[12]に

廿六年正月丙申以來、新地爲官未盈六歳節（即）有反盜、若有敬（警）、其吏自佐・史以上去繇（傜）使、私謁之它郡縣官、事已行、皆以彼（被）陳（陣）去敵律論之。吏遣許者、與同辠。以反盜・敬（警）事故∠、繇（傜）使不用此令。●十八

廿六年正月丙申以來、新地の官と爲りて未だ六歳に盈たずして即し反盜有り、若しくは警有らば、其の吏の佐・史自り以上は去りて繇使す、私かに它の郡縣の官に之くを謁め、事、已みて行けば、皆な被陣去敵律を以て之を論ぜよ。吏の遣わして許す者は、與に同辠。反盜・警の事の故を以て繇使せば此の令を用いず。●十八

とあり、統一秦では「反盜」が起こった際に「敬（警）」が発動され、この「敬（警）」に緊急対応することを「奔警」と呼ぶ、と。[13]ただ本文では「節（即）有反盜、若有敬（警）」とあり、「反盜」と「敬（警）」は並列関係にあるので、厳密に言えば「敬（警）」とは「反盜」に等しい事態が発生した際に発動されるものであろう。「反盜」の語は後述する張家山漢簡「奏讞書」案例一八に散見する。案例一八は蒼梧郡利郷で起きた反乱をめぐる記録であり、その反乱に加担した人々のことを「反盜」と称している。「反盜」の詳細な定義は別途検討を要するが、少なくとも「反盜」の

定義の中に郡県内で発生する反乱が含まれるとは言えよう。上記の奔警律及び「秦律令（貳）」030/1018, 031/1014, 032/1015簡、案例一八の関係は第三節で再び触れることにし、次節では奔警律から得られる「奔警」発動の特徴について検討する。

第二節　「奔警」における民の徴発基準と指揮官

本節では、前節から得られた知見をもとに、「奔警」発動の特徴について見ていく。ここでは二点検討する。一つは民の選抜基準について、もう一つは指揮官である「将吏」の性質についてである。

一・民の選抜基準について

民の選抜基準について奔警律には「先粼黔首當奔敬（警）者」とあるのみで、具体的にどのような民が選抜されるのか規定されていない。当時、奔警に関する民の選抜基準を記す規定があった可能性もあるが、現段階ではそのような条文は見つかっていない。従って選抜基準についてはあくまで可能性を指摘するに留める。その可能性のひとつとして、爵を基準とした選抜が挙げられる。例えば岳麓書院蔵秦簡「秦律令（壹）」に含まれている徭律では一定の高爵を持つ者は「徭」参加が免除され、戍律では高爵を持つ者が自分より低爵の者に[14]戍役を代替させることが許されていた[15]。「奔警」についてもこのような爵の高低による優遇措置があった可能性がある。

ここでは民の選抜基準の参考として、里耶秦簡に見える民の臨時徴発の例を見てみたい。それは次の8-439+8-519+8-537+8-1899簡である。

8-439+8-519+8-537+8-1899

廿五年九月己丑、將奔命校長周爰書。敦長買・什長嘉皆告曰、徒士五（伍）右里繚可、行到零陽廡谿橋亡、不智（知）外内、恐爲盗賊、敢告。　Ⅰ

繚可年可廿五歲、長可六尺八寸、赤色、多髪、未産須、衣絡袍一⊿、絡單胡衣一⊿、操具弩二⊿、絲弦四⊿、矢二百⊿、鉅劍一⊿、米一石五斗。　Ⅱ

本木牘は謝坤氏によって復元されたもので、[16]「將奔命校長周」が作成した爰書（「將奔命校長」については後述）。ここでは、「奔命」の活動中に「徒士伍右里繚可」が零陽県の「廡谿橋」という場所で逃亡したことを敦長・什長が報告している。「奔命」とは奔警に類似し、外敵の侵攻等に対する緊急対応を指す。この奔命と奔警の関係については従来から注目されており、陳偉氏は奔命と奔警を同一視しているが、[17]陳松長氏は奔命を「命令に従い奔走する」意、奔警を「警報に従い奔走する意」と区別する。[18]陳松長氏が指摘する両者の違いは確かに頷けるものの、語義的解釈であるので、ここからは具体的な行動の違いなどはわからない。少なくとも両者はともに軍事的行動を必要とする緊急対応と考えて問題ないはずである。すると8-439+8-519+8-537+8-1899簡に見える「徒士伍右里繚可」も奔警律に類似した規定により徴発されたと見なすことができる。そこでここでは「徒士伍右里繚可」を例として奔警律における民の選抜基準を類推したい。

まず「繚可」の名県爵里を見ると、「士伍右里」とある。爵は無爵だが士伍のため、軍功を得れば爵を保有することができる身分である。そして本籍地は「右里」とのみ記されている。里耶秦簡では名県爵里に県名が記されていない場合、遷陵県内の里であることが多い。この点を参考にすると「繚可」は遷陵県を本籍とする男子という可能性が出てくる。すると8-439+8-519+8-537+8-1899簡の「奔命」の例は奔命が行われる現地の民を徴発していたことになる。もっとも、9-452簡には「丹陽將奔命尉虞」が遷陵県に食料の支給を求めている記述が見える。[19]この「丹陽將奔命尉虞」は会稽郡丹陽県より遷陵県に奔命のため派遣されたと思しい[20]。さらに9-452簡には「槀丹陽将奔命吏卒食遷陵」とあるように、吏卒も丹陽県から遷陵県に赴いたと思しい点、9-452簡の送達者が「士五丹陽□里向」と、やはり丹陽県の者である点からすると、奔命は郡県を超えた活動であっても、原則吏卒は彼らの居住地から派遣されていたようである。

このように、里耶秦簡に見える「奔命」の例は活動を行う居住地の民を徴発する場合、郡県を超えて行う際は派遣団の居住地から民を徴発する場合の二通りが見える。次節で詳述する「奏讞書」案例一八は前者の例であろう。すなわち、蒼梧郡利郷で起きた「反盗」の際、在地の「新黔首」が徴発され、鎮圧に当っている。従って、「奔命」発動や「反盗」発生の際は、在地の民が徴発されるのが通例だったと言える。従って、本稿では奔警律の規定も在地の民を対象としたと考えたい。

次に年齢を見ると、二五歳とある。奔命は軍事的行動であるので「繚可」の二五歳という年齢は負担対象として適齢と言える。奔警律では老人や未成年の任命を禁じており、恐らくは「奔警」も繚可に近い年齢の者が徴発されていたのではなかろうか。

二．「将吏」について

奔警律の特徴の一つに、捕縛隊の指揮官を「将吏」と表記している点がある。この将吏は「二年律令」にも散見し、主に群盗を追捕する捕縛隊の中で重要な働きをしていることが指摘されている。すなわち、「二年律令」捕律第一四〇簡〜一四三簡に

羣盗の人を殺傷す・人を賊殺傷す・強盗す、即し縣・道に發せば、縣・道、亟やかに爲に吏・徒の以て之を追捕するに足るを發せ。……（中略）……吏、徒を將い、盜賊を追求するに、必ず之を伍とせよ。盜賊、短兵を以て

其の將及び伍人を殺傷し、而して捕得すること能わずんば、皆戍邊二歲。……（中略）……盜賊と遇うも去りて北(に)に北げ、及び力、以て追逮して之を捕うるに足るも□官□□□□逗留・畏愞して敢えて就かずんば、其の將の爵一級を奪い、之を免じ、爵毋き者は、戍邊二歲。而して其の將いる所の吏・徒を罰し、卒を以て戍邊各〃一歲。（後略）

とある。本捕律には将吏の語は見えないが、「吏將徒」「其所將吏徒」という表現が見え、特に前者は「徒を率いる吏」の意で、これは将吏の具体な説明と考えられる。この将吏は律文では捕縛隊の指揮官といった意味で用いられており、特定の官名ではない。すると、奔警律でも捕縛隊を組織する際は特定の官が指揮するのではなく、様々な官が将吏となって指揮することが想定されていると思しい。ではそもそも将吏はどのような状況で配置されるのか。

上記捕律は将吏の語例ではないが、「二年律令」には将吏の例が三例見える。(21)

「二年律令」金布律第四二九～四三二簡

（前略）不幸にして流るるものあり、或るひと能く一人を生拯せば、購金二兩。死せし者を拯《すく》わば、購一兩。何れの人なるかを知らずんば、剡貍して之を讂《もと》めよ。流るる者の拯う可くも、同食・將吏及び津嗇夫、吏の拯わずんば、罰金一兩。（後略）

津関令第四九四・四九五簡

□、相國・御史、請うらく、緣の關・塞、縣道の羣盜・盜賊及び亡人、關・垣・籬・格・塹・封・刊を越え、塞界に出入せば、吏卒の追逐する者、出入の服迹に隨いて窮追して捕うるを得。將吏をして吏卒の出入者の名籍を爲らしめ、伍するに閱具を以てし、籍の副を縣廷に上れ。事、已めば、道の出入する所を出入するを得。五日に盈つるも返らず、伍人、將吏に言わず、將吏、劾せずんば、皆な越塞令を以て之を論ず。

同第四九六簡

□、相國、内史の書を上りて言う。請うらく、諸〃の詐りて人の符・傳を襲い塞の津・關を出入するや、未だ出入せずして得《とら》えらるれば、皆な贖城旦舂。將吏、其の情を知れば、與に同辠。(後略)

最初の金布律は川に人が流された際の救助に関する規定。人が流され、救えるのに救わなかった場合には「同食」「將吏」「津嗇夫」に罰金が科されている。本条は水難事故に関する規定なので、ここでの将吏は乗船者の指揮官を指すようである。次の二例の津関令は、一つが群盗・盗賊・逃亡者が関を不法に突破した際、それを追捕する時の規定。もう一つは人の「符」や「傳(通行証)」を偽って強奪した者が発生した場合の規定。ここでの将吏は盗賊捕縛隊の指揮官や、被疑者逮捕の責任者を指している。このように、「二年律令」に見える将吏の例は、何らかの活動隊の指揮者および犯罪者捕縛の責任者を指している[22]。このような将吏の様相は上記捕律に見える「徒」を率いる吏と共通する。

　このように、将吏の語は律文では散見するものの、里耶秦簡ではわずかに一例(9-1426)のみで、しかも欠損が激しく具体的な考察は難しい[23]。しかしながら里耶秦簡には「將某〃+官職」という表記方法が散見する。私見では、この「將某〃+官職」が将吏の実例ではないかと考えている。「將某〃+官職」というのは、里耶秦簡の文書の発信者及び簿籍の作成者に散見する表現である。例えば前掲8-439+8-519+8-537+8-1899簡は爰書の例だが、その作成者は「將奔命校長周」、9-452簡は「將奔命尉虡」と称している。8-439+8-519+8-537+8-1899簡の「校長」ははじめにで触れたように亭の長官のことだが、何故官名の前に「將奔命」と記されているのか、これまで詳しく言及されてこなかった。思うに、「將奔命校長」「將奔命尉」とは「奔命を将いる校長」「奔命を将いる尉」という意で、まさしく将吏の具体例ではないか。里耶秦簡には「將奔命某職」以外にも、以下のような例も見える。

8-1559正

丗一年五月壬子朔辛巳、將捕爰段（假）倉茲敢　Ⅰ

言之。上五月作徒薄（簿）及冣丗牒。敢言　Ⅱ

之。　Ⅲ

背

五月辛巳旦、佐居以來。氣發。　居手。

本木牘は長さ二三・二センチメートル、幅三・四センチメートルの完簡[24]。「將捕爰假倉茲」が県廷に始皇三一年五月の作徒簿及び「冣（一ヶ月の合算簿、いわゆる「月簿」[25]）」の送付を報告している。「將捕爰假倉茲」は、ある釈文は「將捕爰・假倉茲」と断句し、「將捕爰」と「假倉茲」の二人の官吏を想定しているようである[26]。しかし「徒簿」の作成者を見ると、二人の官吏が一つの徒簿を作成、もしくは徒簿の送付を報告している例は一つもない。「捕爰」とは、8-207簡に「☐□佐居將徒捕爰（Ⅰ）」とあり、猿の捕獲を指す[27]。8-207簡にあるように、猿の捕獲は「徒」を率いて行うものであり、これより「將捕爰假倉」とは「猿の捕獲を指揮する假倉」と解すべきことがわかる。すなわち、「假倉茲」が猿捕獲の指揮者になった際、官名に「將捕爰」が冠されたのである。このような例は他にも9-2303簡に「將田鄉守敬作徒薄（簿）」が見える。上記二例を踏まえれば、「將田鄉守」も「耕作を指揮する鄉守」という意であろう。

以上の「將某〃+官職」は、奔命の出動、猿の捕獲など、集団で行う活動の際に多く見える。おそらく行政文書において臨時任務などの際に特別に用いる表現なのであろう[28]。そして将吏とは彼らの総称ということになる。ただし、将吏が実際の行政文書上において全て「將某〃+官職」と表現されていたかはまだ断言できない。例えば、次節で扱う「奏讞書」案例一八は県の官吏が徒を率いて治安維持活動を行った実例だが、「將某〃＋官職」の表現は見えない。

実はこのような表現は前漢・西北出土簡にも見える。ただし西北出土簡では太守・都尉など、郡級の官に「將某〃＋官職」が用いられている例もある。

敦煌酥油土漢簡[29]181

七月庚子、將屯敦煌大守登敢告部都尉・卒人謂縣官戍卒、起郡〼

居延旧簡40．2A

甘露□□月丁亥朔□寅、將屯居延都尉德謂甲渠塞候都尉

〼以功次遷爲甲渠候長。今遣壽之官

敦煌懸泉置漢簡Ⅱ0115(2):16

五月壬辰、敦煌太守彊・長史章・丞敞下使都護西域騎都尉・將田車師戊己校尉・部都尉・小府官縣、承書從事下當用者。書到白大扁書鄉亭市里高顯處。令亡人命者盡知之、上赦者人數太守府別之、如詔書。

同Ⅱ0216(2):26

將田渠黎軍候、千人會宗上書一封。初元□……

肩水金簡73EJT3:113

神爵二年十二月壬申朔戊寅、將轉肩水倉令史〼

轉城折穀就家縣名里各如牒。出入復籍。敢言〼

同73EJT24:36

始建國三年桼月己丑朔乙未、將屯裨將軍張掖後大尉元・丞音、遣延水守丞

同73EJT24:269A
　地節三年正月戊午朔己卯、將兵護民田官居延都尉章・居延右尉可置行丞事、謂過所縣・道河津・關。遣從史畢歸
　　取衣用。
　……

　これら西北出土簡では「將屯+官職」「將田+官職」の例が複数ある。これらは軍隊及び屯田耕作の指揮などの臨時任務を帯びた官と思しい。

　このように、「將某〃+官職」の例は統一秦から前漢中後期まで長期的に見られる。もっとも、秦漢律に見える将吏が前漢・西北出土簡に見える「將屯+官職」「將田+官職」と同質のものかどうかはまた別の問題で、別途検討を要する。

　以上、弃警律から窺える民の選抜基準・指揮者の性質について考察してきた。現在指摘できる問題として、弃警律は指揮者を将吏とするのみで、民の選抜↓徴発↓隊伍の編成↓実行↓事後処理という一連の過程はどの官署が行うのか、全く規定がない点が挙げられる。少なくとも、民の選抜については簿籍の作成・管理の必要から、特定の官署が行うと考えられるが、それも規定が見えない。弃警は治安維持活動であるので、亭の上級機関である県尉系統が管理していたのかもしれない。この点は資料の増加を俟って検討したい。もっとも、はじめにで触れたように、弃警律に規定されているような急事の治安維持活動の編成については、「爲獄等狀四種」・「奏讞書」・里耶秦簡にいくつか実例が見える。これらの例を見ると、盗賊もしくは反乱の規模によって県官の対応が異なっていたことがわかる。そこで次節では、「爲獄等狀四種」・「奏讞書」・里耶秦簡に見える盗賊捕縛に関する資料をまとめ、どのような状況になると「警」が発せられた状態になるのか、またどのような段階で民が徴発されるのか見てみたい。

第三節　盗賊捕縛隊の統属・人員の来源——民の徴発が生じる境界——

実際に起った盗賊捕縛に関する出土文字資料は、今のところ里耶秦簡9-1112簡、「爲獄等状四種」案例一・癸瑣相移謀購案、案例二・尸等捕盜疑購案、「奏讞書」案例一八がある。これら四例は場所こそ異なるが、いずれも始皇二五〜二六年の間に発生した事案という共通点があり、時代差を考慮する必要がないという利点がある。従って盗賊発生の状況及びその対処を整理していけば、各事案に対する県官の対応の違いを明確にできるはずである。

後述するように、上記の資料はいずれも盗賊の規模を異にしている。では、これら資料を整理する場合、どのような分類が有効であろうか。参考に律令では盗賊をどのように分類しているか見てみたい。「二年律令」捕律では、盗賊の規模を示す用語として「盗賊」「群盗」「強盗」が見える。このうち、「群盗」「強盗」は前掲捕律第一四〇簡〜一四三簡に見える。「盗賊」は「二年律令」捕律第一四四簡に

盗賊、發するや、士吏・求盜の部者、及び令・丞・尉、覺知せずんば、士吏・求盜、皆な卒を以て戍邊二歲。

とある。このように、「二年律令」捕律の二条を参照すると、漢律においては「盗賊」が発生した場合と、「群盗」「強盗」が発生した場合の二つのケースが想定されている。従って盗賊の規模は①「盗賊」、②「群盗」「強盗」という分類が可能である。この分類は漢律における分類だが、「群盗」は秦律にも見え、「盗賊」は秦律では「盗」と表記されている。さらに第一節では秦律に「反盗」という用語があることを指摘した。そこで上記の①「盗賊（盗）」②「群盗」「強盗」に加え③「反盗」を追加する。

次に、律令において上記の①②③が発生した場合、それぞれどのような者が捕縛にあたったか整理しておく。①「盗

賊」の例である「二年律令」捕律第一四四簡では、盗賊が発生した場合は管轄内の士吏・求盗が責任を負っている。彼らは亭に駐在する者たちなので、「盗賊」の場合は亭所属の者のみで行ったと思しい。捕律第一四〇簡～一四三簡では、県の官吏が「徒」を徴発して捕縛に当たらせている。「徒」は出土文字資料では刑徒・民をも含み、官所属の労働力の意として用いられている。すると捕律第一四〇簡～一四三簡は、盗賊の数が多いため、亭所属の者以外に「徒」をも動員すべきことを規定していることになる。

以上の点を参考に、以下、四つの資料を見ていく。なお、「爲獄等状四種」案例一及び案例二については、既に専修大学『二年律令』研究会が訳注を施しており、本節でも適宜参照した。[30]

一．里耶秦簡9-1112簡

里耶秦簡9-1112簡の内容は以下の通りである。

9-1112正

【廿】六年二月癸丑朔丙子、唐亭叚（假）校長壯敢言之。唐亭　Ⅰ
旁有盜、可卅人、壯卒少、不足以追、亭不可空、謁　Ⅱ
遣□【卒】索（索）、敢言之。／二月辛巳、遷陵守丞敦狐敢告尉・告卿〈鄉〉主。以律　Ⅲ

背

令從事。尉下亭・鄣、署士吏謹備∠。貳卿〈鄉〉上司馬丞。／亭手。／即令　Ⅰ
走涂行。　Ⅱ
二月辛巳、不更輿里戌以來。／丞半。　壯手。　Ⅲ

本木牘は長さ二三センチメートル、幅二・九センチメートルの完簡。[31] 始皇二六年二月に洞庭郡遷陵県貳春郷内と思しき唐亭の管轄内で起きた事案を記している。水間大輔氏によれば、本木牘はまず最初に正面三行目の「敢言之」までと背面末尾の「壯手」が記され、県廷に送られた。そして県廷に届いた時点で開封記録として「二月辛巳不更輿里戌以來／丞半」が記された。従って、唐亭から本木牘を県廷に送達したのは「不更輿里戌」である。そして県廷で正面「二月辛巳」から背面「亭手」までが記され、最後に正本と区別するため「即令走涂行」と記された。すなわち本木牘はもともと正本であったものが県廷に届けられ、県廷で副本として保管されたもので、県廷が返答として作成した文書は県尉及び郷主に送達された。[32]

唐亭假校長壯の報告によれば、唐亭付近で発生した「盜」は三〇人を超え、唐亭では対応しきれないので、他から「卒」を派遣してほしいということであった。三行目第二字は文字が記された後に削られているが、墨痕から「卒」字と見なせる。[33]本事案は「盜」が発生したとのみ報告されているものの、盜賊団の人数が三〇人に達し、「群盜」に比せられる規模である。このため水間氏は本事案について前節引「二年律令」捕律第一四〇簡〜一四三簡が適用された可能性を指摘する。[34]

本木牘では遷陵守丞が県尉と郷に命令を下している。県尉への命令は、属下の亭・鄣に士吏を配置させること、郷への命令は司馬丞に「上」ることだが、命令の内容に具体性を欠く。何故県廷は貳春郷に司馬丞へ報告させたかという点について、水間氏は司馬丞に盜賊捕縛を指揮させるためではなく、盜賊捕縛のため馬の準備を命じるためではないかと推測している。[35]本事案について司馬丞が関わっている点も重要だが、ここで注目したいのは県廷は何故貳春郷を本事案に介入させたか、という点である。この点については二つの解釈が可能である。一つは、唐亭が貳春郷内に設置されていた亭であり、本事案は貳春郷内で解決すべきものであったからということ、そしてもう一つはおそらく郷に配置されている「卒」を唐亭に派遣するためではないかということ。里耶秦簡では「郷部卒（9-436）」「郷卒（9-

1866)」という語が見え、遷陵県では郷に「卒」が配置されていた[36]。いずれにせよ、本資料からは民の徴発はうかがえない。従って、三〇人ほどの盗賊団の場合、県官はまず県下の求盗や卒を集めて捕縛に当たらせ、民の徴発は想定されていないようである。

二.「爲獄等状四種」案例一・癸瑣相移謀構案、案例二・尸等捕盗疑購案

次に「群盗」「強盗」の例を見てみたい。以下の二例は明確に「群盗」「強盗」の語が見える例である。まずは「爲獄等状四種」案例一・癸瑣相移謀構案について検討する。本案例は始皇二六年四月に南郡州陵県で起きた事案。冒頭には以下のようにある。すなわち、001/残227+1347, 002/1003-1簡に

(前略)校長癸・求盗上造柳・士伍轎・沃、男子治等八人・女子二人を詣し、羣盗盗殺人を告す。

とある。ここでは校長癸と求盗上造柳・士伍轎・沃が男女計九人を連行して「羣盗盗殺人」を「告」している。冒頭の記述は犯人を逮捕した後の「告」であるので、盗賊発生の際の告発ではない。そこで後段を見ると、003/1032+1030, 004/0061+残039, 005/0055-1+0053+0055-3簡に

●癸、曰く、「……治等、校長果の部に羣盗盗殺人す。州陵守綰、癸と令佐士伍行をして柳等を將いしめて追い、……迹、行きて沙羨の界中に到るや、瑣等、已に捕う。(後略)

とあり、校長癸の証言では「校長果の管轄下で「羣盗盗殺人」が起きたので、州陵守綰は私(癸)と令佐士伍行に柳達を率いさせて盗賊を追った」とある。従って当初県官には「羣盗盗殺人」が報告され、県官は対応に当たったはずである。つまり、校長癸と令佐行が求盗柳・士伍轎・沃を率いて出動したのは「羣盗盗殺人」の対応であったことがわかる。

ここで問題となるのは「求盗上造柳・士五(伍)轎・沃」という表現である。これに関して、求盗は柳のみで、轎

と沃は徴発された男子とする専修大学『二年律令』研究会の説と、[37]柳・鞽・沃三人とも求盗とする水間氏の説がある。[38]では、本句の三人はどのように解せばよいのか。上述のように亭には三〜四人が常駐しているので、柳・鞽・沃三人が求盗とするとちょうど一箇所の亭から出動することになる点、もし鞽・沃が徴発された男子ならば何故二人しか徴発されていないのか不自然である点を考慮すると、水間氏の解釈がより妥当ではないだろうか。従ってここでは柳・鞽・沃三人ともに求盗と解したい。このように解すと、「羣盗盗殺人」に対する州陵県の対応は県官に所属する人員のみで行ったことになる。

次に案例二・尸等捕盜疑購案を検討する。本案例は始皇二五年二月に南郡州陵県で起きた事案。まず冒頭を見ると、盗賊発生の報告と県官の対応が記されている。すなわち、031/1219, 032/1466-2簡に

（前略）廼ること二月甲戌、走馬達、告して曰く、「□□□部中に走馬好を盜盜殺傷す」と。即ち獄史驩・求盜尸等一六人をして追わしむ。尸等、秦の男子治等四人、荊の男子閬等十人を生捕し、好等を羣盜盜殺傷すと告す。

とある。ここでは、まず走馬達が「盜盜殺傷走馬好□□□部中」と報告し、州陵県は獄史驩と求盜尸など十六人を派遣して捕縛を行い、秦の男子治等四人と、荊の男子閬等十人を生け捕った。その結果、彼らの犯行は「羣盜盜殺傷」であったことが判明した。このように、本案例は当初は「盜盜殺傷」と告発されたが、盗賊捕縛後に実は「羣盜盜殺傷」の事案だったことが判明した点に特徴がある。[39]従って県官の対応はまず「盜盜殺傷」として行われたはずである。「盜盜殺傷」について、水間氏はこれを「強盜殺傷」と解している。[40]すると獄史驩と求盜尸等十六人を派遣した県官の対応は「強盜殺傷」のものということになる。

本案例では指揮者が校長ではなく「獄史」で、さらに求盗など一六人が派遣されているが、本案例では何故獄史が派遣され、校長が派遣されていないのかが問題となる。獄史について、水間大輔氏は刑事事件の偵察・追捕・逮捕・

尋問・判決の草案作成に至るまで様々な職務を担っていたとする。[41]

ここでは特に獄史驩が率いていた「求盗尸等十六人」という表現に注目したい。通常、求盗は亭に三〜四人配置されるので、[42]一六人という数字は一箇所の亭から派遣された人数ではあり得ない。ここからは①他の亭および郷から求盗・郷卒が応援として駆けつけたか、すなわち一六人全員を県官の人員と見るか、もしくは②求盗及び民の計一六人が派遣されたと見なし、民の徴発が行われたと解すか、という二通りの可能性がある。では、本案例では民の徴発が行われたのか。ここでも、やはり案例二も県官の人員のみで追捕を行ったと考えたい。というのも、前掲9-1112簡のごとく、三〇人もの盗賊団を追捕する際も民の徴発は想定されていなかった。それに対し案例二は「強盗殺傷」とはいうものの、9-1112簡よりも人数が少ない。すると案例二のような状況でわざわざ民を徴発するとは考えにくい。従ってここでは案例二の「求盗尸等十六人」に含まれていたのは、求盗や郷卒など、県下に配属されていた人員であったと解すのが妥当であろう。

以上の三例を見てみると、癸瑣相移謀構案及び尸等捕盗疑購案は「群盗」「強盗」の例で、9-1112簡も盗賊の数からして「群盗」に近い事例であり、「盗賊（盗）」の例とは考えにくい。するとこれまで見てきた例の中で「盗賊（盗）」の例はなかったことになる。ただ本節の主眼である「民の臨時徴発が行われたかどうか」という点について言えば、「盗賊（盗）」発生においても民の徴発はあり得ない。なぜなら、「群盗」が発生しても民は徴発されないのだから、より小規模の「盗賊（盗）」では無論民は徴発されないと考えるのが自然だからである。

三、「奏讞書」案例一八

最後に「奏讞書」案例一八を見てみたい。案例一八は始皇二七年に蒼梧郡利郷で起こった事案。第一三二・一三三簡には、

（前略）義等、吏卒を將いて反盜を繫せんとするや、先に候視せず、爲めに驚敗するは、義等の罪なり、……（後略）

とあり、本事案の被疑者を「反盗」と表現している。反盗は第一節で検討した「秦律令（貳）」030/1018, 031/1014, 032/1015簡にも見えることから、案例一八は030/1018, 031/1014, 032/1015簡の実例と見なせる。この反盗への対応は上記の「盗」「群盗」とは全く異なる。まず捕縛隊を率いる官吏を見ると、前掲第一三二・一三三簡では「義」という人物が吏と卒を率いていたとあるが、「義」の官名が明記されていない。そこで、第一三五簡を見ると、

令史𧺆、義と新黔首を發して往きて候視するや、反盜多く、益〻發して與に戰う。義、死し、攸、又た益〻新黔首を發して往きて繫し、破ること凡そ三輩。

とあり、義は令史𧺆とともに「新黔首」を率いている。従って義も官吏であったはずである。さらに後段を見ると、義が戦死した後、捕縛隊を指揮したのは庫という攸県の県令である。このように、反盗の例は県令・令史など、県廷の中核である官吏が直接捕縛隊を指揮していることがわかる。(43) また捕縛隊の構成員も上記「盗」「群盗」とは異なり、「新黔首」が徴発されている。つまり反盗の対応は民の徴発が必要で、「盗」「群盗」とは区別される緊急事態なのである。このように考えると、案例一八の状況は奔警律の規定と符合する点が少なくないことに気づく。さらに第一三七簡には

及び屯卒、備警するも、卒、已に罷めて去りて移徙し、之を遝すも皆な未だ來ず。

とあり、反盗鎮圧の活動中は「屯卒備敬（警）」という状態であったことがわかる。(44) この「備敬（警）」はすなわち「秦律令（貳）」030/1018, 031/1014, 032/1015簡に見える「有敬（警）」と同様の状態ではないだろうか。上述のごとく、陳松長氏は030/1018, 031/1014, 032/1015簡の「敬（警）」が発せられた際に奔警律が適用されると指摘しているが、そ

うすると案例一八はまさに奔警律の実例ということになる。

このように、盗賊捕縛の例を整理すると、以下のようになろう。すなわち、「盗」「群盗」が発生しても民は徴発されず、「反盗」発生の際には「警」が発動し、奔警律が適用され、民が徴発される、と。従って案例一八の新黔首も奔警律にあるように、普段は「五寸符」を保管し、反盗発生と同時に現場に駆けつけたはずである。

以上、本節では四例の盗賊捕縛における県官の対応を見てきた。これら四例の整理から、「二年律令」捕律及び「秦律令」奔警律で何故「吏」「將吏」という語が多用されるかも判然とする。すなわち、群盗・強盗・反盗の捕縛に際しては、その規模の大きさ・緊急性から校長と求盗のみでは対応しきれない。その場合すみやかに県の官吏が派遣され、派遣された者は捕縛隊の指揮者となる。その際、さまざまな官が派遣される可能性があり、さらにすみやかに指揮者を決定しなければならないため、指揮者には特定の吏を規定することはなかった、と。指揮者となる官吏は幅広く、反乱とも言いうる反盗発生となれば県令が直接指揮者となることさえあった。このように見ると、盗賊や反乱の規模が大きくなればなるほど上級の官吏が対応に当たったのかもしれない。そしてそのような捕縛隊を率いるのが「將吏」なのである。

おわりに

以上、「秦律令（壹）」奔警律を出発点に、秦における盗賊発生の分類と盗賊捕縛の様相について見てきた。本稿の考察をまとめると以下のようになる。

奔警律及び関連秦律によると、統一秦では、「反盗」が発生したり「警」が発動されると、すみやかに民が徴発され、捕縛隊が組織された。彼らを率いる吏は「将吏」と呼ばれ、盗賊及び反乱の規模によって県の官吏が適宜対応した。将吏は盗賊捕縛隊以外でも漕運・耕作・動物の捕獲など様々な集団で行う活動の指揮者として見えるが、行政文書では「將某〃+官職」と表記されることが多い。盗賊捕縛の実例である「爲獄等状四種」案例一・癸瑣相移謀購案、案例二・尸等捕盗疑購案、「奏讞書」案例一八、里耶秦簡9-1112簡を検討すると、盗賊団の規模は「盗賊（盜）」「群盗」「強盗」「反盗」が確認できる。このうち、「盗賊（盜）」「群盗」「強盗」は県官に所属する人員で対応し、民の徴発は伴わない。そして「反盗」の例である「奏讞書」案例一八は奔警律が発動された実例である。

第一節で挙げた陳松長氏の論考では、「警」は主に新獲地で発動されたと指摘されている。(45)それは「秦律令（貳）」第一組030/1018, 031/1014, 032/1015簡において「新地吏（新獲地で官吏となった者）」が対応に当たることが想定されていることによる。当然、新獲地は治安が不安定で、反盗が頻発したことも想像に難くなく、陳氏の推測は一定の説得力を持つ。さらに「警」については睡虎地秦簡「編年記」第二六簡に(46)

十九年、□□□□南郡備敬（警）。

とある記述とも関連するはずである。この「南郡備敬（警）」については従来様々に解されてきたが、(47)新出秦律は「南郡備敬（警）」の再検討に寄与する可能性を持つ。このような「警」の様相については今後の課題としたい。なお、『岳麓書院蔵秦簡（伍）』第二組には「城邑反」や「徼外蠻夷」の侵入に関する対応規定が多く残されている。里耶秦簡にも武力衝突が発生したと思しい記述も少なくなく、今後はこれら法律文書と行政文書を組み合わせたより体系的な検討が必要である。

注

（1）水間大輔「秦・漢の亭吏及び他官との関係」（『中国出土文字資料研究』一三、二〇〇九年、水間氏論文①）、同「秦・漢の亭卒について」（工藤元男・李成市編『東アジア古代出土文字資料の研究』、雄山閣、二〇〇九年三月、水間氏論文②）、水間大輔「秦・漢における郷の治安維持機能」（『史滴』三一、二〇〇九年）、水間氏論文③）。

（2）前掲水間氏論文③、三六頁。

（3）前掲水間氏論文③、三三・三四頁。

（4）陳松長「岳麓書院蔵秦簡総述」（『文物』、二〇〇九年第三期）。

（5）陳偉「岳麓書院秦簡考校」（『文物』、二〇〇九年第一〇期、陳偉氏論文①）、同「〝奔警律〟小考」（簡帛網、二〇〇九年四月二一日、http://www.bsm.org.cn/show_article.php?id=1036　陳偉氏論文②）、曹旅寧「岳麓秦簡〝奔警律〟補考」（簡帛網、二〇〇九年四月二五日、http://www.bsm.org.cn/show_article.php?id=1038）、陳松長「岳麓秦簡《奔警律》及相関問題浅論」（『湖南大学学報』、二〇一七年第五期）。

（6）画線とは竹簡冊書の背面に数簡に渡って刻まれた線を指す。錯簡を防ぐ等のために刻まれ、排列復元の根拠とされる。詳細は孫沛陽「簡冊背画線初探」（『出土文献与古文字研究』第四輯、上海古籍出版社、二〇一一年一二月）参照。

（7）反印文とは埋葬された時点で冊書であった竹簡群が、何らかの力によって圧迫された結果、外側に排列されていた竹簡の文字がその内側に排列されていた竹簡の背面に鏡文字のごとく残ったもの。排列復元の根拠とされる。

（8）前掲注（5）陳松長氏論文、五頁。

（9）「秦律令（壹）」及び「秦律令（貳）」については新出資料のため、校訂文と書き下し文双方を示した。また里耶秦簡・居延漢簡等の行政文書は書式により書き下し文を提示すると煩雑になるため、一律校訂文のみ示した。

（10）徹所について、『岳麓書院蔵秦簡（肆）』整理小組訳注は「「徹」は、治。徹所は、すなわち治所。反盗を主治する官署のことを指す」としている。

（11）「故徼」は里耶秦簡8-461簡に「毋塞者曰故徼（BXⅧ）」とあり、『里耶秦簡校釈（第一巻）』はこれを「辺境において城塞が築かれていないところ」と解す。陳偉主編『里耶秦簡牘校釈（第一巻）』（武漢大学出版社、二〇一二年一月）、一五八・一五九頁。

（12）「秦律令（貳）」第一組030/1018, 031/1014, 032/1015簡は前掲注（5）陳松長氏論文にて初めて紹介された後、陳松長主編『岳麓書院蔵秦簡（伍）』（上海辞書出版社、二〇一七年一二月）にて図版及び釈文が公開されている。

（13）前掲注（5）陳松長氏論文、六頁。なお陳氏はこのように解した上で、さらに「奔警」の語義を以下のように解釈する。すなわち、「奔警」は緊急事態が起こった現場が行う「通報」と、通報を受けて人員を派遣する「処理」の二つの意味に解釈でき、前者の意味とすると、「奔警」は緊急性の文書を指す語となり、後者の意味とすると、「奔警」は警備隊出動を指す語になるとする。前掲注（5）陳松長氏論文、六頁。

（14）本稿では戍卒の任務に就く労役を「戍役」と称す。

（15）「秦律令（壹）」徭律151/1255, 152/1371簡に「●繇（徭）律曰、補繕邑院、除田道・橋、穿汲〈波（陂）〉池、漸（塹）奴苑、皆縣黔首利殹（也）、自不更以下及都官及諸除有爲殹（也）及八更、其睆老而皆不直（値）更者、皆爲之」とあり、民の生活圏内の土木作業は秦爵第四級不更より以下の者などが担当することが規定されている。「秦律令（壹）」戍律に「●戍律曰、下爵欲代上爵、上爵代下爵及毋爵欲代有爵者戍、皆許之」とあり、一定の爵を持つ者が自分より高爵を持つ者のために戍役を肩代わりできることを規定している。

（16）謝坤「『里耶秦簡（壹）』綴合（三）」（簡帛網、二〇一六年一一月一七日、http://www.bsm.org.cn/show_article.php?id=2665）。

（17）前掲注（5）陳偉氏論文。
（18）前掲注（5）陳松長氏論文、六頁。
（19）9-452の本文は以下の通りである。

正
□□年十一月甲申朔庚子、丹陽將奔命尉虞敢言之。前日□／Ⅰ
稟丹陽將奔命吏卒食遷陵、遷陵弗稟。請安□謁報。敢Ⅱ
言之。Ⅲ

背
十一月庚子、水十一刻刻下盡、士五丹陽□里向以來。／徹半。　　裹手。

（20）后暁栄『秦代政区地理』（社会科学文献出版社、二〇〇九年一月）、四八〇頁。
（21）なお、『岳麓書院蔵秦簡（伍）』には「將吏」に関する資料が多く含まれている。しかし『岳麓書院蔵秦簡（伍）』自体が最近出版されたもので、本資料は本稿に反映させることができなかった。新資料における将吏については別途検討したい。
（22）また、将吏は銀雀山漢簡「守法守令等十三編」にも散見する。「守法守令等十三編」における将吏は、戦闘時に兵卒を率いる軍吏として見える。
（23）9-1426一行目に「☐遷陵興尉瞑將吏☐」とある。
（24）里耶秦簡博物館・出土文献與中国古代文明研究協同創新中心中国人民大学中心編『里耶秦簡博物館蔵秦簡』（中西書局、二〇一六年六月）、一五四頁。
（25）「月簿」の語については石原遼平「里耶秦簡にみる刑徒労役」（中国出土資料学会平成二五年度第三回例会発表、二〇一四年三月八日）参照。
(26) 例えば『里耶秦簡博物館蔵秦簡』。
(27) 『里耶秦簡校釈（第一巻）』、一一三頁。
(28) 蔡丹・陳偉・熊北生各氏によると、睡虎地七七号漢墓出土簡牘には「五年將漕運粟屬臨沮令初殿獄」なる文書が含まれ、そこには「越人、公乘、路里、爲陽武郷佐。皆爲守令史、繇（徭）將漕、屬臨沮令初部」という文言が含まれているという。これによれば「越人（七七号漢墓墓主）」は陽武郷佐を本職とし、「繇（徭）將漕」していた。この「將漕」はまさに漕運関係の将吏に相違ない。蔡丹・陳偉・熊北生「睡虎地漢簡中的質日簡冊」（『文物』、二〇一八年第三期）、六四頁。なお、睡虎地七七号漢墓は前漢・文帝期の墓葬。墓主は名を「越人」といい、生前は安陸県官佐及び陽武郷郷佐を歴任した。熊北生・陳偉・蔡丹「湖北睡虎地七七号西漢墓出土簡牘概述」（『文物』、二〇一八年第三期）、四三頁。
(29) 李均明・何双全編『散見簡牘合輯』（文物出版社、一九九〇年七月）所収、一九頁。
(30) 専修大学『二年律令』研究会『岳麓書院蔵秦簡（参）』訳注（一）――第一類案例〇一「癸・瑣相移謀購案」（『専修史学』五九、二〇一五年、専大班訳注（一）と称す）、専修大学『二年律令』研究会『岳麓書院蔵秦簡（参）』訳注（二）――第一類案例〇二「尸等捕盜疑購案」（『専修史学』六一、二〇一六年、専大班訳注（二）と称す）。
(31) 『里耶秦簡博物館蔵秦簡』、一五六頁。
(32) 水間大輔「里耶秦簡9-1112与秦国盜賊追捕制度」（『出土文献与法律史研究』第四輯、上海人民出版社、二〇一五年一一月）、三八・三九頁。
(33) 『里耶秦簡博物館蔵秦簡』、一八五頁。
(34) 前掲注（32）水間氏論文、三三頁。

（35）前掲注（32）水間氏論文、三二頁。
（36）郷所属の卒については拙稿「里耶秦簡よりみた秦辺境における軍事組織の構造と運用」（早稲田大学長江流域文化研究所編『中国古代史論集——政治・民族・術数——』（雄山閣、二〇一六年九月））にて若干触れた。
（37）前掲注（30）専大班訳注（二）、九五頁。
（38）水間大輔「《岳麓簡（三）》所見的共犯処罰」（『華東政法大学学報』、二〇一四年第二期）、三三頁。
（39）専修大学『二年律令』研究会も同様に解釈する。前掲注（30）専大班訳注（一）、一二頁。
（40）水間大輔「岳麓書院蔵秦簡“尸等捕盗疑購”案所見逮捕群盗的奨賞規定」（『中国社会経済史研究』、二〇一四年第三期）、八九頁。
（41）水間大輔「秦漢時期県獄史的職責」（『出土文献与法律史研究』第一輯、上海人民出版社、二〇一二年六月）、二〇四～二一一頁。
（42）前掲注（1）水間氏論文②、一二三～一二六頁。
（43）秦における県の官制機構は中枢機関である「県廷」と実務機関である「官」に分かれる。これについては土口史記「里耶秦簡にみる秦代県下の官制構造」（『東洋史研究』七三-四、二〇一五年）参照。
（44）本句について、郭永秉氏は「備」を「奔」に読み替え、「及屯卒奔警卒、已罷去移徙、遝之皆未來」と釈読断句し、陳偉氏もこれに従う。郭永秉「〝奔警律〟補説」（同『古文字与古文献論集』、上海古籍出版社、二〇一一年六月）、陳偉「張家山奏讞書案例一八釈読一則」（簡帛網、二〇一三年一〇月五日、http://www.bsm.org.cn/show_article.php?id=1922）。「備」を「奔」に読み替えられるかどうかはさらなる検討を要するため、本稿ではひとまず彭浩・陳偉・工藤元男主編『二年律令与奏讞書——張家山二四七号漢墓出土法律文献釈読』（上海古籍出版社、二〇〇七年八月）の釈文に従った。

(45)　前掲注（5）陳松長氏論文、六頁。

(46)　『秦簡牘合集（壹）』は「編年記」を「葉書」と改称している。本稿ではひとまず整理本の「編年記」の語を用いた。

(47)　『秦簡牘合集（壹）』は一時的な楚の反攻（整理本・韓連琪）、南郡北境における故韓に対する警戒（黄盛璋）、始皇帝の南方巡視に対する準備（晁福林）の諸説を引く。『秦簡牘合集（壹）』、二六頁。

『里耶秦簡〔貳〕』九―四五〇号に見る稟食制度

陳　偉（川村　潮訳）

はじめに

学会の期待する中、ついに『里耶秦簡〔貳〕』が公刊された[1]。そのうち九―四五〇号木牘は、始皇帝三一年二月己丑に、啓陵郷守尚が県廷に監令史を派遣するよう求めた上書と、県丞昌の返信である。この文書は短いとはいえ、稟食に関して特に重要な情報を含んでおり、史料的価値が高い。

『里耶秦簡牘校釈』第一巻の例に倣い、私と魯家亮・何有祖・凡国棟の四人は共同で『里耶秦簡〔貳〕』の校釈を行った。このチーム内の議論と筆者個人の推敲により、以下に九―四五〇号文書の釈文と、そこに見える稟食制度について私見を述べ、諸兄のご叱正を乞いたい。

第一節　釈文

卅一年二月癸未朔己丑、啓陵郷守尚敢言之、「尚部啓陵郷官及邑中、郷行官事、稟吏卒・徒隷及日食者、毋（無）監令史。謁遣令史監、毋（無）留當稟者。謁報、署主𤸫發。敢言之」。
二月癸未朔【辛卯】、遷陵丞昌郤之、令【鄉】蜀（獨）【行】……　九—四五〇正
氣手。
二月辛卯水十一刻刻下七、守府快行啓陵鄉。
二月辛卯旦、史氣以來。
氣發。𤸫手。　九—四五〇背

この木牘の残存状態はあまり良くなく、ある文字は墨跡もかすれ、ある文字は字形が崩れている。右下部分は欠けていて、背面一列目の文字も消えている。整理者の釈文には比較的大きな修正・補足の余地がある。里耶秦簡牘校釈小組（魯家亮執筆）の『里耶秦簡〔貳〕』校読（二）」（以下、「校読二」と略称）では、「宮事」の「宮」を「官」と改め、また「監令史」の解釈で触れられていない「監」について述べた[2]。秦漢簡中の「宮」「官」は時に見分けづらいが、文脈から判断できる。また尚は啓陵郷嗇夫の代理であり、「宮」とは関係がない。「官事」は里耶八—一一三七号簡に見え、おそらく家畜を管理する官を指す。郷の言う「官」は、里耶八—一九八＋八—二一三＋八—二〇一三・九—一〇八八＋九—一〇九〇＋九—一一一三・九—一八六一・九—一八六二号簡などに見える[3]。この「宮」を「官」に改めるべきであることは、ほとんど疑いない。「監令史」の「監」と下の「謁遣令史監」の「監」字の輪郭はよく似ており、「毋（無）監令史」と「謁遣令史監」も意味上密接に関わっていて、字釈の信頼性も高いと考えられる。

「尚部」の「部」は、原文では釈していない。この字形は里耶八—二六九・八—五七三に見える「部」と似ている。「部」には主管する、統率するの意味がある。『史記』項羽本紀に「春、漢王部五諸侯兵、凡五十六萬人、東伐楚」とある。里耶九—二二八三に「嘉・谷・尉各謹案所部縣卒・徒隸・居貲贖責（債）・司寇・隱官踐更縣者簿（簿）、有

可令傳甲兵縣弗令傳之而輿黔首、輿黔首可省少弗省而多【輿者】、輒劾移縣」とある。これらの「部」はいずれもこの意味で用いられている。

「郷官」の「官」は、元の釈文では「宮」に作るが、改めた理由は上に述べた通りである。

邑は、郷のこと。里耶秦簡八—一二三六＋八—一七九一号簡に「今見一邑二里。大夫七戸、大夫寡二戸、大夫子三戸、不更五戸、□□四戸、上造十二戸、公士二戸、從廿六戸」とある。一邑二里とは、一郷二里を指す。簡文は尚が啓陵郷の官署と郷全体の仕事を主管していたことを言う。

「郷行官事」の「郷」は、原釈文では「囚」ではないかとする。この字は形が歪んでいるものの、全体的な形状は上文の最初の「郷」に似ている。

背面一列目の「朔」下の一字は、原釈文では「壬」とする。文書の処理過程（己丑に啓陵から報告、辛卯の朝に県廷に送達、辛卯の水十一刻刻下七に啓陵に返送）、また残った字画を参考にすると、ここの干支は「辛卯」であるべきで、二月九日である。

「令郷蜀（獨）行」の「郷」は、原文は釈していない。この字は背面二列目の「郷」の左部分と似ており（背面第一・二列は同一人の手になる）、おそらくは「郷」の一部であろう。蜀は、「獨」と読むべき。(4)「行」は上部だけ残っているが、字画と文脈から推測した。

冣は、八—九二五＋八—二一九五・八—一二四一・八—一五五〇・九—二三三七号簡などに見える、啓陵郷守尚・啓陵郷守帯あるいは啓陵郷守獲などと共同で出稟している佐冣のことと考えられる。この木牘の「冣」の右下部分は「邑」のようだが、筆の誤りであろう。

第二節　稟食の対象

「稟食」すなわち政府による食料の提供については、秦簡牘中にしばしば見られる。睡虎地秦簡「秦律十八種」の「倉律」「金布律」「司空律」に、稟食の種々の規定が記されており、岳麓秦簡〔肆〕「司空律」中にもまた見ることができる。さらに里耶秦簡中にも、数多くの稟食の記載がある。学者は整理・分析を通じて、秦の稟食制度について少しずつ理解を進めてきた。

陶安氏は「秦律十八種」にもとづき、城旦舂が「日食」し、隷臣妾が公に従事する時は「月食」すること、それは一般的な官吏と同様であることを指摘した(5)。『里耶秦簡〔壹〕』の刊行後、また幾人かの学者が稟食の対象について整理している。沈剛氏は稟食の対象を、刑徒のほかに、（一）官吏、（二）罰戍・居貲・冗作、（三）屯戍・更卒を含む兵役に服していた者、に分類している(6)。黄浩波学兄は、稟食の対象を刑徒（隷臣・隷妾・舂・白粲・小城旦・小隷臣・嬰児）・戍卒・居作者・吏佐に分類している(7)。孫聞博氏は、「冗」と「更」二つの方式によって使役される隷臣妾と、長期の役務で交代のない城旦舂・鬼薪白粲を分析し、官府の稟が隷臣妾に与えることを「稟」、城旦舂・鬼薪白粲に与えることをしばしば「食」と称したとする。前者は月で数えることが多いが、一・五・十日で配給した記録もある。後者は日ごとに数えることがより多い(8)。

里耶九―四五〇号簡は稟食の対象について簡潔に述べており、吏卒・徒隷・日食者の三類がある。県廷に送った上書中に見える啓陵郷守尚は、令史尚であろう。八―七・八―四五＋八―二七〇・八―二一一・八―二一六＋八―三五一＋八―五二五・八―七六〇・八―一三四五＋八―二二四五・八―一五四〇号簡などによると(9)、彼は始皇帝の三〇・

三一年にしばしば稟食の「視平」あるいは「監」をしており、これらの事務についてよく理解していたと考えられる。彼のこういった表現は、概ね当時の稟食対象に対する一般的な観念を反映していたはずである。

吏卒・徒隷・日食者、これら三種の稟食対象には、地位の違いにより、稟食の量に違いがあったかもしれないが、稟食の期限や頻度においても重要な区別があった。以下にこれらの分類について議論したところを述べる。

（一）吏卒

吏卒とは官吏と兵卒のこと。官吏の稟食は、その在任期間中にわたってなされるはずである。「秦律十八種」金布律八二・八三号簡に「官嗇夫免、復爲嗇夫、而坐其故官以貲賞（償）及有它責（債）、貧窶毋（無）以賞（償）者、稍減其秩・月食以賞（償）之、弗得居。其免殹（也）、令以律居之」とある。[10] これは、もし官嗇夫に貲債があって、それを償還できなければ、「月食」すなわち毎月の稟食を削減するという方法で漸次返済すること、彼が退職した場合は、律令に照らして、官府での労役によって償還することを言う。ここでは明言されていないが、退職後は再び稟食しないのであろう。

官吏の稟食を「月食」と言うことは、これ以外にも二条の秦律に見える。「倉律」四六号簡に「月食者已致稟而公使有傳食、及告歸盡月不來者、止其後朔食、而以其來日致其食。有秩吏不止」とある。[11]「司空律」一二八号簡に「官長及吏以公車牛稟其月食及公牛乘馬之稟、可殹（也）」とある。[12] 整理小組は倉律四六号簡の下に注釈して「月食者は、月ごとに糧食を受ける人のこと」とするのは、おおむね正しい。里耶秦簡中の官吏の稟食は、月ごとに計算されているようである。例えば八―一三四五＋八―二二四五には「稻一石一斗八升。卅一年五月乙卯、倉是・史感・稟人援出稟遷陵丞昌。●四月・五月食」とある。八―一二三八号簡には「……稟人廉出稟郷夫七月食」、九―八二二号簡には

「……令佐徳・臣十二月食」とある。ただしいくつかは日ごとの計算もあり、例えば八―四五＋八―二七〇号簡には「稲四。卅一年五月壬子朔壬戌、倉是・史感・稟人出稟牢監襄・倉佐□四月三日」とある。八―一五五〇号簡に「稲三石泰半斗。卅一年七月辛亥朔己卯、啓陵郷守帯・佐取・稟人小出稟佐蒲・就七月各廿三日食」とある。これはおそらく「倉律」四六号簡に言うように、「公使」「告歸」による稟食のことであろう。

士卒の稟食のうち、比較的確実なのは「屯戍」である。『里耶秦簡』壹・貳の二冊のうち、七件（八―一五四五・八―一五七四＋八―一七八七・九―一七四＋九―九〇八・九―五五二・九―七六一・九―七六二・九―二三三四）、のべ八人（八―一五七四＋八―一七八七は二人）の屯戍稟食の記録がある。(13) そのうちの巫狼旁久鐵（一説に「戜」）は始皇帝三一年一二月甲申・正月丙辰と連続して稟を受けている（九―二三三四・九―七六二）。推測するに、屯戍はその戍の期間内は、ずっと稟食を受けており、かつそれは月ごとに行われていたと言える。

「乗城卒」が稟を受けていたことは二件あり（八―一四五二・九―一一二七＋九―一九二〇）(14)、その仕組みは屯戍と同様であろう。

悩ましいのが「更戍」と「罰戍」である。更戍が稟食を受けていた記録は三件あり（九―二六八・九―三六三・九―一九八〇）、罰戍が稟食を受けていた記録は一件ある（八―二二四六）(15)。しかし、更戍・罰戍にはそれぞれ別の三件の貸与の記録（八―九八〇・八―一〇二四・九―一九八〇、八―八六一・八―七八一＋八―一一〇二・九―七六三＋九―七七五）がある。(16) 更戍・罰戍などの戍卒は、どんな状況下で稟食を受け、どんな状況下で貸食を必要としたのか、現時点でははっきりしない。「秦律十八種」倉律の四四号簡に「宦者・都官吏・都官人有事上爲將、令縣（貸）之、輒移其稟縣、稟縣以減其稟」とある。これは宦者・都官吏・都官人が出張する時に、所在の県は食を貸与し、その記録を稟食の県に移送して、稟食の県はそれに応じた分量を減らすことを言っている。里耶秦簡に見える「更戍」「罰戍」の稟食が稟県でなされるのか、貸食が出張先の外地でなされるのかについては、現時点では判断できる資料がない。

（二）徒隷

一般的には、「徒隷」には隷臣妾・鬼薪白粲と城旦舂を含む。[17]このうち「徒隷」と「日食者」は同列で、内容は大きく減るものの、実際には隷臣妾のいくつかの状況を含む。

①成年の隷臣妾は官府での労働に従事する。「秦律十八種」倉律四九号簡に明確に規定されており、「隷臣妾其從事公、隷臣月禾二石、隷妾一石半、其不從事、勿稟」とある。ここでは隷臣・隷妾が官府で労役した時の稟食の基準と、そういった労働に従事しなかった時には、稟食されないことを説明している。「倉律」五四簡に「更隷妾節（即）有急事、總冗、以律稟食」とある。ここで明らかにされているのは、隷臣妾には黔首・司寇・隠官と同じように、官府に長く滞在して役務を行う（冗）と輪番で官府で役務を行う（更）の二つの形態があることである。[18]岳麓秦簡〔伍〕〇三五～〇三七には「予徒隷園有令」とある。[19]里耶秦簡九―五五七に「……首皆變（蠻）夷、時來盗黔首・徒隷田者」とある。徒隷園・徒隷田はおそらく隷臣妾が稟食の他に生計を維持するために給与された土地のことであろう。成年の隷臣妾、特に隷妾は、里耶秦簡中に比較的多くの稟食記録があり、[20]いずれも「從事公」の場合だったのであろう。

②未成年の隷臣妾は官府での労役に従事していた。「秦律十八種」倉律四九～五二簡に「小城旦・隷臣作者、月禾一石半石。未能作者、月禾一石。小妾・舂作者、月禾一石二斗半斗。未能作者、月禾一石。……隷臣・城旦高不盈六尺五寸、隷妾・舂高不盈六尺二寸、皆爲小。高五尺二寸、皆作之」とある。[21]律文中では小隷臣妾に対して稟食しているが、隷臣妾の嬰児に対する稟食にどのような補足規定があったかはわからない。里耶秦簡中にまた小隷臣・小隷妾

があって、成年の隷臣妾と共に労役に従事している記録があり、例えば八―一七一三・八―一九九＋八―六八八＋八―一〇一七＋九―一八九五・九―八八七・一〇―一一七〇（以上は小隷臣）・八―四四四（小隷妾）がある。[22] 推測するに、小隷臣妾はまた成年の隷臣妾と同じように、公に従事しなければ「勿稟」だったのであろう。[23] 里耶秦簡中に小隷臣が稟食していた記録があり、例えば八―四四八＋八―一三六〇（小隷臣就を使役）・八―一五八〇（小隷臣壽を使役）・九―四四〇＋九―五九五（小隷臣徐を使役）がある。[24]

③隷臣妾嬰児について。「秦律十八種」倉律四九～五二号簡に「嬰兒之毋（無）母者各半石。雖有母而與其母冗居公者、亦稟之、禾月半石」とあって、その母が長期にわたって官府での役務についているか、あるいは母のいない隷臣妾嬰児に対して稟食を与えることが見える。里耶秦簡八―二一七号簡の「隷臣嬰自〈兒〉槐」、八―一五四〇号簡の「隷妾嬰兒揄」、九―一五七四＋九―一九七六号簡の「隷妾嬰兒道」は、この証左である。

岳麓秦簡〔伍〕〇七三～〇七五号に「泰山守言、新黔首不更昌等夫妻盜、耐爲鬼薪白粲。子當爲收。柀（彼）有嬰兒未可事、不能自食、別傳輸之、恐行死。議、令寄長其父母及親所、勿庸別輸。丞相議、年未盈八歲者令寄長其父母・親所、盈八歲輒輸之如令」とある。[25] すると、嬰児には八歳以下の児童を含むことになる。「秦律十八種」倉律四八号簡に「妾未使而衣食公」とあり、整理小組は「妾は、おそらく隷妾のこと。居延漢簡中の未成年の男女は、多くに使あるいは未使とある。未使の最高年齢は六歳で、例えば「子未使女解事年六」、「子未使女足年六」とある。使の最低年齢は七歳で、例えば「子使男望年七」とある。使は、使役すること。七歳以上の児童はある程度の労務に使役された。未使は、その年齢が七歳に満たないもの」とある。[26] この推定は正しいと言えよう。

隷臣妾は官吏に類似するもので、「月食」するという説がある。[27] これまで述べてきたところでは、隷臣妾嬰児については、概ねそのようである。しかし、成年の隷臣妾と小隷臣妾は、実際に官府で労役についていた時間によって稟食されており、必ずしも月単位で支給されてはいなかった。

（三）日食者

「秦律十八種」倉律五七－五八号簡に「日食城旦、盡月而以其余益爲后九月稟所。城旦爲安事而益其食、以犯令律論吏主者。減舂城旦月不盈之稟」とある。陶安氏は「日食」は城旦妾の特徴であると鋭く指摘している。[28]里耶秦簡八－一五六六は「日食者」の理解をより拡大させるもので、

卅年六月丁亥朔甲辰、田官守敬敢言之。疏書日食牘北（背）上。敢言之。　八－一五六六正

城旦、鬼薪十八人。
小城旦十人。
舂廿二人。
小舂三人。
隷妾居貲三人。
戊申、水下五刻、佐壬以來。
尚半。
逐手。　八－一五六六背

とある。すなわち、城旦妾（小城旦妾を含む）のほか、日食者には鬼薪白粲・隷臣妾の居貲者も含むことになる。「秦律十八種」司空一四一～一四二号簡に「隷臣妾・城旦舂之司寇居貲贖責（債）・繫（系）城旦舂者、勿責衣食。其與

城旦春作者、衣食之如城旦春」とあり、整理小組は「隷臣妾・城旦春之司寇・居貲贖責（債）・繫（系）城旦春者……」と読む。我々はかつて「秦律十八種」簡一三三～一三四に、貲贖責債公食者は日ごとに二銭を支払うことが記されていると指摘した。簡一四三には繫城旦妾公食が負債者であった場合について記されている。里耶秦簡の作徒簿には、隷臣繫城旦・隷妾繫春と隷臣居貲・隷妾居貲が別々に記載されている（例えば八―一四五）。再解釈して読むと、簡文は隷臣妾と司寇中に居貲贖債する城旦春あるいは系城旦春の人を指す。現在からすると、里耶秦簡八―一五六六もこの再解釈の証拠と言え、「秦律十八種」司空一四一～一四二号簡の示すところによると、隷臣妾繫城旦春と城旦春の司寇居貲贖債および繫城旦春者は、また「日食」の列にあるべきである。

「秦律十八種」司空一三三号簡に「有辠（罪）以貲贖及有責（債）于公、以其令日問之、其弗能入及賞（償）、以令日居之、日居八錢。公食者、日居六錢」とあり、一四三号簡に「（繫）城旦春、公食當責者、石卅錢」とある。ここで述べられているのは、黔首の居貲贖債と黔首の繫城旦春である。里耶秦簡九―六三〇＋九―八一五号簡には「卅一年後九月庚辰朔戊子、司空色爰書。吏以卒戍上造涪陵高橋難有貲錢千三百卌四、貧不能入、以約居、積二百廿四日、食縣官、日除六錢」とある。これはまさしく前者（訳者注、司空律一三三号簡のこと）の証左である。八―一二三九＋八―一三三四号簡に「徑廥粟米三石七斗少半升。●卅一年十二月甲申、倉妃・史感・稟人窯出稟冗作大女韱十月・十一月・十二月食」とある。おおむね類似した状況である。こういった人々の稟食は、彼ら自身が使役されて得る金額から支給される。彼らが「日食」なのかどうかは、まだ不明瞭である。もし黔首居貲贖債・黔首系城旦春が「日食」の範囲に含まれるのであれば、これらの人はどちらも徒隷ではないので、[29]「日食者」と「徒隷」の区分は、「日食者」の大部分が通常は「徒隷」に分類されているため、議論を呼ぶところであるが、結果的に一定の合理性も持つことになる。

第三節　令史の監

啓陵郷守尚の上書の肝要は「謁遣令史監」にある。岳麓秦簡〔肆〕一六三～一六四号の倉律に、「縣官縣料・出入必平、稟禾美惡相雜。大輸、令丞視、令史・官嗇夫視平。稍稟、令史視平。不從令、貲一甲」とある。(30) 二四三号の関市律に、「縣官有賣買殹(也)、必令令史監。不從令者、貲一甲」とある。(31) 三四一～三四二号には「囂園宣深有斗食嗇夫・史各一人、毋與相雜。稍稟月食者、賣買□息子・所以爲秏□物及它當賣買者、令相監、毋(無)律令。議、令囂園宣深嗇夫若史相雜監、坐如監令史、它有等比」とある。(32) これらはいずれも、稟食や官府の売買に際しては、令史が監あるいは視平を行え、という律文で、また啓陵郷守尚の上書の根拠ともなっている。里耶秦簡中では、通例、稟食の記録に令史某の監、令史某の視平がされており、関連する律令が遵守されていたことがわかる。

注意すべきは、遷陵丞昌は啓陵郷守尚の請求に同意していないことで、(33)「令郷獨行」とある。正面の書写状態から推測するに、「令郷獨行」の下にはおよそ七・八字があったと考えられる。しからば、遷陵丞昌は、啓陵郷が自身で稟食時の監察を行うよう命令したのではないか。秦代の史は、領域の急速な拡大による人手不足によって、ひどい欠員状態にあった。これは里耶秦簡九―六三三号簡の「遷陵吏志」に集中して反映されている。八―一九七号簡には、三十四年正月辛未の遷陵丞巸の上書として、「居吏少、不足以給事」とある。遷陵丞の昌が啓陵郷守尚の請求を断ったのは、おそらくこういった要因ゆえであろう。彼が返答した解決方法は、前に掲げた岳麓秦簡〔肆〕三四一～三四二号と同様に、便宜的なものだったのではないか。

始皇帝三一年二月前後に出された啓陵郷の稟食文書をつぶさに見ると、正月壬午に郷守尚・佐冣・稟人が二度稟を出しており（八―九二五＋八―二一九五・八―一二四一）、七月己卯には郷守帯・佐冣・稟人が少しく稟を出しており（八―一五五〇）、いずれも令史気によって視平されている。我々が議論した九―四五〇号簡中にも、「氣手」「史氣以來」「氣發」の記載があるが、ここでの「史氣」と「氣」は同一人であろう。秦簡牘中、令史は「史」と呼ばれることがある。岳麓秦簡〔伍〕三二一号簡に「臣史犯令、史與從事者令史以上及其丞・嗇夫・守丞・長史・正・監……」とある。[34]「史與從事者」には「令史以上」を含む。里耶秦簡八―一四六三号簡中の「令史華」はまた「史華」とも称される。里耶秦簡八―六七二・九―九八二号（いずれも始皇帝三〇年のこと）中の「史逐」はおそらく九―六四四（始皇帝二七年のこと）・八―一五五七・九―四一号簡（いずれも始皇帝三一年のこと）中の「令史逐」、九―一四二九号簡の「史畸」（始皇帝三七年のこと）は、おそらく九―二二八七号簡の「令史畸」（始皇帝二六年のこと）である。よって「史氣」は「令史氣」である。関連する記載から総合して見ると、令史気は始皇帝三一年に啓陵郷の比較的多くの地で職責を担っていたようである。この年の正月には少なくとも二度、稟食の視平を行なっている。二月己丑に啓陵から県廷に戻り、啓陵郷守尚の上書を携えていた。県廷に到達した後は、彼の手によって文書が開かれ、遷陵丞昌の返答文書を書写した。遅くともこの年の七月にまた啓陵郷に行き視平している。令史気が二月己丑に県廷に戻った時、啓陵郷では令史の監稟が欠乏していたため、郷守尚がこの文書を上げたのであろう。

注

（1）湖南省文物考古研究所『里耶秦簡〔貳〕』（文物出版社、二〇一七）。本論文で検討する九―四五〇号簡の図版は六一頁、釈文は一九頁。

（2）里耶秦簡牘校釈小組（魯家亮執筆）『里耶秦簡〔貳〕』校読（一）」（武漢大学簡帛網 http://www. bsm. org. cn/show_article. php?id=

3124、二〇一八年五月二三日)。

（3）里耶秦簡第八層の資料は湖南省文物考古研究所『里耶秦簡〔壹〕』（文物出版社、二〇一二）にある。陳偉主編『里耶秦簡牘校釈』第一巻（武漢大学出版社、二〇一二）もある。この層で綴合が明らかでないものは、いずれも『里耶秦簡牘校釈』第一巻を見よ。第九層の資料は湖南省文物考古研究所『里耶秦簡〔貳〕』にある。この層で綴合が明らかでないものは、いずれも整理者の著作を見よ。

（4）「蜀」を「獨」と読む根拠については、白于藍『簡帛古書通仮字大系』（福建人民出版社、二〇一七、六七四・六七五頁）を見よ。図版を見ると、この字は「独」の左偏が消えてしまった可能性もある。

（5）陶安『秦漢刑罰大系研究』（創文社、二〇〇九、五七～五九・七九頁）。

（6）沈剛「『里耶秦簡〔壹〕』所見廩給問題」（『吉林大学古籍研究所建所三十周年紀念論文集』、上海古籍出版社、二〇一四、一三三・一三四頁）。

（7）黄浩波「『里耶秦簡〔壹〕』所見稟食記録」（『簡帛』第十一輯、上海古籍出版社、二〇一五、一一七～一三九頁）。

（8）孫聞博「秦及漢初的司寇与徒隷」（『中国史研究』二〇一五年第三期、七三～九六頁）。

（9）八―四五＋八―二七〇の綴合については、何有祖「里耶秦簡牘綴合(七則)」(簡帛網、二〇一五年五月一日、http://www. bsm. org. cn/show_article. php?id=1679）を見よ。八―二一六＋八―三五一＋八―五二五の綴合については謝坤「『里耶秦簡〔壹〕』綴合(一)」（簡帛網、二〇一六年五月一六日、http://www. bsm. org. cn/show_article. php?id=2556）。

（10）睡虎地秦墓竹簡整理小組『睡虎地秦墓竹簡』（文物出版社、一九九〇、「釈文注釈」第三九～四〇頁）。

（11）睡虎地秦墓竹簡整理小組『睡虎地秦墓竹簡』（文物出版社、一九九〇、「釈文注釈」第三一頁）。

（12）睡虎地秦墓竹簡整理小組『睡虎地秦墓竹簡』（文物出版社、一九九〇、「釈文注釈」第五〇頁）。

(13) この他に、八—八一に「佐富・稟人出稟屯戍」とあり、これもまた屯戍が稟を受けていた記録である。

(14) 九—一一二七+九—一九二〇の綴合については、楊先雲『里耶秦簡〔貳〕』簡牘綴合続表」(簡帛網、二〇一八年五月一三日、http://www. bsm. org. cn/show_article. php?id=3085) を見よ。

(15) 華楠は九—四一「稟」の下の字を「罰」とし、八—二二四六と同類の文書とする。同氏の「読『里耶秦簡〔貳〕』札記」(簡帛網、二〇一八年五月一八日、http://www. bsm. org. cn/show_article. php?id=3113) を見よ。

(16) 九—七六三+九—七七五の綴合については、楊先雲『里耶秦簡〔貳〕』簡牘綴合続表」(簡帛網、二〇一八年五月一三日、http://www. bsm. org. cn/show_article. php?id=3085) を見よ。八—一六六〇+八—一八二七に「粟米二石。卅三年九月戊辰乙酉、倉是・佐襄・稟人藍出貸更……」とあり、更戍が貸与を受けていた記録がもう一件あった可能性がある。

(17) 李学勤「初読里耶秦簡」(『文物』二〇〇三年第一期、七三～八一頁)、孫聞博「秦及漢初的司寇与徒隷」(『中国史研究』二〇一五年第三期、七三～九六頁)、陳偉『秦簡牘校読及所見制度考察』(武漢大学出版社、二〇一七、一八一～一八三頁) などを見よ。

(18) 楊振紅「秦漢簡中的「冗」「更」与供役方式——従「二年律令・史律」談起」(『簡帛研究二〇〇六』、広西師範大学出版社、二〇〇八、八四～八五頁)。司寇・隠官践更については、陳偉「岳麓書院蔵秦簡先王之令解読及相関問題探討」(台北、『歴史語言研究所集刊』第八八本第一分、二〇一七、六一～八四頁) を見よ。

(19) 陳松長主編『岳麓書院蔵秦簡〔伍〕』(上海辞書出版社、二〇一七、五〇～五一頁)。

(20) 黄浩波「『里耶秦簡〔壹〕』所見稟食記録」(『簡帛』第一一輯、上海古籍出版社、二〇一五、一一七～一三九頁) を見よ。

(21) 睡虎地秦墓竹簡整理小組『睡虎地秦墓竹簡』(文物出版社、一九九〇、「釈文注釈」三二頁)。

(22) 八—一九九+八—六八八+八—一〇一七+九—一八九五の綴合について、里耶秦簡牘校釈小組（何有祖執筆）『里耶秦簡

〔貳〕綴合補（二）』（簡帛網、二〇一八年五月一五日、http://www. bsm. org. cn/show_article. php?id=3094。一〇—一一七〇は里耶秦簡博物館・出土文献与中国古代文明研究協同創新中心中国人民大学中心『里耶秦簡博物館藏秦簡』（中西書局、二〇一六、一三〇頁）を見よ。

(23) 我々はかつて、小隷臣妾は隷臣妾嬰児と同じもので、通年稟食されるものとしていたが（陳偉『秦簡牘校読及所見制度考察』、武漢大学出版社、二〇一七、一九〇頁）、訂正する。

(24) 九—四四〇＋九—五九五の綴合については、里耶秦簡牘校釈小組（魯家亮執筆）「『里耶秦簡〔貳〕綴合補（一）』（簡帛網、二〇一八年五月一五日、http://www. bsm. org. cn/show_article. php?id=3093）を見よ。

(25) 陳松長主編『岳麓書院藏秦簡〔伍〕』（上海辞書出版社、二〇一七、六三頁）。

(26) 睡虎地秦墓竹簡整理小組『睡虎地秦墓竹簡』（文物出版社、一九九〇、「釈文注釈」三二頁）。

(27) 陶安『秦漢刑罰大系研究』（創文社、二〇〇九、五七～五九・七九頁）。

(28) 陶安『秦漢刑罰大系研究』（創文社、二〇〇九、五七・七九頁）。

(29) 里耶秦簡九—二二八三・一六—五・一六—六号簡に「嘉・谷・尉各謹案所部縣卒・徒隷・居貲贖責（債）・司寇・隱官践更縣者薄（簿）……」とあり、岳麓秦簡〔肆〕二六二号簡に「徒隷不足以給傳・養、以居貲責（債）者給之……」、三六一号簡に「爲徒隷員、黔首居貲續〈贖〉責（債）者、勿以爲員」とあって、黔首居貲贖債は徒隷でないことがわかる。

(30) 陳松長主編『岳麓書院藏秦簡〔肆〕』（上海辞書出版社、二〇一五、一二二頁）。

(31) 陳松長主編『岳麓書院藏秦簡〔肆〕』（上海辞書出版社、二〇一五、一四八頁）。

(32) 陳松長主編『岳麓書院藏秦簡〔肆〕』（上海辞書出版社、二〇一五、二〇八頁）。

(33) 「郤之」の理解は、陳偉主編『里耶秦簡牘校釈』第一巻（武漢大学出版社、二〇一二、六八～六九頁）を見よ。

（34）　陳松長主編『岳麓書院蔵秦簡〔伍〕』（上海辞書出版社、二〇一七、二〇一頁）。

［付記］この論文は国家社会科学基金重大項目「雲夢睡虎地七七号西漢墓出土簡牘整理与研究」（16ZDA115）の成果である。

前漢楚王国の虚像と実像
――『史記』楚元王世家と『漢書』楚元王伝の比較を通じて――

楯身　智志

はじめに

前漢の楚王国は、高祖劉邦の実弟・元王劉交を祖とする諸侯王国である。高祖六年（前二〇一年）に劉交が楚王に封じられてから、宣帝地節元年（前六八）に楚王劉延寿が自害して国除されるまで、一三三年間にわたって存続した。この楚王国については、以前に拙著で取り上げたことがある。そこでは、呂后が劉氏の支持を取りつけるべく楚王家の劉郢客を封侯して宗正に任じたり、文帝が即位・立太子にあたって劉交を「季父」と呼んで一定の配慮を示したなどの事例を挙げ、楚王家が劉氏の中で尊重され続けていたことを強調した。[1]特に、帝室たり得る正統性の確立に悩まされ続けた文帝以降の皇帝にとって、「高祖劉邦の実弟」というステータスを持つ楚王家の存在感は、良くも悪くも大きかったに相違ない。

ところで、この楚王国の系譜と歴史を知ろうとするとき、まず参照すべきは『史記』巻五〇楚元王世家と『漢書』巻三六楚元王伝である。両者を参照することによって、歴代楚王の事績や系譜を知ることができる。しかし、その内容には大きな差異が見られる。『史記』・『漢書』各巻のうち、同じ題材を扱いながらも内容が大きく異なる巻は他にもあり、その原因や背景については多くの先学によって盛んに議論されてきた。[2] しかし楚元王世家と楚元王伝については、管見の限り専論はないようである。[3] 確かに、楚元王世家が楚王国史だけを描くのに対し、楚元王伝は中国古代学術史に多大な業績を残した劉向・劉歆の伝記という性格が強い。しかし、純粋な楚王国史の部分に関しては、劉向・劉歆とは直接的には関係がない。あるいは、『史記』編纂時から『漢書』編纂時に至るまでに、何らかの理由で楚王国史が書き換えられたのではないか。そこで以下では、『史記』楚元王世家と『漢書』楚元王伝の比較を通じて、両者の内容に差異が生じるに至った政治的・思想的背景について探ってみたい。

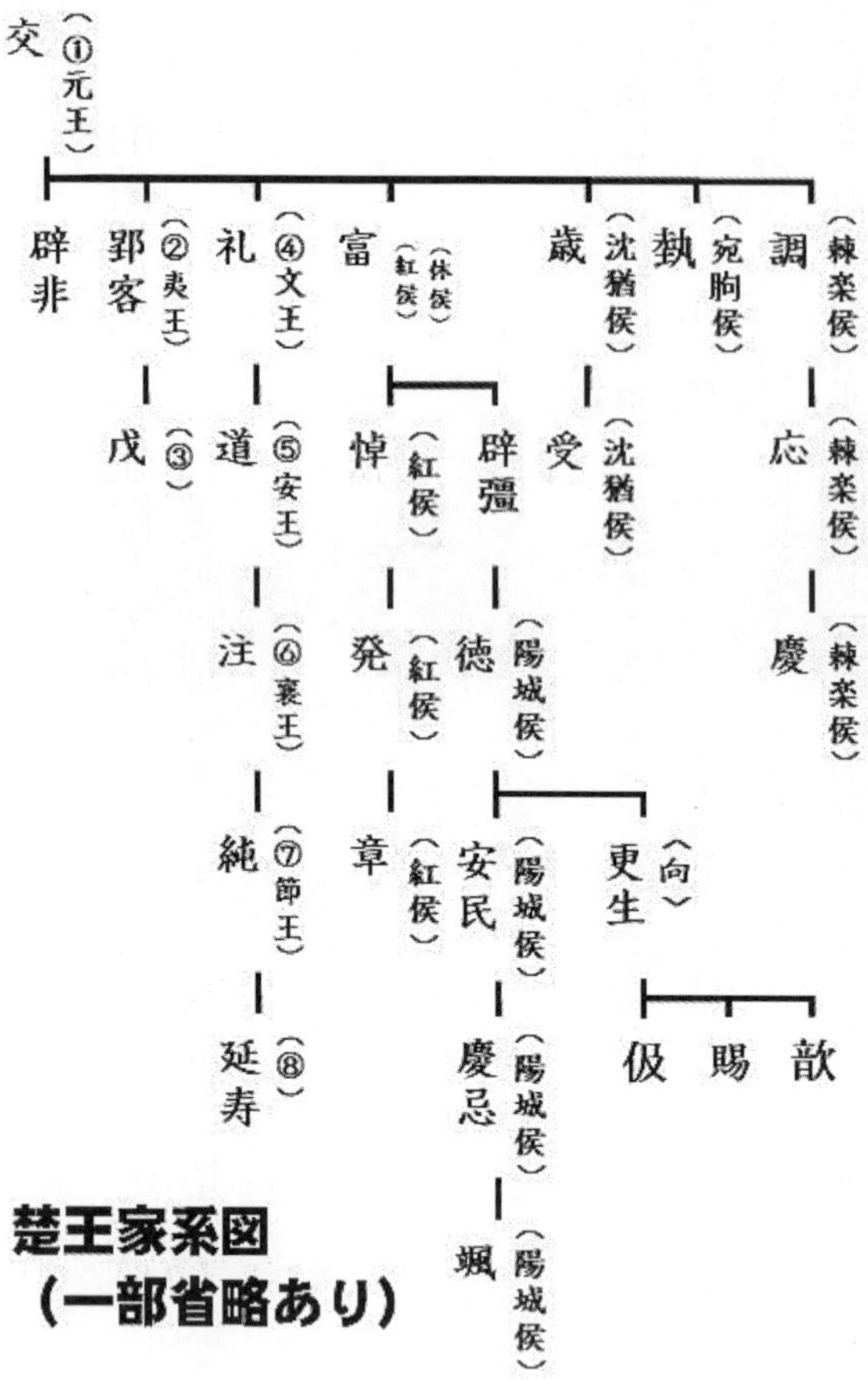

楚王家系図（一部省略あり）

第一節　劉交記事の配列について

まずは初代楚王たる元王劉交に関する部分から見ていきたい。

『史記』楚元王世家	『漢書』楚元王伝
A楚元王劉交者、高祖之同母少弟也。字游。	a楚元王交字游。高祖同父少弟也。 ア好書、多材藝。少時嘗與魯穆生・白生・申公倶受『詩』於浮丘伯。伯者、孫卿門人也。及秦焚書、各別去。
B高祖兄弟四人。長兄伯、伯蚤卒。	b高祖兄弟四人、長兄伯、次仲、伯蚤卒。 イ高祖既爲沛公、景駒自立爲楚王。高祖使仲與審食其留侍太上皇、交與蕭・曹等倶從高祖見景駒、遇項梁、共立楚懷王。因西攻南陽、入武關、與秦戰於藍田。至霸上、封交爲文信君、從入蜀漢、還定三秦、誅項籍。即帝位、交與盧綰常侍上、出入臥内、傳言語諸内事隱謀。而上從父兄劉賈數別將。
C始高祖微時、嘗辟事、時時與賓客過巨嫂食。嫂厭叔、	d漢六年、既廢楚王信、分其地爲二國、立賈爲荊王、交

叔與客來、嫂詳爲羹盡、櫟釜、賓客以故去。已而視釜中尚有羹、高祖由此怨其嫂。及高祖爲帝、封昆弟、而伯子獨不得封。太上皇以爲言、高祖曰、「某非忘封之也。爲其母不長者耳」。於是乃封其子信爲羹頡侯。而王次兄仲於代。

D高祖六年、已禽楚王韓信於陳、乃以弟交爲楚王、都彭城。

爲楚王、王薛郡・東海・彭城三十六縣、先有功也。

C初、高祖微時、常避事、時時與賓客過其丘嫂食。嫂厭叔與客來、陽爲羹盡、轑釜、客以故去。已而視釜中有羹、繇是怨嫂。及立齊・代王、而伯子獨不得侯。太上皇以爲言、高祖曰、「某非敢忘封之也。爲其母不長者」。七年十月、封其子信爲羹頡侯。後封次兄仲爲代王、長子肥爲齊王。

ウ元王既至楚、以穆生・白生・申公爲中大夫。高后時、浮丘伯在長安、元王遣子郢客與申公俱卒業。文帝時、聞申公爲『詩』最精、以爲博士。元王好『詩』、諸子皆讀『詩』、申公始爲『詩』傳、號魯詩。元王亦次之『詩』傳、號曰『元王詩』、世或有之。高后時、以元王子郢客爲宗正、封上邳侯。

見られるように、劉交個人に関する事績は『史記』にはほとんど記されていない。対して『漢書』では、ア・ウに見える劉交と『詩』との関係を示す記事と、イに見える楚漢戦争従軍に関する記事が追加されている。

　これらの記事が追加された結果、両者の間で話の構成が若干変わってしまっている。『史記』では劉交に関するエピソードがまったくない分、それを補完するかのようにC劉邦の嫂に関する説話が挿入されているが、『漢書』では劉交の事績としてイ楚漢戦争従軍記事が追加された結果、c嫂の説話が後ろに回されてしまっている。後述するように、『漢書』は劉交が楚漢戦争に従軍した功績によって楚王に封建されたと見ている。ゆえに、イ楚漢戦争従軍記事とd楚王封建記事とをどうしても接続させる必要があったらしい。しかしその結果、『史記』では劉交の事績を埋めるためだけに挿入されたCが、『漢書』では中途半端な位置に置かれてしまっている。しかも、このような操作をしたがゆえに、bにおいて劉邦の兄弟三人を紹介した後、なぜか末弟劉交の事績だけが長々と記され、最後に長兄劉伯・次兄劉仲に関する事績（傍線部）が余談のように述べられるという、やや不自然な構成になってしまっている。

では、『漢書』はなにゆえ『史記』の構成を崩してまで記事を追加したのか。その目的を探るために、まずは追加記事（ア・イ・ウ）を分析して、その内容の虚実を探ってみたい。

第二節　劉交と申培の関係に関する記事

アによると、劉交は若いころ、申培（申公）・穆生・白生とともに、荀子の弟子である浮丘伯から『詩』を学んだが、始皇帝の焚書によって学問の中断を余儀なくされたという。またウによれば、劉交は楚王に封じられた後、同門の申培らを楚に招いて中大夫に任じた上、彼らを子の劉郢客とともに長安に派遣し、あらためて浮丘伯のもとで学業を終えさせた。その後、申培は文帝に評価されて博士に任じられ、詩伝を著し、魯詩学の基礎を築く。他方、劉交も『詩』を子らに学ばせるとともに、自らも『元王詩』を執筆したという。

周知のごとく、魯詩学とは、漢代の『詩』解釈学の中で主要な役割を果たした四家詩（＝魯詩・斉詩・韓詩・毛詩）のうちの一派であり、その祖とされているのが申培である。先行研究の中でこの『漢書』楚元王伝は、魯詩学が荀子の流れを汲んでいたことを示す根拠の一つとしてたびたび引用されてきた。先学は、劉交が『詩』を諸子に学ばせていたという記述をもとに、その末裔たる劉向・劉歆を魯詩学者と推定したり、両人の編纂した書籍（『新序』・『説苑』・『列女伝』など）に引用される詩伝を魯詩と見なしたりしている。『漢書』楚元王伝は魯詩学のルーツを探るのみならず、散佚した魯詩のテクストを復元する上でも、貴重な史料として重視されてきたのである。(4)

しかし、劉交・申培らが荀子の弟子たる浮丘伯に『詩』を学んだと記すのは『漢書』のみであり、『史記』にはそのような記述は見えない。これは、次の『史記』巻一二一儒林列伝・『漢書』巻八八儒林伝でも同様である。

申公とは、魯の人なり。申公、弟子を以て師に従いて入りて高祖に魯の南宮に見ゆ。呂太后の時、申公、長安に游學し、劉郢（客）と師を同じうす。已にして郢、楚王と爲り、申公をして其の太子戊に傅たらしむ。

（『史記』儒林列伝）

申公とは、魯の人なり。少くして楚元王交と倶に齊人浮丘伯に事えて『詩』を受く。漢興り、高祖、魯を過ぎ、申公、弟子を以て師人に従いて魯の南宮に見ゆ。呂太后の時、浮丘伯、長安に在れば、楚元王、子の郢（客）と申公を遣わして倶に學を卒えしむ。元王薨じ、郢（客）嗣ぎて立ちて楚王と爲り、申公をして太子戊に傅たらしむ。

（『漢書』儒林伝）

井上了氏はこのことを手がかりに、劉交・申培・穆生・白生が荀子の弟子たる浮丘伯から学んだとする記述（傍線部）について、すべて申培の後学ないし楚王家の手による創作と見なしている。(5) 確かに『史記』から確認できるのは、二代楚王劉郢客が申培と同門であり、その縁故で申培が太子傅として楚に迎えられたということのみである（波線部）。また井上氏が述べるように、申培は武帝期に八十余歳とされており、そうなると焚書の年には彼はわずか十歳前後であったことになってしまうという問題もある。浮丘伯の実在性じたいも極めて疑わしい。ア・ウを後人による付会とする点は、井上氏の論じる通りであろう。

すると、ウの後半に見える申培の博士就任や詩伝執筆、また『元王詩』の存在についても虚構である可能性が高い。文帝が申培を博士に任じたなどという記事も他に一切見られず、彼が自ら詩伝を著したとする記述すらまったく見当たらない。『元王詩』の存在も『漢書』巻三〇芸文志にすら見えない。ア・ウの記事は、そのほぼすべてが『史記』編纂時から『漢書』編纂時までの間に創作された虚構と見なして大過ないものと思われる。

第三節　劉交の楚漢戦争従軍に関する記事

イによると、劉交は楚漢戦争に従軍していたとされる。すなわち、劉邦が豊邑奪還のために楚王景駒および項梁に面会に行ったのに付き従い、懐王擁立にも立ち会っている。さらに劉邦がいわゆる「義帝の約」に基づいて咸陽へ西進すると、劉交は南陽・武関攻略、藍田での戦闘に参加し、覇上で秦王嬰の降伏を受け入れたときもその場にいたらしい。劉邦の漢王封建後は文信君に封じられ、劉邦とともに漢中に就国、直後の三秦平定にも従軍し、項羽誅滅まで戦い続けたという。劉邦の皇帝即位後は盧綰とともに劉邦に近侍し、宮廷内の機密に与ったとされる。このように劉交は楚漢戦争の主要な場面に常に立ち合い(6)、その功績は蕭何・曹参に比肩、劉邦からの信頼の厚さは盧綰と並び立つほどとされている。しかし、劉交が楚漢戦争に従軍したことを示す記述は、他の関係記事にまったく見当たらない。

そもそも、楚漢戦争で功績を挙げた劉氏と言えば、別動隊を率いて彭越や黥布と共同戦線を張った劉賈のみである。それゆえに、彼は劉邦とは遠縁でありながら真っ先に荊王に封ぜられた。『史記』巻八高祖本紀・六年条に、

高祖曰く、「將軍劉賈、數〃功有り。以て荊王と爲し、淮東に王たらしむ。弟交を楚王と爲し、淮西に王たらし

む。子肥を齊王と爲し、七十餘城に王たらしめ、民の能く齊言する者は皆な齊に屬せしむ」と。
とあるように、劉賈は「數〃功有」るがゆえに、最初の同姓諸侯王として荊に封じられている。同時に楚王・斉王に封ぜられた劉交・劉肥には同様の文句が付されておらず、劉邦の「親なる子弟」であるがゆえに封建されたに過ぎない(7)。にもかかわらず『漢書』楚元王伝dでは、

漢六年、既に楚王信を廢し、其の地を分かちて二國と爲す。賈を立てて荊王と爲し、交を楚王と爲し、薛郡・東海・彭城三十六縣に王たらしむ。功有るを先んずるなり。

とあるように、劉交が劉賈とともに封建されたのは「功有るを先ん」じた結果とされている。『漢書』は劉氏の中で唯一功績のあった劉賈を引き合いに出してまで、劉交の功績を強調したかったらしい。

またイには劉交の戦績を記す中で、次兄劉仲が審食其とともに沛に留まり、太上皇に近侍したとある。他に蕭何・曹参や盧綰の名も見られる。あるいはこれも上記dと同様の「工作」かもしれない。つまり、劉交が蕭何・曹参とともに劉邦に従軍したのに対し、劉仲・審食其が太上皇のもとに留まったことを述べることで、劉交の功績が劉仲・審食其よりも上であることを示そうとしたのではないか。まして、劉仲は後に呉楚七国の乱を引き起こす呉王劉濞の父、審食其は呂氏の手先であり、褒貶の材料にするにはうってつけである。『史記』楚元王世家には劉仲の名がほとんど登場せず、それは『史記』巻一〇六呉王濞列伝との重複を避けた結果と思われるが(8)、『漢書』は劉交の業績を喧伝するために、あえて彼を登場させたことになる。さらにその後段では、劉交が盧綰とともに劉邦に近侍したことを述べた直後に、「而」字を用いて劉賈がしばしば別動隊を率いたことを続ける。これも、劉賈より劉交の方が劉邦に近い存在であったことを強調するための「工作」であろう。

このように見てくると、『漢書』楚元王伝に追加された記事からは、劉交の事績を大幅に追加するのみならず、他

者を引き合いに出してまで彼の業績を顕彰しようとする思惑があからさまに見て取れる。劉交と申培らの関係について記すア・ウにしても、劉交が申培を長安に遊学させたからこそ、彼が博士として詩伝を著し、魯詩学を立ち上げることができた、つまりは劉交こそ真の魯詩学の祖であるとでも言わんばかりの書きぶりである。井上氏は楚王家が申培との関係を強調しようとした可能性を指摘するが[9]、イ楚漢戦争従軍記事をも併せて考えると、楚元王伝にとって重要であったのは劉交の業績をひたすら顕彰することであり、魯詩学との関係は二の次であったように思われる。そもそも、劉郢客・劉戊と申培との関係じたいは『史記』儒林列伝にすでに示されているのであり、『漢書』で初めて示されたのは、劉郢客ではなく劉交こそが申培とのつながりを作ったという点なのである。

では、本来劉郢客の業績であったはずの申培とのつながりを、前代の劉交にまで遡らせることにどのような意味があったのか。さらに比較検討を進めていきたい。

第四節　劉郢客の事績と『漢書』楚元王伝の真意

続けて劉交薨去から劉郢客の即位・薨去、劉戊即位までを見ていく。

『史記』楚元王世家	『漢書』楚元王伝
E即位二十三年卒、子夷王郢立。 F夷王四年卒、子王戊立。	e元王立二十三年薨、太子辟非先卒、文帝乃以宗正上邳侯郢客嗣、是爲夷王。 エ申公爲博士、失官、隨郢客歸、復以爲中大夫。 f立四年薨、子戊嗣。 オ文帝尊寵元王、子生、爵比皇子。景帝即位、以親親封元王寵子五人。子禮爲平陸侯、富爲休侯、歲爲沈猶侯、埶爲宛朐侯、調爲棘樂侯。

『史記』は劉交の薨去、劉郢客の即位・薨去、劉戊の即位を記すのみであるのに対し、『漢書』はその間に、エ申培の楚帰還、オ劉交の王子五名の封侯記事、を追加する。エは劉郢客の楚王即位と同時に申培が博士を免ぜられ、楚へ戻ったとするが、これは申培が文帝期まで長安に滞在していたというウと、劉郢客が彼を劉戊の傅として楚に迎えたとする『史記』儒林列伝（およびそれをもとにしたカとg）とを整合させるための創作であろう。そこで、残るオを追加した理由について検討したいが、その前に劉郢客に関して若干の私見を述べたい。

二代楚王・夷王劉郢客は、即位前に申培とともに長安で学んだ後、呂后二年（前一八六）に上邳侯に封ぜられるとともに、宗正に任じられた人物である。当時は呂后が斉の済南郡と楚の薛郡を切り取って呂氏を諸侯王に封じたばかりで、彼女は斉王劉襄・楚王劉交の反発を恐れていた。そこで劉郢客のみならず、劉襄の弟たる劉章・劉興居をも封侯し、楚・斉両王国の懐柔を図ったものと思われる。ところが呂氏が誅滅されると、劉郢客は陳平・周勃らとともに文帝擁立を求める上奏文に名を連ねている。呂氏側から代王家側に身を翻したらしい。直後の文帝元年（前一七九）に劉交が薨去すると、文帝は早逝した楚の王太子劉辟非に代えて劉郢客を楚王に封じ、同時に呂氏に切り取られた薛郡を楚に戻している。(10)

以上のような劉郢客をめぐる政治情勢を一瞥すると、彼は呂后期から文帝初年にかけて長安に滞在し、相当巧みに身を処したように見える。同じ宗室の劉沢も呂氏の娘を娶り、琅邪王に封ぜられたものの、呂氏誅滅後に文帝擁立の上奏に名を連ねる、という似たような境遇にあったが、斉王劉襄を皇帝に推していたがゆえに、文帝即位後、燕王に左遷されている。(11)劉郢客の行動次第では、楚も同じような憂き目を見る可能性は十分あったはずである。楚元王世家・楚元王伝だけを見れば、劉郢客には何の業績もなく、在位わずか四年で薨去した短命の王に過ぎない。しかし以上で述べたように、他の史料からは彼の長安での活躍が垣間見え、また先述のように『史記』儒林列伝においても申培との関係を築いたのは劉郢客であったとされている。これらは『史記』編纂時において、彼の評価が決して低くはなかったことを物語っているように思われる。

対して『漢書』楚元王伝では、先述のごとく劉交の業績があからさまに喧伝され、ウ末尾に追加された劉郢客の上邳侯封侯すらも、彼に長安遊学を命じた劉交の功績のごとく扱われている。また『漢書』巻七三韋賢伝の冒頭には、宣帝期の丞相韋賢の祖先である韋孟が劉交・劉郢客・劉戊三代の楚王に仕えたという逸話が見えるが、その中に引用される韋孟「諷諫詩」の一節に、

兢兢たる元王、恭倹にして浄壹、此の黎民に恵み、彼の輔弼を納る。國を饗けて世を漸《お》え、烈を後に垂れ、乃ち

　夷王に及び、克《よ》く厥《そ》の緒を奉ず。咨《ああ》命永からず、唯《ここ》に王祀を統べ、左右の陪臣、此れ皇士と惟《おも》う。如何に我が王、守保を思わず、履冰を惟わず、以て祖考を繼ぐ。

とある。「元王」劉交が民衆を慈しんで有能な補佐（申培らを指すか）を得たのに対し、「夷王」劉郢客はその業績をよく引き継ぎながらも早逝したと嘆き、次に劉戊の不行状を諌める内容が続く。劉交の業績を喧伝する一方、劉郢客を過小評価する点、楚元王伝の楚王国史観と共通する部分があるが(12)、それが暴虐非道な三代劉戊の諫言へと接続されている点も見逃せない。あるいは、『漢書』が劉交の業績をやたらと強調したがる真の目的とは、呉楚七国の乱に加担した劉戊の存在を、その父たる劉郢客もろとも貶視するところにあったのではないか。劉交の業績を喧伝しているだけのように見せて、実のところは楚王国史の恥部たる劉郢客・劉戊の家系を貶め、楚王位の正統を別の家系へと接続させる、それこそが『漢書』楚元王伝のテーマなのではなかろうか。

　こうした意図は、f劉郢客薨去・劉戊即位の後に追加されたオ劉交の王子五名の封侯記事からも窺える。そこでは、文帝が劉交の王子を「尊寵」してその待遇を「皇子に比」したこと、また景帝も「親親を以て」劉交の王子五名を封侯したことを記している。この封侯じたいは『史記』巻一九恵景間侯者年表などにも見え、史実と認めてよい。しかし『史記』によると、五名の封侯は景帝元年（前一五六）四月と同三年（前一五四）八月の二回に分けて行われ、また侯国の配置方法にも明確な違いが見られる(13)。明らかに「親親を以て」などという理由で行われたものとは見なし難い。それにもかかわらず、『漢書』楚元王伝が王子の封侯について追記し、しかもそれを劉交と結び付けたのは、劉交の威光が文帝・景帝期まで及んでいたことを称揚するとともに、その威光が劉戊以外の王子に引き継がれたことを示すためであろう。そしてその王子五名のうちの一人が休侯劉富なのであり、彼こそ楚元王伝後半の主役たる劉向・劉歆の直系の祖先に当たる。『漢書』が封侯記事を追記したのはこの劉富を楚王国史の表舞台に登壇させ、かつ彼に劉交の威光を着せるためではなかったか。次にこの点を確認すべく、さらに呉楚七国の乱関係の記事を見てみたい。

第五節　呉楚七国の乱と劉富の諫言

呉楚七国の乱前後の事柄に関する記事は左記の通り。

『史記』楚元王世家	『漢書』楚元王伝
	カ初、元王敬禮申公等、穆生不耆酒、元王毎置酒、常爲穆生設醴。及王戊即位、常設、後忘設焉。穆生退曰、「可以逝矣。醴酒不設、王之意怠。不去、楚人將鉗我於市」。稱疾臥。申公・白生強起之曰、「獨不念先王之德與。今王一旦失小禮、何足至此」。穆生曰、「『易』稱「知幾其神乎。幾者動之微、吉凶之先見者也。君子見幾而作、不俟終日」。先王之所以禮吾三人者、爲道之存故也。今而忽之、是忘道也。忘道之人、胡可與久處。豈爲區區之禮哉」。遂謝病去。申公・白生獨留。
G王戊立二十年、冬、坐爲薄太后服私姦、削東海郡。春、	g王戊稍淫暴。二十年、爲薄太后服私姦、削東海・薛郡、

戊與呉王合謀反、其相張尚・太傅趙夷吾諫、不聽。戊則殺尚・夷吾、起兵與呉西攻梁、破棘壁。至昌邑南、與漢將周亞夫戰。漢絶呉楚糧道、士卒飢、呉王走、楚王戊自殺、軍遂降漢。	乃與呉通謀。二人諫、不聽、胥靡之、衣之赭衣、使杵臼雅舂於市。休侯使人諫王、王曰、「季父不吾與、我起、先取季父矣」。休侯懼、乃與母太夫人奔京師。二十一年春、景帝之三年也。削書到、遂應呉王反。其相張尚・太傅趙夷吾諫、不聽。遂殺尚・夷吾、起兵會呉西攻梁、破棘壁、至昌邑南、與漢將周亞夫戰。漢絶呉楚糧道、士饑、呉王走、戊自殺、軍遂降漢。

『史記』Gでは、楚王劉戊が楚相張尚・太傅趙夷吾の反対を押し切って反乱に加担する経緯に始まり、漢将周亜夫に敗北を喫して劉戊が自害するまでのことが描かれる。対して『漢書』ではgの前にカが追加され、そこでは穆生が酒宴での劉戊の不手際を見て彼の不徳を察知し、楚王国を立ち去るエピソードが描かれる。続くgの内容はおおむね『史記』と同じであるが、張尚・趙夷吾の諫言の前に、申培・白生と休侯劉富が劉戊を諫める記事が追加されている。

まず追加されたカについて。この説話では穆生の言として『易』繫辞伝が引用され、将来起こる出来事の予兆を読み取って事前に行動すべきことが述べられる。すなわち、穆生は楚を去る際に、留まればいずれ市で枷を嵌められることになると言い、gでは楚に留まった申培・白生が果たして囚人の着る赤衣を着せられて市で労役させられている。他方、『史記』儒林列伝には、劉戊が申培を「胥靡」（宮刑に処す、服役させるなど諸説あり）したため、[14]申培がこれを恥じて楚を去ったとある。以上を踏まえると、カは儒林列伝に繫辞伝を絡めて創作された、教訓めいた説話と推測される。しかし、そこでも申培・白生が劉交の徳を強調する一方、穆生が劉戊を「楚人」・「道を忘るるの人」と呼ばわっており、両人の褒貶が目立つ点には注意が必要であろう。

次にgについて検討する。『漢書』で追加されたのは、劉戊が挙兵を決しようとしたとき、申培・白生と休侯劉富がこれを諫めて処罰されたという部分である。このうち、申培が処罰されたという話は『史記』儒林列伝にも見えるが、そこでは劉戊が学問を好まず、申培を憎んでいたから処罰したとなっていて、呉楚七国の乱には言及されていない。しかし楚元王世家の論賛には、

太史公曰く、國の將に興らんとするに、必ず禎祥有り。君子用いられて小人退く。國の將に亡びんとするに、賢人隱れ、亂臣貴ばる。楚王戊をして申公を刑する毋く、其の言に遵い、趙をして防與先生を任ぜしめば、豈、簒殺の謀有り、天下の僇と爲らんや。

とあり、劉戊が申培を「刑」したことに言及した上、同じく反乱に加担した趙も「防與先生」なる人物を登用せずに破滅に至ったことが述べられる（『史記』では、趙王国史が楚元王世家に掲載）。申培が劉戊に処罰されたことに触れているのは儒林列伝であって楚元王世家ではないが、『史記』編纂当時にそのような説話が伝わっていたことは事実らしい。やはり劉郢客・劉戊と申培との関係については、すでに武帝期のころからよく知られた話であったのであろう。そこにいろいろと尾ひれがつき、『漢書』編纂時までにfとgのような説話としてまとまったのではないか。

他方、休侯劉富が劉戊を諫めたという話は管見の限り他に見えない。『史記』恵景間侯者年表・休侯劉富欄には、

三年、侯富、兄の子戎〈戊〉の楚王と爲りて反するも、富、家屬と長安の北闕に至りて自ら歸し、相教うる能わざるを以て、印綬を上る。詔ありて王を復す。後に平陸侯を以て楚王と爲し、更めて富を封じて紅侯と爲す。

とあり、劉富が家族とともに長安へ逃れて漢に帰順した後、「相教うること能わず」、つまりは劉戊に挙兵を思いとどまらせることができなかった罪に問われ、列侯の印綬を返上したと記すのみである。おそらく、反乱に巻き込まれる

のを恐れて長安に逃げたものの、劉戊の挙兵を止められなかった罪に問われて国除されたというのが実態ではないか。

他方、楚元王伝の後段では、

初め、休侯富、既に京師に奔り、而して王戊反すれば、富等皆な坐して侯を免ぜられ、屬籍を削らる。後に其の數〻戊を諫むるを聞き、乃ち更めて封じて紅侯と爲す。

とあり、劉富は一度国除されたものの、劉戊を諫めたことが評価され、紅侯に復封されたとある。劉富が実際に劉戊を諫言したのか否かは不明であるが、いずれにせよ「相教うること能わず」とあるということは、漢の朝廷は劉富が劉戊を止められる立場にあった、ないしは実際に止めようとしたことを認識していて、それで劉富を処罰した、というのが『史記』の認識である。対して『漢書』では、反乱鎮圧後に朝廷が「其の數〻戊を諫むるを聞」いたから復封したとあって、あたかも朝廷が当初は劉富の諫言を知らなかったかのごとく記しており、『史記』と矛盾する。やはり劉富が諫言したという話じたい、『史記』に見える申培や張尚・趙夷吾の諫言を下敷きに創作されたものなのではないか。[15]反乱平定後に劉富が紅侯に復封されたのも、戦後処理の一環に過ぎないと見ておくのが穏当であろう。

そもそも前引論賛より窺えるように、『史記』は楚元王世家に楚・趙両王国の歴史を並べることで、賢人を登用・厚遇して災禍を未然に防ぐことの重要性を主張しようとした節がある。楚元王世家の論賛の末尾には、

賢人や、賢人や。質は其の内に有るに非ず、惡は能く之を用いんや。甚だしきかな、「安危は令を出だすに在り、存亡は任ずる所に在り」とは、誠なるかな是の言や。

とあるように、賢人登用の重要性をひたすら強調している。楚にとっての賢人とは申培の他、劉戊に挙兵を思いとどまらせようとして処刑された楚相張尚・太傅趙夷吾をも含むのであろう。また趙に関しては「防與先生」なる詳細不明の人物が挙げられているが、実態としては趙王劉遂の挙兵を止めようとして処刑された趙相建徳・内史王悍を念頭

に置いているものと思われる。[16] 実際、張尚・趙夷吾・建徳・王悍の四名は後に「事に死し」た功臣として扱われ、それぞれ子が封侯されている。[17]『史記』楚元王世家の主要なテーマとは、命を賭けて楚・趙の暴走を止めようとした賢人たちの活躍を賞賛するところにあったと言える。

すると『漢書』楚元王伝が劉富の諫言に関する話を付け加えたのは、単に劉富が復封された理由を説明するためだけではなく、彼を申培ら賢人たちの列に加えようとした結果と見ることができる。劉郢客・劉戊の家系は賢人の諫言を無視して国を滅ぼしたが、劉交の王子の中にも賢人は確かに存在した、それが劉富であると、『漢書』は言いたかったのではないか。『漢書』は『史記』の編纂意図を正確に理解した上で劉富を称揚しているのであり、『史記』の内容そのものは十分に尊重している。それはこれまで見てきた記事の中で、『漢書』がおおよそ『史記』に記事を追加するだけで、内容の改竄や記事の削除をしていないことからも明らかであろう。

しかし、呉楚七国の乱後、楚が復興される経緯について記した記事に限って、『漢書』は『史記』の記事を削除している。次にその意図について検討しよう。

第六節　楚王国の復興記事と宣帝の思惑

呉楚七国の乱が平定され、楚が復興されて以降の歴史については左記の通り。

『史記』楚元王世家

H 漢已平呉楚、孝景帝欲以徳侯子續呉、以元王子禮續楚。竇太后曰、「呉王、老人也。宜爲宗室順善。今乃首率七國、紛亂天下、　柰何續其後」。不許呉、許立楚後。是時禮爲漢宗正。乃拜禮爲楚王、奉元王宗廟、是爲楚文王。

I 文王立三年卒、子安王道立。安王二十二年卒、子襄王注立。襄　王立十四年卒、子王純代立。王純立、地節二年、中人上書告楚　王謀反、王自殺、國除、入漢爲彭城郡。

『漢書』楚元王伝

h 漢已平呉楚、景帝乃立宗正平陸侯禮爲楚王、奉元王後、是爲文王。

i 四年薨、子安王道嗣。二十二年薨、子襄王注嗣。十四年薨、子節王純嗣。十六年薨、子延壽嗣。宣帝即位、延壽以爲廣陵王胥武帝子、天下有變必得立、陰欲附倚輔助之、故爲其后母弟趙何齊取廣陵王女爲妻。與何齊謀曰、「我與廣陵王相結、天下不安、發兵助之、使廣陵王立、何齊尚公主、列侯可得也」。因使何齊奉書遺廣陵王曰、「願長耳目、毋後人有天下」。何齊父長年上書告之。事下有司、考驗辭服、延壽自殺。立三十二年、國除。

まず問題とすべきは、楚復興の経緯について述べられる『史記』H・『漢書』hである。Hでは、景帝が呉・楚両王国を復活させようとしたところ、竇太后の反対に遭い、楚王国のみを復活させることにしたとある。ところが、hではそのような具体的な経緯が削除され、平陸侯劉礼が楚王に封建された事実のみが記されている。

では、なにゆえ『漢書』はHの前半部分を削除したのか。注目されるのは、その冒頭において景帝が反乱の首謀者たる呉・楚両王家の生き残りを名指しし、さも当然のようにそれらを復活させようとしている点である。竇太后も呉については反対しているものの、楚の復活は黙認している。ここから垣間見えるのは、いかに反乱を首謀したとしても、当該王家の人間が生きているのであれば、可能な限り王国を存続させた方がよい、というメンタリティである。そこに伏在しているのは、高祖劉邦以来の王国を改廃することに対する禁忌のようなものであったのではないか。『史記』巻一〇孝文本紀・元年条には、文帝に立太子を勧める有司の上奏文として、

高帝、親ら士大夫を率い、始めて天下を平らぐ。諸侯を建て、帝者の太祖と為る。諸侯王及び列侯の始めて國を受くる者は皆な亦た其の國祖と爲る。子孫、嗣を繼ぎ、世世絶えざるは、天下の大義なり。

とあり、諸侯王・列侯の子孫が代々国を受け継いでいくことは「天下の大義」であると述べている。呉・楚両王国を復活させようとした景帝、そして楚の復活を容認した竇太后の頭にあったのは「そうするのが当然」という意識であったのではないか――景帝の皇帝位を否定した呉王国の復興だけは容認できなかったようであるが――。しかし『漢書』楚元王伝にとって、その意識は決して正当化されてはならないものであった。なぜなら、楚王国は宣帝期に断絶し、二度と復活しなかったからである。『漢書』iを参考に、しばらくその経緯について検討しよう(18)。

そこでは、八代楚王・劉延寿が宣帝地節元年（前六九）に引き起こした謀反事件について、具体的に記されている。すなわち、宣帝が即位した後、武帝の皇子である広陵王劉胥が在位していたが、劉延寿は宣帝の身に何かあれば、劉

胥が皇帝の位を狙うと考えた。実際、『漢書』巻六三武五子伝・広陵王胥伝によると、当時の劉胥は宣帝即位に際して「太子の孫、何を以て反って立つを得るや」と公言していたらしい。そこで劉延寿は自分の王后の弟・趙何斉に劉胥の娘を娶らせ、その娘を通じて劉胥に「願わくは耳目を長じ、人の天下を有つに後るること毋れ」と吹き込んだ。ところが、趙何斉の父・趙長年がこの件を察知し、朝廷に告発した。取り調べが行われると、劉延寿は事実を認めて自害し、楚王国は除かれて彭城郡となった。以上が事件のあらましである。

拙著でも指摘したように、この事件は前漢の皇帝と諸侯王をめぐる政治史の一線を画する事件と見られる。[19] 周知のごとく、宣帝は皇太子の地位を経ずに即位した前漢二人目の皇帝であり、その境遇は文帝とよく似ている。文帝は即位・立太子に際して楚王劉交・呉王劉濞・淮南王劉長に最大限配慮した上で、辞譲と有司の要請を繰り返すパフォーマンスを演じて、辛うじて代王家の帝室化を実現させた。しかしそれでも、済北王劉興居の挙兵や淮南王劉長謀反事件に悩まされ、長い年月をかけて諸侯王国を再編せざるを得なかった。[20] 宣帝もまた、「太子の孫、何を以て反って立つを得るや」などと公言して宣帝を祝詛する広陵王劉胥の存在に悩まされていた。その劉胥に楚王劉延寿が加担したことは、宣帝とその補政者たる霍光にとって、相当脅威であったに違いない。長幼の序から言えば、「(戻)太子の孫」たる宣帝よりも、武帝の皇子たる劉胥の方がよほど皇帝にふさわしいからである。[21] まして昭帝期においては、昭帝を霍光の子と疑って反発した燕王劉旦に対し、霍光は劉富の次子劉辟彊を宗正に抜擢し、彼を燕に派遣して昭帝が確かに武帝の子であることを説明させてまでいる。[22] 一度は楚王家の人間に「昭帝は武帝の皇子なので皇帝にふさわしい」と説明させておいて、宣帝の即位後、同じ楚王家の劉延寿が「広陵王劉胥は武帝の皇子なので皇帝にふさわしい」と主張するや、それを咎めるというのでは、明らかにナンセンスである。無論、宣帝・霍光は立場上、劉延寿の主張を認めるわけにいかないが、そこには相当な後ろめたさがあったに違いない。劉延寿が自害した当時は劉辟彊の子・劉徳が宗正を務めており、彼がこの件について何らかのアクションを起こしたとする記事は見当たらないが、その四年後にあたる地節四年（前六六）に「宗正・關内侯にして行い謹重にして宗室の率爲り」という曖昧な理由で陽城侯に封じられている。それは楚王国を潰したことに対する、宣帝のせめてもの償いであったのではないか。

しかし、たとえ宣帝がそのような後ろめたさを感じていたとしても、自身の皇帝位を否定したからには、楚王国を二度と復活させるわけにはいかない。そのような宣帝の意志は、元康年間に実施された高祖功臣の子孫に対する「復家」措置の内容からも窺い知ることができる。邉見統氏によると、(23)この「復家」措置によって、かつて高祖功臣位次を授けられた功臣の子孫一二五名（霍光の子孫一名を含む）に復除や黄金が賜与されたが、本来その対象とされるべき功臣は一三六名いたという。除外された一一名について、邉見氏は子孫が諸侯王ないし列侯として存続していたか、あるいは子孫を見つけることができなかった者とするが、実はその中に劉郢客が含まれている。劉郢客は呂后期に上邳侯に封ぜられ、一二八位の位次を授けられているから、本来であれば彼の子孫は「復家」の恩典に与かるべきである。確かに、劉郢客の家系は劉戊で途絶えており、楚王位も劉延寿で断絶している。また紅侯劉富を始めとする劉交の王子たちの列侯位もすべて絶えている。しかし唯一、陽城侯劉徳の家系だけは生き残っている。無論、劉徳は劉郢客の直系の子孫ではなく、またすでに列侯爵を保持しており、「復家」措置を受ける立場ではないかもしれない。とは言え、邉見氏の論じるように、宣帝がこの「復家」措置によって高祖劉邦の権威を受け継ごうとしていたのであれば、可能な限り多くの功臣に恩典を与えるべきで、そのために唯一生存している劉徳に楚王家を代表させてもよさそうなものである。そうしなかったのは、やはり宣帝が楚王国の復活に相応の警戒感を抱いていたためではなかったか。劉徳は確かに楚王家出身者として宗正を務めてはいたが、しかし彼が楚王国復活の関鍵になってしまっては困る。宣帝にとって劉徳は、霍光らとともに自身を皇帝に擁立した功臣の一人ではあるが、同時に自身の皇帝位を否定し去った楚王劉延寿と同族でもあるという、極めて慎重な対応を要する人物であったと言えよう。黄竜元年（前四九）、宣帝は皇子の定陶王劉囂を楚に徙封し、[24]劉交の子孫による楚王国復活の可能性を完全に絶った上で、同年に崩御する。それは、自らの皇帝位を確実に皇太子劉奭に引き継ぐために、彼が行った最後の仕事であった。

以上、楚王劉延寿謀反事件と「復家」措置を手がかりに、楚王国に対する宣帝の姿勢について見てきた。宣帝は楚王家出身の劉徳を宗正として側に置きながら、楚王国を取り潰し、なおかつ「復家」措置と皇子劉囂の楚徙封を通じて楚王家を二度と復活させないという意志表示を行った。そのような宣帝の立場から見て、『史記』Hに示された景帝・竇太后のやり取りは、極めて不都合である。呉楚七国の乱後の楚王国復活が当たり前のように容認されるのなら、劉延寿謀反事件を引き起こした楚王国も復活させなければ、道理に合わないからである。『漢書』がこの記事を削除したのは、そのような宣帝の立場を踏まえた結果ではなかったか。

第七節　『漢書』楚元王伝が編纂された経緯について

では結局のところ、『漢書』楚元王伝は誰のために編まれた伝記なのか。これまで見てきたように、そこでは『史記』楚元王世家の内容を踏まえつつも、記事が大幅に追加されており、およそ客観性を欠くものであった。初代楚王・元王劉交の業績をあからさまに顕彰する一方、呉楚七国の乱を引き起こした劉戊をその父・劉郢客もろとも貶視するのみならず、また紅侯劉富に劉交の威光を引き継がせ、賢人として評価していた。他方、呉楚七国の乱以降に復興された四代楚王・文王劉礼以降の家系についてはひたすら系譜を並べるのみで、劉延寿の謀反事件についても淡々と事実を述べるに過ぎない。『漢書』にとって、楚元王伝前半の中で重要であったのは劉交と劉富のみで、楚王国そのものについてはさして興味がないようにすら見受けられる。

その劉富にしても、役割を終えてしまえばすぐに退場してしまう。『漢書』ⅰ直後の一節を引用しよう。

> 初め、休侯劉富、既に京師に奔り、而して王戊反するに、富等皆な坐して侯を免ぜられ、屬籍を削らる。後に其の數〃戊を諫むるを聞けば、乃ち更めて封じて紅侯と爲す。太夫人、竇太后と親有り、山東の寇に懲るれば、京師に留まるを求む。詔もて之を許す。富の子辟彊等四人供養し、朝に仕う。太夫人薨ずるに、塋を賜わり、靈戸に葬らる。富、國を傳えて曾孫に至るも、子無く、絶ゆ。

劉富は呉楚七国の乱後に紅侯に復封され、沛郡の侯国に就国したが、彼の母親（太夫人）は関東に戻るのを嫌がり、劉富の次子・劉辟彊らとともに長安に留まった。こうして、劉辟彊とその子たる劉徳は霍光に抜擢されることになるが、劉富の家系に関しては曽孫の代で断絶したことに言及するのみである。劉向・劉歆につながる劉辟彊が登場した時点で、劉富は「用済み」とでも言わんばかりである。やはり『漢書』楚元王伝は劉向・劉歆の伝記なのであり、両人が登場するまでの歴史は、彼らの家系が「立派」であったことが伝わればそれでよい、というのが『漢書』の認識であったごとくである。(25)

すると、『漢書』楚元王伝は班父子が劉向・劉歆を賞賛するために編纂した伝記なのか。確かに、班彪の伯父・班斿が諫大夫・右曹中郎将として劉向とともに宮中の校書作業に参加するなど、班父子と劉向・劉歆の関係は深い。巻二七・五行志、巻三〇芸文志を始めとして、『漢書』の至るところに劉向父子が登場する所以である。(26) それを考慮すれば、班父子が『史記』楚元王世家に大幅に手を加え、劉向父子の伝記として『漢書』楚元王伝を編集し直したとしても不思議ではない。あるいは、劉向・劉歆本人か、その一族の誰かが家伝のようなものを書き残し、班父子がそれをもとに『史記』楚元王世家に大幅な加筆・修正を加えた可能性も考えられる。(27)

しかし一方で、『史記』Hが削除された経緯に鑑みると、そこに宣帝の意向が反映されていることも見逃せない。楚王国の消滅は当時宗正を務めていた劉徳にとっても重大事であったはずであるが、楚元王伝はそのことについて何も語らない。劉交が執筆したとされる『元王詩』が芸文志に見えない点も気にかかる。無論、班彪の伯叔母が成帝の倢伃・班氏であった、つまり班一族がもとをたどれば前漢の外戚であったことを考慮すれば[28]、楚元王伝が劉向・劉歆を賞賛する一方で、宣帝を始めとする前漢皇帝の立場に一定の配慮を加えざるを得なかったのも頷ける。ただし他方では、宣帝の立場に配慮したのが劉向・劉歆その人であった可能性もあれば、また彼ら自身が楚王国ごとき――呉楚七国の乱を引き起こしただけでなく、外戚竇氏の情けで復活させてもらった王国――に何ら権威を認めていなかった可能性すらも考えられる。

結局、楚元王伝がいかなる経緯で現在のような内容になったのか、それは史料の不足により明らかにし得ないが、『史記』編纂時から『漢書』編纂時にかけて、『史記』楚元王世家の他に楚王家および劉向・劉歆に関するさまざまな記録や説話が編まれたことは間違いない。そうでなければ、『漢書』楚元王伝にあれだけの内容を追加することは、そもそも不可能である。楚王国そのものは宣帝期に取り潰されたにもかかわらず、楚王家はそれだけ衆目を集めていたということであろう。宣帝が楚王国の復活に警戒感を抱くのも当然と言える。「(戻)太子の孫」に過ぎない宣帝がいかにして皇帝としての正統性を確立したのか、この問題を考える上で、楚王国を含めた諸侯王国がどのように関わっているのか、あらためて検討する必要があるように思われる。

おわりに

以上、『史記』楚元王世家と『漢書』楚元王伝との比較検討を通じ、前漢楚王国史の虚実について探った。『史記』楚元王世家のテーマとは、楚王劉戊・趙王劉遂が呉楚七国の乱に加担しようとする中、命を賭けてそれを止めようとした賢人たちを称揚し、賢人を登用・重用することの重要性を説くというものであった。対して『漢書』は、劉向・劉歆父子を孔子・孟子・荀子・董仲舒・司馬遷に比肩する「文を綴るの士」として賞賛するために編まれたものであり、[29]そのために両人を輩出した楚王家の祖たる劉交の業績を大幅に追加し、その業績を劉向・劉歆の直系の祖たる劉富に引き継がせ、反乱に加担した劉戊を父・劉郢客もろとも貶め、楚王国復興の事実を隠滅した。『漢書』楚元王伝の語る楚王国史とは、宣帝の立場に配慮しつつ劉向・劉歆父子を賛美するために大きく捻じ曲げられたものであり、史実として扱うには問題があると言わざるを得ない。

もっとも本稿冒頭でも述べたように、『漢書』には楚元王伝と同様、『史記』と同じ題材を扱いながらも内容がまったく異なる巻が他にもある。しかし諸侯王関係の巻に限って言えば、楚元王伝ほど『史記』と内容が異なっている巻は他にない。劉向・劉歆の登場を差し引いても、楚王家の存在感はそれほど大きかったということであろう。では、その存在感は前漢後期、とりわけ宣帝期以降の政治史の中でどのような意味を持ったのか、劉向・劉歆の立場も加味しつつ検討する必要があろう。今後の課題としたい。

注

(1) 拙著『前漢国家構造の研究』(早稲田大学出版部、二〇一六年) 第七章。

(2) 『史記』・『漢書』の比較研究史については、呂世浩『従《史記》到《漢書》――転折過程与歴史意義――』(国立台湾大学出版中心、二〇〇九年) 第一章第二節など参照。

(3) 鄭駿捷『劉向校書考論』(人民出版社、二〇一二年) は『漢書』楚元王伝が劉向・劉歆によって編まれた可能性や、楚王国の史書を参考に書かれた可能性、現行の『史記』楚元王世家が司馬遷の原文をそのまま伝えたものではない可能性を論じるが (一～二頁)、いずれも『史記』・『漢書』の厳密な比較検討に基づいた所説ではない。また盧南橋「従史学和史料来論述《漢書》編纂特点」(上海師範大学歴史系中国史学史研究室『中国史学史論集』(一) 上海人民出版社、一九八〇年) は、『漢書』楚元王伝が班彪の手になるものと推測する。

(4) 四家詩に関する先行研究については、林耀潾『西漢三家詩学研究』(文津出版社、一九九六年) 第一章、趙茂林『両漢三家《詩》研究』(巴蜀書社、二〇〇六年) 緒論など参照。楚元王伝については、林氏著書五二～五三頁、趙氏著書四五九～四六〇頁にそれぞれ言及があるが、『史記』・『漢書』の相異には顧慮されていない。

(5) 井上了「魯申公と浮丘伯とについて」(『集刊東洋学』第一一九号、二〇一八年)。

(6) 挙兵当初に喪失した豊の奪還は当時の劉邦にとって至上命題であり、咸陽への西進も「義帝の約」に基づく重要なミッションであった。柴田昇『漢帝国成立前史――秦末反乱と楚漢戦争――』(白帝社、二〇一八年) 第五章、松島隆真『漢帝国の成立』(京都大学学術出版会、二〇一八年) 第一章参照。また「覇上に至る」とは秦の滅亡に立ち会ったことを意味し、高祖功臣の主要メンバーであることを示すステータスの一つであった。注 (1) 前掲拙著一〇〇頁参照。

(7) 『史記』巻八高祖本紀・高祖六年条「非親子弟、莫可使王齊矣」。李開元『漢帝国の成立と劉邦集団――軍功受益階層の研究』汲古書院、二〇〇〇年、一〇一～一〇四頁も参照。

（8）『史記』呉王濞列伝冒頭に劉仲の事績が述べられている。『漢書』が『史記』の文章を利用する場合、重複する文言を削除したり、冗長な文章を節略したりするのが常であるが（呉福助『史漢関係』文史哲出版社、一九七五年、六一～一〇一頁）、楚元王伝ではそれとは逆のことをしている。

（9）注（5）前掲井上氏論文。

（10）注（1）前掲拙著四九二～四九六頁。太子劉辟非は『漢書』にしか見えず、その実在性が疑われるが、現時点では不詳。

（11）注（1）前掲拙著三八〇～三八一頁。

（12）韋孟が楚の太傅を務めていたという記述も『漢書』にしか見えない。彼の子孫である韋賢・韋玄成・韋賞は魯詩学を修め、「韋氏学」と呼ばれる学派を形成しているから、魯詩学と馴染みの深い楚との関係を強調する目的でこの逸話が創作されたのではないか。

（13）元年に封侯された劉礼・劉富・劉穢・劉執の侯国はいずれも当時の楚王国領に属する薛郡に所在するが、同三年に封侯された劉調・劉富の侯国は当時の楚王国領外にあった沛郡に位置する（周振鶴『西漢政区地理』人民出版社、一九八七年、二七～二九頁、馬孟竜『西漢侯国地理』上海古籍出版社、二〇一三年、二六八～二七〇頁）。

（14）集解引徐広の言は「腐刑」とするが、『漢書』顔師古注・『史記会注考証』・『漢書補注』引諸説は拘束や労役刑と解する。

（15）『漢書』巻一五王子侯表上・休侯劉富欄は、劉富が長安へ逃れて列侯位を返上した話じたいを削除している。楚元王伝との重複を避けただけの可能性もあるが、意図的なものを感じざるを得ない。

（16）『史記』楚元王世家附趙王世家「呉楚反、趙王遂與合謀起兵。其相建德・内史王悍諫、不聽。遂燒殺建德・王悍」。

（17）『史記』巻一九恵景間侯者年表によると、四名の子はいずれも景帝中二年（前一四八）に封侯されている。

(18)『史記』Ⅰは後人の付会と見られるため（『正義』および『史記会注考証』参照）、ここでは取り上げない。
(19) 注（1）前掲拙著五一五～五一六頁。
(20) 注（1）前掲拙著第一章第四節、第六章第一節・第二節。
(21) 注（1）前掲拙著五一五～五一六頁。
(22)『史記』巻三〇・三王世家・褚小孫補記。当時の宗正は劉辟彊であるが、劉徳の可能性もある（注（1）前掲拙著四九九～四九八頁）。いずれにせよ、楚王家出身者である。
(23) 邉見統「高祖系列侯と「復家」措置」（『学習院大学文学部研究年報』六四、二〇一七年）。
(24)『漢書』巻一四諸侯王表・楚孝王囂欄、同巻八〇宣元六王伝・楚孝王囂伝。劉囂が楚へ徙封された年について、前者が甘露二年（前五二）の四年後とするのに対し、後者は三年後とする。ここではひとまず後者に従った。
(25) 楚元王伝の論賛は、劉向を孔子・孟子・荀子・董仲舒・司馬遷・楊雄とともに「綴文之士」として評価した上、『洪範論』・『七略』・『三統暦』を評価するのみで、楚王国には一切触れていない。巻一〇〇叙伝所載の楚元王伝序では、劉交の楚王封建、劉戊の反乱加担、劉礼の紹封にこそ触れるものの、劉徳・劉向・劉歆の「三世」が「名を成し」たので、「楚元王傳第六を述」べたとする。
(26) 稲葉一郎『中国史学史の研究』（京都大学学術出版会、二〇〇六年）第三章、汪春泓「論劉向・劉歆和《漢書》之関係」（『嶺南学報』復刊号（第一・二輯合輯）、二〇一五年）など。
(27) 注（3）参照。
(28)『漢書』巻一〇〇叙伝上。班倢伃の兄弟の一人・班穉の子が班彪である。注（26）前掲稲葉氏著書も参照。
(29) 注（25）参照。

馬王堆漢墓帛書『刑徳』篇の刑徳小遊と上朔

小倉　聖

はじめに

占術としての刑徳理論は『漢書』等で実際に戦争における攻撃方向の占断に用いられたものであり[1]、単に理論として存在していたわけではない。刑・徳は年・月・日（六日）を周期として移動し、その移動先の刑・徳の位置に基づいて占いを行う。また、この刑徳理論は三式（六壬式等）といった後世に著名な占いとの関連も指摘されている[2]。このような刑徳理論を理解することは、当時の思想・文化を理解すると共に、後世の占術を理解する上で極めて重要である。

筆者は刑徳理論の理論的展開を追うために、『淮南子』天文訓（以下、天文訓と略す）や天文訓よりも書写の古い馬王堆漢墓帛書（以下、帛書と略す[3]）に見える刑徳理論を検討した[4]。天文訓には、毎月の刑・徳の移動である刑徳七舎と毎年の刑・徳の移動である二十歳刑徳と呼ばれる二種類の刑・徳の移動が見える。前者の刑徳七舎については、筆者は類似の理論が見える出土資料を用い、その理論的展開を確認した[5]。一方、後者の二十歳刑徳については、刑・徳は共に五行相勝説の勝たざる方向へ移動することを確認した[6]。次に、天文訓の二十歳刑徳の検討で得られた知見を基に、その移動法と近い帛書『刑徳』篇の「刑徳大遊（刑・徳の一年毎の動き）」の刑・徳の移動についても検討した。刑徳大遊では伝世文献とは異なる刑の複数の移動法が確認できたが、刑は中宮に入らず東西南北の四宮、徳は東西南北中の五宮を移動することは天文訓のものと変わらなかった。[7]

帛書には、これらとは異なる日（六日）毎の刑・徳の移動が見え、刑徳小遊と呼ばれている。筆者は既に帛書『刑徳』乙篇の刑徳小遊を検討し、この刑・徳の移動にも五行相勝の勝たざる方向へ移動する理論が用いられていることを確認した。[8] しかし、帛書『刑徳』甲篇「刑徳占」刑徳解説（以下、帛書『刑徳』甲篇と略す）の刑徳小遊の刑・徳の移動は「上朔」という移動日に関する概念を加えたものとなっている。武田時昌氏は、「上朔」とは『論衡』弁崇篇等に見える暦注の忌日であり、『星暦考原』には歳支よる上朔日の配当の記述が見えると指摘する。[9] 今までに検討してきた刑・徳の移動理論では、刑・徳の開始地点の相異などは存在したが、移動日に関ってくる理論は確認出来なかった。帛書『刑徳』甲篇の刑徳小遊の移動理論を検討するには移動理論だけではなく、移動日と関わる「上朔」の検討は必要不可欠であろう。

上朔と刑徳小遊の関係について上述の武田氏の他、末永高康氏[10]・程少軒氏[11]・黄儒宣氏[12]は帛書『陰陽五行』甲篇の上朔のサイクルと共に、上朔日の確定に関する記述が見える帛書『陰陽五行』乙篇の太陰刑徳大遊図を用いており、両者の関係は大いに解明された。ただし、上述の資料に関して諸氏で解釈が異なり、更なる検討が必要である。

本論文では帛書『刑徳』甲篇の刑徳小遊の刑・徳の移動日に関する上朔について主に検討し、刑・徳の移動自体の検討については別稿で行いたい。

第一節　帛書『刑徳』甲篇の刑徳小遊と上朔

帛書『刑徳』甲篇六一～八四行に、[13]

十一年十二月己亥上朔、刑・徳以其庚子幷居西宮。丙午刑・徳幷居南宮。壬子刑居東北宮、徳復居西宮。戊午刑・徳幷居中宮。甲子刑居東南宮、徳復居西宮。庚午刑・徳幷居西宮。丙子刑居西南宮、徳居西宮。壬午刑・【徳幷居□宮】。戊子刑【居□宮、徳】居西宮。甲午刑・徳皆居東宮。庚子刑居西北【宮】、徳居西宮。十二年[14]乙巳上朔、刑・徳以丙午幷居南宮。壬子刑居北宮、徳復居南宮。戊午刑・徳幷居中宮。甲子刑居東北、徳居南。庚午刑・徳幷居西宮。丙子刑居西南宮、徳居南宮。壬午刑・徳皆居北宮。戊【子】刑居中柱北市、徳居南宮。甲午刑・徳【皆】居東宮。庚子刑【居□□】宮、徳居南宮。【丙】午刑・徳復幷[15]南宮。●此刑徳小游也。●刑□以子游於畸(奇)、以午與徳合於四正而左之。●刑游畸(奇)。

(前漢高祖)十一年十二月己亥上朔、刑・徳其の庚子を以て幷せて西宮に居る。丙午刑・徳幷せて南宮に居る。壬子刑東北宮に居り、徳復た西宮に居る。戊午刑・徳幷せて中宮に居る。甲子刑東南宮に居り、徳復た西宮に居る。庚午刑・徳幷せて西宮に居る。丙子刑西南宮に居り、徳西宮に居る。壬午刑・徳幷せて□宮に居る。戊子刑□宮に居り、徳西宮に居る。甲午刑徳皆な東宮に居る。庚子刑西北宮に居り、徳西宮に居る。十二年乙巳上朔、刑・徳丙午を以て幷せて南宮に居る。壬子刑北宮に居り、徳復た南宮に居る。戊午刑・徳幷せて中宮に居る。甲子刑東北に居り、徳南に居る。庚午刑・徳幷せて西宮に居る。丙子刑西南宮に居り、徳南宮に居る。壬午刑・徳皆な北宮に居る。戊子刑中柱北市に居り、徳南宮に居る。甲午刑・徳皆な東宮に居る。庚子刑□□宮に居り、徳南宮に居る。丙午刑・徳復た南宮に幷す。●此れ刑徳小游なり。●刑は子を以て畸（奇）に游し、午を以て徳と四正に合い之を左にす。●刑は畸（奇）に游す。

とあり、帛書『刑徳』甲篇では帛書『刑徳』乙篇にはなかった、「上朔」という概念を加えた移動となっている。この上朔という概念は、先に述べたように伝世文献では暦注の忌日とされており、帛書にも何か所か記述が見える。その内の一つである帛書『陰陽五行』甲篇「上朔」には上朔のサイクルについての記述が以下のように見える。帛書『陰陽五行』甲篇「上朔」一欄～十欄に、[16]

【木	逆七	丁亥	戊子	己丑	庚寅	辛卯	壬辰】
	上朔	癸巳	甲午	乙未	丙申	丁酉	戊戌
	順四	丙申	丁酉	戊戌	己亥	庚子	辛丑
	順六	戊戌	己亥	庚子	辛丑	壬寅	癸卯
	順七	己亥	庚子	辛丑	壬寅	癸卯	甲辰
金	逆七	癸巳	甲午	乙未	丙申	丁酉	戊戌
	上朔	己亥	庚子	辛丑	壬寅	癸卯	甲辰
	順四	壬寅	癸卯	甲辰	乙巳	丙午	丁未
	順六	甲辰	乙巳	丙午	丁未	戊申	己酉
	順七	乙巳	丙午	丁未	戊申	己酉	庚戌
火	逆七	己亥	庚子	辛丑	壬寅	癸卯	甲辰
	上朔	乙巳	丙午	丁未	戊申	己酉	庚戌

	順四	戊申	己酉	庚戌	辛亥	壬子	癸丑
	順六	庚戌	辛亥	壬子	癸丑	甲寅	乙卯
	順七	辛亥	壬子	癸丑	甲寅	乙卯	丙辰
水	逆七	乙巳	丙午	丁未	戊申	己酉	庚戌
	上朔	辛亥	壬子	癸丑	甲寅	乙卯	丙辰
	順四	甲寅	乙卯	丙辰	丁巳	戊午	己未
	順六	丙辰	丁巳	戊午	己未	庚申	辛酉
	順七	丁巳	戊午	己未	庚申	辛酉	壬戌
土	逆七	辛亥	壬子	【癸丑】	甲寅	乙卯	丙辰
	上朔	丁巳	【戊午	己未】	庚申	辛酉	壬戌
	順四	【庚申	辛酉】	壬戌	癸亥	甲子	乙丑
	順六	壬戌	【癸亥】	甲子	乙丑	丙寅	丁卯
	順【七	癸亥	甲】子	乙丑	丙寅	丁卯	戊辰
木	逆【七	丁巳	戊午】	己未	庚申	辛酉	壬戌
	上朔	【癸亥	甲子】	乙丑	丙寅	丁卯	戊辰
	順【四	丙寅	丁卯】	戊辰	己巳	庚午	辛未
	【順六】	戊辰	己巳	庚午	辛未	壬申	癸酉
	順七	己巳	庚【午	辛未】	壬申	癸酉	甲戌

金　逆【七　癸亥　甲子】　乙丑　丙寅　丁卯　戊辰
上朔　〔己巳　庚午　辛〕未　壬申　癸酉　甲戌
順四　壬申　【癸酉　甲戌　乙】亥　丙子　丁丑
順六　甲戌　【乙亥　丙子　丁丑　戊寅】　己卯
順七　乙亥　丙【子　丁丑　戊寅】　己卯　庚辰
火　逆七　己巳　庚午　辛未　壬申　癸酉　甲戌
上朔　乙亥　丙子　丁丑　戊寅　己卯　庚辰
【順】四　戊寅　己卯　庚辰　辛巳　壬午　癸未
順六　庚辰　辛巳　壬午　癸未　甲申　乙酉
【順七】　辛巳　壬午　癸未　甲申　乙酉　丙戌
【水】　逆七　乙亥　丙子　丁丑　戊寅　己卯　庚辰
上朔　辛巳　壬午　癸未　甲申　乙酉　丙戌
順四　甲申　乙酉　丙戌　丁亥　戊子　己丑
順六　丙戌　丁亥　戊子　己丑　庚寅　辛卯
順七　丁亥　戊子　己丑　庚寅　辛卯　壬辰
【土】　逆七　辛巳　壬午　癸未　甲申　乙酉　丙戌
上朔　丁亥　戊子　己丑　庚寅　辛卯　壬辰
順四　庚寅　辛卯　壬辰　癸巳　甲午　乙未

順六　　壬辰　　癸巳　　甲午　　乙未　　丙申　　丁酉
【順七】　癸巳　　甲午　　乙未　　丙申　　丁酉　　戊戌

とあり、この「上朔」のサイクルに対して、武田時昌氏と程少軒氏はそれぞれ異なった解釈を行っている。

まず武田氏に基づくと、以下のように説明出来る。(17) このサイクルに関する記述は、上述のような歳支によって決まる一年毎の上朔である。これらの干支が、どのようなサイクルで導き出されたものであるかというと、まず「上朔」の列の一番上にある「上朔」の日を起点に六日間の干支を並べる。そして、「上朔」の週にある各干支を基点として、それぞれに「逆七」、「順四」、「順六」、「順七」が配当されている。「逆七」は上朔日を仮に八日とすると、八日そのものを数えた上で七日前となる二日の干支を指す。「順四」は上朔日を仮に八日とすると、八日そのものを数えた上で四日目となる十一日の干支を指す。「順六」は上朔日を仮に八日とすると、八日そのものを数えた上で六日目となる十三日の干支を指す。「順七」は上朔日を仮に八日とすると、八日そのものを数えた上で七日目となる十四日の干支を指す。

つまり、「逆七」とは上朔の日から数えて七日前のことで、その列には逆七の週の干支が並べられている。「順四」とは上朔の日から数えて四日目のことで、その列には順四の週の日の干支が並べられている。「順六」とは上朔の日から数えて六日目のことで、その列には順六の週の日の干支が並べられている。「順七」とは上朔の日から数えて七日目のことで、その列には順七の週の日の干支が並べられている。各段の上朔日の干支は上朔の行の一番上の干支である。つまり、逆七は上朔から六つ前の干支、順四は上朔から三つ先の干支、順六は上朔から五つ先の干支、順七は上朔から六つ先の干支である。

次に帛書『陰陽五行』甲篇「上朔」で木から順に配当されている五行であるが、これは上朔日の翌日の子午日の日干の五行と一致する。最初の木の行を例に説明してみると、上朔日は癸巳で、その翌日の干支は甲午となる。甲は日干の五行配当では木に配当されており、これは甲午のある行の木と一致している。

一方、程少軒氏に基づくと、以下のように説明出来る。[18]帛書『陰陽五行』乙篇「上朔」に「上朔、六旬而徙其前之【辰日】[19]」とあり、上朔が六旬（二か月）で前（先）の辰日に移るので、年ではなく月（二か月）を周期とする上朔の存在が確認できる。したがって、このサイクルに関する記述は年毎に見える上朔（「年上朔」と名付ける）ではなく、月（二か月）毎に見える上朔（「気上朔」と名付ける）に関するものである。

まず各段の「上朔」の列の一番上にある「上朔」の日を起点に六旬毎に干支を並べる。そして、「上朔」の列にある各干支を基点として、それぞれに「逆七」、「順四」、「順六」、「順七」が配当されている。先の武田氏の解釈のように各「逆七」、「順四」、「順六」、「順七」はそれぞれ上朔の日から数えて七日前、四日目、六日目、七日目である。

次に帛書『陰陽五行』甲篇「上朔」に見える上朔のサイクルの中で木から順に配当されている五行は刑徳大遊の高祖十年代の徳の移動と同じであるため刑徳大遊の徳の所在とし、[20]各段の五行と上朔を抜き出し表1を作成した。[21]

表1　気上朔の周回表（程少軒氏作成の表の気上朔部分を抜粋）

九月十月	七月八月	五月六月	三月四月	端月二月	十一月十二月	徳方位
戊戌	丁酉	丙申	乙未	甲午	癸巳	木
甲辰	癸卯	壬寅	辛丑	庚子	己亥	金
庚戌	己酉	戊申	丁未	丙午	乙巳	火
丙辰	乙卯	甲寅	癸丑	壬子	辛亥	水
壬戌	辛酉	庚申	己未	戊午	丁巳	土
戊辰	丁卯	丙寅	乙丑	甲子	癸亥	木
甲戌	癸酉	壬申	辛未	庚午	己巳	金
庚辰	己卯	戊寅	丁丑	丙子	乙亥	火
丙戌	乙酉	甲申	癸未	壬午	辛巳	水
壬辰	辛卯	庚寅	己丑	戊子	丁亥	土

表1は十一月を起点に六旬毎（二か月）に上朔が移ると考えて、各段の五行と上朔の干支を並べている。

以上が武田氏・程少軒氏の帛書『陰陽五行』甲篇「上朔」の上朔のサイクルについての解釈である。このサイクルについての両氏の解釈は共に成り立ち、帛書『陰陽五行』甲篇「上朔」の上朔のサイクルは伝世文献のような年上朔でありつつも、気上朔でもあると考えられる。なぜなら、帛書『陰陽五行』乙篇に見える太陰刑徳大遊図に「子位春、亥爲上朔。午位春、巳爲【上朔】」とあるが、[22]年毎の刑・徳の移動を示す図の中にあるものであり、この「上朔」は伝世文献の上朔のような年毎の上朔に関する記述と考えられる。一方、帛書『陰陽五行』乙篇の「上朔」に、「上朔、六旬而徙其前之【辰日】」とあるのは月（二か月）を単位としているため、年とは別のものと言えるであろう。また、六旬（二か月）のサイクルで上朔が表1のように巡っていくため、各行（木・金・火・水・土）の上朔が六度移動することで一年となり、一番上段の上朔は次の行の上段の上朔に一年後に移動するのである。[23]具体的に帛書『刑徳』甲篇、帛書『陰陽五行』甲篇の上朔のサイクルを例に挙げて説明する。帛書『陰陽五行』甲篇「上朔」の上朔のサイクルの「金」行（二つ目の段）の上朔の一番上は「己亥」、次の「火」行（三つめの段）の上朔の一番上は「乙巳」となっている。これは先に引用した帛書『刑徳』甲篇の「十一年十二月己亥上朔」の一年後が「十二年乙巳上朔」となっているのと合致する。また、六十干支の順で考えると、「己亥」から「乙巳」まで己亥↓庚子↓辛丑↓壬寅↓癸卯↓甲辰↓乙巳と六つ離れており、気上朔において六度移動することで、一つ先の行の上朔となる。

以上、帛書『陰陽五行』甲篇「上朔」の上朔のサイクルを検討したが、帛書『陰陽五行』乙篇には年上朔の記述が見える太陰刑徳大遊図が付されており、これは上朔の位置を決定する上で極めて重要である。そこで次節では帛書『陰陽五行』乙篇の太陰刑徳大遊図を検討したい。

第二節　帛書『陰陽五行』乙篇の太陰刑徳大遊図

帛書『陰陽五行』乙篇には年上朔の記述が見える太陰刑徳大遊図が付されている（図1参照）[24]。太陰刑徳大遊図は、以下のような構成になっている（図1ABC部分と対応）。四隅の四角で囲まれた区画には、A刑・徳の位置から測る吉凶、冬至・夏至の期間や上朔の法則等の記述が見える。なお、本論は上朔についての検討であるので、以下では上朔に関する部分のみ取り上げる。次に、東西南北中央の各区画の下段には、B「此之胃（謂）」・「此謂」から始まる記述が五か所見え、末永氏は以下のように説明する[25]。帛書『刑徳』乙篇四五・四六行に「●徳在火、名曰不足」とある記述が、図の上方下段に見える「●此之胃不足」と対応しているように、帛書『刑徳』乙篇において徳が各五行に居る際の記述と、太陰刑徳大遊図の東西南北中の五方位の下段の記述が対応している。最後に、C「甲子在水甲子」

図1　『陰陽五行』乙篇の太陰　刑徳大遊図（程少軒氏復元）

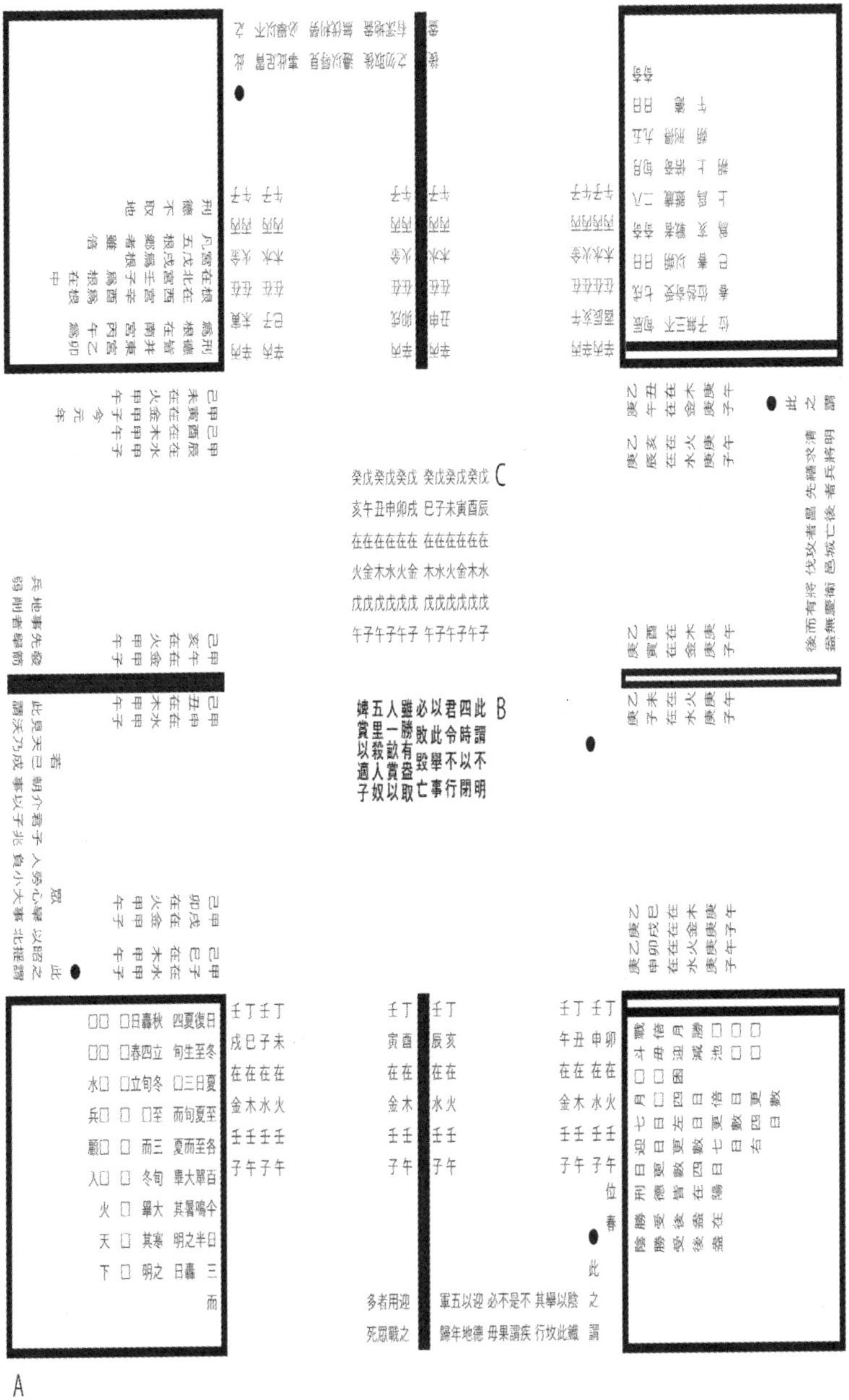

等という記述と同じ構成のものが、十二区画にそれぞれ四行ずつと中央の一区画に十二行見えている。「甲子在水甲子」は、㈠甲子㈡在水㈢甲子の三要素で構成されている。㈠部分について、図中に「甲子」から「癸亥」までの六十干支が順番に見えており、末永氏・程少軒氏はこれを太陰紀年と考えている。[26] ㈡部分について、末永氏は、先に見えた東西南北中の下段が徳の記述と対応していることから、刑の所在であろうとし、程少軒氏も同様である。[27] ㈢部分について、程少軒氏は年毎の刑・徳移動、すなわち刑徳大遊の徳の移動日を指すとし、漢高祖十二年（丙午）、漢恵帝元年（丁未）・同二年（戊申）・同三年（己酉）を例に挙げて以下のように説明している。[28]

　まず、刑徳大遊の徳の移動日について、帛書『刑徳』乙篇二行に「刑徳之歳徙也、

表2　漢高祖十二年（丙午）の徳の移動日計算表（程少軒氏作成）

丙寅	一日
丁卯	二日
戊辰	三日
己巳	四日
庚午	五日
辛未	六日
壬申	七日
癸酉	八日
甲戌	九日
乙亥	十日
丙子	十一日

表3　漢恵帝元年（丁未）の徳の移動日計算表（程少軒氏作成）

辛未	一日
壬申	二日
癸酉	三日
甲戌	四日
乙亥	五日
丙子	六日
丁丑	七日
戊寅	八日
己卯	九日
庚辰	十日
辛巳	十一日
壬午	十二日

表4　漢恵帝二年（戊申）の徳の移動日計算表（程少軒氏作成）

丙子	一日
丁丑	二日
戊寅	三日
己卯	四日
庚辰	五日
辛巳	六日
壬午	七日
癸未	八日
甲申	九日
乙酉	十日
丙戌	十一日
丁亥	十二日
戊子	十三日

必以日至之後七日之子午卯酉。徳之徙也、子若午」とあり、冬至日後七日以降の第一日目の子・午日が、刑徳大遊の徳の移動日となる[29]。次に、刑徳大遊の移動日の法則に基づき、具体的に太陰刑徳大遊図の㊂部分について検討していく。太陰刑徳大遊図の㊀が丙午つまり丙午の年（漢高祖十二年）の記述に「丙午【在】金丙子」とある。高祖十二年（丙午）の冬至日は丙寅で、丙寅から七日目は壬申で壬申より後の一番初めの子午日は丙子である。これは太陰刑徳大遊図の丙午年の記述と合致している（表2参照[30]）。

漢恵帝元年（丁未）・同二年（戊申）・同三年（己酉）についても以下のように説明できる。

漢恵帝元年（丁未）の冬至日は辛未で、辛未から七日目は丁丑、丁丑以降で一番初めの子・午日は壬午となる。これは太陰刑徳大遊図の丁未年の記述に「丁未在火壬午」とあるのと合致する（表3参照[31]）。

漢恵帝二年（戊申）の冬至日は丙子で、丙子から七日目は壬午である。壬午自体が子・午日で、これを計算にいれないのなら、その後の一番初めの子・午日は戊子となる。これは太陰刑徳大遊図の丁未年の記述に「戊申在水戊子」とあるのと合致する（表4参照[32]）。

最後に、漢恵帝三年（己酉）の冬至日は辛巳で、辛巳から七日目は丁亥日、その後の一番初めの子午日は戊子となる。これは、太陰刑徳大遊図に見える己酉年の記述に「己酉在木甲午」とあるのと合致しない。ここで漢恵帝三年（己酉）の年の記述を考えると、徳の移動日を「甲

表5　漢恵帝三年（己酉）の徳の移動日計算表（程少軒氏作成）

一日	辛巳
二日	壬午
三日	癸未
四日	甲申
五日	乙酉
六日	丙戌
七日	丁亥
八日	戊子
九日	己丑
十日	庚寅
十一日	辛卯
十二日	壬辰
十三日	癸巳
十四日	甲午

午」に合わせるには、徳の移動法則の「後七日」を「後十三日」と改めるべきとする（表5参照[33]）。

以上が、年を単位とする上朔である「年上朔」の記述が見える太陰刑徳大遊図と程少軒氏の解釈である。程少軒氏は、太陰刑徳大遊図に見える「㈠甲子㈡在水㈢甲子」の㈢部分を各年毎の徳の移動日であると指摘されているが、先に検討した漢恵帝三年のように、帛書『刑徳』篇の刑・徳の移動法則と合致しない部分が見られる。以下では、程少軒氏の検討した㈢部分と刑・徳の移動法則と合致しない部分について改めて検討したい。

移動法則と実際の位置が合致していない部分について、程少軒氏が秦始皇元年～漢恵帝五年までの紀年、刑・徳の移動・冬至日・徳の移動日と徳の移動法則について作成された表から検討する（表6参照[34]）。

表によると、徳の「運行規則」は六つの期間に分けられており、以下では表の順に番号を振ってみる。Ⅰ秦始皇二十七～二十九年は冬至日から十三日以前の子午日、Ⅱ秦始皇三十～三十七年は冬至日から七日以前の子午日、Ⅲ秦二世元年は冬至日、Ⅳ秦二世二年～漢高祖六年は冬至日後の子午日、Ⅴ漢高祖七年～漢恵帝二年は冬至日から七日以後の子午日、Ⅵ漢恵帝三年～漢恵帝五年は冬至日から十三日以後の子午日である。

ここで表のⅠ～Ⅵまでの各期間の徳の移動法則と帛書『刑徳』乙篇の徳の移動法則、すなわち「刑徳之歳徙也、必以日至之後七日之子午卯酉。徳之徙也、子若午」とがどの程度合致しているのかを検討してみると、合致しているものはⅤのみである。程少軒氏による太陰刑徳大遊図の徳の「運行規則」と帛書『刑徳』篇の移動法則とが合致している期間は限定的であり、㈢部分を徳の移動日と解釈するのは難しいであろう。また、黄儒宣氏は、徳の移動日について「日至の後の七日の子・午日」という法則があることから冬至日と徳の移動日とが大幅に離れないが、帛書『陰陽五行』乙篇の太陰刑徳大遊図に「丁卯在火壬午　位春」とあり、㈢部分は徳の移動日と無関係であると指摘する[35]。

表6 秦始皇二十七年から漢恵帝五年までの徳の移動日とその「運行規則」

公元紀年	帝王紀年	太陰紀年	刑方位	徳方位	冬至日（附公暦）	徳遷徙日	運行規則
220 BCE	秦始皇二十七年	辛巳	東方木	南方火	甲寅（221.12.24BCE）	丙午	冬至前十
219 BCE	秦始皇二十八年	壬午	西方金	北方水	庚申（220.12.24BCE）	壬子	三日之子
218 BCE	秦始皇二十九年	癸未	南方火	中央土	乙丑（219.12.25BCE）	戊午	午日遷徙
217 BCE	秦始皇三十年	甲申	北方水	東方木	庚午（218.12.25BCE）	甲子	
216 BCE	秦始皇三十一年	乙酉	東方木	西方金	乙亥（217.12.24BCE）	庚午	
215 BCE	秦始皇三十二年	丙戌	西方金	南方火	辛巳（216.12.25BCE）	丙子	冬至前七
214 BCE	秦始皇三十三年	丁亥	南方火	北方水	丁亥（215.12.26BCE）	壬午	日之子午
213 BCE	秦始皇三十四年	戊子	北方水	中央土	辛卯（214.12.25BCE）	戊子	日遷徙
212BCE	秦始皇三十五年	己丑	東方木	東方木	丙申（213.12.24BCE）	甲午	
211 BCE	秦始皇三十六年	庚寅	西方金	西方金	壬寅（212.12.25BCE）	庚子	
210 BCE	秦始皇三十七年	辛卯	南方火	南方火	丁未（211.12.25BCE）	丙午	
209 BCE	秦二世元年	壬辰	北方水	北方水	壬子（210.12.25BCE）	壬子	冬至遷徙
208 BCE	秦二世二年	癸巳	東方木	中央土	丁巳（209.12.24BCE）	戊午	
207 BCE	秦二世三年	甲午	西方金	東方木	壬戌（208.12.24BCE）	甲子	
206 BCE	漢高祖元年	乙未	南方火	西方金	戊辰（207.12.25BCE）	庚午	
205 BCE	漢高祖二年	丙申	北方水	南方火	癸酉（206.12.25BCE）	丙子	冬至後之
204 BCE	漢高祖三年	丁酉	東方木	北方水	戊寅（205.12.24BCE）	壬午	子午日遷徙
203 BCE	漢高祖四年	戊戌	西方金	中央土	甲申（204.12.25BCE）	戊子	
202 BCE	漢高祖五年	己亥	南方火	東方木	己丑（203.12.25BCE）	甲午	
201 BCE	漢高祖六年	庚子	北方水	西方金	甲午（202.12.25BCE）	庚子	
200 BCE	漢高祖七年	辛丑	東方木	南方火	己亥（201.12.24BCE）	丙午	
199 BCE	漢高祖八年	壬寅	西方金	北方水	乙巳（200.12.25BCE）	壬子	
198 BCE	漢高祖九年	癸卯	南方火	中央土	庚戌（199.12.25BCE）	戊午	冬至後七日
197 BCE	漢高祖十年	甲辰	北方水	東方木	乙卯（198.12.25BCE）	甲子	之子午日遷徙
196 BCE	漢高祖十一年	乙巳	東方木	西方金	庚申（197.12.24BCE）	庚午	
195 BCE	漢高祖十二年	丙午	西方金	南方火	丙寅（196.12.25BCE）	丙子	
194 BCE	漢恵帝元年	丁未	南方火	北方水	辛未（195.12.25BCE）	壬午	
193 BCE	漢恵帝二年	戊申	北方水	中央土	丙子（194.12.25BCE）	戊子	
192 BCE	漢恵帝三年	己酉	東方木	東方木	辛巳（193.12.24BCE）	甲午	冬至後十三日
191 BCE	漢恵帝四年	庚戌	西方金	西方金	丁亥（192.12.25BCE）	庚子	之子午日遷徙
190 BCE	漢恵帝五年	辛亥	南方火	南方火	壬辰（191.12.25BCE）	丙午	

そこで、帛書『陰陽五行』乙篇の太陰刑徳大遊図㊂部分を㊀部分の六十干支順に見てみると、甲子↓庚午↓丙子↓壬午↓戊子↓甲午↓庚子↓丙午↓壬子↓戊午と干支が繰り返されている事がわかる。[36] この並びは拙稿で既に検討した刑徳小遊の移動日の周期と全く同じである。また拙稿で帛書『刑徳』甲・乙篇の刑徳小遊図には刑徳大遊の移動を表す鉤縄図が含まれていると述べたが、この太陰刑徳大遊図の場合は逆のことが言えるのではないだろうか。[37] つまり太陰刑徳大遊図の㊀㊁部分は刑徳大遊の移動について述べたものであるが下段の㊂部分に刑徳小遊の刑・徳の移動日が混入し、刑徳大遊に刑徳小遊の理論が混入したのではないか。㊂部分が刑徳小遊の刑・徳の移動日であるならば、太陰刑徳大遊図の丁卯年の記述「丁卯在火壬午　位春」、年上朔の記述「子位春、亥爲上朔。午位春、巳爲【上朔】」が何を指すかを理解でき、年の上朔を確定出来る。[38] 以下では、この二つの記述について検討したい。

末永氏は、「丁卯在火壬午　位春」の内容を不明であるとし、「子位春、亥爲上朔。午位春、巳爲【上朔】」の「春」を立春日もしくは春分日とし、「春」が「子」の場合「亥」が上朔、「午」の場合「巳」が上朔であるとする。[39] 程少軒氏は「丁卯在火壬午　位春」に言及するも検討を加えず、「子位春、亥爲上朔。午位春、巳爲【上朔】」の「春」を「春分」とし、徳の大遊の移動日が子日である場合、春分後の七日後以降の第一日目の亥日が上朔で、徳の大遊の移動日が午日である場合、春分後の七日後以降の第一日目の巳日が上朔であるとする。[40] 両者共に太陰刑徳大遊図㊂部分を刑徳大遊の移動日とした上で、この部分を解釈しようとしている。

黄儒宣氏は、これまでの先行研究を踏まえつつも太陰刑徳大遊図㊂部分を五子・五午とし、[41]「壬午位春」とは壬午が「春」の期間にあることを指しているとする。そして、先に引用した帛書『陰陽五行』甲篇「上朔」の上朔のサイクルと帛書『陰陽五行』乙篇「択日表（以）」（表7参照）とを比較・検討し、程少軒氏が作成した上朔のサイクル表を択日表（以）のような月のグループに表を修正した（例えば表の十一・十二月の箇所を十二月・正月とし、以下同じように一月ずつずらして改める）（表7[42]・表8[43]参照）。

表7・8を踏まえて、黄儒宣氏は五子・五午を上朔のサイクルの第二番目の上朔であるとし（二月・三月部分）、先の「子位春、亥爲上朔。午位春、巳爲【上朔】」は、上朔のサイクルの第一番目の上朔についての記述（十二月・正月部分）であるとする。つまり、第二番目の上朔が「午」であるなら、「癸巳」、「乙巳」、「丁巳」、「己巳」、「辛巳」と十二支が「巳」となり、第二番目の上朔が「子」であるなら「己亥」、「辛亥」、「癸亥」、「乙亥」、「丁亥」と十二支が「亥」となるとした。また、黄儒宣氏は、年号、太陰紀年、冬至、立春、第一番目の上朔、第二番目の上朔を取り上げ以下のような表を作成した（表9参照[44]）。

黄儒宣氏が第一番目の上朔・第二番目の上朔としたものの干支の並びは、帛書『陰陽五行』甲篇「上朔」の上朔のサイクルと確かに合致している。しかし、㊂部分と「子位春、亥爲上朔。午位春、巳爲【上朔】」がそれぞれ、帛書『陰陽五行』甲篇「上朔」の上朔のサイクルの第一番目・第二番目であるなら、甲篇の上朔のサイクルから両者はすぐに導き出せるため、甲篇より書写が新しい帛書『陰陽五行』乙篇の太陰刑徳大遊図に見える「子位春、亥爲上朔。午位春、巳爲【上朔】」の年上朔を導き出す法則は必要ないのではないだろ

表7　択日表

土	水	火	金	木	土	水	火	金	木
十月 十一月	十月 十一月	十月 十一月	十月 十一月	十月 十一月	十月 十一月	十月 十一月	十月 十一月	十月 十一月	十月 十一月
戊辰	壬戌	丙辰	庚戌	甲辰	戊戌	壬辰	丙戌	庚辰	甲戌
十二月 正月	十二月 正月	十二月 正月	十二月 正月	十二月 正月	十二月 正月	十二月 正月	十二月 正月	十二月 正月	十二月 正月
己巳	癸亥	丁巳	辛亥	乙巳	己亥	癸巳	丁亥	辛巳	乙亥
二月 三月	二月 三月	二月 三月	二月 三月	二月 三月	二月 三月	二月 三月	二月 三月	二月 三月	二月 三月
庚午	甲子	戊午	壬子	丙午	庚子	甲午	戊子	壬午	丙子
四月 五月	四月 五月	四月 五月	四月 五月	四月 五月	四月 五月	四月 五月	四月 五月	四月 五月	四月 五月
辛未	乙丑	己未	癸丑	丁未	辛丑	乙未	己丑	癸未	丁丑
六月 七月	六月 七月	六月 七月	六月 七月	六月 七月	六月 七月	六月 七月	六月 七月	六月 七月	六月 七月
壬申	丙寅	庚申	甲寅	戊申	壬寅	丙申	庚寅	甲申	戊寅
八月 九月	八月 九月	八月 九月	八月 九月	八月 九月	八月 九月	八月 九月	八月 九月	八月 九月	八月 九月
癸酉	丁卯	辛酉	乙卯	己酉	癸卯	丁酉	辛卯	乙酉	己卯

うか[45]。また、太陰刑徳大遊図の法則は年上朔のものであるので気上朔のものとして用いるのは難しいであろう。したがって、㊂部分を上朔表に見える上朔日とするよりは、先に検討したように刑徳小遊における刑・徳の移動日とする方が妥当ではないだろうか。これを踏まえて、帛書『陰陽五行』乙篇の太陰刑徳大遊図に見える「子位春、亥爲上朔。午位春、巳爲【上朔】」と「丁卯在火壬午　位春」が何を指しているのかを検討する。

表8　上朔表（黄儒宣氏修正版）

	十二月 正月	二月 三月	四月 五月	六月 七月	八月 九月	十月 十一月
木	癸巳	甲午	乙未	丙申	丁酉	戊戌
金	己亥	庚子	辛丑	壬寅	癸卯	甲辰
火	乙巳	丙午	丁未	戊申	己酉	庚戌
水	辛亥	壬子	癸丑	甲寅	乙卯	丙辰
土	丁巳	戊午	己未	庚申	辛酉	壬戌
木	癸亥	甲子	乙丑	丙寅	丁卯	戊辰
金	己巳	庚午	辛未	壬申	癸酉	甲戌
火	乙亥	丙子	丁丑	戊寅	己卯	庚辰
水	辛巳	壬午	癸未	甲申	乙酉	丙戌
土	丁亥	戊子	己丑	庚寅	辛卯	壬辰

表9 刑徳大游上朔暦日（黄儒宣氏作成）

年号	太陰紀年	冬至	立春	第一個上朔 十二月一月	第二個上朔二月三月
秦始皇二十年	甲戌	戊寅11.20	癸亥1.6	癸亥1.6	甲子3.8
二十一年	乙亥	癸未11.1	己巳12.18	己巳12.18	庚午2.20
二十二年	丙子	戊子11.12	甲戌12.28	乙亥12.29	丙子3.2
二十三年	丁丑	癸巳11.23	己卯1.10	辛巳1.12	壬午3.14
二十四年	戊寅	己亥11.5	甲申12.20	丁亥12.23	戊子2.25
二十五年	己卯	甲辰11.15	庚寅1.2	癸巳1.5	甲午3.7
二十六年	庚辰	己酉11.26	乙未1.13	己亥1.17	庚子3.19
二十七年	辛巳	甲寅11.7	庚子12.24	乙巳12.29	丙午3.1
二十八年	壬午	庚申11.19	乙巳1.5	辛亥1.11	壬子3.13
二十九年	癸未	乙丑11.29	辛亥1.16	丁巳1.22	戊午3.24
三十年	甲申	庚午11.10	丙辰12.27	癸亥1.4	甲子3.6
三十一年	乙酉	乙亥11.21	辛酉1.8	己巳1.16	庚午3.18
三十二年	丙戌	辛巳11.3	丙寅12.19	乙亥12.28	丙子2.30
三十三年	丁亥	丙戌11.14	壬申1.1	辛巳1.10	壬午3.12
三十四年	戊子	辛卯11.24	丁丑1.11	丁亥1.21	戊子3.23
三十五年	己丑	丙申11.6	壬午12.22	癸巳1.3	甲午3.5
三十六年	庚寅	壬寅11.17	丁亥1.3	己亥1.15	庚子3.17
三十七年	辛卯	丁未11.28	癸巳1.15	乙巳1.27	丙午3.29
秦二世元年	壬辰	壬子11.9	戊戌12.25	辛亥1.9	壬子3.11
二年	癸巳	丁巳11.20	癸卯1.6	丁巳1.20	戊午3.22
三年	甲午	癸亥11.2	戊申12.17	癸亥1.3	甲子3.5
漢高祖元年	乙未	戊辰11.12	甲寅12.29	己巳1.14	庚午3.16
二年	丙申	癸酉11.23	己未1.10	乙亥1.26	丙子3.28
三年	丁酉	戊寅11.4	甲子12.21	辛巳1.8	壬午3.10
四年	戊戌	甲申11.16	己巳1.2	丁亥1.20	戊子3.22
五年	己亥	己丑11.26	乙亥1.13	癸巳12.1	甲午2.3
六年	庚子	甲午11.8	庚辰12.24	己亥1.14	庚子3.15
七年	辛丑	己亥11.18	乙酉1.5	乙巳1.25	丙午3.27
八年	壬寅	乙巳11.30	庚寅1.16	辛亥12.6	壬子2.8
九年	癸卯	庚戌11.11	丙申12.27	丁巳1.19	戊午3.21
十年	甲辰	乙卯11.22	辛丑1.8	癸亥11.30	甲子2.2
十一年	乙巳	庚申11.3	丙午12.19	己巳1.13	庚午3.15
十二年	丙午	丙寅11.14	辛亥12.30	乙亥1.24	丙子3.26
漢恵帝元年	丁未	辛未11.25	丁巳1.12	辛巳12.5	壬午2.7
二年	戊申	丙子11.6	壬戌12.22	丁亥1.18	戊子3.20
三年	己酉	辛巳11.17	丁卯1.4	癸巳11.29	甲午2.1
四年	庚戌	丁亥11.28	壬申1.14	己亥12.11	庚子2.13
五年	辛亥	壬辰11.9	戊寅12.26	乙巳1.23	丙午3.25
六年	壬子	丁酉11.20	癸未1.7	辛亥12.4	壬子2.6
七年	癸丑	壬寅11.1	戊子12.18	丁巳1.17	戊午3.19
呂后元年	甲寅	戊申11.13	癸巳12.28	癸亥11.28	甲子1.30
二年	乙卯	癸丑11.23	己亥1.10	己巳12.10	庚午2.12
三年	丙辰	戊午11.4	甲辰12.21	乙亥1.22	丙子3.24
四年	丁巳	癸亥11.15	己酉1.2	辛巳12.4	壬午2.5
五年	戊午	己巳11.27	甲寅1.13	丁亥12.15	戊子2.17
六年	己未	甲戌11.8	庚申12.24	癸巳1.28	甲午3.30
七年	庚申	己卯11.18	乙丑1.5	己亥12.9	庚子2.11
八年	辛酉	甲申11.29	庚午1.16	乙巳12.21	丙午2.22
漢文帝元年	壬戌	庚寅11.11	乙亥12.27	辛亥12.3	壬子2.5
二年	癸亥	乙未11.22	辛巳1.9	丁巳12.14	戊午2.16
三年	甲子	庚子11.3	丙戌12.19	癸亥1.27	甲子3.29
四年	乙丑	乙巳11.14	辛卯12.30	己巳12.8	庚午2.10
五年	丙寅	辛亥11.25	丙申1.11	乙亥12.20	丙子2.22
六年	丁卯	丙辰11.6	壬寅12.23	辛巳12.2	壬午2.4
七年	戊辰	辛酉11.17	丁未1.4	丁亥12.13	戊子2.15
八年	己巳	丙寅11.28	壬子1.14	癸巳12.25	甲午2.27
九年	庚午	壬申11.10	丁巳12.25	己亥12.7	庚子2.9
十年	辛未	丁丑11.20	癸亥1.7	乙巳12.19	丙午2.21
十一年	壬申	壬午11.1	戊辰12.18	辛亥12.1	壬子2.3
十二年	癸酉	丁亥11.12	癸酉12.28	丁巳12.12	戊午2.14

「丁卯在火壬午　位春」について、「丁卯」は太陰紀年の干支で、「在火」はこの年に刑が火に居ることであり、「壬午」は刑徳小遊の刑・徳の移動日を指す。この中で図一の年上朔部分を理解するには「壬午　位春」を検討すべきである。先に述べたように「壬午」は刑徳小遊の刑・徳の移動日であるが、刑徳小遊において刑・徳は各宮に六日ずつ居る。[46] したがって、「壬午　位春」は、壬午の日当日のみが、「春」を指すといったものではなく、「壬午」を含む六日間が「春」に当たることを指すのではないだろうか。この解釈が成り立つなら、帛書『陰陽五行』乙篇に見える「子位春、亥爲上朔」は刑徳小遊の移動日が「子」日であり、「子」日を含む六日間に「春」があるなら「亥」が上朔となる。一方、「午位春、巳爲【上朔】」は刑徳小遊の移動日が「午」日であり、「午日」を含む六日間に「春」があるなら「巳」が上朔となる。次にこの「春」が、具体的にどの期間にあてはまるのかを以下で検討したい。

程少軒氏は太陰刑徳大遊図に「甲寅在金甲子　今元年」とあることから、甲寅が元年となる年号を導き出し、太陰刑徳大遊図が見える帛書『陰陽五行』乙篇の書写を呂后年間とする。[47] この図の作成期間が呂后年間であるならば、「丁卯在火壬午　位春」も呂后年間を想定していた可能性がある。ただし、この記述の解釈には二通り想定出来る。それは、この記述に見える、「春」は太陰紀年の干支である丁卯の年の春である場合と太陰紀年と無関係の場合である。つまり、㈢部分と㈠部分が連動しているか否かということである。連動している場合を㈠とし、連動しない場合を㈡とする。

㈠㈢部分と㈠部分が連動する場合

まず呂后年間の「春」の干支を検討する必要があるが、「春」は程少軒氏や末永氏が言及しているように、「春分」もしくは「立春」を指す可能性がある。[48] 太陰刑徳大遊図に「丁卯在火壬午　位春」と見える「春」が丁卯の年に属している場合を考えてみる。呂后年間の前後で太陰紀年が丁卯である年は文帝七年と始皇十三年である。文帝七年の立春・春分は、庚子・丙戌である。春分の丙戌は壬午の日から数えて五日目の干支と合致する。また、始皇十三年の立春・春分はそれぞれ、乙酉・辛未である。立春の乙酉は壬午を含む五日目の干支と合致している。(49)

㈡㊂部分と㊀部分が連動しない場合

次に呂后年間の立春・春分の干支を調べると、表10のようになる。(50)

刑徳小遊の移動周期は六日であるので、壬午の日からの六日間の干支は、壬午、癸未、甲申、乙酉、丙戌、丁亥となる。この六日間のうち呂后年間の立春もしくは春分の干支と合致するのは、呂后二年の春分「癸未」すなわち壬午の翌日である。したがって、この太陰刑徳大遊図は呂后二年を想定して作成された可能性がある。

このように二パターンを想定したが、(一)のように呂后年間から離れた期間を想定して、太陰刑徳大遊図を作成する必然性はないであろう。そうであるならば、太陰刑徳大遊図は呂后二年を想定して作成され、(一)のように㊂と㊀部分は連動しないと考えるべきではないだろうか。

以上が帛書に見える上朔である。最後に上朔と帛書『刑徳』甲篇の刑徳小遊との関係について検討したい。程少軒氏と武田氏は以下のように説明している。

表10　呂后年間の立春と春分

呂后年間	立春	春分
呂后一年	壬辰	丁丑
呂后二年	丁酉	癸未
呂后三年	壬寅	戊子
呂后四年	丁未	癸巳
呂后五年	癸丑	戊戌
呂后六年	戊午	甲辰
呂后七年	癸亥	己酉
呂后八年	戊辰	甲寅

程少軒氏によれば[51]、上朔には年を単位とする「年上朔」と月（二か月）を単位とする「気上朔」が存在する。そして帛書『刑徳』甲篇の「十一年十二月己亥上朔」を気上朔、「十二（程少軒氏はこの箇所を一に隷定する）年乙巳上朔」を年上朔とし、帛書『刑徳』甲篇にこの二種類の上朔が用いられているとする。前者は「上朔」の記述の前に「十二月」といったように月の記述が年と並記されているため、月（二か月）毎の「気上朔」であるとする。後者は「上朔」の記述の前に年の記述のみ並記されているため、「年上朔」であるとする。そして両者の移動法則について、「気上朔」は先に挙げた上朔のサイクルのように動くとし（表1参照）、「年上朔」については太陰刑徳大遊図に見える「子位春、亥爲上朔。午位春、巳爲【上朔】」の記述を用いて、以下のように上朔日を確定するとした。「十二年乙巳上朔」の場合、春分は壬辰で壬辰から数えて七日目は戊戌となり、戊戌から第一番目の巳は乙巳であり、帛書『刑徳』甲篇の「十二年乙巳上朔」と合致すると述べる。程少軒氏は上朔を確定する際に、太陰刑徳大遊図の年上朔の記述を用いて、「春分から七日目以降」の巳の日を上朔とするが、「春分から七日目以降」という法則は帛書には見えない。帛書『刑徳』乙篇に「刑徳之歳徙也、必以日至之後七日之子午卯酉」とある、刑徳大遊の刑・徳の移動法則を上朔の確定に用いているのではないだろうか。

歳	木歳（甲・己）	金歳（庚・乙）	火歳（丙・辛）	水歳（壬・丁）	土歳（戊・癸）
上朔	癸亥 癸巳	己亥 己巳	乙亥 乙巳	辛亥 辛巳	丁亥 丁巳

表11　歳干の五行と上朔（武田氏作成のものを一部修正）

一方、武田氏によれば[52]、「(高祖) 十一年（乙巳）十二月己亥上朔」の場合、歳干の「乙」は金の陰干なので、帛書『陰陽五行』甲篇「上朔」の上朔のサイクルより、上朔は己亥・己巳となり本文の記述と合致する。また「(高祖)

十二年（丙午）乙巳上朔」の場合も歳干の「丙」は火の陽干なので、帛書『陰陽五行』甲篇の上朔のサイクルより、上朔は乙亥・乙巳なので本文の記述と合致する（表11参照）[53]。しかし、帛書には二つの上朔がありながら、「十一年十二月己亥上朔」とあるように十二月のもののみ採用しているとする[54]。

今までの検討から、上朔には程少軒氏が述べるように二種類存在するのは確かである。しかし、帛書『刑徳』甲篇に見える二つの上朔は程少軒氏の説が成り立ち難く、武田氏のように年上朔と考えるべきであろう。そして帛書『刑徳』甲篇に見える刑徳の移動日と上朔については、武田氏が作成した表に従った上で、先に検討していた帛書『陰陽五行』乙篇の太陰刑徳大遊図を用いて一つに限定すべきであろう。したがって、上朔の日を計算するには、以下のような手順となるであろう。まず表11で上朔を導き出した後、㊂部分の干支から六日間の干支の内、検討しようとする年の春分の日の干支を含んでいるものを計算する。最後に、帛書『陰陽五行』乙篇の太陰刑徳大遊図の「子位春、亥爲上朔。午位春、巳爲【上朔】」によって、上朔を一つに限定する。

「十一年十二月己亥上朔」の場合、高祖十一年の歳の干支は「乙巳」で表11に基づくと上朔は「己亥」・「己巳」となる。春分の干支は「庚寅」であり[55]、先に検討した帛書『陰陽五行』乙篇の太陰刑徳大遊図㊂部分の干支から六日間の干支の内「庚寅」を含んでいるもの選ぶと、戊子から三日目は庚寅であるので㊂部分の干支は戊子となる。この十二支は子であるので、帛書『陰陽五行』乙篇の太陰刑徳大遊図に見える「子位春、亥爲上朔。午位春、巳爲【上朔】」にしたがい、「亥」の方を上朔とする。これは本文の記述と合致する。

次に、「十二年乙巳上朔」の場合、高祖十二年の歳の干支は「丙午」で表11に基づくと上朔は「乙亥」・「乙巳」となる。春分の干支は丙申であり[56]、帛書『陰陽五行』乙篇の太陰刑徳大遊図㊂部分の干支から六日間の干支の内「丙申」を含んでいるものを選ぶと、甲午から三日目の干支は丙申であるので㊂部分の干支は甲午となる。この十二支は午であるので、太陰刑徳大遊図に見える「子位春、亥爲上朔。午位春、巳爲【上朔】」にしたがい、「巳」の方を上朔とする。これは本文の記述と合致する。

おわりに

ここまでで、上朔と帛書『刑徳』甲篇の刑徳小遊の刑・徳の移動日の関係について検討した。帛書『陰陽五行』甲篇「上朔」は刑・徳の移動理論ではなく移動日に関する理論であり、帛書にその記述が数か所見え、これには二種類あると考えられている。一つは年毎に見える上朔（「年上朔」）で、もう一つは月（二か月）毎に見える上朔（「気上朔」）である。帛書『刑徳』甲篇に見える「上朔」は年上朔であり、帛書『刑徳』甲篇に見える刑・徳の移動日は上朔の翌日となる。本論文で帛書『刑徳』甲篇の上朔は帛書『陰陽五行』甲篇「上朔」の上朔のサイクルと帛書『陰陽五行』乙篇の太陰刑徳大遊図から導き出せることが分かった。

本論文では帛書『刑徳』甲篇の刑徳小遊の移動日について検討したので、次稿では帛書『刑徳』甲篇の刑徳小遊の刑・徳の移動自体について検討したい。

注

（1）『漢書』巻九九中王莽伝に「今年（壬申）刑在東方、誅貉之部先縦焉。捕斬虜騶、平定東域、虜知殄滅、在于漏刻」とある。

（2）Marc Kalinowski「馬王堆帛書《刑徳》試探」（『華学』（第一期）、一九九五年）八二～一一〇頁。

（3）『淮南子』と帛書の成書・書写については、拙稿「出土資資料に見える刑徳七舎とその運行理論の相異について」（早稲田大学長江流域文化研究所編『中国古代史論集――政治・民族・術数――』（雄山閣、二〇一六年）二九三～三一七頁）にて検討した。
（4）拙稿『淮南子』天文訓「二十歳刑徳」の「刑」・「徳」運行について」（『史滴』三四号、二〇一二年）。
（5）注（3）前掲拙稿。
（6）注（4）前掲拙稿。
（7）拙稿「馬王堆帛書『刑徳』篇「刑徳大遊」についての一考察」（『早稲田大学大学院文学研究科紀要』五八輯第四分冊、二〇一三年）。
（8）拙稿「帛書『刑徳』乙篇の刑徳小遊」（武田時昌・麦文彪編『天と地の科学――東と西の出会い――』、二〇一九年）。
（9）武田時昌「刑徳遊行の占術理論」（『日本中国学会報』第六三輯、二〇一一年）。
（10）末永高康「刑徳小遊についての覚え書き」（出土資料と漢字文化研究会『出土文獻と秦楚文化』第八号（日本女子大学文学部谷中信一研究室、二〇一五年）四十五～五十六頁。
（11）湖南省博物館　復旦大学出土文献与古文字研究中心編纂　裘錫圭主編『長沙馬王堆漢墓簡帛集成』第五冊（中華書局、二〇一四年）二十～二十五頁、程少軒「馬王堆帛書《刑德》、《陰陽五行》諸篇曆法研究」（『中央研究院歴史語言研究所集刊』、二〇一六年）。なお、程少軒氏の論文は、山梨県立大学准教授・名和敏光氏に頂いたものである。厚く御礼を申し上げる次第である。
（12）黄儒宣「馬王堆帛書《上朔》綜論」（『文史』第二期、二〇一七年）。
（13）原文の□は文字が一字分の缺落、【】の中の文は整理者によって補ったものであり、以下同じである（注（11）前掲書第一冊二一〇～二一九頁、第五冊二十三～二十五頁）。

（14）「十二年」を程少軒氏は「十一」とするが、末永氏は写真版によると「十二」とすべきであろうとする。本論文では末永氏に従う（注（10）前掲論文）。

（15）当該字を程少軒氏は「居」、末永氏・鄔可晶氏は「幷」に作る。写真版より、末永氏・鄔可晶氏に従う（注（11）前掲書、鄔可晶「読馬王堆帛書《刑德》・《陰陽五行》・《天文気象雑占》瑣記」（中国文化遺産研究院編『出土文献研究』第十五輯（中西書局、二〇一六年）、注（10）前掲論文参照）。

（16）注（11）前掲書第一冊二四六・二四七頁、第五冊七十二～七十七頁。

（17）注（9）前掲論文。

（18）注（11）前掲書第五冊七十二～七十七頁、注（11）前掲論文。

（19）注（11）前掲書第二冊九・十頁、第五冊一三五～一三八頁。

（20）表12天文訓の二十歳刑徳・帛書『刑徳』甲篇の刑・徳の移動と帛書『刑徳』甲篇に見える年（注（7）拙稿参照。なお四二年目は高祖一一年、四三年目は高祖一二年、四六年目は高祖一五年、四七年目は高祖一六年に当たる）。

干支（年）	徳	刑	運行年
甲子	東（木）	東（木）	一年目
乙丑	西（金）	西（金）	二年目
丙寅	南（火）	南（火）	三年目
丁卯	北（水）	北（水）	四年目
戊辰	中（土）	東（木）	五年目
己巳	東（木）	西（金）	六年目
……	……	……	……
甲辰	東（木）	東（木）	四一年目
乙巳	西（金）	西（金）	四二年目
丙午	南（火）	南（火）	四三年目
丁未	北（水）	北（水）	四四年目
戊申	中（土）	東（木）	四五年目
己酉	東（木）	西（金）	四六年目
庚戌	西（金）	南（火）	四七年目

（21）注（11）前掲書第五冊七十二～七十七頁、注（11）前掲論文。
（22）注（11）前掲書第二冊二頁、第五冊一二五～一二八頁、注（11）前掲論文。
（23）刑・徳の移動は一年を三六六日としているため（注（9）前掲論文参照）、六旬を六十一日とすることで六度回ることで一年となる（注（10）前掲論文、注（11）前掲論文参照）。
（24）注（11）前掲書第二冊二頁、第五冊一二五～一二八頁、注（11）前掲論文。
（25）末永高康「帛書『刑徳』小考」（『坂出祥伸先生退休記念論集　中国思想における身体・自然・信仰』所収、東方書店、二〇〇四）一五三～一六七頁、注（11）前掲書第五冊四十二頁。
（26）注（10）・（25）前掲論文、注（11）前掲論文。
（27）注（25）前掲論文、注（11）前掲論文。
（28）注（11）前掲論文。
（29）注（11）前掲書第一冊二二〇～二二八頁、第五冊三二～四十頁。なお、程少軒氏は、刑は徳に対する概念であるので夏至を起点にすると述べる（注（11）前掲論文）。
（30）注（11）前掲論文。
（31）注（11）前掲論文。
（32）注（11）前掲論文。
（33）注（11）前掲論文。
（34）程少軒氏は表のような徳の移動法則のズレが生じる理由を実際に用いられている暦と帛書の編纂に用いられている暦の差で生じたとする（注（11）前掲論文参照）。

（35）注（12）前掲論文。
（36）㊂部分が刑徳小遊の刑・徳の移動日ではないか、という議論は京都大学人文科学研究所教授・武田時昌氏、名和敏光氏と筆者の三名による日書読書会（二〇一七年八月二十四日）にて提案させて頂いたものである。
（37）注（8）前掲拙稿。
（38）注（11）前掲書第五冊一二五～一二八頁、注（11）前掲論文。
（39）注（10）前掲論文。
（40）注（11）前掲書第五冊七十二～七十七頁、注（11）前掲論文。
（41）東西南北の四方と中央に見える㊂部分は五行属性のある子・午であるため、「五子」「五午」と称する（注（12）前掲論文参照）。
（42）注（11）前掲書第二冊六頁、第五冊一三〇・一三一頁。
（43）注（12）前掲論文。表の並びは程少軒氏のものに合わせる。
（44）注（12）前掲論文。
（45）程少軒氏は、帛書『陰陽五行』甲篇の書写は秦統一以後から楚漢の際とし、帛書『陰陽五行』乙篇の書写は漢呂后年間とする（注（11）前掲書第五冊六十六・一一七頁）。
（46）注（8）前掲拙稿。
（47）注（45）参照。
（48）注（10）前掲論文、注（11）前掲論文。
（49）張培瑜『三千五百年暦日天象』（大象出版社、一九九七年）九一三頁。

(50) 注(49)前掲書九一三頁。
(51) 注(11)前掲論文。
(52) 注(9)前掲論文。
(53) 注(9)前掲論文。なお武田氏は表の己巳の部分を癸巳とするが、帛書『陰陽五行』甲篇「上朔」の上朔のサイクルを参照すると、己巳とすべきであろう。
(54) 帛書『陰陽五行』甲篇「上朔」の上朔のサイクルの五行は、程少軒氏が指摘されているようにその年の徳の居る五行と合致している(注(11)前掲論文、表12参照)。
(55) 注(49)前掲書九一三頁。
(56) 注(49)前掲書九一三頁。

『史記』日者列伝の亡佚と補作について

森　和

はじめに

現在我々が目にすることのできる『史記』巻一二七・日者列伝は、篇目だけを残して本文が失われたとされる十篇のうちの一篇であり、前漢後期に褚少孫によって補われたものとされる。『史記』全一三〇巻のうち、どこまでが司馬談・司馬遷父子の手になるもので、どこからが褚少孫他後人による増補であるのかという問題は、日者列伝に限らず古くから多く議論されてきたが、諸説紛々として定まらず、日者列伝についても根拠や論点が必ずしも明らかになっているとは言い難い。また一方で一九七五〜七六年に睡虎地十一号秦墓から甲乙二種類の秦簡「日書」が出土して以来同種の簡牘資料が次々と発見され、日者列伝に対して新たな知見や視点を提供している。そこで小論では主に日者列伝をめぐる諸説を整理し、その亡佚と補作について検討する。

第一節　日者列伝の亡佚と補作

『史記』の一部が早くから失われたことについては、『漢書』巻六二・司馬遷伝に、凡そ百三十篇、五十二萬六千五百字、『太史公書』と爲す。序略に「以て遺を拾い藝を補い、一家言を成し、六經の異傳を協《あわ》せ、百家の雜語を齊しくす。之を名山に藏し、副は京師に在り、以て後の聖君子を竢《ま》つ」と。第七十は、遷の自敍と云うのみ。而して十篇缺け、錄有るも書無し。

とあり(1)、後漢の班固の時代にすでに十篇は篇目が存在するだけで、本文は失われていたとされる。また『史記』巻一三〇・太史公自序の「余、黄帝以來、太初に至るまでを述歷して訖ること、百三十篇」という太史公の言に対する南朝宋の裴駰『集解』に、

駰案ずるに、『漢書音義』に曰う、「十篇缺け、錄有るも書無し」と。張晏曰く、「遷沒するの後、景紀・武紀・禮書・樂書・律書・漢興以來將相年表・日者列傳・三王世家・龜策列傳・傳靳蒯成列傳を亡《うしな》う。元・成の閒、褚先生、闕を補い、武帝紀、三王世家、龜策・日者列傳を作るも、言辭鄙陋、遷の本意に非ざるなり」と。

とあるように、三国魏の張晏がその十篇の具体的な篇名を挙げ、そのうち武帝紀・三王世家・龜策列傳・日者列傳の四篇が前漢後期の元帝（前四八～前三三在位）から成帝（前三二～前七在位）の間に褚少孫によって補われたこと、その言葉遣いが卑俗で司馬遷の本意ではないことを指摘した。以来、日者列伝を含む十篇の亡佚や補作について様々に論じられてきたが、ここでは『集解』以降の日者列伝の補作に関わる諸説に限って時代順に列挙し、論点を整理して明確にしておきたい。

①案ずるに、日者傳に「亡びて、以て諸國の俗を知る無し」と。今、褚先生唯だ司馬季主の事を記すのみなり。案ずるに、景紀は班『書』に取りて之を補い、……日者は諸國の同異を記す能わず、而して司馬季主を論ず。龜策は直だ太卜の龜兆を占う雜説を得る所にして筆削の功無く、何ぞ蕪鄙なるや。

（『史記』巻一三〇・太史公自序の唐・司馬貞『索隱』）

②『史記』は元・成の間に至り、十篇錄有るも書無し。而して褚少孫、景・武紀、將相年表、禮書・樂書・律書、三王世家、蒯成侯・日者・龜策列傳を補う。日者・龜策は言辭最も鄙陋、太史公の本意に非ざるなり。

（『史記』巻一二八・亀策列伝の唐・張守節『正義』）

③孝武の世、太史公司馬談、古今を錯綜《まじえあつ》め、一史を勒成せんと欲するも、其の意未だ就らずして卒す。子遷乃ち父の遺志を述べ、『左傳』・『國語』に採り、……諸を名山に藏し、副は京師に在り。以て後聖の君子を俟つ。宣帝の時に至り、遷の外孫楊惲、其の書を祖述し、遂に焉を宣布す。而るに十篇未だ成らず、錄有るのみ。〔原注〕張晏『漢書』注に「十篇、遷歿後亡失」と云うも、此の説非なり。元・成の間、褚先生更めて其の缺を補い、武帝紀・三王世家、龜策・日者等の傳を作るも、辭は多く鄙陋、遷の本意に非ざるなり。

（唐・劉知幾『史通』巻十二・外篇・古今正史篇）

まず三家注から、唐代の①司馬貞は張晏説を踏まえて亡佚十篇がそれぞれ何に基づいて補われたのか、その情報源を示すが、日者列伝については列伝本文と太史公自序に書かれた執筆意図との乖離を指摘する。すなわち『史記』巻一三〇・太史公自序に、

齊・楚・秦・趙の日者たる、各〃俗の用うる所有り。其の大旨を循觀せんと欲し、日者列傳第六十七を作る。

とあるように、司馬遷は日者列伝の執筆意図について、斉や楚など各地の日者にはそれぞれの習俗に合わせた異なる占卜方法があり[2]、その大旨を総覧するために日者列伝を著す、と説明するが、現行日者列伝には後述するように楚人司馬季主の故事しか記されておらず、残りは「褚先生曰」で始まる褚少孫の補作となっている点である。司馬貞はこの司馬季主の故事を褚少孫の補作とし、その文辞が亀策列伝のものと併せて卑俗であると述べる。一方、②張守節は褚少孫の補作を張晏のいう日者列伝を含む四篇から亡佚十篇全てとした上で[3]、日者・亀策両列伝の卑俗さに言及する。

両者が張晏説に基づいて日者列伝を亡佚後の褚少孫による補作とするのに対し、ほぼ同時代の③劉知幾は宣帝（前七三～前四九在位）のときに司馬遷の外孫である楊惲が『史記』を受け継いで述べ、ようやく世に広まったが、十篇は未完成で篇目しかなく、それらを褚少孫が補作したとする未完成説を提起し、張晏の亡佚説を否定する。ただし補作された篇の文辞を卑俗とするのは、三者に共通する認識のようである。

④班固『前漢書』司馬遷傳に云う、「十篇缺け、錄有るも書無し」と。張晏の列する所の亡われし篇の目を以て之を校すれば、『史記』或いは其の篇の具わり、或いは草具わるも未だ成らざる在り、皆な書無きには非ざるなり。今各〃其の篇に隨いて之を辨ず。……其の九に曰く、日者列傳。「余志して之を著す」より以上は皆な太史公の本書。歐陽文忠公製作すること有る毎に、必ず此の傳を取りて讀むこと數過、然る後に筆を下す。其の之を愛すること此の如し。末に褚先生の論ずる所の數百言有り、乃ち張晏の「言辭鄙陋」と謂う所の者なり。晏幷せて其の傳と與に之を疑う。此れ豈に褚先生の手筆ならんか。

（南宋・呂祖謙『東萊呂太史別集』巻十四・辯史　十篇有錄無書）

やや時代を降った④南宋の呂祖謙は、『史記』には本文が備わっているものや未完成の草稿はあるが、本文が全くない篇はなく、日者列傳については「太史公曰」の「余志而著之」までが欧陽文忠公すなわち北宋の欧陽脩も愛読した司馬遷の原文、その後の部分を褚少孫の補作で張晏のいう「言辭鄙陋」の部分とする。[4] この呂祖謙以後は日者列伝全体ではなく、内容的にまとまっている段落ごとに原文か補作かを判断するようになる。

⑤日者・龜策二傳は惟れ末段に各〃另に褚先生の言を附せば、其の元文は仍お子長の筆に出づ。『索隱』の日者傳の司馬季主の事を以て褚の補と爲すは、非なり。張晏の何を以て亡わると云うかを知らず。……然らば則ち『漢書』に「十篇錄有るも書無し」と謂う所の者は、今は惟だ武紀灼然として全く亡わるるのみ。三王世家・日者・

龜策傳は未だ成らざるの筆と爲し、但だ「闕く」と云うべく、「亡わる」と云うべからず。其の餘は皆な亡う所の何れの文なるかを見ず。（王鳴盛『十七史商榷』巻一・十篇有錄無書[5]）

⑥案ずるに、『史』、此の傳を缺く。褚生、司馬季主の事を取記し、之を補う。序論も亦た僞託。然るに其の文は汪洋自肆、頗る誦を愛すべし。黄震『古今紀要』二に言う、「呂東萊謂う、歐公、文を製する每に、必ず先づ日者傳を取り讀むこと數過」と。疑うらくは當時、此の文有るは客難・賓戲の比の如からん。故に『史記攷要』に云う、「季主傳は蓋し沈淪隱遯、志を時に得ざる者の言、未だ必ずしも少孫に出でざらん」と。董份曰く、「季主を記す所は自ら當時の舊文有り。而して褚、之を述ぶ」と。應に或いは然りとすべきなり。只だ篇中に文王の演三百八十四爻を謂うは、岐異を免れず（向に文王、爻辭を作るの説有り、『易』正義曾て之を辨ず）。又た句踐、文王の八卦に倣いて以て敵國を破ると謂うは、未だ何れに出づるかを知らず。褚復た四百餘字を綴り、更に蛇足を爲す。（梁玉繩『史記志疑』巻三五・日者列伝）

⑦愚按ずるに、此の篇に褚氏の補傳有れば、則ち本傳の成るは必ず少孫の前に在り、而るに史公の手筆に非ず。篇中但だ楚人司馬季主の事を敍ぶるのみ、齊・秦・趙諸國の人に及ばず、自序の言う所と異なるも、亦た其の一證。（瀧川資言『史記会注考証』巻一二七・日者列伝）

さらに後の清朝考証学では、⑤王鳴盛が末段に「褚先生曰」の文言があることを根拠にその句より前の部分を司馬遷の原文で未完成、「亡」ではなく「闕」であったところを褚少孫が補作したとし、③劉知幾の未完成説に近い。しかし⑥梁玉縄は、司馬季主の故事と「褚先生曰」以下の四百余字とを併せて褚少孫の補作とし、さらに冒頭の序論部分も偽託とする。ただ司馬季主の故事については、必ずしも褚少孫の手になるものではないとする明の柯維騏や「當時の舊文」によって褚少孫が述べたものとする明の董份の言を引き、褚少孫自身の文ではない可能性も残している。

また⑦瀧川資言は褚少孫の補作の存在および太史公自序との乖離を根拠に、日者列伝の成立を褚少孫以前だが、司馬遷の原文ではないとする。

これ以降の研究では基本的に①から⑦までの諸注諸説をそれぞれ検証して個々の見解が示されているが、結論はやはり分かれている。例えば、余嘉錫氏は、司馬遷の原書は太史公自序にあるように齊・楚・秦・趙の日者について記述し、関連する人物は必ず多かったはずだが、今本は司馬季主一人のことしか記していないので、それが原書でないことは明白であると論じる。(6) 伊藤徳男氏も「史公の手筆に非ず」とする瀧川資言と梁玉繩に従い、「當時の舊文」によって褚少孫が補作した司馬季主の故事に序と論賛を付して列伝の形式を整えたという。(7) 一方、佐藤武敏氏は瀧川説を妥当とし、『史記』の編纂過程を論じる中で亀策列伝と併せて李陵の禍（前九九年）以後につくられたが、未完成であったために後人によって補作されたと推測しながら、本文は司馬遷の原文に基づいているが、残稿であろうと指摘する。(8) また張大可氏も、張晏のいう亡佚した十篇の篇目は全てを信じることはできず、日者列伝は司馬遷の原文と褚少孫の補続四〇九字からなるとする。(9)

以上のような日者列伝の補作をめぐる見解の相違は、（A）列伝の内容と太史公自序の執筆意図との乖離、（B）列伝の文辞に対する「鄙陋」などの評価、（C）列伝に見える「太史公曰」、という三点をどのように解釈するのかという問題に起因していることがわかる。ただし実際には、このうちの（B）はすでに問題とはならない。なぜならを司馬遷の「本書」とする原文肯定派の呂祖謙も否定派の梁玉繩もその文辞の価値は認めており、張晏のいう「言辭鄙陋」は司馬季主の故事に対して述べたものではなく、「褚先生曰」以下の補文について述べたものと考えられるからである。そうであるならば、日者列伝の文辞の風格は司馬遷の原文であるか否かを判断する論拠にはけしてなり得ないことになる。そこで次節では日者列伝の構成と内容から（A）と（C）について考えてみたい。

第二節　日者列伝の構成と内容

日者列伝は大別して（1）序文、（2）司馬季主の故事、（3）太史公曰、（4）褚先生曰の四段で構成され、（2）は①司馬季主と宋忠・賈誼の議論、②宋忠と賈誼の「屏語」、③宋忠と賈誼の最期の三節に、（4）は①司馬季主とその他の日者の評、②武帝期（前一四〇～前八七在位）の占家聚会の二節にそれぞれ細分できる。以下、それぞれの内容を個別に順次確認してみよう。

列伝の冒頭すなわち（1）序文に、

古より命を受けて王たり。王者の興るに、何ぞ嘗て卜筮を以て天命を決せざる。其れ周に於いて尤も甚だしく、秦に及びても見るべし。代王の入るや、卜者に任ず。太卜の起こるは、漢の興るに由りて有り。

とあり、昔から王は天命を受けて興ったのであり、みな卜筮によって天命を判断してきたこと、それが周代や秦代、代王すなわち後の文帝（前一七九～前一五七在位）の長安入城の際に見えること、太卜の官が前漢成立以来すでにあったことを述べる。この部分について、前述のとおり梁玉縄は理由を述べずに偽託と断じるが、張銘洽氏はここに見える「卜筮」が日者の術と全く関係ないこと、王者についての記述が太史公自序の本意と異なること、太卜の官が秦代に由来し史実と矛盾すること、の三点を挙げて後人の竄入であるとする[10]。しかし、後段（2）で司馬季主が卜筮の重要性について「昔、先王の國家を定むるや、必ず龜策・日月を先にし、而る後に乃ち敢えて代わり、時日を正して乃ち後に入る。家、子を産まば、必ず先ず吉凶を占い、後に乃ち之を有つ。伏羲の八卦を作りしより、周の文王、三百八十四爻に演べ、而して天下治まれり」と先王との関係で語っており、（2）司馬季主の故事との関連性がある。

また太卜の官についても『会注考証』に引く張照の言に「龜策傳に、高祖の時、秦の太卜官に因る、と。是れ漢興りて卽ち太卜有り。……漢の興るに由りて有りとは、蓋し漢興以來卽ち之有るを言うならん」とあるように、後人の竄入とする根拠としては不十分であるように思われる。むしろ鬼頭有一氏が、司馬季主の故事を始める冒頭にこの序文を置いたのは、卜筮が天命を決する国家の大事であることを明らかにしたかったため、とするように[11]、司馬遷が歴史や社會における占卜の重要性を説いた序文と解すべきであろう。

（2）司馬季主の故事は日者列伝の大半を占める中核であり、また太史公自序で示された執筆意図との乖離ゆえに司馬遷の原文か、後人の補作かが疑われる最も重要な論点である。まず①司馬季主と宋忠・賈誼の議論は、

司馬季主は、楚人なり。長安の東市に卜《うらな》う。

とあるように、楚地の出身で長安の東市で占卜を生業としている司馬季主について紹介し、彼のもとへ中大夫宋忠（生没年不詳）と博士賈誼が訪れる場面から始まる。宋忠と賈誼が司馬季主のもとへ訪れた理由は、「賈誼曰く、吾聞く、古の聖人、朝廷に居らずんば、必ず卜・醫の中に在りと。今吾已に三公・九卿、朝の士大夫を見るも、皆な知るべし。之を卜數の中に試みて以て觀采せん、と」と説明される。これによって司馬季主＝在野の聖人という位置付けが確立され、司馬季主による宋忠・賈誼批判、さらには当時の「官吏あるいは世間で賢者と呼ばれている支配層の欺瞞性」[12]への批判が展開される。その内容は、後段（4）褚先生曰の①に、

夫れ司馬季主は、楚の賢大夫、長安に游學し、『易經』を道《おさ》め、黄帝・老子を術《の》べ、博聞遠見。其の二大夫貴人に對するの談を觀るに、言、古の明王・聖人の道を稱引すれば、固より淺聞小數の能に非ず。

と簡潔にまとめられているように、『易』に関する議論や『老子』などの典籍を主張の裏付けとして引用しながら[13]、卜筮者の立場や存在意義を語るものである。鬼頭氏や張銘洽氏はこれを司馬遷が司馬季主の言葉を借りて自分の人生

観を活叙したもの、あるいは官僚集団の虚偽や腐敗、無恥に対して糾弾したものと解釈する。(14) 最後に司馬季主が持論を、

　故に君子は卑しきに處り、隠れて以て衆を辟け、自ら匿れて以て倫を辟け、微かに徳順を見《あら》わし、以て羣害を除き、以て天性を明らかにし、上を助け下を養い、其の功利を多くするも、尊譽を求めず。公（之）等は喁喁者なり、何ぞ長者の道を知る。

と総括すると、宋忠・賈誼の二人は茫然自失として顔色を失い、何も言えず、何とか再拝してその場を立ち去ったものの、足元もおぼつかずよろめきながら市の門を出て、車に乗っても軾に伏したまま、意気消沈していたという。

次の②宋忠と賈誼の「屛語」は、「居ること三日、宋忠、賈誼に殿門の外に見《あ》い、乃ち相引きて屛語す」と始まるように、①の三日後の故事であり、二人が司馬季主との境遇の違いを嘆く内容である。その「道高ければ益〃安んじ、勢高ければ益〃危うし。赫赫の勢に居れば、身を失うこと且に日有らん。……人主の爲に計るも審らかならずんば、身、處く所無し。……天地は曠曠たり、物の熙熙たる、或いは安んじ或いは危うく、之に居るを知る莫し」という官吏としての不安定さに対する嘆きは、二人の最期について述べる③の導入部的な位置付けにもなっている。

最後の③は②のさらに後、宋忠と賈誼の最期について次のように述べる。

　之を久しくして、宋忠、匈奴に使するも、至らずして還り、罪に抵てらる。而して賈誼、梁の懐王の傅と爲るも、王、馬より墮ちて薨ずれば、誼食わず、毒恨《にくみうら》みて死す。此れ華に務めて根を絶つ者なり。

これによれば、宋忠は匈奴に使者として派遣されたが、目的地まで行かずに途中で戻ったため処罰され、賈誼は梁の懐王の太傅になったが、王が落馬して亡くなると、悔恨から食事を断って死去したという。賈誼については巻八四に屈原と併せて立伝されており、その最期は「居ること數年、懐王騎し、馬より墮ちて死す。後無し。賈生自ら傅と爲

るも狀無きを傷み、哭泣すること歳餘、亦た死す」とあるように本段と基本的に一致する。また佐藤氏は「賈生の之を弔うを見るに及び、又た屈原彼の其の材を以て諸侯に游べば、何れの國か容れざらん、而るに自ら是の若くならしむを怪しむ。服烏の賦を讀むに、死生を同じくし、去就を輕んずるは、又た爽然として自失せしむ」とある論賛に、賈誼の姿勢に賛成できない李陵の禍以後の司馬遷の心境を見出すが[15]、このような賈誼に対する評価は本段③末尾の、現実の栄華を求めながら、却ってその身を失ったという批評にも通底するようである。

次に（3）太史公曰では、前段（2）の故事と太史公自序に述べる執筆意図との乖離を解消するかのように、

太史公曰く、古者の卜人の載せざる所以の者は、多く篇に見えざればなり。司馬季主に至るに及びては、余志して之を著す。

と続く。これによれば、司馬遷は当初、各地の日者の異なる占卜方法の大旨を示そうと考えていたが、昔の卜筮者の事跡がほとんど史籍に残っていなかったため、自分が知り得た司馬季主の故事だけを記し留めたという。司馬季主の故事を司馬遷の原文ではないとする立場を取るならば、この太史公曰も当然、後人の仮託と考えざるを得なくなる。しかし前節で確認したように司馬貞以来否定派は太史公自序との乖離は指摘するものの、本句には言及せずに非原文・後人補作説を主張しており、疑問が残る。

逆に、本段を太史公自序の執筆意図に対する司馬遷の弁明の辞と見做せば、ここまでが司馬遷の原文で、これ以降の（4）褚先生曰の①と②が文字通り褚少孫の補作ということになる。この場合、執筆意図を書いたときと実際の日者列伝を書いたときの間に時間差を想定しなければならない。前述した日者列伝を李陵の禍以後の作成とする佐藤氏の見解に従えば、（2）司馬季主の発言が司馬遷自身の境遇や思いを反映しているとする鬼頭・張銘洽両氏の指摘も十分首肯できる[16]。また本段の直後（4）褚先生曰の①に司馬季主に対する褚少孫の論評が続いているのは、弁明のみ

で司馬季主に対する論評のない本段の缺を補ったものと解されよう。

（4）褚先生曰の部分は文字通り「褚先生曰」の語で始まり、褚少孫補作として疑義をはさむ余地もなく、また異論もないので、簡単に内容を紹介するに止めておく。①はまず褚少孫が郎であったとき、[17]長安で見た卜筮の賢大夫が君子の風をそなえていたことを述べてから、司馬季主が「固非淺聞小數之能」であると評価する。そして一技能でもって身を立てた六人——黄直・陳君夫（相馬）、斉の張仲・曲成侯（撃刺用剣）、留長孺（相彘）、滎陽の褚氏（相牛）を挙げ、「能く伎能を以て名を立つる者甚だ多く、皆な高世絶人の風有り、何ぞ勝げて言うべけん。……故に曰く、宅を制し子に命ずるは、以て士を観るに足る。子に處る所有れば、賢人と謂うべし、と」と結論する。②も同じく褚少孫が郎であったとき、同じ署にいた太卜待詔の郎から聞いた話として、武帝が娶婦の吉日を選ぶために様々な占術家を召し集めた故事を述べる（後述）。

以上、現行日者列伝の構成および内容から前節で整理した補作をめぐる問題を考察した結果、中核たる（2）司馬季主の故事には李陵の禍に遭った司馬遷自身の境遇や心情が反映されており、また（1）序文や（3）太史公曰はそれと関連した記述であると見做すことができ、いずれも司馬遷の原文である可能性が高い。その一方で、これらを司馬遷の原文ではないとする積極的な確証は見当たらないと言えよう。

第三節　司馬季主の故事と「日書」

日者列伝の補作に関しては近年「日書」という新たな資料が注目されている。「日書」とは主に時日の吉凶を選択判断するための多種多様な占術を抄録した実用的占書で、一九七五～六年に湖北省孝感市雲夢県の睡虎地十一号秦墓から甲乙二種類の竹簡「日書」が出土して以来、戦国から秦漢代にかけての同種あるいは類似の簡牘が陸続と発見され、[18]その研究はすでに一分野として確立している。この「日書」という資料に基づき日者列伝の補作について検討した代表的なものとして張銘洽・劉楽賢両氏の論考を挙げることができるが、両者が導き出した結論は正反対である。張銘洽氏は司馬季主の卜筮に関する発言や褚少孫補文を秦簡「日書」と照合し、日者列伝で言及されている日者の方術がみなその淵源を「日書」中に見えるとして、前述のとおり（1）序文以外の（2）・（3）を司馬遷の原文とする。[19]一方、劉楽賢氏は張銘洽氏の照合に逐一反論し、それらはみな卜筮（亀卜と筮占）の概論であって、「日書」に見えるような実用的な選択術の占辞は全く述べられておらず、太史公自序の執筆意図と異なることから、司馬季主の故事は司馬遷の原文ではないとする。[20]

この問題を考える鍵は、日者列伝の「日者」とは如何なる存在で、司馬季主がそれに該当するのか否かという点にある。張銘洽氏は司馬季主の故事を原文とする立場から、司馬遷が意図した「日者」の特徴として、①占卜を職業とし、その他の職業とは異なるが占卜を兼ね通じる人、②卜筮などの他の占卜方術とは異なり、日者の術を操る、③民間にあって身分や地位が高くなく、統治階級に直接仕える占家・方士とは異なる、④ただ禍福を予言できるだけの卜人・占家とは異なり、天文・暦法に通じて系統的な理論を有する、⑤一般的な占卜術士ではなく、「人並み外れて優れた風格」のある「賢人」、という五点を挙げる。一方、劉楽賢氏は「日書」を基準として「日者」を時日の吉凶を選択する術を主として、卜筮を含まない狭義の「日者」と卜筮の術を含む広義の「日者」に区別し、司馬季主は卜筮者であって、「日者」ではないとする。[21]劉楽賢氏が指摘するように、司馬季主の発言には「卜筮者」あるいは「卜者」という語が頻出し、「日者」の語は全く見えない。しかし例えば、

今、夫れ卜者は必ず天地に法り、四時に象り、仁義に順い、策を分かちて卦を定め、式を旋らして棊を正し、然

る後に天地の利害・事の成敗を言う。

とあるように、司馬季主の言う「卜者」は筮竹を操り、式盤を回しており、必ずしも亀卜だけで占う純然な「卜者」を指しているわけではない。前節で述べたように、司馬季主の発言に司馬遷自身の境遇や思いが反映されているとするならば、司馬遷はこれらの「卜者」や「卜筮」を亀卜と筮占だけを指すような限定的な意味では用いていない可能性がある。つまり、日者列伝中の「卜筮」は広く占い全般を指していると考えられよう。

また日者列伝は宋忠・賈誼が司馬季主を見つけ、出会ったときの状況について、

司馬季主閒坐し、弟子三四人侍り、方に天地の道、日月の運、陰陽・吉凶の本を辯ず。二大夫再拜して謁す。司馬季主、其の狀貌を視るに、知有るに類するが如ければ、卽ち之に禮し、弟子をして之を延き坐せしむ。坐定まるや、司馬季主復た前語を理め、天地の終始・日月星辰の紀を分別し、仁義の際の差次し、吉凶の符を列ぬ。語ること數千言、理に順わざる莫し。

と述べる。これによれば、司馬季主は宋忠と賈誼を招き入れた後、弟子たちに天地の起源から現在に至るまでのことや太陽や月・星の運航規則を分別するなど語ったという。一方、湖北省随州市の孔家坡八号漢墓から出土した前漢・景帝期の「日書」歳篇には、

天の西方に足らざるは、天柱乃ち折るればなり。地の東方に足らざるは、地維乃ち絶ゆればなり。是に於いて東方に名づけて之に木を尌（樹）て、之を青と胃（謂）い、南方に名づけて之に火を尌（樹）て、【之を赤と謂い、西方に名づけて之に】金【を樹て】、之を白と胃（謂）い、北方に名づけて之に水を尌（樹）て、之を黑と胃（謂）い、中央に名づけて之に土を尌（樹）て、之を黃と胃（謂）う。是に於いて胃（謂）を紀めて四嚮を定め、陰陽を和せば、雌雄乃ち通ず。……（簡458〜460）

とあるような一種の宇宙生成論すなわち「天地の終始」が見える。[22] 司馬季主が弟子たちに語った「天地の終始」が具体的にどのような内容であったのかは知る由もないが、「日書」と五行説とが密接な関係にあるという指摘を踏まえるならば、[23] 歳篇は「日書」や日者に相応しい宇宙生成論と言えよう。

さらに『史記』には日者列伝と同じ占卜分野の亀策列伝が別に立てられているが、伊藤氏は両者を別伝とした理由について、占いの手段や内容の相違ではなく、武帝時代に盛行した占卜の世界に在野の賢人と朝廷にあって卜筮を悪用する卜筮官がおるという際立った相違にあったのではないか推測する。[24] この見解に従うならば、司馬季主はまさしく司馬遷の意図した在野の聖人としての日者であり、そうであればこそ自身の境遇や思いをその言葉に重ね合わせたのではなかろうか。

最後に司馬季主の故事の真偽や来源について少し考えておきたい。この故事の中で他の史料と検証できるのは賈誼に関する部分だけで、屈原賈生列伝によれば、賈誼が博士となったのは文帝の前元元年（前一七九）、一年のうちに太中大夫に超遷しているので、博士在任期間は一年以内と短いものの、賈誼を博士とする故事の設定は誤りとまでは言えない。また賈生列伝の末尾には「孝文崩じ、孝武皇帝立つに及び、賈生の孫二人を擧げて郡守に至らしむ。而して賈嘉最も學を好み、世〃其の家、余と書を通ず」とあり、司馬遷が武帝のとき、賈誼の孫二人のうちの一人賈嘉と書面のやりとりをしていたと記されており、司馬遷が賈誼らが司馬季主を訪ねた故事、あるいはその元となるエピソードを知り得た可能性を窺わせる。従って、少なくとも司馬遷がこの故事を書けない時代的かつ情況的な事由は見当たらない。また『史記』巻一二八・亀策列伝の褚少孫補文には、

臣、經術に通ずるを以て業を博士に受け、『春秋』を治め、高第を以て郎と爲り、幸いに宿衞して宮殿の中に出入するを得ること十有餘年、竊かに太史公の傳を好む。太史公の傳に曰く、「三王、龜を同じくせず、四夷各〃

トを異にす。……故に龜策列傳を作る」と。臣、長安の中を往來し、龜策列傳を求むるも得る能わず。故に大卜の官に之き、掌故・文學・長老の事を習う者に問い、龜策卜事を寫《うつ》し取《と》り、下方に編む。

とあり、褚少孫が亀策列伝を探し求めたものの入手できず、どうやって補作したのかを明言している。当時本文が亡佚していたからこそ、褚少孫は長安中を探し求めたのであろう。逆を言えば、褚先生曰で「求むるも得る能わず」とまでは述べられていない日者列伝は当時、司馬遷の原文が残っていた可能性がある。(25)

以上、前節の検討も併せて日者列伝の編纂過程について整理すると、次のように考えられる。司馬遷はもともと各地の習俗によって異なる占卜方法の大旨を総覧すべく日者列伝を執筆しようとしたが（太史公自序）、実際に執筆してみると他の資料がなく、あるのは司馬季主の故事だけであった。そこで占卜の歴史的かつ社会的な重要性を冒頭で述べた上で（序文）、司馬季主の故事を中核に据え、執筆意図との乖離を「太史公曰」として述べた。宣帝の五鳳年間以降に郎となった褚少孫は恐らく日者列伝と太史公自序との乖離に気付き、「褚先生曰」以下の補作を附したと考えられる。その後、十篇が失われた経緯やその中に日者列伝が含まれていたのか否かは不詳であるが、『史記』が十篇を欠くという『漢書』・『後漢書』の記述に対して三国魏の張晏は「褚先生曰」の句を根拠に、日者列伝を亡佚した十篇のうちの一篇で、かつ褚少孫によって補作された四篇のうちの一篇と位置付けた、と。

第四節　褚少孫補文「占家聚会」と「日書」

第二節で簡単に触れた日者列伝の後半（4）褚先生曰の②武帝期の占家聚会の故事は以下のとおりである。

臣、郎たりし時、太卜待詔の郎と爲る者と署を同じくす。言いて曰く、「孝武帝の時、占家を聚會して之に問う、某日は婦を取るべきか、と。五行家曰く、可と。堪輿家曰く、不可と。建除家曰く、不吉と。叢辰家曰く、大凶と。暦家曰く、小凶と。天人家曰く、小吉と。太一家曰く、大吉と。辯訟決まらざれば、狀を以て聞す。制して曰く、諸〃の死忌を避くるに、五行を以て主と爲せ、と」と。人の五行に取る者なり。

これによれば、武帝が某日の娶婦の吉凶可否を聞くために召し集めた占術家は五行家・堪輿家・建除家・叢辰家・暦家・天人家・太一家の七家である。この七家に対して三家注を始めとする歴代の諸注はほぼ何も言及せず、『会注考証』が七家の名称を『漢書』芸文志・数術略・五行類の中に探し求め、また銭大昕の説を引く程度の関心しか向けられていない。(26) しかし「日書」の出土により状況は一変した。複数の「日書」に建除と叢辰と解される占術が抄録されているのである。そこで本節では、日者列伝の褚少孫補文に記された武帝期の占家聚会の状況を想定し、「取婦」についての「日書」の建除と叢辰で占ってみた場合、どのような結果になるのか、またそこから何が見えてくるのか、仮想実験してみたい。

建除というのは、正月から十二月まで月ごとに日の地支を基準にして建・除・盈以下、閉までの神煞いわゆる建除十二直を当て、その神煞によって当日の様々な行為の吉凶を判断する占いで、例えば、正月寅日は建に当たるが、孔家坡漢簡「日書」建除篇（簡1壹～12壹、簡13～24）の占辞には、(27)

建日は、大嗇夫と爲り、冠帶し、車に乘るべし。不可以□□夫。以て禱祠すべし。朝に利あるも暮に利あらず。以て人を入るべし。

とある。つまり、建日は大嗇夫になったり、冠・帯を身につけたり、車に乗ったり、祷祠したり、人（奴婢と同義か）を入手したりするのは「可」、また早朝には「利」があるが、夕暮には「利」がない日なので、当日はそのような行動に注意しなければならない、ということになる。さて十二条ある占辞の中で「取妻」について述べるのは平日・収

日・閉日の三条、それぞれ、

> 平日は、以て妻を取《めと》り、嫁女をすべし。▨……（簡16）
>
> 収日は、以て人・馬牛・畜産・禾稼を入るべし。以て入室にり、妻を取るべし。（簡22）
>
> 閉日は、以て馬牛・畜生（牲）・禾粟を入れ、室に居り、妻を取り、奴婢を入れ、隄（堤）を破るべし。（簡24）

とあり、いずれも「取妻」は「可」という判断である。

一方、叢辰とされる占いは[28]、二ヶ月ごとに日の地支を基準にして、秀・正陽・危陽など八つの神煞に当てるため、建除のように地支と神煞が必ず一対一になるわけではないが、やはり相当する神煞から多様な行為の吉凶を判断するものである。例えば、孔家坡「日書」□篇の秀日条には、

> 秀日、是を重光と胃（謂）う。▨……▨王。以て子を生まば、美にして且つ長賢其等。人に見ゆる及び畜産を入るるに利あり。以て妻を取り、【女を】嫁し、衣常（裳）を【□し】、冠帯▨……▨以酓（飲）・歌（歌）樂。臨官・立（蒞）正（政）は相宜し。以て官を徙らば、免ぜらるるも、【復】事す。以て轂（繫）せらるれば、亟やかに出づ。雨ふると唯（雖）も、齊（霽）る。不可▨……▨美、兵有り。（簡31～33）

とあり、秀日が「取妻・嫁女」にとって「可」の日であることがわかる。叢辰で「取妻」を「可」とするのは秀日・陰日・結日、逆に「不可」とするのは危陽・徼日・㪍日である[29]。

現在公表されている「日書」の建除および叢辰の占辞には、占家聚会の故事のような「不吉」あるいは「大凶」という語句がなく、また建除では「不可」などを含めてマイナスの判断自体見えないため、結果は占家聚会の故事と一致しないが、両種の占術において「取妻」が「可」の日に「○」、「不可」の日に「×」をそれぞれ附して整理したものが、次頁の表である。表から明らかなように、吉凶の判断が建除と叢辰とで一致する日もあれば（例えば、正月巳

日や二月子日など）、正反対の日もあり（二月寅日や四月申日など）、占家聚会のような状況が再現されている。占家聚会の七家の占術のうち「日書」の中に確認できるのはこの二種類に限られるが、[30]「日書」の中で「取妻」の吉凶に言及する占術は他にも複数あり、また基準となる要素も日の地支だけでなく様々である。例えば、孔家坡漢簡「日書」星官篇は毎月朔日に特定の星宿を当て、それを起点として晦日までの毎日に二十八宿を順次配してゆき、当日の星宿が何であるかによって吉凶を占うもので、[31]畢宿の日（正月七日、二月五日など）は「妻を取るべか

【表】孔家坡漢簡「日書」の建除および叢辰による「取（娶）妻」の可不可

	子	丑	寅	卯	辰	巳	午	未	申	酉	戌	亥
正月	開	○閉	建	除	盈	○平	定	執	破	危	成	○收
	○秀	正陽	×危陽	×徼	介	○陰	×㑊	○陰	介	×危陽	正陽	○結
二月	○收	開	○閉	建	除	盈	○平	定	執	破	危	成
	○秀	正陽	×危陽	×徼	介	○陰	×㑊	○陰	介	×危陽	正陽	○結
三月	成	○收	開	○閉	建	除	盈	○平	定	執	破	危
	正陽	○結	○秀	正陽	×危陽	×徼	介	○陰	×㑊	○陰	介	×危陽
四月	危	成	○收	開	○閉	建	除	盈	○平	定	執	破
	正陽	○結	○秀	正陽	×危陽	×徼	介	○陰	×㑊	○陰	介	×危陽
五月	破	危	成	○收	開	○閉	建	除	盈	○平	定	執
	介	×危陽	正陽	○結	○秀	正陽	×危陽	×徼	介	○陰	×㑊	○陰
六月	執	破	危	成	○收	開	○閉	建	除	盈	○平	定
	介	×危陽	正陽	○結	○秀	正陽	×危陽	×徼	介	○陰	×㑊	○陰
七月	定	執	破	危	成	○收	開	○閉	建	除	盈	○平
	×㑊	○陰	介	×危陽	正陽	○結	○秀	正陽	×危陽	×徼	介	○陰
八月	○平	定	執	破	危	成	○收	開	○閉	建	除	盈
	×㑊	○陰	介	×危陽	正陽	○結	○秀	正陽	×危陽	×徼	介	○陰
九月	盈	○平	定	執	破	危	成	○收	開	○閉	建	除
	介	○陰	×㑊	○陰	介	×危陽	正陽	○結	○秀	正陽	×危陽	×徼
十月	除	盈	○平	定	執	破	危	成	○收	開	○閉	建
	介	○陰	×㑊	○陰	介	×危陽	正陽	○結	○秀	正陽	×危陽	×徼
十一月	建	除	盈	○平	定	執	破	危	成	○收	開	○閉
	×危陽	×徼	介	○陰	×㑊	○陰	介	×危陽	正陽	○結	○秀	正陽
十二月	○閉	建	除	盈	○平	定	執	破	危	成	○收	開
	×危陽	×徼	介	○陰	×㑊	○陰	介	×危陽	正陽	○結	○秀	正陽

らず、必ず二妻あり」（簡67）とされる。また同嫁女篇には「壬申・癸酉は、百事不吉、妻を取るべからず」（簡175壱）などとある。建除や叢辰が月と日の地支を基準とする占術であるのに対し、星官篇は月と二十八宿を、嫁女篇は月に関係なく日の天干支をそれぞれ基準とするため、これらの「取妻」の吉凶をこの表に直接加えることはできない。しかし、占家聚会のように特定の日すなわち某日の「取妻」の吉凶可否を知りたいという要求に対して「日書」は、建除では某日に当たるので云々、叢辰では云々、某宿の日なので云々という具合に、さながら占家聚会のごとき様相で応えることができるのである。

武帝は各流派の答えがばらばらでまとまらなかったため、今後不祥不吉を避けるときには五行家の占術を主とするよう命令したが、「日書」ではそのように占術を一流派に限定する必要は全くない。むしろ占断の内容が多様であればあるほど、使用者にとっては選択肢が増え、それゆえに行動範囲も拡がるのである。そのように考えると、「日書」とは、わざわざ司馬季主のもとを訪れて「數十百錢」で病気や嫁子娶婦などを占ってもらわなくても済む[32]、あるいは貴賤貧富を問わず個人レベルで占家聚会の状況を実現し、日々の営みの拠り所となる実用的な占書である、と言えよう。

おわりに

以上、『史記』日者列伝の補作をめぐる諸注や諸説を整理して論点を明確にし、それを列伝本文の構成と内容を考察し、また「日書」との比較を再検討した。その結果、現在の日者列伝は司馬遷の原文である序文・司馬季主の故事・「太史公曰」と「褚先生曰」以下の褚少孫の補作からなることを明らかにした。さらに近年注目を集めている簡牘資料「日書」を褚少孫補文にみえる武帝の占家聚会の文脈で仮想的に用いてみることで、「日書」の実用性を具体的に浮かび上がらせることができた。しかし「日書」を含む数術類の出土簡帛は増加の一途をたどっており、それらの資料による日者列伝の分析や関連性など、小論で言及できなかった問題については今後の検討課題としたい。

注

（1）同様の記載は『漢書』巻三〇・芸文志・六芸略・春秋家『太史公』百三十篇」の自注に「十篇は錄有るも書無し」とあり、また『後漢書』巻四〇・班彪列伝上にも「孝武の世、太史令司馬遷……本紀・世家・列傳・書・表を作ること凡そ百三十篇、而るに十篇缺けり」とある。

（2）工藤元男『占いと中国古代の社会』（東方書店、二〇一一年十二月）は、「齊・楚・秦・趙」の四國はそれぞれ東方・南方・西方・北方を代表しているという（二頁）。

（3）影山輝國「『史記』「将相年表倒書考」」『東洋文化研究所紀要』第一四九冊、二〇〇六年三月）は、趙翼『廿二史箚記』ではさらに明瞭に張晏の四篇補缺説を拡大解釈したことが見て取れると指摘する。なお後掲劉知幾も原注で「褚先生更補其缺、作武帝紀・三王世家・龜策・日者等傳」と「等」を附して述べており、褚少孫の補作を四篇以上と見做しているかのごとくである。

（4）南宋の王応麟『漢芸文志考証』もこの呂祖謙説を引き、同じように解釈する。

（5）王鳴盛撰、黄曙輝点校『十七史商榷』（上海古籍出版社、二〇一三年八月）の校読記に、「慈銘案ずるに、日者傳は先づ司馬季主の事を述べ、後の一行に、太史公曰く。古者の卜人の載せざる所以の者は、多く篇に見えざればなり。司馬季主に至るに及び、余志して之を著す、と云う。其の後又た別に褚先生曰く云云とあり、載せる所の季主の事は固より史公の筆に出づるに似たり。然るに其の文緐蕪、絶えて翦裁無く、史公の它の文字と同じからず。蓋し此の傳も亦た已に亡われ、巻末、太史公曰数語の贊を存するに止まり、褚少孫因りて季主の事を取りて之に補入するならん。張晏・司馬貞の言う所必ず據無きに非ざるなり」とあり（一〇頁）、李慈銘は文辞の卑俗さなどから王鳴盛とは正反対の説を述べる。

（6）余嘉錫「太史公亡篇考」日者列伝第十一（『余嘉錫論学雑著』上冊、中華書局、一九六三年一月、六七〜七三頁。原載一九四七年）。

（7）伊藤徳男「『史記』日者・亀策両列伝について」（『東北学院大学論集　歴史学・地理学』第十一号、一九八一年三月）。

（8）佐藤武敏『司馬遷の研究』（汲古書院、一九九七年九月）四〇七〜四〇八頁、四二七〜四五五頁。

（9）張大可「《史記》残缺与補竄」（張大可・趙生群等著『史記文献与編纂学研究』、『史記研究集成』第十一巻、華文出版社、二〇〇五年一月、一〇八〜一三六頁。原載一九九九年）。

（10）張銘洽「〈史記・日者列伝〉小察」（『簡牘学報』第十五期、一九九三年十二月）。張氏は「卜筮」などの字句が後人の竄入である可能性は排除できないが、（1）序文以外の2司馬季主の故事および（3）太史公曰はみな司馬遷の撰写と結論する。

（11）鬼頭有一「司馬遷の思想——日者列伝」（『名古屋商科大学論集』第二七巻第一号、一九八二年十月）。

（12）注（2）工藤元男前掲書、六頁。

（13）司馬季主の『易』に關する議論については前引伏羲・文王の記述の他、「越王句踐は文王の八卦に倣いて以て敵國を破り、天下に霸たり」とあり、『老子』については「此れ夫の老子の所謂、上徳は徳とせず、是を以て徳有りと。今、夫れ卜筮者は利大にして謝少なく、老子の云うところ豈に是に異ならんや」とあるように第三八章が引用されている。この他「述べて作らずは、君子の義なり。今、夫れト者は……」、「莊子曰く、君子は内に飢寒の患無く、外に劫奪の憂無し。上に居りて敬せられ、下に居りて爲に害せられざるは、君子の道なり、と。今、夫れト筮者の業を爲すや、……」とあり、『論語』述而篇および『莊子』佚文の引用も見える。なお李長之氏はこのような老荘の引用に代表される濃厚な道家思想と賈誼についての言及を根拠に日者列伝の司馬談の作とする（李長之『司馬遷之人格与風格』上海開明書店、一九四八年九月、一五一～二〇六頁）。

(14) 注（11）鬼頭有一前掲論文、注（10）張銘洽前掲論文。工藤元男氏も「みずからの運命を歴史上の挫折者に借りて敍述する傾向のある司馬遷の筆致を思うと、この二人の官僚の末路も、司馬季主の境遇も、ともに二重に司馬遷の挫折感が投影されていると解せなくもない」と述べる（注（2）工藤前掲書、六頁）。

(15) 注（8）佐藤武敏前掲書、三八一～三八二頁。

(16) ただし、佐藤氏は太史公自序に李陵の禍についての簡単な記述があり、百三十篇全篇の要約が見えることから、太史公自序も李陵の禍以後の作であることは疑いないとする（注（8）佐藤武敏前掲書、四〇九頁）。

(17) 内山直樹「褚少孫の『史記』補続」（『中国文化―研究と教育―』第六一巻、二〇〇三年六月）は、褚少孫が宣帝の五鳳年間（前五七～前五四）以降に郎中として宮中に出仕してからの十余年が、その『史記』補続にとって決定的な転機となったと推測する。

(18) 注（2）工藤元男前掲書に二〇一〇年までに出土した各種日書が整理されている（三三一～六二二頁）。

(19) 注（10）張銘洽前掲論文。

(20) 劉楽賢「《史記・日者列伝》新考」（同氏著『簡帛数術文献探論』湖北教育出版社、二〇〇三年二月、三五二～三六九頁）。

(21) 工藤氏は、劉楽賢氏の「日者」の定義の曖昧さを指摘している（注（2）工藤元男前掲書、六五頁）。

(22) 小論で引用する孔家坡漢簡「日書」の釈文は、基本的に湖北省文物考古研究所・随州市考古隊編『随州孔家坡漢墓簡牘』（文物出版社、二〇〇六年六月）に拠り、当該書所載の図版により改めたところもある。日者と宇宙生成論については、拙稿「日者の語った天地の終始」（『アジア遊学』第一一五、二〇〇八年十月）を参照されたい。
（23）劉楽賢『睡虎地秦簡日書研究』（文津出版社、一九九四年七月）、工藤元男『睡虎地秦簡よりみた秦代の国家と社会』（創文社、一九九八年二月）。
（24）注（7）伊藤徳男前掲論文。
（25）当然、司馬遷以後、褚少孫以前に『史記』を補作した可能性も考えなければならず、『後漢書』巻四〇・班彪伝上に「武帝の時、司馬遷、『史記』を著すも、太初より以後は闕けて録せず。後の好事者頗る或いは時事を綴集するも、然れども鄙俗多く、不足以て其の書を踵継するに足らず」とあり、その李賢注に「好事者は楊雄・劉歆・陽城衡・褚少孫・史孝山の徒を謂うなり」と挙げられる数名が想定されるが、彼らと司馬季主の故事との関連を示す史料は管見の限り見当たらない。
（26）『会注考証』の注に『漢書』藝文志・五行類に、『堪輿金匱』十四巻・『鍾律叢辰日苑』二十二巻・『泰一』二十九巻あり。銭大昕曰く、天人家は、藝文志に見えず。或るひと云う、當に「天一」に作るべし、と。藝文志・五行家に『天一』六巻有り、と。愚按ずるに、建除家も亦た藝文志に見えず」という。
（27）現在公表されている「日書」のうち、時代的に最も近く、かつ建除と叢辰の両占術を収録するのが、孔家坡漢簡「日書」である。なお断簡などによる缺文は睡虎地秦簡（陳偉主編『秦簡牘合集』〔壱〕、武漢大学出版社、二〇一四年十二月および同氏主編『秦簡牘合集 釈文注釈修訂本』〔弐〕、武漢大学出版社、二〇一六年三月）で補う。
（28）饒宗頤氏が睡虎地秦簡「日書」甲種・稷辰の篇題「稷辰」を「叢辰」と読んで以来（饒宗頤・曽憲通著『雲夢秦簡日書研究』、中文大学出版社、一九八二年、十一〜十三頁）、他の「日書」でも同様の占いを「叢辰」と同定し、褚少孫補文の「叢辰家」と関連付けている。ただし、工藤氏は『正字通』酉集下・辰部・辰字に「又た叢辰とは猶お今の五行生尅を以て擇日するがごときなり」とあるのを引き、占法原理が稷辰とは異なることから饒宗頤説には従えないとする（注（23）工藤元男前掲書、三二五〜三二八頁)。

(29) 孔家坡漢簡「日書」は結日と危陽の占辞に缺簡・断簡があるが、睡虎地秦簡「日書」甲種・稷辰の結条「結、是を以て貨を出だすに利あり、以て入るるべからずと胃(謂)う。以て婦を取り、女を家(嫁)すべし。以て免ぜられば、復びせず……」(簡46)および同危陽条「危陽、是を不成行と胃(謂)う。以て嗇夫と爲らば、必ず三たび官を徙る。官を徙るは自如、其の後乃ち昌えん。……殺すべからず。婦を取り、女を家(嫁)すべからず。人に見ゆべからず。……」(簡36〜37)から推定した。

(30) 「日書」ではないが、出土数術文献では馬王堆漢墓帛書「陰陽五行」甲乙両篇に「堪輿」、また北京大学蔵西漢竹書「揕輿」があり、例えば後者「揕輿」には「取婦。凡そ婦を取り子を嫁すに、春三月の軫・角、夏三月の參・東井、秋三月の東辟(壁)・奎、冬三月の箕・斗は、死せずんば、必ず成らず。……」(簡29)とあるように(北京大学出土文献研究所編『北京大学蔵西漢竹書[伍]』、上海古籍出版社、二〇一四年十二月、九一〜一四三頁)、「取婦」についての占辞が見える。これらの資料については、名和敏光「出土資料「堪輿」考」(『中国古代史研究第八』研文出版、二〇一七年十一月)を参照されたい。

(31) 注(23)工藤元男前掲書に、孔家坡の星官篇と基本的に一致する睡虎地秦簡「日書」甲種・星および乙種・官の占法原理が解説されている(一三三〜一四〇頁)。

(32) 『史記』日者列伝に司馬季主の言として「且つ夫れト筮者は、掃除して坐を設け、其の冠帶を正し、然る後に乃ち事を言う。此れ禮有るなり。……而して義を以て數十百錢を置く。病む者は以て愈ゆる或り、且に死せんとするは以て生きる或り、患は以て免るる或り、事は以て成る或り、子を嫁し婦を娶るあり、以て養生する或り。此の德を爲すや、豈に數十百錢に直たらんや」とある。

【附記】小論は二〇一九年三月二一日〜二四日にアメリカ・デンバーで開催されたAssociation of Asian Studies Annual Conference 2019のパネル「In and Out of the Grand Scribe's Records: New Perspectives on the First History」での報告「Some Problems in the "Biographies of the Diviners of Lucky Days"」を基に加筆修正を加えたものであり、また科学研究補助金（基盤研究C〈一般〉）「出土数術文献と中国古代社会」（15K02909）の研究成果の一部である。報告の際、黄冠雲氏・William Nienhauser氏・Robin D. S. Yates氏などの方々から貴重なご意見を頂いた。ここに深く感謝申し上げる次第である。

後漢における郎官の再編

渡邉　将智

はじめに

郎官とは、戦国秦漢時代において君主・皇帝に近侍した中郎・侍郎・郎中などの総称である。郎官の組織構成の変遷については、厳耕望氏による基礎的な研究がある[1]。それによれば、郎官は九卿たる光禄勲（前身は郎中令）の属官に統率された。すなわち、武帝期（前一四一～前八七）以降の前漢では中郎・侍郎が五官中郎将・左中郎将・右中郎将に統率され、さらに戸郎中が郎中戸将に、車郎中が郎中車将に、騎郎中が郎中騎将に率いられていた。後漢になると、中郎・侍郎・郎中が三署（五官中郎将・左中郎将・右中郎将）に統率され、そのために三署郎と呼ばれた。また、戸郎中・車郎中・騎郎中とそれらを統率する郎中戸郎・郎中車将・郎中騎将が廃止された。これらの郎官は、前漢では九卿を中心とする諸官に給事していたが、後漢になると給事を停止され、九卿の属官のもとに常設された、と。

かつて増淵龍夫氏は、前漢初期における郎官の就任者を皇帝の「宮官・家臣的性格」を有する存在とみなした。その上で、皇帝と郎官就任者の君臣関係を、戦国時代～前漢初期における任侠的習俗に基づく人的結合関係と重ね合わせることにより、当時の官僚機構の特色を明らかにしようとした[2]。これをうけて近年、杉村伸二氏は、郎官の役割とその変遷について次のように論じている。郎官は戦国時代には君主との信頼関係に依拠する存在であったが、前漢初期に政策の立案を担う側近官となった。しかし、武帝期以降は「内朝官」に所属する加官（大司馬・左将軍・右将軍・前将軍・後将軍・侍中・中常侍・散騎・諸吏・給事中・左曹・右曹）が側近官として機能するようになり、郎官が有していた役割とその重要性は「内朝官」に移譲された、と。[3]また、福永善隆氏は、前漢前半期の官僚機構において劉邦集団は、任子によって郎官に選任された者が二千石以上の高官に繰り返し昇進することにより再生産されていたとする。[4]さらに、福永氏は、武帝期以前の郎官と武帝期以降の「内朝官」には「宮中」で活動する点などに共通性が認められるとした上で、郎官をはじめとする「宮中」の諸官が階層化・細分化する過程で「内朝官」が形成された、としている。[5]

このように、先学は皇帝と郎官の親近な関係に特に注目し、前漢における官僚機構の特色を明らかにしようとした。特に杉村氏・福永氏は、武帝期を官僚機構の形成の画期とみなす立場から、郎官と「内朝官」の連続性を職掌や政治空間の面から検証した。しかしながら、郎官は後漢においても引き続き設置され、先述したようにその組織構成は前漢から後漢にかけて大幅に変化した。かかる郎官の再編は具体的にどのような内容のものであったのだろうか。また、その再編は如何なる制度的な背景のもとで断行されたのであろうか。これらの問題を検証することを通じて、漢王朝における官僚機構の形成過程の一端を明らかにできると考えられる。

前近代中国の皇帝支配の本質について、西嶋定生氏は、皇帝という「個人」の力量によってではなく、秩序ある「体制」によって維持される点にあったとする。[6]これをうけて近年の漢代政治史研究では、皇帝支配が「個人」から「体制」へと質的に変化していく起点を、前漢武帝期に求めている。[7]本稿にて検討の対象とする郎官は、先述の通り皇帝と親近な関係にあった官である。かかる特色を有する郎官の再編の内容とその制度的な背景を検証することにより、前漢から後漢にかけて皇帝と官僚の関係が質的に変化する過程を解明できると思われる。

また、従来の漢代政治制度史研究では、漢王朝の中央官制は、同じ機能を有する複数の官が併設される「重複」の状態や、統属関係と役割分担の不明確な「未分化」の状態にあり、それが漢代以降の歴代王朝にも基本的に受け継がれた、と理解してきた。[8] 本稿における検討を通じて、漢王朝の中央官制の特色を明らかにするための手がかりも得ることができるかもしれない。

第一節　郎官の給事とその停止

郎官による諸官への給事について、厳耕望氏は次のように述べている。郎官は、前漢では九卿たる少府に所属する尚書・符節・黄門・若盧・楽府、光禄勲に所属する謁者、太常に所属する太史、太僕に所属する牧師苑、大鴻臚に所属する大行に給事していた。後漢になると、少府に所属する尚書・符節・黄門、光禄勲に所属する謁者、太常に所属する太史、大鴻臚に所属する大行に常設される一方で、少府に所属する若盧・楽府、太僕に所属する牧師苑には給事しなくなった。また、後漢の郎官は東観に給事し、秘書の校定などに従事していた、と。[9] この他、王克奇氏は、前漢の郎官は蘭台に給事し、秘書の校定に従事していたとする。[10]

こうして郎官は、前漢から後漢に至る過程で、九卿を中心とする諸官への給事を停止した。それにともない、九卿の属官のもとに郎官が常設された。郎官による給事のあり方が右のように変容した背景について、厳耕望氏は次のように述べている。すなわち、前漢では九卿とその属官および郎官は皇帝の家臣としての性格を有していた。当時は郎官に就任した家臣を養成するために、彼らを九卿の属官に給事させた。しかし、後漢になると九卿とその属官が行政官と化し、郎官もまた皇帝の家臣としての性格を失った。それゆえ皇帝と九卿の関係は疎遠になった。これにより郎官が九卿の属官に給事することは少なくなり、それに代わって郎官が九卿の属官のもとに正式に設置された、と。[11]

厳耕望氏の見解は、両漢の交替にともなう郎官の再編の背景を、皇帝と官僚の関係の変化に求めるものである。こうした見方は、後漢における郎官の給事の停止とそれにともなう郎官の常設に特に注目する立場から導き出された。その点において、厳耕望説は、皇帝支配の本質を「個人」から「体制」へと質的に変化するものとみなす西嶋定生氏の説やそれ以降の諸説と共通している。しかし、右のような変化の画期を西嶋説以降の諸説が前漢武帝期に求めるのに対して、厳耕望説は両漢の交替に焦点を合わせている点に特色がある。

厳耕望氏が想定するように、郎官による給事の変容は、皇帝と官僚の関係の変化と密接に関連するとみられる。ただし、先述した通り、後漢では郎官の給事を停止した後に、当該の官署に郎官を常設しなかった事例が存在する。そのような措置は如何なる背景のもとで講じられたのであろうか。

後漢において郎官を常設しなかった官署とは、具体的には少府に所属する若盧・楽府と太僕に所属する牧師苑が該当する。若盧は武器の管理と詔獄を担う官署である。[12]『後漢書』巻四和帝紀・永元九年条に

十二月、……己丑、復た若盧獄官を置く。

とあるように、後漢第四代の和帝（在位：八八～一〇五）の永元九年（九七）に若盧獄官が再設置されたことから、若盧は後漢建国後に一旦廃止され、永元九年に再設置されたと考えられる。また、楽府は宮廷で日常的に奏でる音楽と国家祭祀・国家儀礼の音楽を担う官署で、前漢哀帝期（前七～前一）に廃止された。[13]

他方、牧師苑は河西六郡（上郡・西河郡・北地郡・安定郡・天水郡・漢陽郡）に設置された牧（放牧場）の総称で、馬の生産を担った。[14]後漢が建国すると、漢陽郡（前漢では天水郡）の流馬苑を除く牧が廃止された。『続漢書』百官志二の本注に

又た牧師菀有り、皆な令官あり。馬を養うことを主り、分ちて河西六郡の界中に在り。中興、皆な省かれ、唯だ漢陽に流馬菀有るのみ。但だ羽林郎を以て監領せしむのみ。

とあるように、流馬苑の管理は羽林郎（羽林中郎将が統率）が担当した。

牧師苑の廃止について村松弘一氏は、安帝期（一〇六～一二五）に西北地域が羌人の侵攻を受け、それに対して後漢が河西六郡を含む西北辺郡の郡治を移動させたことなどにともなうもの、と推測する。(15) しかし、『続漢書』百官志二の本注に

舊と六廏有り、皆な六百石の令あり。中興、省約し、但だ一廏を置くのみ。

とあり、後漢の建国にともない太僕に所属する六厩が一つの厩を残して廃止された。六厩は長安城内に設置された厩の総称で、車駕や馬の管理を担った。(16) その廃止の背景について村松氏は、両漢の交替によって長安城から洛陽城に都が遷ったことにともなうものとする。(17) 馬を生産する牧とそれを管理する厩が職掌の面において密接な関係にあったことからすると、牧師苑の廃止もまた、両漢の交替による都の移動にともなうもの、と考えられる。

以上のように、後漢が給事を停止した後に郎官を常設しなかった官署は、前漢から後漢に至る過程でいずれも廃止されていた。すると、後漢は九卿の属官の廃止に合わせて郎官の給事を停止した、ということになる。

第二節　郎官への職掌の移管

前漢から後漢に至る郎官の制度的な変化は、給事の停止以外にも確認できる。すなわち、前漢において光禄勲に所属する請室令は、皇帝が巡幸する際に先触れを行うとともに、巡幸先で車駕を出迎えることを担っていた。しかし、

後漢は請室令を廃止し、その職掌を郎官に移管した。また、前漢において大鴻臚に所属する郡邸長は、郡邸（都に設けられた郡の官署・宿泊施設）の管理、ならびに郡邸に滞在する上計吏の接待を担っていたが、後漢はこの官を廃止し、その職掌を郎官に移管した[18]。他方、前漢では執金吾に式道候が所属し、皇帝が巡幸の際に用いる道路を清掃することを担っていた。だが、後漢はこの官を非常置とし、必要な場合には郎官に兼任させた。厳耕望氏は、後漢において請室令・郡邸長の職掌を移管され、さらに式道候を臨時に兼任した郎官を、いずれも三署郎と解している[19]。このように後漢は、前漢において諸官が担っていた職掌を、光禄勲に所属する三署郎に移管した。かかる措置は如何なる目的のもとで講じられたのであろうか。

前漢において光禄勲は宮殿の門の宿衛などを、また執金吾は都城の警備などを主要な職掌としていた[20]。それらに加えて、光禄勲は請室令を、執金吾は式道候を属官とすることにより、これらの官が担う巡幸の関連業務をそれぞれ兼ねていた。しかし、後漢が式道候の職掌を三署郎に移管することによって、執金吾は都城の警備を主に担当する官署となったとみられる。他方、光禄勲の官署では、請室令の職掌を三署郎に移管することにより、巡幸の関連業務を三署郎のもとで一元的に担当するようになった。その結果、光禄勲は宮殿の門の宿衛や巡幸の関連業務を兼務する官署となったとみなし得る。このような郎官の再編を経て、光禄勲・執金吾は各々の役割を明確にしたと考えられる。

光禄勲・執金吾の場合と同様の事柄は、前漢において郡邸長が所属する大鴻臚の場合についても想定できる。安作璋・熊鉄基両氏、黎虎氏は、両漢代の大鴻臚は、諸侯王や服属した非漢人が来朝した時の儀礼（郊迎・朝会・封爵など）と彼らの接待、ならびに郡国の上計吏が来朝した際の儀礼（朝会）と彼らの接待を担っていたとする[21]。おそらく大鴻臚は、諸侯王・非漢人・上計吏が参加する儀礼の場において、介添役としての役割を担っていたのであろう。

こうした想定のもと、前漢における郡邸長と郡邸の関係を検討する。『漢書』巻六四上朱買臣伝に次のようにある。

初め（朱）買臣、免ぜられて、待詔し、常に會稽の守邸者に從い寄居飯食す。拜して太守と爲るや、買臣、故衣を衣て、其の印綬を懷き、歩きて郡邸に歸る。上計の時に直たり、會稽の吏、方に相與に羣飲し、買臣を視ず。買臣、室中に入り、守邸、與に共に食す。食、且に飽かんとし、少し其の綬を見せる。守邸、之を怪しみ、前みて其の綬を引き、其の印を視るや、會稽太守の章なり。守邸、驚き、出でて上計の掾吏に語る。

朱買臣は会稽郡の郡邸に所属する「守邸者」（「守邸」）と呼ばれる吏のもとに身を寄せていた。ある時、彼らは郡邸内で食事を共にし、また上計のため都の長安に滞在中の会稽郡の吏たちも郡邸内で飲酒していたという。この記事からは、「守邸者」が郡邸を管理し、上計吏ら郡邸に滞在する人々に食事や酒を提供していたことが分かる。

張積氏は、郡邸とは両漢代を通じて郡の出資により設置された施設であるとし、前掲『漢書』朱買臣伝に見える「守邸者」を、郡が郡邸を管理するために派遣した吏と解する。[22]しかし、『漢書』巻一九・百官公卿表上に

初め郡國邸を置くや少府に屬し、中ごろ中尉に屬し、後に大鴻臚に屬す。

とあるように、前漢において郡邸は、少府・中尉を経て大鴻臚に所属した。このことを念頭に置くと、各郡の郡邸はそれぞれ「守邸者」によって管理され、それらの「守邸者」を大鴻臚の属官の郡邸長が統括していたとみなし得る。もしそうであるならば、「守邸者」は大鴻臚の官署から各郡の郡邸に出向した吏で、郡邸長の属僚に該当するもの、と解することができる。前漢における郡邸長と郡邸の関係が右の通りであるとするならば、当時の大鴻臚が担っていたとされる上計吏の接待は郡邸を管理する一環として行われたもの、ということになる。

郡邸の位置に関しては、『太平御覧』巻一八一・邸条引西晋・陸機『洛陽記』に

百郡邸は洛城中の東の城下の歩廣里の中に在り。

とあり、洛陽城の内部の歩広里に「百郡邸」が設置されていたとする記事がある。これについて陳直氏は、前漢では

郡ごとに一つずつ郡邸を設けていたが、後漢になるとそれらを廃止して、「百郡邸」と呼ばれる一つの施設のみ設置した、と推測する(23)。また、彭衛氏は、陳直説を支持する立場から、後漢が郡邸長を廃止したことを「百郡邸」の設置と連動するものと解している(24)。

後漢において「百郡邸」が存在していたことは、『後漢書』巻六九何進列伝に

（中平）六年、（靈）帝、疾篤く、（劉）協を蹇碩に屬む。碩、既に遺詔を受け、且つ素より（何）進の兄弟を輕忌す。帝の崩ずるに及び、碩、時に内に在り、先に進を誅して協を立てんと欲す。進の外より入るに及び、碩の司馬潘隱、進と早に舊あり、迎えて之に目す。進、驚き、馳せて儳道より營に歸り、兵を引き入りて百郡邸に屯し、因りて疾と稱して入らず。

とあることからも確認できる。しかし、『後漢書』巻六四史弼列伝に、史弼の河東太守在任時のこととして、次のようにある。

廷尉詔獄に下るに及び、平原の吏人、奔走して闕に詣り之を訟う。又た前の孝廉たる魏劭、形服を毀變し、詐りて家僮と爲り、（史）弼を瞻て護る。弼、遂に誣を受け、事、弃市に當たる。劭、同郡の人と與に郡邸を賣りて、賂を侯覽に行い、死罪一等を減ぜんことを得。論じて左校に輸る。時人、或るもの譏りて曰く、「平原は貨を行い、以て君を免ず。乃ち蚩となすこと無からんや」と。

史弼が罪に問われた時、魏劭ら平原郡の人々は彼の助命のため中常侍侯覧に賄賂を贈ろうとし、その資金を得る目的で郡邸を売却した。平原郡の人々が自らの判断で郡邸を売り払うことが可能であったことから、後漢においても郡ごとに一つずつ郡邸を設けていたと考えられる。おそらく「百郡邸」とは、各郡の郡邸の総称であろう。

平原郡の人々が郡邸を売却したことについて張積氏は、後漢において郡邸が郡の出資により設置されていたことを

示すものとする。[25] 先述したように、前漢では中央政府が大鴻臚所属の「守邸者」を通じて郡邸を管理していた。しかし、張積氏が指摘するように、少なくとも後漢では郡邸の管理を郡が主体的に担っていたと考えられる。もしそうであるとするならば、後漢の三署郎は郡が管理する郡邸に出向し、郡の指揮のもとで前漢の「守邸者」と同じ役割を担っていた、ということになる。

以上のように、前漢の大鴻臚は、諸侯王・非漢人・上計吏が儀礼に参加する場合の介添役という役割と、郡邸の管理という役割をともに担っていた。それに対して後漢は、郡邸長を廃止し、その職掌を三署郎に移管することによって、大鴻臚と郡邸の関係を解消した。これにより、大鴻臚は儀礼の介添役を主要な職掌とする官署となった。他方、光禄勲の官署では、前漢における郡邸長の職掌を三署郎に移管することにより、宮殿の門の宿衛や巡幸の関連業務に加えて、郡邸の管理をも担当するようになった。かかる郎官の再編を経て、光禄勲・大鴻臚・執金吾は各々の役割を明確にしたと考えられる。[26]

第三節　郎官の再編と後漢洛陽城

前節までに確認したように、前漢から後漢に至る過程で、郎官には給事の停止と職掌の移管を主な内容とする大幅な再編が加えられた。そのような郎官の再編は如何なる特色を有していたのであろうか。この点を検証するにあたり、郎官の執務場所の変化に注目してみたい。

前漢の都である長安城には未央宮と呼ばれる宮城があった。未央宮の内部には前殿と呼ばれる宮殿が設けられており、そこでは皇帝が臣下と朝見するなど政務を執っていた。[27] また、未央宮の内部には禁中が設けられていた。禁中は省闥という門を出入口とする一定の区域の建物群で、[28]そこでは皇帝が日常生活を営むとともに政務を執る場合があり、通常の官吏の出入は固く禁止されていた。[29]

他方、後漢の都である洛陽城には北宮・南宮と呼ばれる宮城があった。北宮・南宮の内部には皇帝の執務場所である前殿（後漢では徳陽殿・崇徳殿・南宮前殿・嘉徳殿などの宮殿の総称）が設けられるとともに、[30]皇帝の生活空間である禁中が設置されていた。[31]

前漢の郎官は、未央宮の前殿に付設されている周廬に宿衛していた。[32]当時は中郎・侍郎・郎中などが宮殿の門の宿衛を主に担うとともに、朝会の際に宮殿の内部（具体的には陛の下）で皇帝に近侍し、また皇帝の車駕の護衛を務めていた。[33]それに対して、後漢の郎官は洛陽城の太学（都城の南壁にある開陽門の外部）の正面に設けられた中郎解（三署の官衙）を執務場所とした。[34]当時は虎賁郎（虎賁中郎将により統率）・羽林郎（羽林中郎将により統率）が前漢の中郎・侍郎・郎中などと同じ役割を担っていた。[35]また、後漢において三署郎は、名目上は宮殿の門の宿衛を職掌としていたが、実際には当該の郎官に就任した官吏を養成する役割を担うようになった。[36]このように、前漢と後漢では個々の郎官の職掌とその執務場所に変更が生じた。

廖伯源氏によれば、郎官を統率する中郎将は両漢代を通じて出征する場合があったが、それは前漢と比較すると後漢の方が多かった。[37]王克奇氏は、後漢では羽林中郎将が主に出征していたとする。[38]出征先は多岐にわたるため、その任にあたる郎官には特定の執務場所は存在しなかったといえる。

また、先述したように、前漢において請室令・式道候が担う巡幸の関連業務と、郡邸長が担う郡邸の管理は、後漢になると三署郎に移管された。これらのうち巡幸の関連業務の移管は、前漢以来、郎官が車駕の護衛を職掌としていたことに基づく措置であろう。

後漢の皇帝は、長安城や南陽郡などの地方都市や将軍・九卿などの官衙に巡幸した（『後漢書』巻一光武帝紀下・建武六年条、同巻二明帝紀・永平一〇年条、同巻五安帝紀・建光元年条、同巻七桓帝紀・建和二年条）。前漢の九卿の官衙が長安城の未央宮の内外に設けられていたのに対して、(39)後漢の将軍・九卿の官衙は洛陽城の北宮・南宮の外部に設置されていた。(40)このことから、請室令の職掌を移管され、かつ式道候を臨時に兼任した三署郎は、洛陽城においては宮城の外部で執務していたといえる。ただし、皇帝の巡幸先は洛陽城の内部に限らず、ひろく地方にまで及んでいた。しかも、皇帝の巡幸は不定期に行われるものである。これらの事柄を勘案すると、請室令の職掌を移管され、かつ式道候を臨時に兼任した三署郎にも、特定の執務場所は存在しなかった、とみなすことができる。

先に確認した通り、郡邸長の職掌を移管された三署郎は、「百郡邸」と総称される各郡の郡邸を管理していた。前掲『太平御覧』邸条引『洛陽記』によれば、「百郡邸」は洛陽城の内部の歩広里に設けられていたという。歩広里について、『元河南志』後漢城闕古蹟条は

歩廣里。上東門内に在り。翟泉有り。

とあるように、後漢洛陽城の上東門（都城の東壁の門）の内部にあったとする。しかし、その他の後漢に関する史書中には、後漢洛陽城に歩広里があったことを示す直接的な記事は見えない。ただし、『宋書』巻三二・五行志三・羽蟲之孽条に

晉の孝懷帝の永嘉元年二月、洛陽の東北の歩廣里の地、陷り、鵝の出づる有り。蒼色なる者は沖天を飛翔し、白なる者は焉に止まる。此れ羽蟲の孽、又た黒白の祥なり。

とあり、西晋洛陽城の内部の東北隅には歩広里が存在していた。『元河南志』晋城闕古蹟条も

歩廣里。翟泉の側に在り。

と述べ、西晋洛陽城の内部に歩広里があったとしている。『洛陽記』の撰者が西晋の陸機であることからすると、『洛陽記』に見える歩広里とそこに所在する「百郡邸」は、直接的には西晋洛陽城に設けられたものを指すと考えられる。

ただし、前掲『後漢書』何進列伝において、外戚の大将軍何進は後漢第一二代の霊帝（在位：一六八～一八九）の崩御をうけて、宦官の上軍校尉蹇碩のいる「内」に一旦入った。しかし、蹇碩が自分を誅殺しようと企てていることを察知すると、自らの軍営に戻った後、軍勢を率いて「百郡邸」に駐屯し、病を理由に「内」には入らなかった。霊帝が南宮の嘉徳殿にて崩御したことを考え合わせると（『後漢書』巻九霊帝紀・中平六年条）、蹇碩が霊帝の遺詔を受けた「内」とは南宮の内部を指すと解される。もしそうであるならば、後漢において郡邸は洛陽城の宮城の外部に設けられていた可能性がある。これらのことから、郡邸長の職掌を移管された三署郎は洛陽城の南宮の外部を主な執務場所としていたと考えられる。

前漢において、中郎・侍郎・郎中などは長安城の宮殿の門や内部（具体的には陛の下）に宿衛する一方で、未央宮の内外にある九卿の官衙にて給事していた。だが、後漢になると、三署郎は九卿を中心とする諸官への給事を停止され、洛陽城の都城の外部にある中郎解と宮城の外部に位置する郡邸を主な執務場所とした。後漢の三署郎が宮殿の門やその内部に基本的には宿衛しなくなったことを勘案すると、前漢から後漢に至る過程で、三署郎は宮殿が所在する宮城への出入を大幅に制限されたと考えられる。そのことは、郎官が前漢では長安城の未央宮の内部（禁中の内部）にある尚書の官衙に給事していたが、後漢になると洛陽城の南宮の内部（禁中の外部）に官衙を擁する尚書への給事を停止されたことからもうかがい知ることができる。(41)かかる制度的・空間的な変化は、前漢の郎官が担っていた役割を後漢において虎賁郎・羽林郎と三署郎が分担し、各々の役割が明確化していく過程で生じたものとみなし得る。

第四節　郎官の再編の制度的背景とその意義

前節までに分析した郎官の再編は、どのような制度的な背景のもとで断行されたのであろうか。この問題を考える上で注目されるのは、後漢初代の光武帝（在位：二五～五七）が中央官制に改編を加えたことである。『続漢書』百官志一の序文に次のようにある。

漢の初めて興るや、大亂を承繼し、兵は戢むるに及ばず、法度の草創は、略ぼ秦制に依り、後嗣、因循す。景帝に至るや、呉・楚の難に感じ、始めて諸侯王を抑損す。武帝に至るに及び、改作する所多し。然れども奢廣し、民用、匱乏す。世祖、中興するや、務めて節約に従い、官を并わせ職を省き、費減じて、億計う。殘缺を補復し、及び身未だ改めざるに、而るに四海、風に従い、中國、安樂なる所以の者なり。

光武帝は前漢が官を数多く設置して費用が嵩んだことを省みて、「節約」を旨として「官を并わせ職を省」き、費用を削減した。かかる光武帝による改編の目的は、官制の欠落を補い復すことなどにあったという。『続漢書』百官志一の「官を并わせ職を省く」について、植松慎悟氏は、三公・尚書台・郡県・州が担う役割を光武帝が整備・強化し、各官府の効率を図ったことを示すもの、と解している[42]。また、孫聞博氏は、前漢から後漢に至る政治制度の「減省」を示す史料と評価している[43]。かつて筆者も、東晋の桓温が「官を并わせ職を省」いて、九卿の機構の整理・統合などを含む中央官制の改編を行った事例を手がかりに、『続漢書』百官志一の「官を并わせ職を省く」を、官の整理・統合を含む中央官制の改編を特に意味するもの、と解釈した。また、光武帝による中央官制の改編の目的を、諸官の役割を明確に区別してその機能の効率を図る点に求めた。その上で、光武帝が中央官制を改編する一環として、前漢以来の「内朝官」を解体し、さらに側近官を再編して侍中・中常侍・大夫・議郎の諸官を整備したことを検証した。(44)

先に確認したように、後漢は九卿の属官の廃止に合わせて郎官の給事を停止するとともに、九卿たる光禄勲・大鴻臚の属官から三署郎に職掌を移管した。このことは、後漢が郎官を九卿と連動させる形で再編したことを示している。そうであるならば、郎官の再編は「官を并わせ職を省」く一環として断行されたもの、と位置づけることができよう。また、前漢から後漢に至る過程で解体された「内朝官」の加官は、前漢では光禄勲の属官たる大夫・中郎将・郎官の就任者に付加されていた。(45)さらに、両漢の交替にともない再編された側近官のうち大夫・議郎は、前漢では光禄勲の属官であったが、後漢では光禄勲に「文属」（「文簿」上において某官に形式的に所属しながらも、実際には皇帝との直属関係を有することを示すもの）した。(46)しからば、両漢代を通じて光禄勲に所属する郎官の再編もまた、「内朝官」・側近官の場合と同じく、光武帝が「官を并わせ職を省」く一環として断行したもの、とみなすことができる。つまるところ、後漢における郎官の再編の背景には、光武帝による中央官制の改編があった。

以上のような郎官の再編は、如何なる歴史的な意義を有していたのであろうか。先に検証したように、前漢において、光禄勲は宮殿の門の宿衛など、執金吾は都城の警備などに加えて、ともに巡幸の関連業務を担っていた。また、大鴻臚は、儀礼の介添役に加えて、郡邸の管理を担当していた。これらの点において、当時における諸官の役割は必ずしも明確ではなかったといえる。それに対して後漢は、光禄勲・大鴻臚・執金吾の職掌を郎官に移管し、各々の役割を明確にした。ただし、この再編にともない、郎官は宮殿の門の宿衛と皇帝の車駕の護衛に加えて、巡幸の関連業務と郡邸の管理を新たに担うことになった。そこで後漢は、宮殿の門の宿衛と皇帝の車駕の護衛を虎賁郎・羽林郎に、巡幸の関連業務および郡邸の管理を三署郎に担当させることによって、それぞれの役割分担と執務場所を明確にしたのである。前漢から後漢に至る郎官の再編は、九卿を中心とする諸官の役割を明確化し、その機能の効率化を図るために断行されたものであった。

おわりに

本稿では、漢王朝における官僚機構の形成過程を明らかにする一環として、前漢から後漢に至る郎官の再編の具体的な内容とその制度的な背景について検討した。それを通じて、両漢代において皇帝と官僚の関係が質的に変化する過程、ならびに漢王朝の中央官制の特色を解明する手がかりを探った。その結果、以下の事柄を検証した。

① 前漢から後漢に至る郎官の再編は、九卿を中心とする諸官への給事の停止、諸官からの職掌の移管、を主な内容とするものである。

② 前漢において、九卿を中心とする諸官の役割は必ずしも明確ではなかった。それに対して後漢は、郎官を再編することによって、諸官の役割を明確化し、その機能の効率化を図ろうとした。

③ 郎官の再編は、後漢の光武帝が中央官制を改編する一環として断行したものである。

先述したように、かつて筆者は、前漢から後漢にかけて行われた「内朝官」の解体と側近官の再編をともに、光武帝による中央官制の改編の一環と位置づけ、それらの目的を諸官の役割の明確化とその機能の効率化に求めた。本稿の検証結果に基づくと、漢王朝は両漢の交替に際して、中央官制の統属関係と役割分担の「重複」・「未分化」の状態を是正しようとした、と想定することができる。このようにして個々の中央官の役割が明確に区別されることにより、前漢から後漢にかけて諸官の専門性が高まったと考えられる。その結果、官僚が各人の専門的技能に応じて中央官に任用される体制が次第に構築されたと想定される。仮にこの想定に基づくならば、両漢の交替を契機として、皇帝と官僚の関係が、従前の個人的紐帯に依拠するものから、諸官の役割分担が明確に整えられた官僚機構に依拠するものへと大きく変化した可能性が生じてこよう。

以上の仮説を立証するためには、前漢における官僚の任用状況と後漢のそれを、九卿の就任者を中心に比較・検討する必要がある。この問題については次の機会に検討したいと思う。

注

(1)　厳耕望「秦漢郎吏制度考」(『中央研究院歴史語言研究所集刊』二三上、一九五一年。後に同氏『厳耕望史学論文選集』、聯経出版、一九九一年に収録)。

(2)　増淵龍夫「漢代における国家秩序の構造と官僚」(『一橋論叢』二八-四、一九五二年。後に同氏『新版 中国古代の社会と国家―秦漢帝国成立過程の社会史的研究―』、岩波書店、一九九六年に収録。原版は弘文堂から一九六〇年に出版)。

(3)　杉村伸二「漢初の郎官」(『史泉』九四、二〇〇一年)。

(4)　福永善隆A「前漢前半期における清静政治の一背景―官僚機構の構造を中心として―」(『九州大学東洋史論集』四二、二〇一四年)・B「前漢前半期、劉邦集団における人格的結合の形成」(『鹿大史学』六四・六五、二〇一八年)。

(5)　福永善隆C「前漢における内朝の形成―郎官・大夫の変遷を中心として―」(『史学雑誌』一二〇-八、二〇一一年)。

(6)　西嶋定生「武帝の死―『塩鉄論』の政治史的背景―」(石母田正他編『古代史講座』一一、学生社、一九六五年所収。後に

同氏『中国古代国家と東アジア世界』、東京大学出版会、一九八三年に収録）。
（7）冨田健之「内朝と外朝―漢朝政治構造の基礎的考察―」（『新潟大学教育学部紀要』二七 - 二、一九八六年）、福永善隆D「漢代における尚書と内朝」（『東洋史研究』七一 - 二、二〇一二年）など。
（8）和田清「序説」（和田清編著『支那官制発達史（上）―特に中央集権と地方分権との消長を中心として―』、中華民国法制研究会、一九四二年所収）、大庭脩「漢王朝の支配機構」（『岩波講座世界歴史』四古代四、岩波書店、一九七〇年所収。後に同氏『秦漢法制史の研究』、創文社、一九八二年に収録）。
（9）注（1）厳耕望前掲論文。厳耕望氏は、前漢では太常に所属する陵園に郎官が給事していたとした上で、前漢武帝期の高寝郎田千秋（車千秋）や平帝期の延陵園郎班穉の事例を挙げ、その当時にはすでに陵園に郎官が常設されていたと推測する。なお、陵園は前漢の歴代皇帝の陵園の管理をつかさどった（安作璋・熊鉄基『秦漢官制史稿』第一編第二章、斉魯書社、一九八四年、上冊八七～一〇〇頁）。
（10）王克奇「論秦漢郎官制度」（注（9）安作璋・熊鉄基前掲書所収）。ちなみに、『漢書』巻三六楚元王伝に「成帝即位、（石）顯等伏辜、（劉）更生乃復進用、更名向。向以故九卿召拜爲中郎、使領護三輔都水」とあり、前漢では中郎劉向が三輔都水を「領護」している。ここでの中郎について注（1）厳耕望前掲論文・注（10）王克奇前掲論文は、太常の属官の都水に給事していたとする。しかし、都水が三輔（右扶風・京兆尹・左馮翊）の属官としても見えることから（『漢書』巻一九・百官公卿表上）、三輔都水は太常の属官ではなく、三輔の属官と解し得る。某官が三輔都水を「領護」する事例は、『漢書』巻四五息夫躬伝にも見える。そこでは息夫躬の光禄大夫在任時（加官は左曹・給事中）について「（息夫）躬又言、「秦開鄭國渠以富國彊兵、今爲京師、土地肥饒、可度地勢水泉、廣漑灌之利」。天子使躬持節領護三輔都水。躬立表、欲穿長安城、引漕注太倉下以省轉輸。議不可成、乃止」とあり、光禄大夫が三輔都水を「領護」していた。これらの記事について、廖伯源『使者与官制演変―秦漢皇帝使者考論―』上編巻五（文律出版社、二〇〇六年、一二四〜一二七頁）は、中郎と光禄大夫は皇帝の使者として三輔の水利に関する事務を統括し、三輔都水を指揮していたとする。光禄大夫息夫躬が三輔都水を「領護」するにあたり持節していることからすると、廖伯源氏の述べるように、中郎劉向もまた、太常の属官の都水に給事したのではなく、皇帝の使者として三輔の属官の都水を「領護」していたと考えられる。なお、「領護」は、『漢書』巻九六西域伝上に「於是自敦煌西至鹽澤、往往起亭、而輪臺・渠犂皆有田卒數百人、置使者校尉領護、以給使外國者」、顔師古注に「統領保護營田之事也」とあることから、給事の意ではなく、監督の意に解される。

（11）注（1）厳耕望前掲論文。永田英正「漢代の選挙と官僚階級」（『東洋学報』四三、一九七〇年。後に同氏『漢代史研究』、汲古書院、二〇一八年に収録）は、郎官と孝廉の関係に注目する立場から、郎官を「官僚予備軍のプール機構」とみなしている。

（12）注（9）安作璋・熊鉄基前掲書第一編第二章（上冊一七九〜二一七頁）。

（13）注（9）安作璋・熊鉄基前掲書第一編第二章（上冊一七九〜二一七頁）、渡辺信一郎『中国古代の楽制と国家―日本雅楽の源流―』第四章（文理閣、二〇一三年、一四五〜一五〇・一五三〜一五六頁）。

（14）注（9）安作璋・熊鉄基前掲書第一編第二章（上冊一三六〜一四八頁）、村松弘一「秦漢時代関中平原・黄土高原の環境と馬―漢代厩牧システムの形成と崩壊―」（鶴間和幸・村松弘一編『馬が語る古代東アジア世界史』、汲古書院、二〇一八年所収）。

（15）注（14）村松前掲論文。

（16）注（9）安作璋・熊鉄基前掲書第一編第二章（上冊一三六〜一四八頁）、注（14）村松前掲論文。

（17）注（14）村松前掲論文。

（18）郡邸に関する研究として、注（9）安作璋・熊鉄基前掲書第一編第二章（斉魯書社、一九八四年、上冊一五九～一六六頁）、黎虎『漢唐外交制度史』上編第二章（蘭州大学出版社、一九九八年、五三～六〇頁）、彭衛「漢代旅舎蠡説」（王子今・白建鋼・彭衛主編『紀念林剣鳴教授史学論文集』、中国社会科学出版社、二〇〇二年所収）、張積「漢代旅舎探析（上）」（『北京聯合大学学報（人文社会科学版）』二〇〇七‐四、二〇〇七年）、侯旭東「従朝宿之舎到商舗―漢代郡国邸与六朝邸店考論―」（『清華大学学報（哲学社会科学版）』二〇一一‐五、二〇一一年）、劉良「中国古代地方政府駐京弁事機構的変遷研究」（『武漢大学学報（人文科学版）』二〇一七‐五、二〇一七年）などがある。

（19）注（1）厳耕望前掲論文。

（20）注（9）安作璋・熊鉄基前掲書第一編第二章（上冊一〇七～一二九・一二七～一三四頁）。

（21）注（9）安作璋・熊鉄基前掲書第一編第二章（上冊一五九～一六六頁）、注（18）黎虎前掲書上編第二章（五三～六〇頁）。

（22）注（18）張積前掲論文。

（23）陳直『漢書新証』（天津人民出版社、一九七九年、三四五頁）。

（24）注（18）彭衛前掲論文。

（25）注（18）張積前掲論文。

（26）注（2）増淵前掲論文は、郎官は皇帝との人格的な紐帯を養う役割を有していたとする。これをうけて注（3）杉村前掲論文、注（5）福永前掲論文Cは、郎官は前漢後半期になると皇帝との紐帯を養う役割を次第に弱めていったとしている。後漢において、郎官が光禄勲・大鴻臚・執金吾の属官の職掌を新たに担うとともに、尚書台などの官署に常設された背景には、このような皇帝と郎官の関係の変化もあったのかもしれない。

（27）Bielenstein, H.（1976）Lo-yang in Later Han Times, The Museum of Far Earstern Antiquities (Östasiatiska museet) Stockholm Bu lletin, No. 48, pp. 1–142、吉田歓『日中宮城の比較研究』第一部第一章（吉川弘文館、二〇〇二年、三六～四二頁）。

（28）青木俊介「漢長安城未央宮の禁中―その領域的考察―」（『学習院史学』四五、二〇〇七年）。

（29）米田健志Ａ「前漢後期における中朝と尚書―皇帝の日常政務との関連から―」（『東洋史研究』六四-二、二〇〇五年）。

（30）注（27）ビーレンスタイン前掲論文、注（27）吉田前掲書第一部第一章（三六～四二頁）。

（31）拙著『後漢政治制度の研究』第一章（早稲田大学出版部、二〇一四年、五九～六八頁）を参照。

（32）注（1）厳耕望前掲論文、注（10）王克奇前掲論文、注（3）杉村前掲論文。周廬の位置については、佐原康夫『漢代都市機構の研究』第一部第二章（汲古書院、二〇〇二年、七六～七八頁）を参照。

（33）注（1）厳耕望前掲論文、注（10）王克奇前掲論文。ちなみに、孫聞博『秦漢軍制演変史稿』第一章（中国社会科学出版社、二〇一六年、七四～七九頁）は、前漢の郎中令（中郎・侍郎・郎中を統率）は平時より殿門（宮殿の門）の内部に宿衛していたとする。

（34）注（1）厳耕望前掲論文、注（10）王克奇前掲論文。

（35）注（1）厳耕望前掲論文、注（10）王克奇前掲論文。ちなみに、注（33）孫聞博前掲書第一章（八九～九六頁）は、前漢では大駕の際に先頭を進む先駆けの役割を羽林郎が担っていたが、後漢になると諸校尉が統率する兵士が担当するようになった、としている。

（36）注（1）厳耕望前掲論文、注（10）王克奇前掲論文。

（37）廖伯源「従漢代郎将職掌之発展論官制演変」（『中央研究院歴史語言研究所集刊』六五-四、一九九四年。後に同氏『秦漢史論叢』、五南図書出版、二〇〇三年）。

（38）注（10）王克奇前掲論文。

（39）佐藤武敏『長安』Ⅱ（講談社、二〇〇四年、六四～七二頁。原版は一九七一年に近藤出版社より刊行）、注（28）青木前掲論文。
（40）注（31）前掲拙著第六章（二五八～二六一頁）を参照。
（41）尚書の官衙の位置については、注（31）前掲拙著第五章・第六章（二二六～二二八・二六八～二七六頁）を参照。
（42）植松慎悟「光武帝期の官制改革とその影響」（『九州大学東洋史論集』三九、二〇一一年）。
（43）注（33）孫聞博前掲書第一章（六九～七〇頁）。
（44）注（31）前掲拙著補論（三七五～三八二頁）、拙稿「後漢における側近官の再編」（『東方学』一三〇、二〇一五年）を参照。
（45）楊鴻年『漢魏制度叢考』（武漢大学出版社、一九八五年、一三～二〇・三一～三三・一一五～一二〇頁）、廖伯源「漢代大夫制度考論」（『中国歴史学会史学集刊』二七、一九九五年。後に同氏『秦漢史論叢』、五南図書出版、二〇〇三年に収録）、米田健志B「漢代の光禄勲―特に大夫を中心として―」（『東洋史研究』五七‐二、一九九八年）、塩野貴啓「前漢の侍中と給事中」（『國學院大學大学院紀要―文学研究科―』四二、二〇一一年）、注（5）福永前掲論文C。
（46）「文屬」については、山田勝芳「後漢の大司農と少府」（『史流』一八、一九七七年）を参照。

第三篇　魏晋以後篇

『隷続』魏三体石経左伝遺字考

廣瀬　薫雄

はじめに

洪适『隷続』巻四所載の「魏三体石経左伝遺字」（以下「遺字」と略称）は、そもそもは「皇祐癸巳の年（一〇五三）に洛陽蘇望氏の刻せる所」（洪适の語）である。これは非常に扱いづらい資料で、魏石経残石の模本ではあるのだが、残石の姿をとどめておらず、普通の古籍の形式で残字をならべているだけで、どの字からどの字までが一つの残石の模本なのか、どの字がどの経書のどの部分なのかなどについて一切説明していない。それゆえ、この資料はこのままではまったく読むことができない。

清代、多くの学者が「遺字」所収の魏石経残字の正確な出処を明らかにしようと試みた。例えば臧琳は最も早くに『尚書』大誥・呂刑・文侯之命の三篇が『左伝』中に混じっている」ことを指摘し、「遺字」の分段を行ったうえで、各段の文字が『左伝』あるいは『尚書』のどこに見えるのかをやや詳しく説明している。(1) その後、孫星衍が「遺字」の内容を①尚書大誥・②呂刑・③文侯之命、④左氏桓公経・⑤桓公伝・⑥荘公経・⑦宣公経・⑧襄公経の八段に分け、どの残字がどの段に属するのかいちいちに説明した。(2) これが清代の関連研究のなかで最も全面的かつ成功を収めた研究であると言えるだろう。このほかにも少なからぬ学者が「遺字」について研究している。(3) 全体的に言うと、彼等は基本的に正確な出処を見つけ出している。しかし魏石経の形式が分からなかった当時の条件では、「遺字」に含まれている情報をすべて正確に読みとることはまったく無理なことであった。

清代末期以来、魏石経の残石が陸続と発見され、それによって魏石経が毎行二〇×三＝六〇字であることが判明した。これさえ知っていれば、「遺字」の内容は残石のほぼもとのすがたに復原することができる。それを行ったのが王国維で、彼は魏石経の形式にもとづいて『隷続』所収の魏石経残字をならべなおし、『尚書』六段・『春秋』七段・『左伝』一段の計十四段に復原した。[4] その復原結果は「隷釈所録魏石経碑図」で見ることができる。[5] このほか、呂振端氏も「遺字」所収の残字をならべなおし、それぞれ『魏三体石経残字集証』巻二・校文の該当箇所に収録している。[6]

魏石経残石の復原という点について言えば、「遺字」にはもはや議論すべきところはほとんどない。ただし筆者の見るところ、先行研究はみな「遺字」を研究資料として利用しており、「遺字」そのものについてはまったく研究していない。言い換えると、先行研究はみずからの復原結果にもとづいて経文を配列し、古文の字形に分析を施すのみで、「遺字」の魏石経残石の収録方法にはまったく関心をはらっていない。しかし実のところ、「遺字」は読者に残石のもとの形が分かるように多くの手がかりを残してくれており、「遺字」に収録されている残字の配列方法さえ知っていれば、蘇望が見た魏石経の拓本がどんなものだったのかおおよそ想像がつくのである。例えば、一枚の紙でいくつの残石の拓本がとられていたかとか、残石がどのように綴合されていたのかといったことが想像できるし、しかもそこからさらに「遺字」に存在する誤字の校正を行い、いくつかの奇妙な字形がどうやって出てきたのかについても説明できるようになる。

本稿は、「遺字」に存在する規則性を明らかにし、それをもとに「遺字」が使用した原資料のもとのすがたを復原するとともに、蘇望が原資料をどのように利用して「遺字」を撰したのかを説明する。

第一節　復原方法の説明――第一段を例として

「遺字」冒頭の約三行は第一段とすることができる（次頁図、分段の根拠については下文を参照）。本節では本段の文字をならべなおしたうえで、残石復原の基本方法について説明する。

これは『春秋』襄公三～四年の一部である。経文の関係箇所を魏石経の形式にもとづいて引用すると次のとおり。(7)

三年春楚公子嬰齊帥師伐呉公如**晉夏**四月壬戌
公及晉侯盟于長樗公至自晉六**月公會**單子晉侯
宋公衛侯鄭伯莒子邾子齊世**子光己未**同盟于雞
澤陳侯使袁僑如會戊寅叔**孫豹及諸侯**之大夫及
陳袁僑盟秋公至自會冬**晉荀罃帥師伐**許　四年
春王三月己酉陳侯午卒夏**叔孫**豹如晉秋七月戊

字の配列順序から、「遺字」の最初の約三行は二つの残石を収録したものであることが分かる。ここでは議論の便を考えてこの二つの残石にそれぞれ①と②の編号を付けておく。興味深いのは、「遺字」がこの二つの残石の字を綴合せずに分けて収録していることである。「遺字」がこの二つの残石の字を一緒に置いているのだから、この二つの残石が綴合できることは当時すでに知っていたはずである。にもかかわらず「遺字」が綴合後の形にもとづいて文字を配列していないのは、原資料のもとのすがたをできるだけ残しておくためにほかならない。

【一】

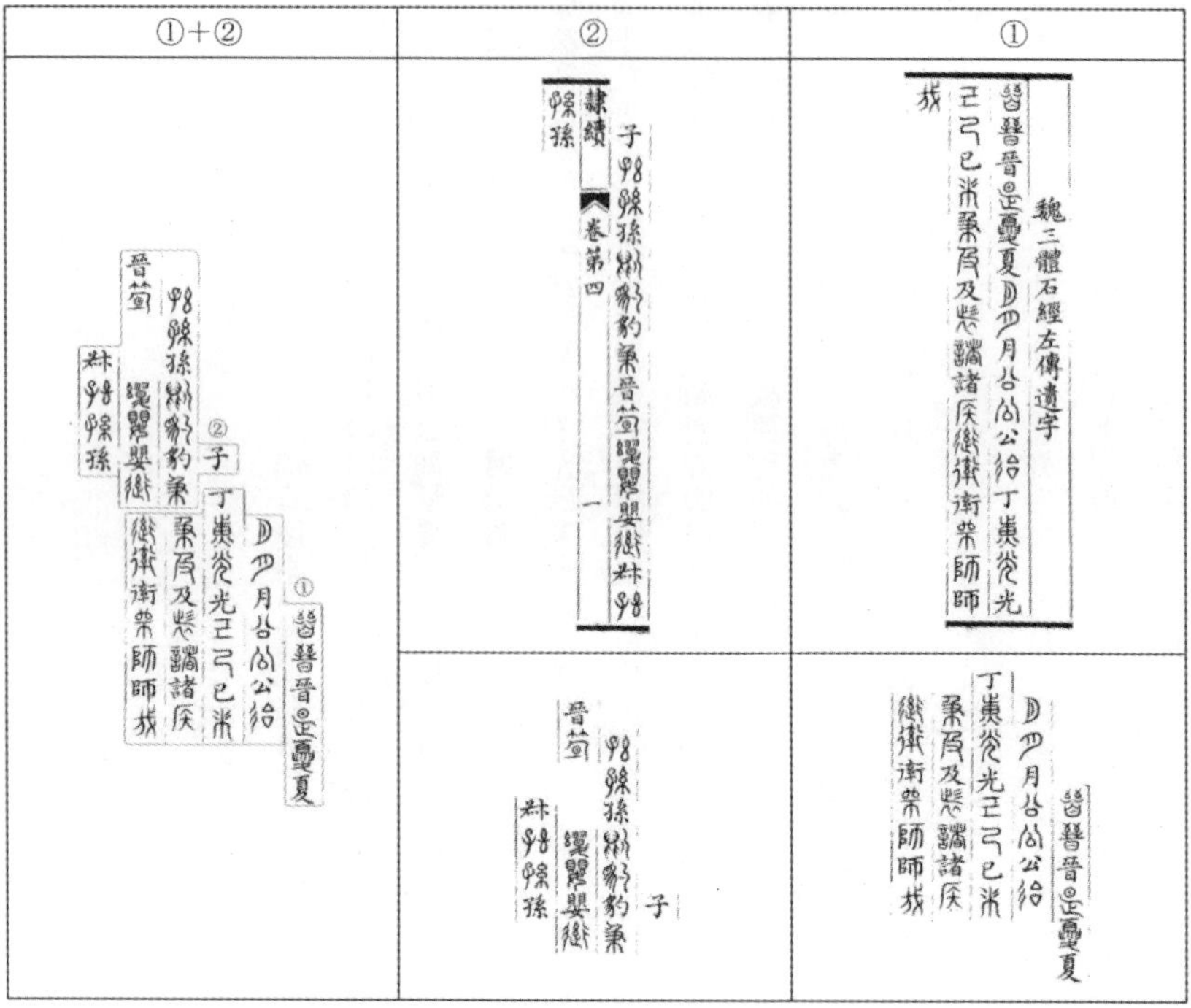

第一段の残字をあらためて配列しなおしてみると、①＋②四～五行目の「及／衜」二字が①にも②にも含まれていることが分かる。ここから、この石経は「及／衜」二字の中間で断裂していたであろうことが推測できる。蘇望は模本を作るときに残筆を補って字形を復原したために今見るようなかたちになっているのである。残字を重複して収録するという現象は「遺字」中にほかにも少なからず見えており、注意する必要がある。

以上の説明によって、「遺字」の配列順序を仔細に考えれば、どこからどこまでが一つの残石の字であるかが分かるだけでなく、残石がおおよそどこで断裂していたのかまで分かるということが知られるだろう。残石の断裂箇所を明らかにすると、「遺字」所収の字の釈読に重要な役割を果たすことがある。というのは、残石にはもともと残字が少なからずあったはずで、蘇望の模本にもいくつかの残筆が残されているからである。残石①「」（会古文）と「」（光古文）の間にある「丁」がその一例である。「遺字」冒頭約三行の中でこの字だけが『春秋』経文と対応させられないが、このような状況はまず起こりえない。そう考えると、実はこの字は「齊世子光」の「子」の下半分であることに気づく。筆者の復原によると、ここはちょうど残石が断裂している箇所にあたる。残石②のこれと対応する箇所には「子」があるが、これは上に述べた「及／銜」と似た状況である。

このような残字は「遺字」中に確かに少なからず見える。例を少し挙げてみよう。

季：（二葉右・二行）—（二葉左・一行）　年：（二葉右・十行）—（二葉左・七行）

一例目は『春秋』襄公五年「季孫行父」の「季」であるが、この字は「子」の下半分が残欠している。復原してみると、残石がこの「季」字のところで断裂していることが分かる。二例目は『春秋』襄公八年「八年」の「年」であるが、ひどく形が訛っている。「遺字」には「年」古文がいくつも出てくるので、正しい字形を知らなかったはずはない。ここで訛った字形に書き写しているのは、拓本ではこの字の筆画がはっきり見えなかったためだろう。この種の残字は、残石のもとのすがたを把握していないかぎり、正確には釈読できない。これらの例より、残石のもとのすがたに復原してこそ「遺字」の校訂を行うことができるということが分かるだろう。

もう一つ説明しておかなければならないのは、①＋②五行目の「荀」字が古文しかなく、篆文と隷書がないことである。この箇所の釈文は「荀（□□）」に作ることができるが、(8) これは拓本では篆文と隷書の筆画がはっきりと確認できなかったためである。蘇望は跋文において「其石斷剥、字多亡缺、取其完者摹刻之（石は断裂して表面が剥がれ落ち、字は残欠しているものが多くあるため、完全な字だけを取って模刻した）」と述べているので、はっきりと見えなかった字は収録していないのである。これも「遺字」によく見られる現象である。筆者は上文で「遺字」にはいくつか残字が残されていると述べたが、これは蘇望の跋文と矛盾しているように見える。しかし古文字資料に面したときにこの種の矛盾した態度をとってしまうのは誰しも避けがたいことである。というのは、およそ古文字資料を扱う者は、不正確な情報を人に伝えたくないと思う一方で、原資料の情報をできるだけ残しておきたいと願うものだからである。古文字研究に従事する者であれば、こうした心理は理解できるだろう。

第二節　第二段・第三段の復原

（一）第二段の復原

「遺字」第一葉左・第一行第三字の「事」からは、『春秋』襄公三〜四年の文字ではなくて、『尚書』大誥の文章になる。ゆえにここで分段して、冒頭の三行を第一段、それより後ろを第二段とすることができる。本稿では【一】、【二】……という編号を用いて分段結果を表示する。以下、ひきつづき第二段の文字を配列しなおそう（次頁図）。これに対応する『尚書』大誥の経文は次のとおり。

王若曰猷大誥爾多邦越爾御**事弗**弔天降割于我
家不少延洪惟我幼沖人嗣無**疆大歴**服弗造哲迪
民康矧曰其有能格知天命已**予惟**小子若渉淵水
予惟往求朕攸濟敷賁敷前人**受命**茲不忘大功予
不敢閉于天降威用寧王遺我**大寶龜**紹天明即命

【二】

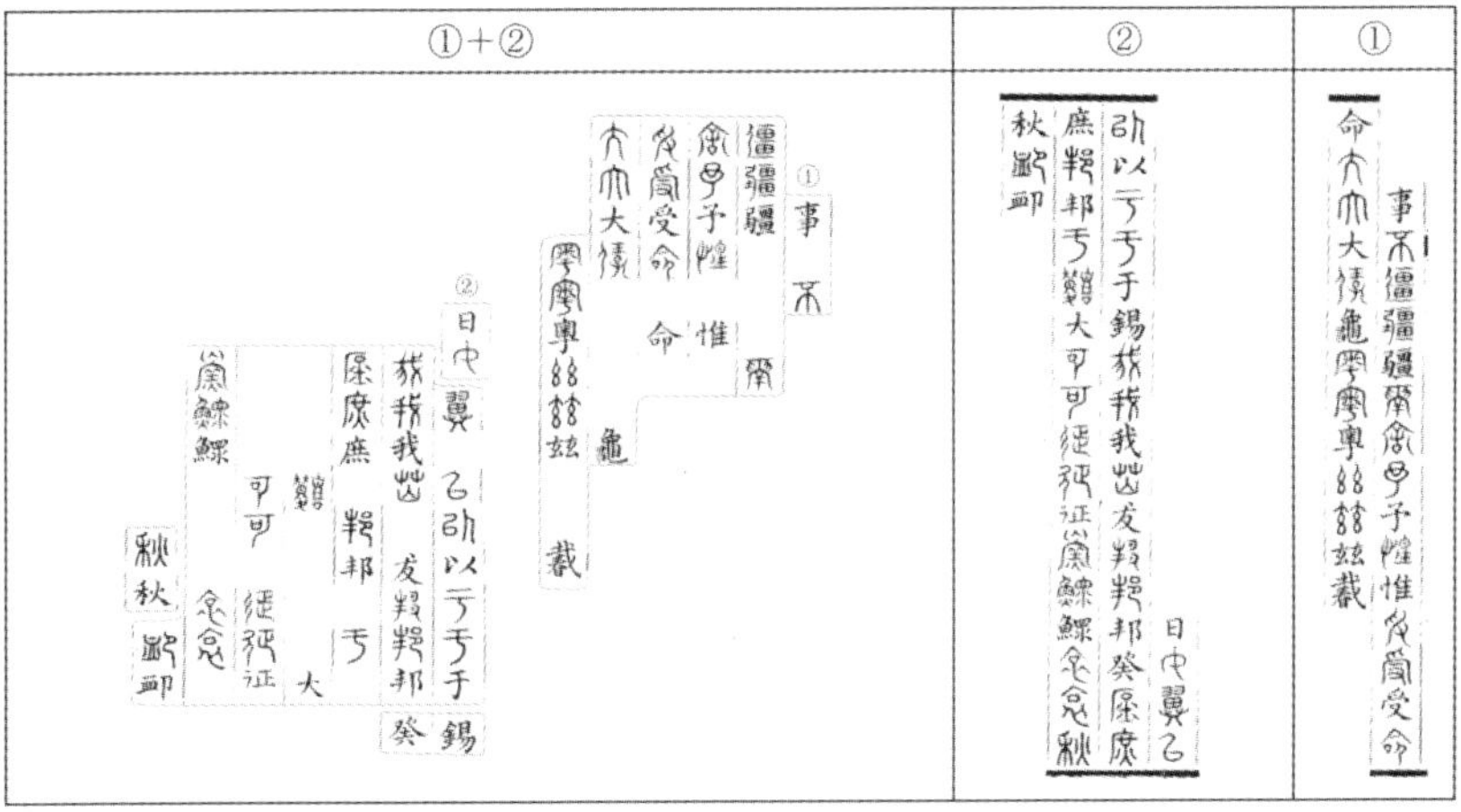

曰有大艱于西土西土人亦不靜**越茲蠢**殷小腆誕
敢紀其敘天降威知我國有疵民不康曰予復反鄙
我周邦今蠢今翼**日民**獻有十夫予**翼以于**敉寧武
圖功我有大事休朕卜并吉肆予告**我友邦**君越尹
氏庶士御事曰予得吉卜予惟以爾**庶邦于**伐殷逋
播臣爾庶邦君越庶士御事罔不反曰**艱大**民不靜
亦惟在王宮邦君室越予小子考翼不**可征**王害不
違卜肆予沖人永思艱曰嗚呼允蠢**鰥**寡**哀**哉予造
天役遺大投艱于朕身越予沖人不卬自**恤**義爾邦

【二】①・②二つの残石は間が一行離れており、直接に綴合することはできないが、この配列順序からして、「遺字」はこの二つの残石を「遙綴」したと考えられる。復原してみると、多くの字が収録されていないことがはっきりと見てとれる。どうやらこの残石は当時すでに保存状態がよくなかったようである。

②冒頭（①末尾と言うこともできる）の「日女」二字は、もし一つの残石の字であるとすると、[9]大誥中にはこれと対応する箇所がなく、それどころか『春秋』・『尚書』二書のどこにも対応する箇所は見当たらない。臧琳・孫星衍・呂振端はこの「日女」を大誥「今翼日民獻有

十夫」の「日民」であるとしているが、その可能性は確かにあると思われる。ここで関連する字形を比較してみよう。

—女：（一葉左・五行）—民：（二葉右・六行）

まず、この字の字形は「女」字古文と完全に合致しているわけでないので、必ずしも「女」であるとはかぎらない。次に、「民」字古文を見てみると、両者の筆画は基本的に一致しているので、これが「民」字古文の残字である可能性も否定できない。もし「日女」が一つの残石の字であるならば、この残石は小さな残片であると思われる。「遺字」所収魏石経の大誥部分の残石の保存状態は確かによくないことが看取されるので、当時このような小さな残片が存在した可能性はじゅうぶんに考えられる。そして小さな残片に残っている字は往々にして不鮮明であるから、「」を「」の形に書き写してしまうことはありないことではない。ゆえにここではしばらく大誥「今翼日民獻有十夫」の「日民」であるとする説に従っておく。

②部分にはこのほかに二つの小さな残石が存在している。一つは②第一～二行の「錫／癸」二字で、孫星衍・王国維・呂振端がこの二字を『春秋』宣公十七年の経文の一部であるとしており、この説は間違いなく正しい。もう一つは②最後の行の「秋」で、これもおそらく『春秋』宣公十七年の残石だろう（王国維もそのように復原していると思われる）。下文で述べるとおり、これらの小さな残石はちょうど次の段の残石と綴合することができる。

（二）第三段の復原

「恤」の次の字からは『春秋』宣公十五～十八年の文字となるので、ここで段を分けることができる。具体的な内容は次頁図のとおり。これに対応する『春秋』宣公十五～十八年の経文（と「成公第八」の標題）は次のとおり。(10)

【三】

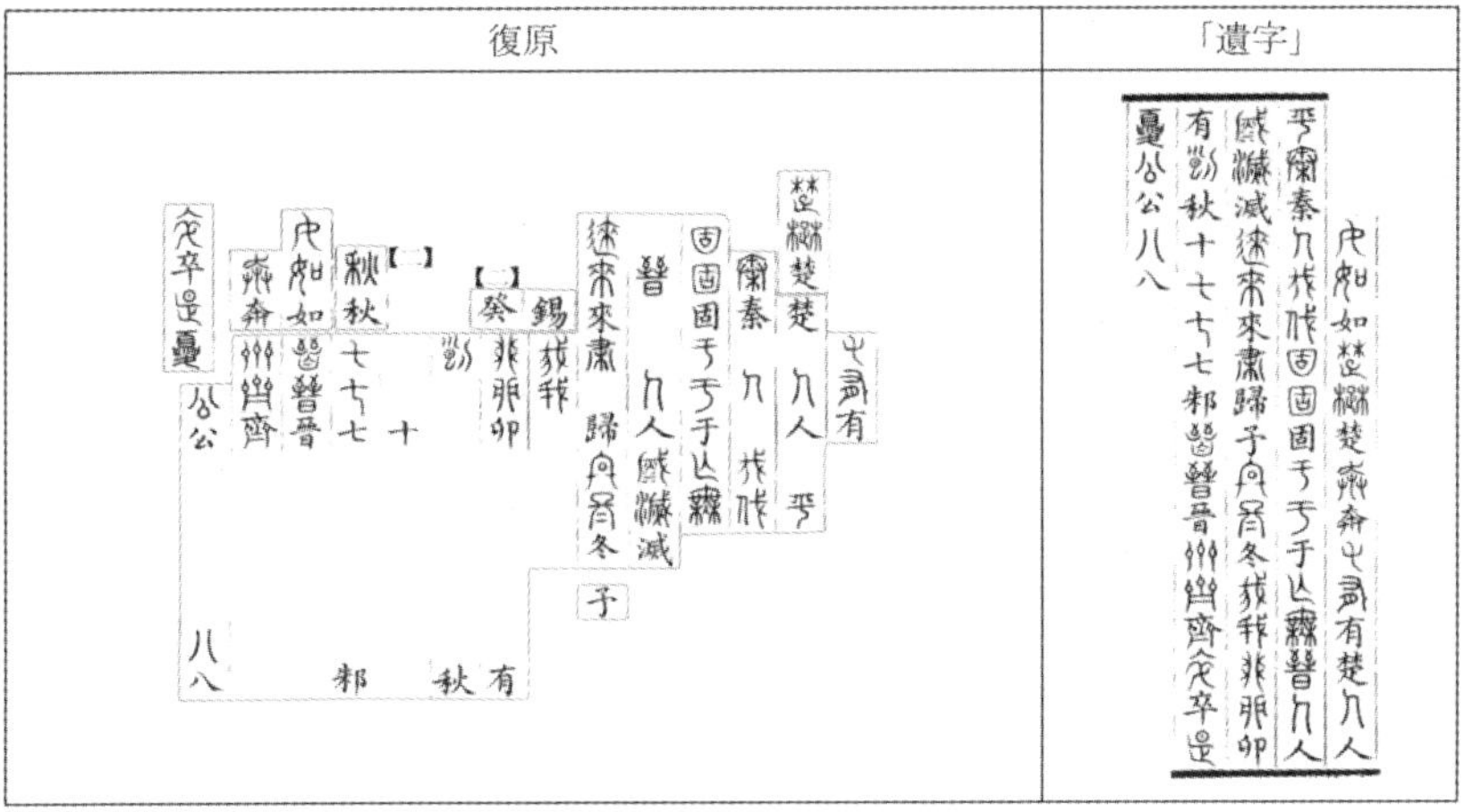

十**有**五年春公孫歸父會楚子于宋夏五月宋人及
楚人平六月癸卯晉師滅赤狄潞氏以潞子嬰兒歸
秦人伐晉王札子殺召伯毛伯秋螽仲孫蔑會齊高
固于無婁初稅畝冬蝝生饑　十有六年春王正月
晉人滅赤狄甲氏及留吁夏成周宣榭火秋郯伯姬
來歸冬大有年　十有七年春王正月庚子許男
錫我卒丁未蔡侯申卒夏葬許昭公葬蔡文公六月
癸卯日**有**食之己未公會晉侯衛侯曹伯邾子同盟
于**斷**道**秋**公至自會冬十有一月壬午公弟叔肸卒
　十有八年春晉侯衛世子臧伐齊公伐杞夏四月
秋七月**邾**人戕鄫子于鄫甲戌楚子旅卒公孫歸父
如晉冬十月壬戌公薨于路寢歸父還自晉至笙遂
奔齊
　成**公**第**八**

筆者の復原によると、【三】所収の残石は石碑の上端部分である。本段の残石の保存状態はどうやら【二】よりも悪かったようで、とりわけ左半分はほとんどの字が失われている。しかし字の配列順序からするに、この残石は途中で断裂しているわけではなく、単に碑文が不鮮明だっただけだろう。

とはいっても、この残石のへりのところはかなり砕けていたようである。しかも「遺字」の文字の順序がやや乱れていることからして、蘇望が見た拓本は小さな残石を誤って綴合した箇所が少なからずあったと思われる。[11] まず【二】の「錫／癸」二字について言うと、上で述べたように、この二行はちょうど宣公十七年のところに綴合することができる。

次に、本段冒頭の「女（如如）楚（楚楚）□（奔奔）」はみなつながらないので、三つの小さな残石と考えるほかない。そのうち「女（如如）」、「□（奔奔）」と【二】の残片「秋」は一箇所に綴合することができ、宣公部分の最後の三行の行頭を構成する。真ん中の「楚」は、おそらく宣公十五年「楚人平」の「楚」であろう。「楚」字の隷書が重複しているが、このような重複現象については【一】の「及／衛」、「子」のところですでに述べたとおりである。

最後の一行の「卒（□卒）是（夏□）」もひとかたまりの小さな残石と思われる。この二字は【一】残石の最後の一行（襄公四年）に綴合することができる。

陳袁僑盟秋公至自會冬**晉荀罃帥師伐**許　四年

春王三月己酉陳侯午**卒夏叔孫**豹如晉秋七月戊

「遺字」【三】第三行「歸[12]（□歸）予冬（冬冬）」の「予」はうまく解釈できない。これと対応する経文は「秋、郯伯姬來**歸**。**冬**、大有年」の「歸冬」であり、「歸」と「冬」の間には別の文字は入らない。この字はどうやら真の衍文と解するほかなさそうである。

第三節 「遺字」の全体構造

(一)『春秋』残石と『尚書』残石の交互出現現象

以上、「遺字」冒頭三段の残石の復原を行った。この三段は『春秋』—『尚書』—『春秋』の順序で並べられているため、それによって段を分けることができたわけだが、実は「遺字」はこの三段だけでなく、全篇を通じて『春秋』残石と『尚書』残石を交互に並べている。各段は数個の残石から成っているが、それらの残石は基本的に綴合することができるか近い位置にある。

この配列は明らかに意図的なものであり、その目的は読者に分段できるようにするためだろう。臧琳は「内有『尚書』大誥・呂刑・文侯之命三篇錯於『左伝』中(『尚書』大誥・呂刑・文侯之命の三篇が『左伝』中に混じっている)」と述べ、孫星衍もそれを踏襲して「此字錯入左氏荘公経(この字は『左伝』荘公経文の中に混じっている)」といった表現をいたるところで用いているが、これは「魏三体石経左伝遺字」という名称に引きずられたもので、「左伝遺字」の中に『尚書』が含まれていることを強調するために「錯於『左伝』中」といった表現を用いたのであろう。しかしこの表現と事実との間にはずれがある。正確に言うと、「遺字」は『春秋』の中に『尚書』を入れているのではなく、『尚書』と『春秋』を交互に並べているのである。

「遺字」全篇について分段を行った結果が本稿末尾に附した「『隷続』所収魏石経分段図」である。誰が分段を行っても結果は同じになるはずである[13]。

しかしこの分段そのものもまた一つの問題である。というのも、この分段はさほど理にかなったものではないから

【二】②+【一〇】部分	【一〇】復原	【一〇】部分
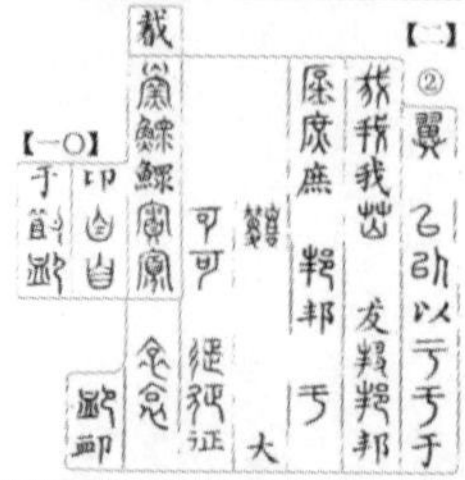		

である。例えば【五】は『春秋』襄公五～七年と宣公十一～十五年の残石から成っているが、襄公五～七年と宣公十一～十五年はつながっておらず、しかも前者は【九】と、後者は【七】と綴合することができる。「遺字」はどうして綴合できる残石を一緒にせず、逆に綴合できない残石を一緒に置いたのだろうか。

　また、綴合することのできる小さな残石も離れた場所に置かれていることがしばしばある。例えば、【二】の残片が【三】と綴合することができ、【三】の残片が【一】と綴合することができることは上で述べたとおりである。もう一つ例を挙げよう。これと関連する経文は次のとおり。

違卜肆予沖人永思艱曰嗚呼允蠢鰥寡哀哉予造
天役遺大投艱于朕身越予沖人不卬自恤義爾邦
君越爾多士尹氏御事綏予曰無毖于恤不可不成

【二】②の残石と【一〇】残石の綴合箇所はのこぎりの歯状に入り組んでいるが、これはこの二つの残石が「蠢鰥寡哀哉」の中間で断裂していたためだろう。これほどぴったりとひっつけることのできる残石をどうして【二】に置かなかったのだろうか。明らかに綴合することのできる残石を、あるときは綴合し、あるときはそうせず、そこにはまったく原則がないように見える。このような状況が発生するのはいったいいかなる原因によるものなのだろうか。

　蘇望が何も考えずに適当に残石を並べたとは考えられない。換言すると、蘇望がもともとひとかたまりの残石をいくつかに分けて別の場所に置くなどということはありえない。彼がこのように字を並べたのは何らかの原因があったはずで、この分段は何らかの原則にもとづいて行ったにちがいないのである。とするならば、これは蘇望が拠った原資料の問題である可能性が高い。つまり、おそらく蘇望は完全に原資料の順序にもとづいてこれらの字を並べたのではないだろうか。次にこの点について説明する。

（二）「遺字」の原資料――「開元内府之十三紙」

結論から言うと、王国維が「遺字」の原資料は唐開元五年に作られた十三枚の魏石経拓本であると指摘している。これがいわゆる「開元内府之十三紙」である。[14] 筆者の復原によると「遺字」は十三段に分けることができ、この数字はちょうど「開元内府之十三紙」と合致する。ゆえに「遺字」の各段は一枚の拓本の模本であると考えられる。

「開元内府之十三紙」の経緯については王国維が要領よくまとめてくれているが、議論の都合上、ここでも関連する記載をひとつひとつ確認しておこう。まずは『汗簡』略叙目録から。

韋述『西京記』云、「貞觀中、祕書監魏徵參詳考驗蔡邕三字石經凡十數段、請於九成宮祕書監内置之。後天后移於著作院。」臣按、唐開元五年得三字春秋、臣儀〔押〕縫。石經面題云「臣鍾紹京一十三紙」、又有開元字印・翰林院印。尾有許公蘇頲・梁公姚崇・昭文學士馬懷素・崇文學士褚無量列名、左金吾長史魏哲・左驍衛兵曹陸元悌・左司禦録事劉懷信・直祕書監王昭逸・陪戎副尉張善裝。至建中二年、知書樓直官賀幽奇・劉逸已等檢校、内寺伯宋游瓌・掖庭令茹蘭芳跋狀尾焉。其真本即太子賓客致仕馬胤孫家藏之。周顯德中、嗣太子借其本、傳寫在焉。

（韋述の『西京記』に「貞観年間に、祕書監の魏徵が蔡邕の三字石経およそ十数段について考証を加え、九成宮の祕書監内にこれを置くように請うた。のち則天武后がこれを著作院に移した」とある。臣按ずるに、唐開元五年に三字石経『春秋』

を入手し、臣儀が押縫した。石経の表紙には「臣鍾紹京一十三紙」という題が記され、さらに「開元」印と翰林院の印が捺されている。末尾には許公蘇頲・梁公姚崇・昭文学士馬懐素・崇文学士褚無量が名をつらね、左金吾長史魏哲・左驍衛兵曹陸元悌・左司禦録事劉懐信・直祕書監王昭逸・陪戎副尉張善が装訂したとある。建中二年に至り、知書楼直官の賀幽奇・劉逸已等が調査し、内寺伯宋游瓌・掖庭令茹蘭芳が末尾に跋文を書いた。真本は太子賓客致仕の馬胤孫の家に収蔵されている。周の顕徳年間に、嗣太子がその本を借りて、伝写したものが存在している。）

いわゆる「開元内府之十三紙」とは、貞観年間に魏徴が考証を加えた（おそらくこのときに唐内府に献上されたのだろう）十数個の魏石経残石の拓本である。拓本を作ったのが開元五年で、韋述はこのときちょうど秘閣で馬懐素らとともに四部書を詳録していたので⑮、拓本製作作業にはかかわっていないが、この件は知っていたはずである。郭忠恕は拓本の原物を実見し、押縫・題記・印章・署名・跋文等の情報を詳細に記録している。

句中正もこの十三紙を見ており、『三字孝経』序にそのことが記されている（序文は『墨池編』巻一に見える）。

『西京雜記』云、「貞觀中、秘書監魏徴詳驗漢蔡邕三字石經數段。」嘗有永泰中、相國馬胤孫藏得榻本數紙、有開元字印、即唐玄宗圖書之印。跋尾有蘇許公・姚梁公名。至建中二年、内史宋游環・建昌令茹蘭芳等跋尾。有榻本存焉。今所書文字并準之。

（『西京雑記』に「貞観年間に秘書監の魏徴が漢蔡邕の三字石経数段について考証を加えた」とある。かつて永泰年間に相国馬胤孫が拓本数枚を収蔵した。それには「開元」印が捺されており、これは唐玄宗の図書の印である。末尾には蘇許公・姚梁公の名がある。建中二年に至り、内史宋游環・建昌令茹蘭芳等が末尾に跋文を書いた。拓本は現存している。ここで用いた文字はみなこれによっている。）

『隷続』所収「遺字」はもと蘇望が模刻したものであるが、蘇望が刻したのは彼が王文康の家で見た魏石経の拓本であった。『隷続』にこう記されている。

右魏三體石經左傳遺字、古文三百七、篆文二百十七、隷書二百九十五、有一字而三體不具者。皇祐癸巳年、洛陽蘇望氏所刻。蘇君有言曰、「……近於故相王文康家得『左氏傳』搨本數紙、其石斷剥、字多亡缺、取其完者摹刻之、凡八百一十九、題曰石經遺字。」

（右、魏三体石経左伝遺字。古文三百七字、篆文二百十七字、隷書二百九十五字、その中には三種の字体がそなわっていないものがある。これは皇祐癸巳の年に洛陽の蘇望氏が刻したものである。蘇君は次のように述べている、「……ちかごろ、故宰相の王文康の家で『左氏伝』拓本数枚を入手した。石は断裂して表面が剥がれ落ち、字は残欠しているものが多くあるため、完全な字だけを取って模刻した。合計八百一十九字、題して石経遺字という」と。）

蘇望は王文康家所蔵の魏石経拓本の来源について説明していないが、王国維はこれこそまさしく「開元内府之十三紙」であると指摘している。

宋皇祐癸巳の年に、洛陽の蘇望が故宰相の王文康の家で拓本を入手し、それを世に刊行した。欧陽棐『集古録目』はその真偽は明らかにしがたいと述べている。わたしはこれは開元内府の十三紙だと考える。それはなぜか。『隷続』に収録されている蘇氏刊本は、詳細に分析を加えると、『尚書』六段・『春秋』七段・『左伝』一段の計十四段に整理することができ、開元の十三紙と一つしか差がなく、そのうちのどれか二段が一枚の紙におさまっていたと考えられるからである。しかも開元の十三紙は、後周の時にまだ馬胤孫家にあり、宋初に至っても存在し、郭忠恕が見ており、句中正も見ている。王文康家の本は馬本であり、蘇氏はこれを刊行したが、跋尾は削除してしまったために、これがどこから出たものか分からなくしてしまっただけのことである。

王国維の証明方法は見たところ筆者とあまり違いがないように思われるかもしれない。しかし王国維の論理は筆者とは異なっており、そこには大きな問題が存在する。王国維が復原した十四段が具体的にどういうものであったのか今は知るすべがないが、少なくともいわゆる「『左伝』一段」が【八】と【一三】を併せてできたものであることは確かである。王国維の考え方によるならば、『左伝』の一段は開元十三紙の一枚となるはずである。もしそうだとすると、蘇望はもともと一枚の紙に拓がとられていた『左伝』残字を二段に分けて、それぞれ離れた場所に置いたことになるが、そのような想定はまったく成り立ちがたい。蘇望が『左伝』残字を二段に分けて離れた場所に置いているからには、この二段の残字の拓本はもともと二枚の紙に拓本がとられていたにちがいないのである。

『左伝』の例から分かるように、王国維は「遺字」のもとの配列順序をばらばらにして、文字内容にもとづいて「遺字」所収の残字を十四段の残石に復原している。このような方法で復原された十四段は「開元内府之十三紙」とつながらないものであって、王国維が復原した十四段と開元十三紙が一枚しか差がないというのはまったくの偶然としか言うことができない。それに対して筆者は完全に「遺字」の順序にもとづいて段を分けており、その原理は王国維とは異なっている。(16)

開元十三紙と「遺字」の配列順序の関係が明らかになると、見たところ不合理な配列順序が実は非常に合理的なものであることに気づく。『春秋』残字と『尚書』残字を交互に並べているのは、各拓本の内容が混ざってしまうのを防ぐためである。もし綴合することのできる残石を一箇所にまとめてしまうと、どの字からどの字までが一枚の拓本の字なのか、読者にはまったく分からない。逆に、もし『春秋』残字と『尚書』残字を交互に並べておけば、たとえ普通の書物の形式で字を並べても、我々は依然としてはっきりと分けることができるのである。

以上を要するに、魏石経の形式（すなわち毎行二〇×三＝六〇字）を知ってさえいれば、「遺字」の配列順序から、どの字からどの字までが一枚の拓本の字で、どの字からどの字までが一つの残石の字であるかが分かるということである。この手法はまったく見事と言うほかない。

『春秋』と『尚書』を交互にならべるというのは蘇望の思いつきではないだろう。というのは、蘇望は『左氏伝』搨本数紙を得」たと言っており、彼はどの字がどの経書のどの部分に見えているか分かっていなかったからである。これらの残石の出処が分かっていなければ、このような配列方法はとりようがない。とするならば、この配列方法を思いついた人物はこの十三枚の拓本を作成した鍾紹京たちであった可能性が高い[17]。当時この十三紙はおそらくばらばらのまま保存していたのではなくて、一冊の本の形にして保存されていただろう。おそらく拓本を書の形にするときにこの順序で収録され、蘇望はそのとおりに模写しただけではないか。

(三) 唐朝内府所蔵魏石経残石の実像

「遺字」が依拠した拓本のおおよそのかたちが分かったところで、次にこの拓本を通して貞観年間に収蔵したと思われる魏石経残石の実像について推測してみよう。

「遺字」所収の魏石経残石のうち、『尚書』部分は大誥と呂刑・文侯之命の二つの部分に分けることができ[18]、『春秋』は桓公（十四～十八年）と荘公標題、宣公（十一～十八年）と成公標題、襄公（三～十年）の三つに分けることができる。周知のとおり、魏石経は両面に文字が刻まれており、一面には『尚書』、もう一面には『春秋』が刻まれている。それでは「遺字」所収魏石経残石の『尚書』と『春秋』の対応関係はどうなっているのだろうか。

一九三六年、白堅が大阪の浅野竹石山房において「尚書第廿一碑春秋第八碑残石」を購入した[19]。この残石の発見によって、魏石経が全部で二十八碑あることが判明し、『尚書』と『春秋』の対応関係もおおよそ明らかにすることができるようになったわけだが、孫海波はこの残石を利用して魏石経復原図を作成している[20]。復原図中の本論と関係す

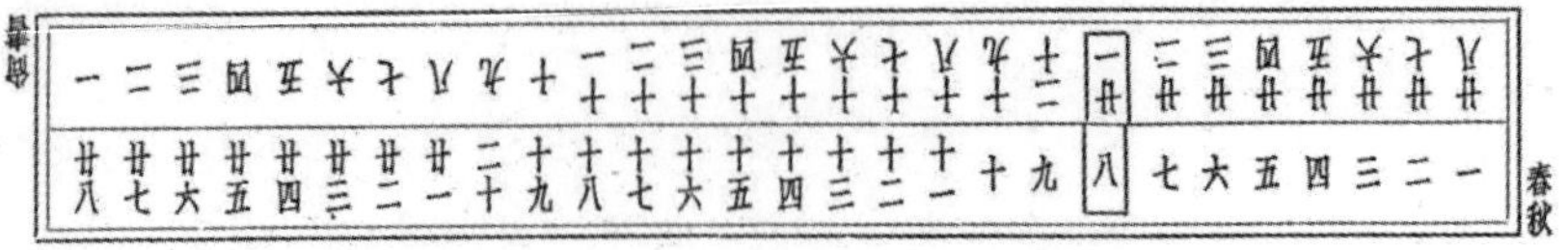

魏石経編号対応図（『魏三字石経集録』より）

る部分だけ抜きだしてみると、次のとおり。

大誥（第十三）——襄公（第十六）
梓材（第十六）——宣公、成公（第十三）
呂刑（第廿六）——桓公、荘公（第三）
呂刑、文侯之命（第廿七）——桓公（第二）

「遺字」には梓材の字が含まれていないが、それ以外の対応関係は「遺字」の内容と完全に一致している。魏石経の欠失部分が多いため、目下のところ魏石経の『尚書』と『春秋』の対応関係を完全に明らかにすることはできない。[21] しかしそうであるにしても、孫海波の復原と「遺字」がここまで一致しているのは決して偶然ではない。ゆえに、貞観年間に唐朝内府が収蔵したであろう魏石経が魏石経全二十八碑のうちの四碑であることは基本的に確定することができる。

おわりに

「遺字」は、その特殊な編纂方法のゆえに、最初から順番通りに一字も残さず読むということはできない。先行研究はあまりそのことを気にしていないようで、つなげることのできる内容をつなげて、魏石経の復原を試みている。これらの研究はいずれも「遺字」原文とみずからの復原結果がどのように対応しているのか詳しく説明していないため、我々はその復原が正しいかどうか判断のしようがないし、「遺字」中のすべての字を使っているのかどうかすら知りようがない。

先行研究はこの点において不足しているところがあると筆者は思う。

本稿の目的は、「遺字」を誰でも読むことができるようにすることである。不合理に見える「遺字」の配列順序には実は深い意図が隠されている。本稿の分析によって、「遺字」の配列方法や「遺字」原資料（いわゆる「開元内府之十三紙」）のもとのすがたが基本的に明らかになったと信ずる。そしてまた、このようにしてこそ「遺字」所収魏石経残石の実像を明らかにすることができると考える。

本稿の末尾には、「『隷続』所収魏石経分段図」以外に「『開元内府之十三紙』復原図」を附した。[22] この二つの図を対照させて用いれば、自分の捜したい字はこれまでよりずっと容易に見つけられるはずである。一つ例を挙げよう。楚文字にという字があるが、[23] 當初この字は正確には釈読されていなかった。郭店楚簡が公開されてまもなく、幾人かの研究者がこの字が『汗簡』に見える「閔」と字形が似ていることに気づき、これによってこの字が読めるようになったのはよく知られていることである。[24] 実はこの字は魏石経に見える字である。『汗簡』原文を見てみよう。

閔、見石經。（四十八葉左）

この字は「石経」に見えると郭忠恕は言っている。本稿で述べたとおり、郭忠恕が見た魏石経の拓本と「遺字」の原資料はいずれも「開元内府之十三紙」であるからには、この字は「遺字」にも見えるはずである。そして確かにこの字は「遺字」に見えている。それは【四】①文侯之命の「閔予小子嗣」の「閔」（）である。字形という點から言えば、『汗簡』の字形の方が「遺字」よりも戦国文字の本来の形をとどめている。しかし「遺字」は魏石経の原文を収録しているので、我々はこれによってこの字の用例を知ることができる。ゆえに、この字を引用するのであれば、「遺字」を参照する必要がある。しかしこれまで字について論じている論文はほとんど「遺字」について言及しておらず、言及していたとしても『汗簡』と「遺字」の関係については説明していない。これはおそらく「遺字」が

利用しにくいことによると思われる。本稿がこうした状況を打破し、「遺字」の利用にいささかの便を供することができればと願うばかりである。

「遺字」の研究について言うと、王国維以後これまでさほど大きな進展はなかったと言ってよいと思う。しかし魏石経の残石は王国維の研究以後も発見されつづけており、それらの発見は我々に多くの新たな知識をもたらした。これらの知識を利用してあらためて「遺字」を読めば、王国維の時には思いもつかなかった多くの情報を発見することができるのである。「遺字」の中にはまだ多くの情報が眠っていて、我々の再発見をまっている。

附図一　『隷続』所収魏石経分段図

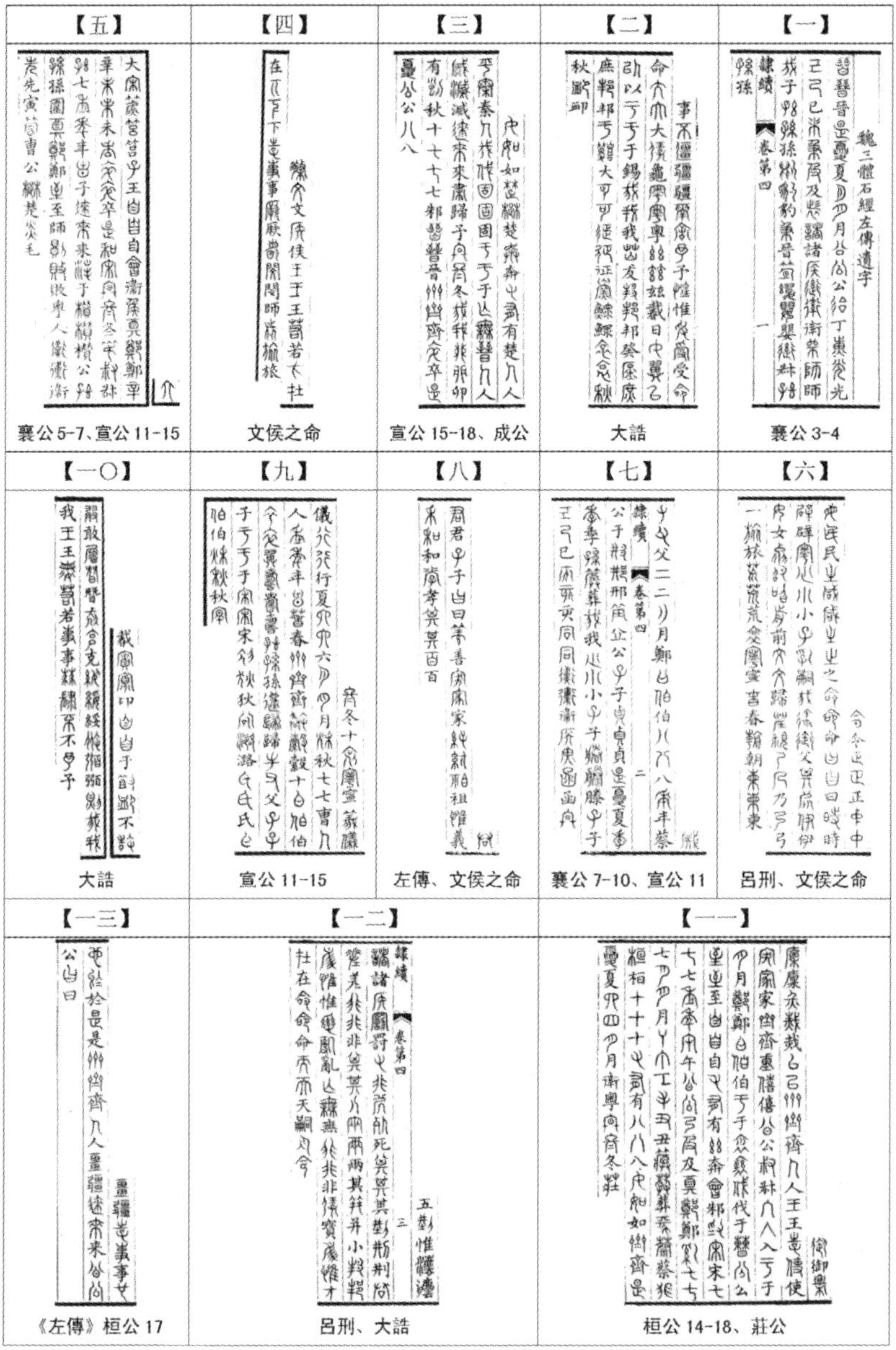

附図二　「開元内府之十三紙」復元図

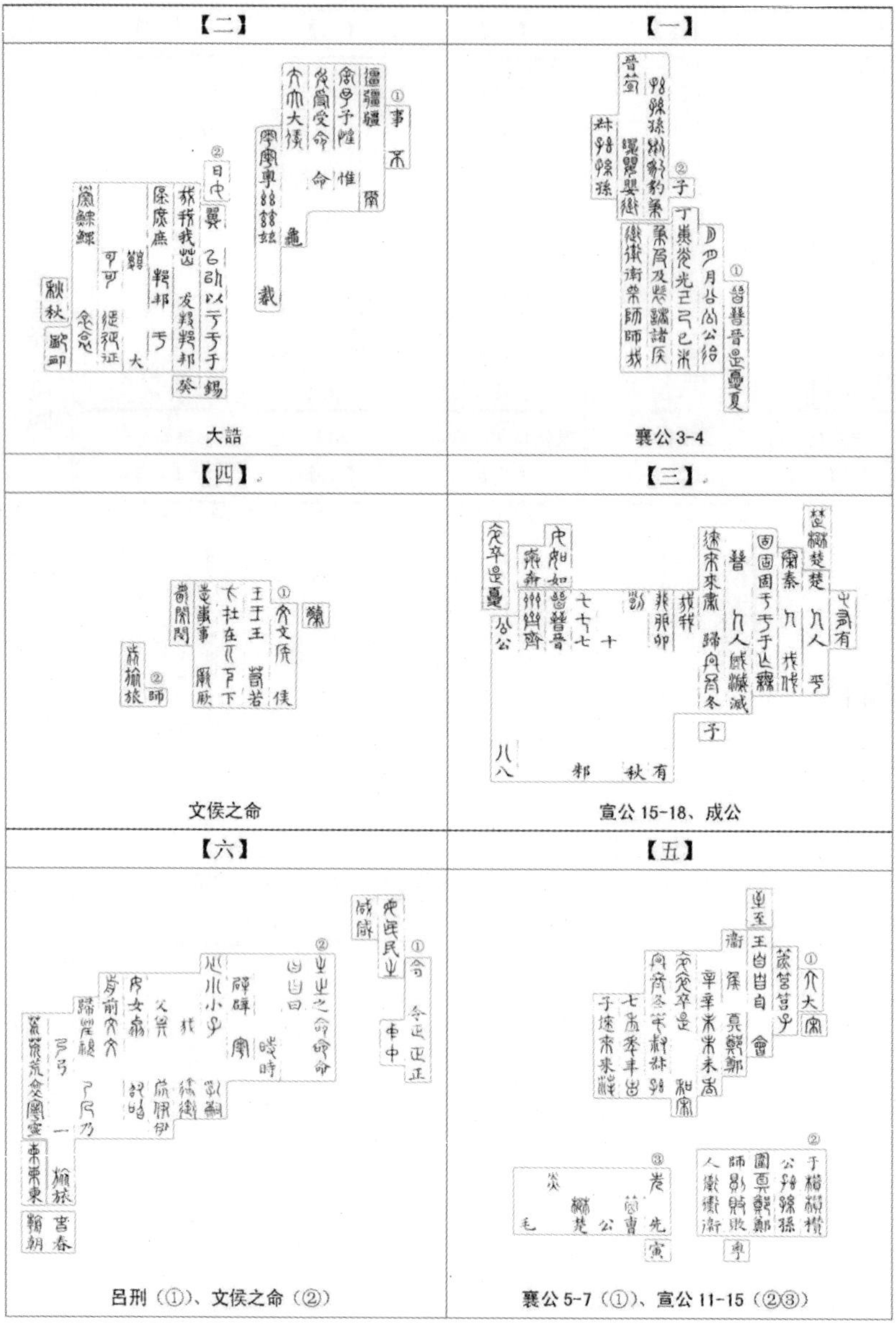

【七】

襄公 7-10（①）、宣公 11（②）

【八】

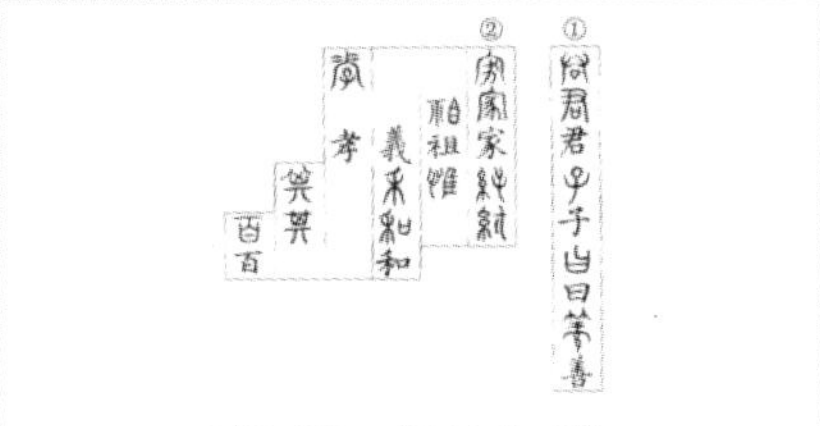

左傳（①）、文侯之命（②）

【九】

宣公 11-15

【一〇】

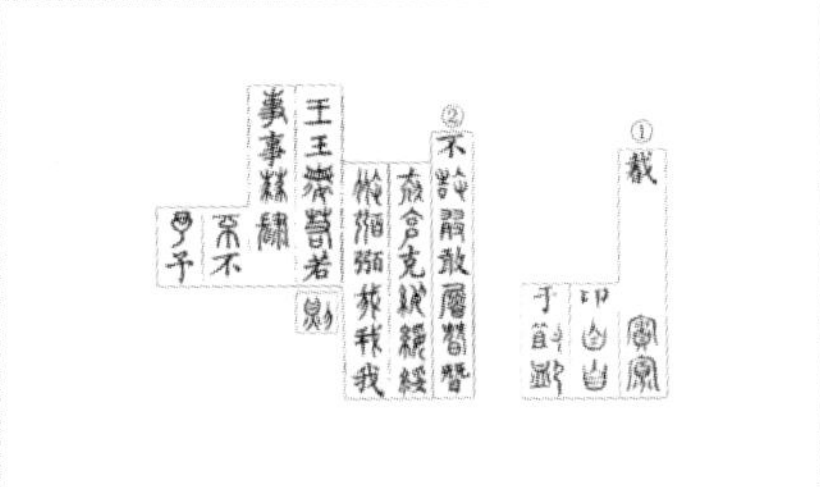

大誥

【一一】

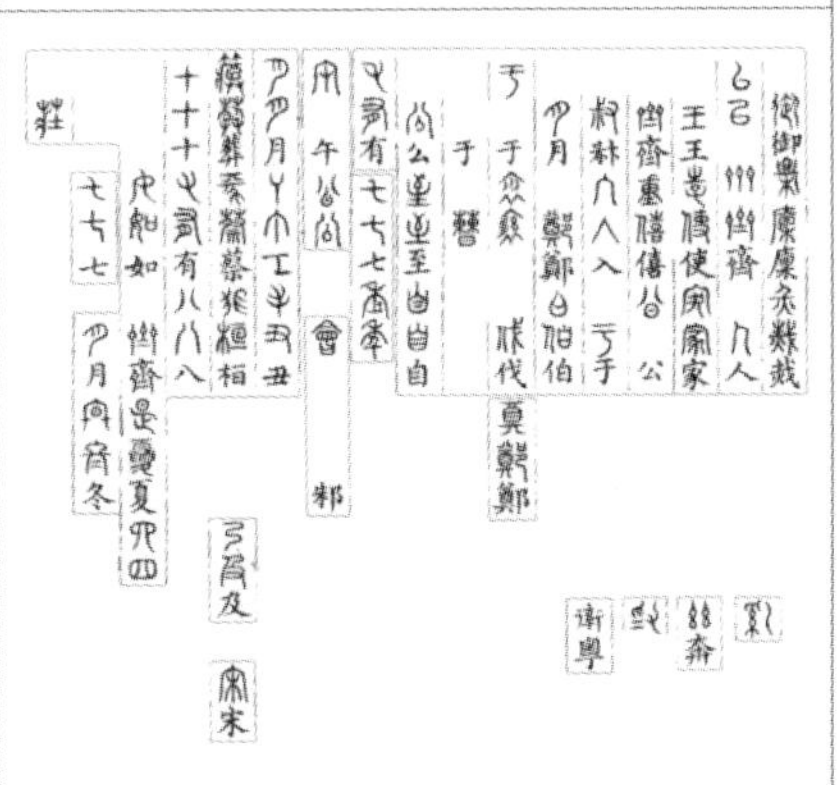

桓公 14-18、莊公

【一二】

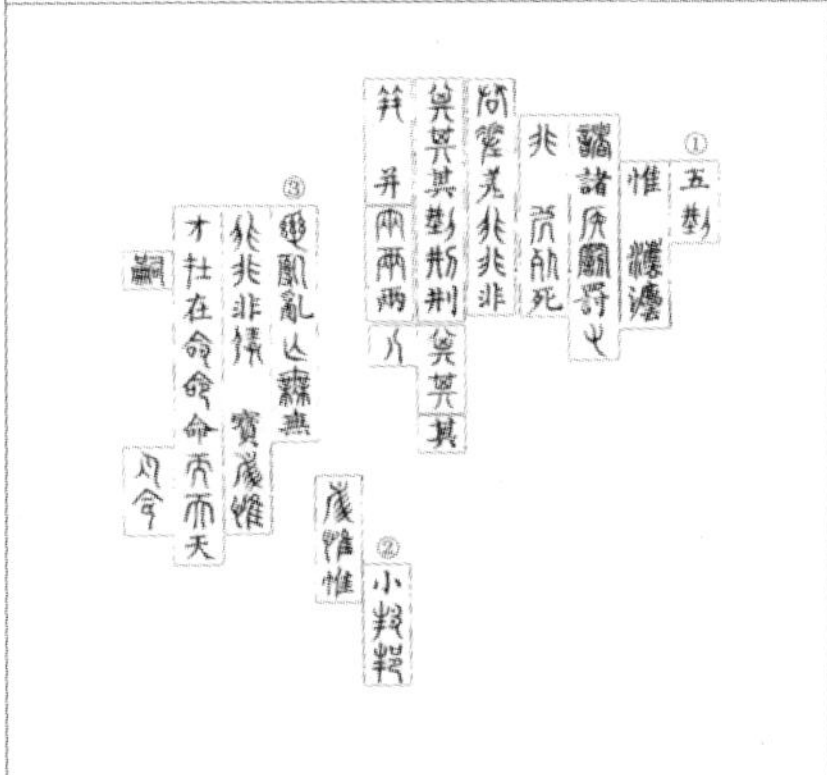

呂刑（①③）、大誥（②）

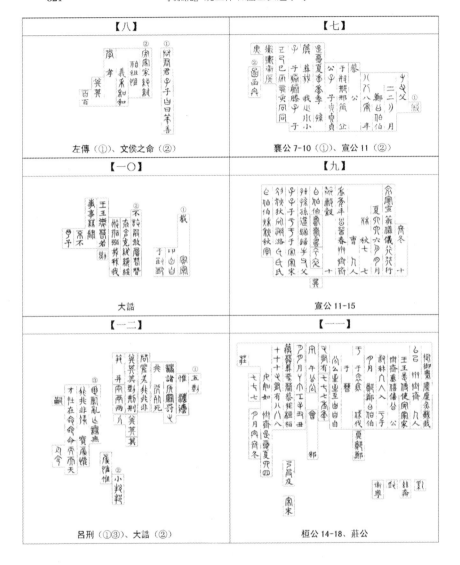

【一三】

《左傳》桓公17

綴合説明

1.【二】「錫／癸」残片、「秋」残片は【三】と綴合できる（宣公十七年）。
2.【三】「卒（□卒）是（夏□）」残片は【一】と綴合できる（襄公四年）。
3.【四】、【六】①②、【八】②は綴合できる（文侯之命）。
4.【五】①、【六】③、【七】①は綴合できる（襄公五～十年）。
5.【五】②③、【七】②、【九】は綴合できる（宣公十一～十五年）。
6.【一〇】①は【二】と綴合できる（大誥）。

注

（1）『経義雑記』巻四・魏三体石経尚書条。
（2）『魏三体石経遺字考』。
（3）例えば銭大昕『十駕斎養新録』巻一・魏三体石経条、馮登府『石経考異』巻三・魏石経考異、馬国翰『玉函山房輯佚書』小学類・三字石経尚書と三字石経春秋など。
（4）「魏石経考二」に「余就黄縣丁氏所藏魏石經殘石、以経文排比之、則毎行得六十字。更以此行款排比『隸續』所録魏石經『尚書』・『春秋』殘字、亦無一不合、知毎石皆毎行六十字」とあり、「魏石経考四」に「『隸續』所録蘇氏刊本、今詳加分析、則『尚書』六段・『春秋』七段・『左傳』一段、共十四段」とある。「魏石経考」は『観堂集林』巻第二十・史林十二所収。
（5）「魏正始石経残石考」附録、『海寧王忠愨公遺書』二集（一九二七年）・『海寧王静安先生遺書』巻二七（一九四〇年）・『王

国維全集』第十一巻（浙江教育出版社、二〇〇九年十二月）等所収。なお、「隷釈所録魏石経碑図」は『尚書』一～二、『春秋』一～三の五つの部分から成っており、王氏みずからがいう「十四段」と合致していない。これは、この「十四段」の中に綴合できる部分があり、「碑図」で示されているのは綴合を経た最終的な復原結果だからである。

（6）　呂振端『魏三体石経残字集証』（学海出版社、一九八一年五月）。

（7）　本稿において『尚書』と『春秋』の経文を引用する場合、阮元十三経注疏本にもとづいて引用する。そのため経文には「遺字」所収の魏石経と一致しない箇所がある。

（8）　本稿で魏石経の釈文を引用する際、三種の字体を区別して表示する必要がある場合は、「古文（篆文、隷書）」の形式で引用する。三体のうち一体あるいは二体が欠けている場合は、「□」で欠字を表示する。

（9）　「日」は隷書で、「女」は古文なので、この二字がつながっていた可能性は確かに高い。

（10）　ここでは『隷続』の残字の内容を考慮して宣公十七年経文の一行目の字数を調整したが、この復原は必ずしも正しいとはかぎらない。

（11）　文字の順序に混乱があるのは残石の綴合の誤りではなく、抄写者か刻字工の誤りではないかと考える人がいるかもしれない。しかし魏石経の場合、一字ごとに三種の字体で書かれているので、上下の文字を誤って逆に書いてしまうということは起こりがたい。しかも文字の順序に混乱がある箇所にも規則性があるので、文字の順序の混乱は残片の綴合の誤りによるものと考えることができる。

（12）　この「歸」の古文は奇妙な形をしているが、これは「歸」古文の残字が訛ったものだろう。（二葉左・八行）

（13）　このうち第【八】段は『左伝』と文侯之命を併せて一段にしており、この箇所の処理方法についてだけは人によって違いが出てくる可能性がある。これについては注（16）を参照されたい。

(14)「魏石経考四」。以下「開元内府之十三紙」に関する王国維の見解はみなこの論文からの引用である。
(15)『旧唐書』韋述列伝に「開元五年、爲櫟陽尉。秘書監馬懷素受詔編次圖書、乃奏用左散騎常侍元行沖・左庶子齊澣・祕書少監王珣・衛尉少卿呉兢并述等二十六人、同於祕閣詳録四部書」とある。
(16)ただし、もし『尚書』・『春秋』・『左伝』が改まるところで分段するのなら「遺字」は全十四段となるのであって、筆者が「遺字」の分段と開元十三紙の関係に気づいた後に意図的にそのうちの二段を一段に併合したということは認めなければならない。筆者が併合したのは【八】で、この段は『左伝』と文侯之命で構成されている。確かに論理的には『左伝』と文侯之命はそれぞれ一段を構成すべきであるが、『左伝』は「君子曰善」の四字（三体合わせて九字）、文侯之命は「家純／祖惟／義和／孝／其／百」の九字（三体合わせて十八字）しかなく、この二つの残石はいずれも非常に小さい。ゆえにこの二つの残石は当時おそらく一枚の紙に拓本をとったのではないかと筆者は推測した。
(17)鍾紹京も史書に立伝されている人物であり、『旧唐書』鍾紹京列伝に「以工書直鳳閣、則天時明堂門額、九鼎之銘、及諸宮殿門榜、皆紹京所題」とある。
(18)呂刑と文侯之命は鄰りあう二篇であり、この二篇の連結部分が「遺字」中に見えている（【四】と【六】）。
(19)白堅「獲三体石経尚書第廿一碑春秋第八碑残石記」、『魏正始石経五碑残石記』第二版（一九三七年）所収。
(20)孫海波『魏三字石経集録』（一九三七年、一九七五年九月芸文印書館影印）の三「碑図」。
(21)例えば呂振端『魏三体石経残字集証』にも「魏石経碑復原図」が収録されているが、その結論は孫海波と異なるところがある。筆者の見るところ、孫海波の復原の方が呂振端の復原よりも良い。
(22)筋としては、この復原図に校注を付けるべきであろう。しかしそうするとかなりの紙幅が必要となるうえにさほど新しい発見も得られないので、ここでは復原図を作るにとどめた。この点読者の諒解を乞う。

（23）この字の用例は李守奎『楚文字編』「慮攴」字条（華東師範大学出版社、二〇〇三年十二月、第一八五頁）を参照。
（24）この字に関するこれまでの研究については、武漢大学簡帛研究中心・荊門市博物館『楚地出土戦国簡冊合集（一）』（文物出版社、二〇一一年十一月）の「《性自命出》注釈」〔五十二〕（第一〇七頁）に簡潔に紹介されているので、そちらを参照されたい。

三国呉の孫権による南方政策の展開

伊藤　光成

はじめに

本稿は、三国呉の孫権が展開した対外政策の中でも、特に南方に向けた政策について論ずるものである。筆者は以前、「三国呉の孫権による対外政策についての考察」と題する論文（以下、前稿）にて、孫権の対外政策方針を考察し、その方針が物資獲得を重視した、実利的なものであったことを指摘した。[1]しかし、前稿はあくまでも遼東や高句麗といった東北方面の政策に主眼を置いたものであった。孫権は、東北方面以外にも積極的な対外政策を展開しており、これらを考察することなしに、対外政策の全体を考察したとは言えない。よって本稿では、交州の士氏政権との関係構築、台湾や海南島等への海上遠征、東南アジア諸国への遣使といった、孫権が南方に向けて展開した政策を「南方政策」と総称し、その目的を明らかにする。

孫権の南方への政策についての研究は、先駆的なものとして戦前における駒井義明氏の研究[2]等がある。しかし、網羅的な整理を行った研究者としては、まず杉本直治郎氏[3]が挙げられよう。氏は、呉の扶南への遣使を中心に取り上げ、諸書に見える関連記事を整理して遣使の年代や目的地を検討すると共に、遣使の目的を国威発揚と人的・物的資源の獲得に求める。近年では、菊池大氏[4]が、呉の東南アジア方面への対外的な展開について、その経済的側面を強調した上で、魏に対抗することが目的であったと指摘する。しかし、両氏の議論は、東南アジア諸国への遣使を中心に据えているため、他の方面との関係性への言及に乏しい。特に、時期・地域が近接する海上遠征については、関連する政策として注目すべきであろうが、両氏共に部分的に触れるに留まっている。

一方で、海上遠征に関する先行研究においては、遠征を戦略的な側面から分析し、その目的を倭との提携に求める手塚隆義氏[5]の研究に代表されるように、倭を目的地としたものと位置づける見解が一般的である。これは、海上遠征と対遼東・高句麗政策を「東アジア地域」の政策として一括して考察した上で、海上遠征を魏への対決に向けて倭の支援を期待したものと位置づける菊池氏[6]、「独自の国際秩序の構築」という視点から呉の対外政策を考察し、海上遠征の目的は倭国を朝貢させて国際秩序に組み込むことであったとする渡邉義浩氏[7]にも共通している。しかし、後述するようにこの遠征の目的地を倭とする定説的見解には疑問符がつき、再検討を要する。

こうした点を踏まえ、本稿では、孫権が南方に展開した対外政策、具体的には交州への進出から海上遠征、東南アジア諸国への遣使までを「南方政策」と総称し、一連の政策として検討する。これによって各対外政策の相関性を考察し、これまでの議論をより広い視点から見直した上で、孫権が南方においてどのような方針によって政策を展開していたのかを明らかにする。また、筆者は前稿において、実利を重視した孫権の対外政策が、漢代以来の国際秩序の観念に拘泥しないものであったことを述べたが、この方針が南方政策においても見られるのかについても検討したい。

なお、煩雑さを避けるため、以下、『三国志』を引用する際は、書名を省略する。

第一節　交州への進出――士氏政権の服属と滅亡――

本節では、孫権が交州にどのように進出していったのか、前稿の検討内容を踏まえつつ、当地に割拠した士氏政権との関係を中心に検討する。

一．士氏政権と南中

後漢末期に交趾太守となった士燮は、嶺南地域の情勢不安の間隙を縫って台頭し、朝廷から交州七郡を「董督」する権限を獲得し、事実上の「交州牧」として嶺南地域に君臨していた。[8]士氏政権が孫権の傘下に入ったのは、建安十五（二一〇）年のことである。

建安十五年、孫權、歩騭を遣わして交州刺史と爲さしむ。騭到るに、燮、兄弟を率いて節度を奉承す。……燮、遣使する毎に權に詣り、雜香・細葛を致すこと、輒ち千を以て數え、明珠・大貝・流離・翡翠・瑇瑁・犀・象の珍奇なる物、異果・蕉・邪・龍眼の屬、歳ごとに至らざるは無し。壹時に馬を貢すること凡そ數百匹。權輒ち書を爲し、厚く寵賜を加え、以て答え之を慰む。（巻四九呉書士燮伝）

士燮兄弟は孫権が交州刺史として送り込んだ歩騭に服属の意を示した。そして、士燮は孫権との関係を維持するため、真珠・玳瑁などの様々な南方物産を孫権に献上している。前稿で述べた通り、魏の文帝がわざわざ孫権に要求するほど、これらの南方物産は当時珍重されていた。[9]孫権にとって、士氏政権との関係構築は、魏との関係構築にあたっても、大きな役割を果たしていたと言える。

そしてこれらの南方物産以上に孫権を喜ばせたと考えられるのが、「壹時」の献上品として見える馬匹である。孫権がこの後、リスクを顧みずに馬匹を求めて東北方面に対外政策を展開したことは前稿にて述べた通りであり、孫権にとって士氏政権からの馬匹の供給は、戦略上重要な位置づけであったことが窺える。そして、川手翔生氏の明らかにしたところによれば、[10]この馬匹は、南中（益州南部）の豪族との交易によるものであった。すなわち、士氏政権の持つ南中との交易ルートが、孫権に馬匹をもたらしたのである。

この交易ルートが、呉の対外政策に大きな展開をもたらす。南中の豪族の叛乱に、孫権は積極的に関与していくのである。

燮、又た益州の豪姓雍闓等を誘導し、郡の人民を率いて遙かに東附せしむ。權益ゝ之を嘉し、衞將軍に遷し、龍編侯に封じ、弟壹を偏將軍・都鄉侯とす。（呉書士燮伝）

南中では蜀漢の益州太守正昂が殺害され、次の太守張裔が捕らえられるという事態が発生していた。[11]士燮はこの叛乱を先導した豪族雍闓らを呉に降らせたのである。折しも蜀漢の皇帝劉備が死去したことで、叛乱は激化していき、[12]所謂「諸葛亮の南征」へと繋がっていく。この叛乱に呉の関与があったことは、松尾亜季子氏が南征の目的の一つとして呉〜南中間のルートの遮断を挙げるように、[13]これまでも指摘されてきている。ただ、その関与の経緯については十分に論じられてはこなかった。よってここで紙幅を割き、呉がどのように南中の叛乱に関与したのか、またその目的は何であったのかを検討しておきたい。

まず、注目されるのは、雍闓が、「天下」が「鼎立」し、「正朔」が「三」ある状態が自分たちを混乱させている、と主張している点である。[14]確かに、劉備が死去した当時（二二三）、魏から呉王に封ぜられていた孫権は、前年の十月に独自の元号を立てて自立していた。しかし、この時は改元から一年と経っていない上、孫権も魏との通交を継続し、[15]

皇帝に即位することは控えていた[16]。つまり、雍闓は呉が魏から自立し、改元した事実を把握した上で、未だ「三国鼎立」が確定したとは言いがたい情勢下において、呉が魏・蜀漢と同等の「正朔」を有する第三勢力たることを支持したのである。このことは、雍闓が孫権の強い影響下にあった可能性が高いことを窺わせる。これを裏付けるかのように、孫権は、雍闓を永昌太守に任じた他[17]、蜀書劉璋伝に、

璋卒するに、南中の豪率雍闓益郡に據りて反し、呉に附く。權復た璋の子闡を以て益州刺史と爲し、交・益の界首に處せしむ。丞相諸葛亮南土を平らぐるに、闡、呉に還り、御史中丞と爲る。（巻三一蜀書劉璋伝）

とあるように、劉璋の子・劉闡を益州刺史に任じて交州と益州の境界に送り込み、叛乱を積極的に支援している。

孫権がこのように南中情勢への介入を行った理由は、前稿でも述べたように、魏からの自立によっての馬匹の入手が難しくなり、南中からの馬匹入手ルートの必要性が高まったことにあると考えられる。しかし、当時、孫権は劉備が病に伏せったことを期に蜀漢との関係改善に動いており[18]、南中への介入は、その動きと逆行するようにも見える。そこで注目されるのが、蜀漢における経済政策の柱石であった王連が、南中に諸葛亮自らが遠征することを幾度も諫め、諸葛亮もこの意見を容れて南征を取りやめていることである[19]。柿沼陽平氏は、王連が塩鉄政策を取り仕切っている間は、南中はさほど重要な地ではなかったが、王連の死去によって、蜀漢は南中に新たな財源を求めざるを得なかったと指摘する[20]。氏の所説を踏まえるなら、呉が南中へ介入し始めた当時、蜀漢はさほど南中を重要視していなかったことになる。孫権は、このような蜀漢の状況を考慮に入れた上で、南中への叛乱を支援し、南中からの馬匹の入手を試みたと考えられる。事実、南中での叛乱の最中も孫権は蜀漢との使者の往来を絶やさず[21]、雍闓が呉に送っていた張裔の返還にも応じており[22]、蜀漢との関係が破綻しないように注意を払っていた。しかし、諸葛亮は章武三年（二二五、呉の黄武四年）に南征を実行し、南中の資源は蜀漢の大きな財源となった[23]。孫権が南中豪族の叛乱に積極的に関

与したことが、結果として南中との交易ルートの断絶を招いてしまったと言える。

二．交州の平定

南中を平定した諸葛亮は、費禕を昭信校尉に任じて呉に派遣している。[24] この時、費禕が呉の家臣と舌戦を行い、その結果孫権が費禕を大器と認めたことは史書に残るが、[25] その舌戦の内容は不明である。しかし、当時の状況を踏まえると、諸葛亮の意図は南中を巡る呉との争いに決着をつけて同盟関係を維持することにあったと考えられ、舌戦の内容も、呉の南中への介入に関するものであった可能性が高い。費禕の舌戦勝利は、呉が南中への介入を改めて断念せざるを得ない結果となったことを意味していると推測される。[26] しかも同時期の黄武五年（二二六）には、南中の豪族とのパイプを有した士燮が死去している。[27] 孫権は南中に介入する手立てを失うと同時に、士氏政権との関係についても見直す必要が出てきていた。

士燮の死去を受けて、孫権は交州の大幅な人事刷新を行った。交阯太守に呉の校尉を据え、交州を分割するなど、交州の直接支配を目指したのである。

交阯太守士燮卒するに、權燮の子徽を以て安遠將軍と爲し、九真太守を領し、校尉陳時を以て燮に代わらしむ。岱、表して海南三郡を分かちて交州と爲し、將軍戴良を以て刺史と爲し、海東四郡もて廣州と爲し、岱自ら刺史と爲り。良と時とを遣わして南して入らしむるに、徽命を承けず、兵を擧げて海口を戍り以て良等を拒む。岱、是に於いて上疏して徽の罪を討たんことを請い、兵三千人を督して晨夜海に浮かべしむ。……徽、岱の至るを聞き、果たして大いに震怖し、出る所を知らず、即ち兄弟六人を率いて肉袒して岱を迎う。岱、皆斬りて其の首を送る。

（巻六〇呉書呂岱伝）

孫権の命を受けた呂岱は、新たな人事に反対した士燮の子らを斬り、交州を平定した。南中への介入を断念した孫権は、方針を転じて士氏政権の影響力を可能な限り廃し、南方物産を直接入手しようとしたのであろう。[28] 真珠を特産としていた合浦郡においては、

合浦郡、土地磽确にして、田農有る無し。百姓唯た采珠を以て業と爲し、商賈去來するに、珠を以て米に貿う。而るに吳の時珠禁甚だ嚴しく、百姓の私に好珠を散するを慮り、來去を禁絶するに、人、饑を以て困す。(『晉書』巻五七陶璜伝)

とあるように、呉による「珠禁」が行われ、人々が困窮するほどであったという。[29] 呉が交州の人々の生業を圧迫してまで、南方物産の確保を進めていたことが分かる。

先述したように、士氏政権が献上した南方物産は、呉の対外政策において重要な役割を果たしていた。三国鼎立の情勢が固まりつつある中、南方物産を確保しておくことは戦略上重要と考えられたであろう。事実、呉はこの後「燕王」に封じた公孫淵や「単于」号を与えた高句麗王位宮に対して、「珍宝」を賜与している。[30] 珍宝の代表格として「崑山の玉」と「南海の珠」を挙げる虞翻伝の記述[31]を踏まえれば、この時に賜与した「珍宝」に、真珠をはじめとした南方物産が含まれていた可能性は高い。呉において、南方物産が重要な戦略物資であったことが窺える。

しかし、交州支配のために士氏を排除したことは、交州の治安の不安定化を招いた。黄龍三年（二三一）に呂岱が交州から呼び戻されるに際しては、[32]

呂岱、交州從り召出ださるるに、綜、岱を繼ぐ者の其の人に非ざるを懼れ、上疏して曰く、「……交州名は粗ぼ定まると雖も、尚お高涼の宿賊有り。其の南海・蒼梧・鬱林・珠官四郡の界は未だ綏んぜられず、依りて寇盜を作し、專ら亡叛逋逃の藪と爲る。……」と。(巻五三呉書薛綜伝)

とあるように、薛綜から交州情勢の更なる悪化への懸念が表明されている。呂岱離任時で、先述の「珠禁」が行われた珠官郡（合浦郡から改称）を含めた五郡の情勢が不安定とする薛綜の上疏は、士氏政権滅亡後の治安回復が失敗に終わっていたことを物語る。このような状況では、それまで同様の物産獲得は難しかったと推測される。厳しい真珠の規制も、思うように南方物産を得られない状況を少しでも解決するためのものであったと推測される。

筆者は前稿において、士燮の死を契機として呉の馬匹獲得戦略が南中〜交州ルートに依らない方向性にシフトしたことを指摘したが、この時、南方物産に関しても、交州のみに依らない方向性を目指す必要性が出てきていたと考えられる。

本節での検討内容をまとめると、以下の通りである。孫権は士氏政権を服属させることにより、交州で産する豊富な南方物産を入手すると共に、南中との馬匹の交易ルートを確保した。しかし、南中の豪族を支配下に収める動きは蜀漢に阻まれ、これと前後するように士燮も死去する。孫権はこれを受けて南中への進出を断念し、士氏を排除した交州の直接支配を目指すものの、治安の不安定化を招いた。

このように、士氏政権服属後の交州を巡っては孫権の失策が続き、馬匹入手ルートの確保はおろか南方物産の入手さえ難しい状況を招いた。孫権は、この苦境にどのように対処したのであろうか。次節にて、以降の南方政策の展開を見ていく。

第二節　南方への展開――呂岱の遣使と海上遠征――

本節では、前節で述べた苦境への対処として展開されたと考えられる、交州刺史呂岱による東南アジア諸国への遣使と、孫権が行った夷州（台湾）等を目指した海上遠征について検討する。

一．呂岱の遣使

交州平定後の南方政策の展開を考える上で興味深いのが、黄武年間（二二二～二二八）に、南方からの使者・商人の来朝・来訪が相次いだことである。

黄武四年、扶南諸外國、來たりて琉璃を獻ず。（『芸文類聚』巻八四宝玉部下・瑠璃条所引『呉歴』）

孫權の黄武五年、大秦の賈人字は秦論、來たりて交趾に到る有り。交趾太守呉邈、遣送して權に詣らしむ。權、方土の謠俗を問い、論、具に事を以て對う。……權、男女各〻十人を以て、吏の會稽の劉咸を差わして論を送らしむるも、咸道に物故す。論乃ち徑ちに本國に還る。（『梁書』巻五四海南諸国伝・中天竺国条）

このほか諸書には、黄武三年に天竺僧の来訪が、黄武六年に堂明の使者の来朝があったことも見える[33]。前節で述べたように、この頃孫権は南中への叛乱への介入や、交州平定を行うなど、南方への関与を強めている。そうした中で、連年南方からの来朝や来訪があったことは、大秦の商人（を名乗る）秦論に随行者をつけているように、呉において交州以南への関心を高めたものと考えられる。特に、扶南などから献上された瑠璃は、士氏政権の貢納品にも含まれている。東南アジア諸国が南方物産を有することは、この時呉に知られていたと考えて良い。

このように南方への関心が高まっていた中、交州平定を終えた呂岱は、扶南をはじめとした東南アジア諸国に使者を派遣するのである。

岱既に交州を定め、……従事を遣わして南して國化を宣べ、徼外の扶南・林邑・堂明の諸王に暨ばしむるに、各々使を遣わして奉貢す。（呉書呂岱伝）

なお、この遣使の年代については、杉本氏が黄龍元年（二二九）と推定し[34]、渡邉氏もこれを踏襲するが[35]、杉本氏の推定については既に陳顕泗氏による批判がなされている[36]。陳氏の所説は次節にて詳述するが、ひとまずここでは、合浦郡が珠官郡に改称された黄武七年[37]を交州平定がおおよそ終わりを迎えた時期と見なし、この頃に遣使したものであろうとのみしておく。ともあれ、呂岱は諸国からの返礼の使者を受け、関係構築に成功した[38]。なお、呂岱はこの功績によって鎮南将軍の位を与えられており[39]、孫権がこの成果を重視していたことが窺える。

この遣使の目的については「南宣國化」とのみ記されており、具体性に乏しい。先行研究においては、黄龍元年に孫権が皇帝に即位し、同年に遼東に遣使していることとの関連を重視し[40]、人的・物的資源の獲得と共に国威を発揚すること[41]、皇帝即位を国外に喧伝すること[42]、東南アジア諸国を朝貢させ、呉の国際秩序に組み込むこと[43]等が目的として指摘されてきた。つまり、皇帝孫権の意向の下、使者を派遣したものとされてきたのである。しかし、その場合、同時期の遼東遣使や海上遠征のように、呉の「本紀」とも言える呉主伝に一切の記述が見られないことに違和感が残る。むしろ、交州平定を進める中で、従来のような南方物産の獲得が難しいと判断した呂岱が、独自の判断で交州に依らない南方物産獲得の可能性を探ろうとしたものと見るべきではないか[44]。

二　海上遠征の実行

呂岱の遣使が成功したことは、孫権に、更なる南方への展開を期待させたものと推測される。孫権は、重臣である陸遜と全琮に、夷洲[45]（台湾）・珠崖（海南島）への遠征を諮ったのである。

権、偏師を遣わして夷州及び朱崖を取らんとし、皆な以て遜に諮る。遜上疏して曰く、「今兵興ること歴年、見衆損減す。陛下、聖慮を憂労し、寝と食とを忘れ、將に遠く夷州を規り、以て大事を定めんとす。臣、思惟を反覆するに、未だ其の利を見ず。萬里襲取するも、風波測り難し。民、水土を易わば、必ず疾疫を致さん。今、見衆を驅りて、不毛を經渉せば、益を欲して更に損し、利を欲して反って害あらん。又た珠崖は絶險にして、民は猶お禽獸のごとし。其の民を得るも事を濟すに足らず、其の兵無きこと、衆を虧くに足らず。今江東の見衆、自ずから事を圖るに足れり。但だ當に力を蓄えて後に動くべきのみ。……」と。權、遂に夷州を征すも、得るは失を補わず。（巻五八呉書陸遜伝）

初め、權、將に珠崖及び夷州を圍まんとするに、皆な先ず琮に問う。琮曰く、「……兵入り民出でれば、必ず疾病を生じ、轉りて相い汚染せん。往く者懼らくは反ること能はず、獲る所何ぞ多くを致すべけんや。猥りに江岸の兵を虧きて、以て萬一の利を冀うは、愚臣、猶お安ぜざる所なり」と。權、聽かず。軍行きて歳を經るに、士衆疫を疾みて死す者十に八九有り、權、深く之を悔む。（巻六〇呉書全琮伝）

このように、両者が共に国益に適わないとして反対の意を表明したにも拘わらず、孫権は遠征を強行した。ただ、陸遜伝には、夷洲のみに遠征したとあり、一部陸遜の主張を容れて、珠崖については断念したことが分かる。では、この遠征の目的は何であったか。史料からは民の徴発が大きな目的であることが読み取れ、特に陸遜の上疏からは、孫権が兵員の補充を重視していたことが窺える。しかし、陸遜はその必要がないことを指摘しており、遠征強行の理由とは考えがたい。そこで注目されるのが、全琮が、「獲る所何ぞ多くを致すべけんや」と述べて「萬一の利」を求める姿勢を諌めていることである。ここからは、単に民を徴発するだけでなく、当地での物資獲得が想定されていたことが窺え、これが遠征強行の理由であったと推測される。

遠征の実行については、呉主伝に詳細に記述される。

将軍の衞溫・諸葛直を遣わし、甲士萬人を將いて海に浮かび夷洲及び亶洲を求めしむ。亶洲は海中に在り、長老傳えて言うに、「……其の上の人、時に會稽に至りて貨市すること有り。會稽東縣の人、海行して、亦た風に遭い流移して亶洲に至る者有り」と。所在絶遠にして、卒に至るを得べからず。但だ夷洲の數千人を得て還るのみ。

（呉書呉主伝・黄龍二年条）

黄龍二年（二三〇）、孫権は総勢一万人による遠征軍を派遣した。しかし、この遠征軍は前掲全琮伝によれば、疫病によって八割～九割が死すという大失敗に終わり、責任者の衛温・諸葛直両名は翌年処刑されている。[46] 孫権が物資獲得を重視していたとするならば、夷洲から数千人を連れ帰るという成果が重視されなかったことも肯ける。そして、特に注目されるべきは、目的地として、珠崖に代わって亶洲が加えられていることである。この亶洲の位置については所説あるが、『後漢書』東夷伝・倭人条に「夷洲」・「亶洲」の記事が見えること等を踏まえ、[47] 日本列島（の一部）とする説が有力視されている。そして、冒頭でも述べたとおり、この海上遠征については、この亶洲、すなわち倭を目的地としたものと理解されてきた。例えば手塚氏は、後漢代に王号を与えられた強国たる倭への接近を図ったものであるとし、[48] 菊池氏は、海上遠征を魏に対抗するための富国強兵策の一環であったと位置づけた上で、人的・物的資源の獲得や倭の民の経済力による後援を期待していたと指摘する。[49] 一方渡邉氏は、倭を朝貢させ、「東夷」として呉の国際秩序に組み込む狙いがあったとする。[50] 三氏の見解は、軍事・経済・政治と、その動機づけこそ異なるものの、倭（＝亶洲）との関係構築が念頭に置かれていた、とする点において共通する。しかし、前掲の陸遜伝・全琮伝を見れば、あくまでも当初の目的地は夷州と珠崖であり、亶洲は、珠崖への遠征が断念された後、実行の段階になって追加された目的地と考えられる。つまり、この海上遠征の目的を考える上では、「何故倭との関係構築が目指されたのか」ではなく、「何故珠崖の代替の目的地として亶洲が選ばれたのか」という観点から考察する必要があろう。

東夷伝・倭人条によれば、倭と珠崖は同じ特産を有すると認識されていた。[51] つまり、珠崖の代わりに亶洲が目的地として選ばれた背景には、珠崖と共通する特産が得られることにあったと推測されるのである。ではその特産とは何であったか。注目されるのは王鏗氏の所説[52]である。氏は、前掲呉主伝に見える、会稽における亶洲の民が交易を行ったとの記事や、東夷伝・倭人条に倭の特産品として真珠が登場する点[53]を踏まえ、倭（亶洲）と会稽郡との間の海上ルートを用いて、真珠交易が行われていたのではないかと指摘する。そして、珠崖もその名の由来となったように、真珠が特産である[54]。前節で述べたように、呉が規制を敷くほど真珠の入手に腐心していたことを踏まえれば、この遠征の大きな目的が真珠をはじめとした南方物産の入手にあった可能性は十分に考えられよう。

本節での検討内容をまとめると、以下の通りである。黄武年間に天竺や扶南からの来訪者によって、呉に南方の情報がもたらされると、交州平定が不首尾に終わった呂岱は、南方物産を求め、東南アジア諸国への遣使を行い、関係構築に成功する。そこで孫権は、更なる成果を求め、東方海上に遠征軍を派遣したが、この遠征は大失敗に終わる。

この遠征失敗後、呉の南方政策の展開は、しばらく史書に見えなくなる。その要因としては、前掲全琮伝に見えるように遠征を孫権が後悔したことに加え、この時期に孫権が遼東・高句麗に遣使し、馬匹獲得に向けた政策を積極的に行っていた時期にあたること[55]にも注目される。呉が百艘に及ぶ船団を遼東に派遣していたこと[56]を考慮すると、当時孫権は東北方面における関係構築に注力し、南方を顧みる余裕がなかったのであろう。ところが約十年を経て、孫権は再び南方政策を展開し始める。次節にて、この経緯から検討を行いたい。

第三節　赤烏年間の南方政策——康泰の扶南派遣を巡って——

本節では、孫権が赤烏年間（二三八～二五一）に展開した南方政策について、そのハイライトとなる中郎康泰の扶南への派遣の経緯と目的を中心として検討する。

一・再度の海上遠征

孫権が南方政策を再開させる背景として注目されるのが、次の史料である。

魏、使して馬を以て珠璣・翡翠・瑇瑁に易えんことを求む。權曰く、「此れ皆孤が用いざる所なり。而るに馬を得べし。何ぞ苦しんで其の交易を聴さざるべけんや」と。（呉書呉主伝・嘉禾四年条）

嘉禾四年（二三五）、魏の明帝は孫権に馬と南方物産の交易をオファーした。[57] この時期、呉は公孫氏政権との断絶によって新たな馬匹の入手先を模索し、高句麗との関係構築も魏の横やりによって難航していた。[58] そして、二年後、赤烏元年（二三八）に公孫氏政権が滅亡すると、孫権の東北方面における馬匹獲得戦略は終焉を迎える。[59] これによって、魏との交易ルートは呉にとって不可欠なものとなった。魏との交易は、これまで以上に南方物産を入手する切迫性を増大させたものと考えられる。

このような状況の中、孫権が実行したのが、十年前に断念した、海南島の征服である。

秋七月、將軍聶友・校尉陸凱を遣わして兵三萬を以て珠崖・儋耳を討たしむ。（呉書呉主伝・赤烏五年条）

赤烏五年（二四二）、孫権は兵三万を送って海南島を攻め、珠崖郡を設置した。[60] 黄龍二年の遠征と比べて三倍の軍勢を用意したことからは、征服への強い決意が窺える。この海南島征服について、菊池氏は南海交易ルートの確保を企図したものとする。これは朱崖郡の治所が南海交易ルートの起点であった徐聞県に置かれたことや、[61] 後述する扶南との使者の往来を踏まえての指摘であるが、前節までも述べてきたように、この海南島征服以前より、東南アジア諸国からは度々来貢があった。よって、海南島の征服を交易ルート確保の面からのみ理解する必要はないだろう。『漢書』

西域伝の賛によれば、前漢の武帝が珠崖郡を設置した目的は、犀や玳瑁の獲得にあった。[62] 黄龍二年の海上遠征の目的を踏まえれば、孫権も、単なる中継地としてではなく、海南島自体にも大きな魅力を感じていたと見るべきである。つまり、この海南島征服は、真珠・玳瑁といった南方物産の獲得を目的として実行したものと考えられる。

また、これと関連して注目されるのが、日本から「赤烏」の年号（赤烏元年・赤烏七年）が刻まれた銅鏡が出土していることである。この紀年銘鏡について原田淑人氏は、倭人が呉の地で買い求めたものではないかと指摘する。[63] 考古学の見地からは、これ以外にも呉鏡の存在が指摘されているようであるが、[64] 少なくとも、「赤烏」紀年銘鏡の存在は赤烏年間に倭と呉の間に何らかの交流が存在したことを示す資料と言え、この海南島遠征や後述する扶南への遣使を含め、孫権が、馬匹獲得戦略が終焉を迎えた赤烏年間に、南方に再び目を向けはじめていたことを窺わせる。

二．康泰の扶南への派遣

呉が海南島を征服した翌年の赤烏六（二四三）年、扶南王范旃から、呂岱の遣使への返礼以来となる貢納があった。

十二月、扶南王范旃、使を遣わして樂人及び方物を獻ぜしむ。（『三国志』呉書呉主伝・赤烏六年条）

菊池氏はこれを呉の南海進出及び交易利権獲得の承認を意味するものと解す。[65] 無論、海南島征服との関係性は想定されて然るべきであるが、黄武年間以来の関係性を考えれば、この時にはじめて南海進出を「承認」したとするのは違和感がある。むしろ、再び南方に目を向け始めた呉に対して改めて関係の強化を志向したものと考えられる。范旃は後述するように天竺にも使者を派遣しており、対外関係の強化に積極的な王であったようである。しかし、この後范旃は従弟に当たる范長によるクーデターで殺されてしまう。范長も范旃の部下であった范尋に殺され、扶南は混乱の時代を迎えていた。[66] 范尋の即位によって混乱が収束したと見たものか、孫権は扶南に使者を送る。

呉の時、中郎康泰・宣化従事朱應を遣わして、尋の國に使いせしむ。(『梁書』海南諸国伝・扶南国条)

この遣使の目的を検討する前に、先行研究において議論が分かれている遣使の年代について、検討しておきたい。杉本氏らは、呂岱が派遣した使者が、『梁書』海南諸国伝に見える康泰・朱応であるとしており、[67]これが定説化している。[68]しかし先述したように陳顕泗氏はこれに異を唱えている。[69]氏は、康泰が中央官である中郎であり、呂岱が派遣したものとは考えられないこと、上述した王の交代から呂岱が遣使した際の王は范尋ではあり得ず、一方で諸書に残る康泰らが残した記録の佚文から、康泰が派遣されたのは范尋即位後で間違いないことを指摘し、[70]遣使は二回別の時期に行われたと述べる。陳氏の指摘は妥当なものと言え、本稿では赤烏年間にも遣使がなされたとする氏の所説を踏まえて考察を行う。

では、康泰が派遣された目的は何であったのか。まず挙げられるのは、扶南が豊富な南方物産を有していることであろう。象牙・翡翠・橘・甘蔗等を産する扶南は、[71]南方物産の需要が高まっていた呉にとって、魅力的な交易相手であったと推測される。ただ、注目されるのは、扶南に対して王号の賜与が行われたことが史書に見えないことである。菊池氏も指摘するように、[72]扶南を国際秩序に組み込む意図がなかったことを示していよう。つまり、康泰らの目的は、豊富な南方物産を有する扶南との関係を強化することにあったが、それは政治的関係の構築を意図したものではなかったと言えよう。この点においては、遼東公孫氏政権との間で、交易のみの関係を構築していたこととの共通性が見られる。[73]

ただ、孫権が康泰を派遣した目的は、単に扶南との関係強化に留まらないと推測される。その根拠となるのが、次の史料である。

呉の時、扶南王范旃、親人の蘇物を遣わし、其の国に使いせしむ。……天竺王驚きて曰く、「海浜の極遠に、猶お此の人有り」と。即ち呼びて国内を観視せしめ、仍ち陳・宋等二人を差わし、月支馬四匹を以て旃に報じ物等を遺り還さしむ。積むこと四年にして方に至る。其の時、呉は中郎康泰を遣わして、扶南に使せしむ。陳、宋等と見ゆるに及び、具に天竺の土俗を問う。（『梁書』海南諸国伝・中天竺国条）

康泰は、范旃が天竺に派遣した使者が帰国する際に随行した天竺王の使者と面会している。康泰は天竺の使者と面会した目的は、史料に見えるとおり、天竺の「土俗」について情報を得ることにあったと考えられるが、康泰は具体的にどのような情報を求めたのであろうか。その手がかりとなるのが、前掲史料に天竺王の返礼品として「月支馬四匹」が記されていることである。「海濱の極遠」から至った使者への返礼が馬四頭のみというのは不自然であろう。そこで考慮すべきなのが、『梁書』海南諸国伝が康泰らの得た情報をソースとしており、(74)前掲史料も康泰の記録に基づく可能性が高いことである。つまり、天竺王からの様々な返礼品の中でも、特に康泰の注目を引いたのが「月支馬」であり、特に記録に残したものとは考えられないだろうか。これを傍証するように、康泰らが帰国後に残した記録(75)の佚文に、一大馬産地として「月氏（月支）」が登場するのである。

外國、天下に三衆有りと稱う。中國は人衆爲り、秦は寶衆爲り、月氏は馬衆爲るなり。（『史記』巻一二三大宛列伝『索隠』引康泰『外国伝』）

加營國王馬を好み、月支の賈人常に馬を舶載するを以て加營國に到る。（『太平御覧』巻三五九兵部九〇・羈条引康泰『呉時外国伝』）

このように、康泰らは、中国に人が、大秦に宝物が、月氏には馬匹が多いという情報を紹介し、月氏の商人による馬匹交易についても記録している。先述したように、当時呉は、東北方面における馬匹獲得戦略に失敗し、馬匹の入手を魏に依存せざるを得なかった。孫権は、この状況を打開するために、康泰に魏の介入を受けない、独自の馬匹入手ルート構築の可能性を探らせようとしたのではないか。康泰の派遣は、それまでの南方政策の延長線上だけでなく、馬匹獲得戦略の延長線上にも位置づけられるものと言えよう。

本節の内容をまとめると、以下の通りである。孫権は、馬匹獲得戦略が失敗に終わった後、再び南方へ目を向け始めた。この赤烏年間の南方政策は、魏との交易等によって需要が増大した南方物産の獲得ルートを確保することが主眼にあった。また、これに加えて馬匹入手の可能性を探ることを念頭に置いていたとも思われる。少なくとも南方政策において、物資獲得を目的とした、実利優先の政策方針が一貫していたことは指摘できよう。

おわりに

本稿では、建安年間の士氏政権の服属から、赤烏年間の扶南への遣使までを、「南方政策」として一括して論じ、その展開を検討した。検討結果をまとめると、以下の通りである。

①孫権は士氏政権の服属によって交州の豊富な物産と南中との交易ルートを獲得した。しかし、南中の反乱関与や士氏一族の排除といった方策が悉く失敗に終わったことにより、交州からの物産入手は難しい情勢となった。

②交州情勢が不安定化する中、呂岱は東南アジア方面への遣使を行い、交州に依らない南方物産入手の可能性を得た。孫権はこれを受けて海上遠征を実行し、真珠等の南方物産の入手を目指したが、失敗に終わった。

③海上遠征の失敗から約十年後、孫権は南方政策を再開する。これは馬匹獲得戦略の失敗によって、魏との交易品たる南方物産の需要が増大したことが背景にあったもので、南方からの馬匹獲得の可能性を探るという側面も存在していた。

このように、孫権は南方政策の展開に当たって、南方物産の獲得を念頭に置いた実利的な政策方針を採っていたことが分かる。この実利的な方針は、馬匹獲得を目指した東北方面の対外政策に通底するところがあり、呉の対外政策方針を特徴付けるものと言って良い。そして、黄武年間の来朝以降、東南アジア諸国に王号を賜与する姿勢が見られない点は、注目されるべきであろう。孫権は、東北方面においては公孫淵に燕王号、高句麗王位宮に単于号を与えて関係強化を図っており、南方政策との差異が見受けられる。既に後漢や魏から官爵号を得ている公孫氏政権や高句麗と異なり、漢代に中華王朝の国際秩序に編入されていなかった東南アジア諸国に対しては、より国際秩序に拘泥しない対外政策を展開できたのではないか。また、官爵号を与えた公孫氏・高句麗との関係構築がいずれも失敗に終わったことが、孫権の判断に影響を与えたとも考えられる。

筆者は前稿にて、馬匹の入手を最優先とした呉の対外政策は、漢代までの対外関係を規定してきた、所謂「冊封体制」の論理のみでは解釈できないものであると指摘した。本稿での検討結果を踏まえるならば、漢代以来の伝統的な国際秩序の観念を重視していない面は、南方政策においてより色濃く出ていると言えよう。

本稿では孫権の時代の政策展開のみを考察し、その後の展開について触れられなかった。しかし、孫権死後も交州を巡る情勢不安は続き、度々反乱が起きている。特に呉の末期に入ると、交趾郡における叛乱を魏が支援する姿勢を示す[76]など、魏や西晉による、交州支配を目指す動きも生まれてくる。こうした孫権死後の動向については今後の課題としたい。

注

（1）　伊藤光成「三国呉の孫権による対外政策についての考察―馬匹獲得戦略を中心に―」（『史観』一七七、二〇一七）。

（2）駒井義明「所謂孫権の南方遣使について」（『歴史と地理』二十五‐六、一九三〇）。
（3）杉本直治郎「三国時代における呉の対南策」（『東南アジア史研究Ⅰ』巌南堂書店、一九六八）。
（4）菊池大「孫呉の南方展開とその影響」（『東洋大学アジア文化研究所公開シンポジウム『華陽国志』の世界～巴、蜀、そして南方へのまなざし～』東洋大学、二〇一八）。
（5）手塚隆義「孫権の夷洲・亶洲遠征について」（『史苑』二九‐三、一九六九）。
（6）菊池大「孫呉政権の対外政策について―東アジア地域を中心に―」（『駿台史学』一一六、二〇〇二）。
（7）渡邉義浩「孫呉の国際秩序と亶州」（『三國志よりみた邪馬臺國』汲古書院、二〇一六）。
（8）川手翔生「嶺南士氏の勢力形成をめぐって」（『史観』一六七、二〇一二）。川手氏は、士氏政権による勢力形成の要因を、従来強調されてきた「特異な在地性」に求めず、嶺南地域の情勢不安や後漢の地方官吏制度を巧みに利用したことに求める。
（9）巻四七呉書呉主伝・黄初二年条裴注引『江表伝』「魏文帝遣使求雀頭香・大貝・明珠・象牙・犀角・瑇瑁・孔雀・翡翠・鬪鴨・長鳴雞」。
（10）川手翔生「嶺南士氏交易考」（『史滴』三四、二〇一二）。
（11）巻四一蜀書張裔伝「先是、益州郡殺太守正昂、耆率雍闓恩信著於南土、使命周旋、遠通孫權。乃以裔為益州太守、徑往至郡」。
（12）巻四三蜀書呂凱伝「時雍闓等聞先主薨於永安、驕黠滋甚」。
（13）松尾亜季子「蜀漢の南中政策と『西南シルクロード』」（『三國志研究』六、二〇一一）。
（14）蜀書呂凱伝「蓋聞天無二日、土無二王。今天下鼎立、正朔有三。是以遠人惶惑、不知所歸也」。

(15) 呉書呉主伝・黄武元年条「然猶與魏文帝相往來」。
(16) 同黄武二年条「權羣臣勸即尊號、權不許」。
(17) 蜀書呂凱伝「闓又降於吳、吳遙署闓爲永昌太守」。
(18) 呉書呉主伝・黄武元年条「權使太中大夫鄭泉聘劉備于白帝、始復通也」。
(19) 巻四一蜀書王連伝「時南方諸郡不賓、諸葛亮將自征之、連諫以爲「此不毛之地、疫癘之鄉、不宜以一國之望、冒險而行」。亮慮諸將才不及己、意欲必往、而連言輒懇至、故停留者久之」。
(20) 柿沼陽平「蜀漢の軍事最優先型経済体制」(『中国古代貨幣経済の持続と転換』汲古書院、二〇一八)。
(21) 巻四五蜀書鄧芝伝「(諸葛亮) 遣芝脩好於權。……(孫權) 遣張溫報聘於蜀。蜀復令芝重往」。
(22) 蜀書張裔伝「亮令芝言次可從權請裔。裔自至吳數年、流徙伏匿・權未之知也、故許芝遣裔」。なお、史料に見えるとおり、張裔を送ったのは雍闓の独断であり、孫権は関与していないものと推測される。
(23) 『三国志』巻三五蜀書諸葛亮伝「三年春亮率眾南征、其秋悉平。軍資所出、國以富饒」。
(24) 巻四四蜀書費禕伝「亮以初從南歸、以禕爲昭信校尉使吳」。
(25) 同「諸葛恪・羊衜等才博果辯、論難鋒至。禕辭順義篤、據理以答、終不能屈。權甚器之」。
(26) 菊池氏は、呉が益州への進出から南方への展開にシフトした時期を、黄龍元年(二二九)の蜀漢との盟約成立以降とするが、後述する士氏排除の動きも含め、孫権の姿勢の変化はむしろ黄武五年前後に求めるべきであろう。
(27) 呉書士燮伝「黄武五年、年九十卒」。
(28) 菊池氏は、呂岱による交州平定の目的として、交州の物産の獲得に加え、南中との交易ルートの確保があったと指摘する(注(4)前掲論文)。しかし、交州支配による南中とのルート確保を当初から狙っていたとするならば、南中豪族と太いパイプを持っている士氏一族を排除する動きは不可解である。
(29) 菊池氏は、交州平定後に孫権が合浦郡を珠官郡に改めた（『三国志』呉書呉主伝・黄武七年条）のは、この「珠禁」と関係するのではないかと指摘する（注（4）前掲論文）。
(30) 巻六魏書公孫度伝「權遣使張彌・許晏等、齎金玉珍寶、立淵爲燕王」、呉書呉主伝・嘉禾二年条裴注引『呉書』「遣使者謝宏・中書陳恂拜宮爲單于、加賜衣物珍寶」。
(31) 巻五八呉書虞翻伝「聞玉出崑山、珠生南海、遠方異域、各生珍寶」。
(32) 呉書呂岱伝「黄龍三年、以南土清定、召岱還屯長沙漚口」。
(33) 『高僧伝』巻第一「維只難、本天竺人。……以呉黄武三年、與同伴竺律炎、來至武昌、齎曇缽經梵本」、『読史方輿紀要』巻一一二広西七・堂明国条「三國呉黄武六年來貢」。
(34) 注（3）前掲論文。
(35) 注（7）前掲論文。
(36) 陳顕泗「朱応、康泰が使節として扶南へ出た年代について」（『東南アジア歴史と文化』一七、一九八八）。
(37) 呉書呉主伝・黄武七年条「是歲、改合浦爲珠官郡」。
(38) 杉本氏・菊池氏は、『太平御覧』巻八八珍宝部七・瑠璃条引『呉歴』の、「黄龍、扶南諸外國來獻琉璃」との記述に着目し、これを呂岱伝に見える「各遣使奉貢」と同一視する（注（3）・注（4）前掲論文）。しかし、この史料は、前掲『芸文類聚』所引『呉歴』と字句がほぼ一致しており、「黄龍」は「黄武」の誤字の可能性がある。両氏はこの史料を重視して呂岱の遣使を孫権即位後とするが、一考の余地があろう。
(39) 呉書呂岱伝「權嘉其功、進拜鎮南將軍」。

(40)　呉書呉主伝・黄龍元年条「夏四月、……南郊即皇帝位。……五月、使校尉張剛・管篤之遼東」。
(41)　注（3）前掲論文。
(42)　注（4）前掲論文。
(43)　注（7）前掲論文。
(44)　遣使が呂岱の独断であったことについては、既に駒井氏によって指摘されている（注（2）前掲論文）。ただ氏が、遣使の目的地は本来夷洲・亶洲であって、扶南等の来朝は「偶然の結果」であったとする点には首肯しかねる。
(45)　陸遜伝・全琮伝は「夷州」に作るが、呉主伝の表記に統一する。
(46)　呉書呉主伝・黄龍三年条「衞溫・諸葛直皆以違詔無功、下獄誅」。
(47)　『後漢書』巻八五東夷列伝・倭条「又有夷洲及澶洲」。
(48)　注（5）前掲論文。
(49)　注（6）前掲論文。
(50)　注（7）前掲論文。
(51)　巻三〇魏書東夷伝・倭人条「所有無與儋耳・朱崖同」。
(52)　王鏗「3～6世紀における中国江南地域の対外貿易」『金沢大学歴史言語文化学系論集史学・考古学篇』五、二〇一四）。
(53)　魏書東夷伝・倭人条「出真珠・青玉」、「獻上男女生口三十人、貢白珠五千孔・青大句珠二枚・異文雜錦二十匹」。
(54)　『漢書』巻六武帝紀・元帝六年条應劭注「（珠厓、儋耳）二郡在大海中崖岸之邊。出真珠、故曰珠厓。儋耳者、種大耳」。
(55)　注（1）前掲論文。
(56)　魏書公孫度伝裴注引『魏略』「（孫權）至使周賀浮舟百艘、沈滯津岸、貿遷有無」。

(57) ただ、明帝没後、斉王代における呉との交易の記述を見ると、江夏太守に「絹二十匹」を与えて交易を命じている（巻九夏侯尚伝裴注引『世語』「(王經) 初爲江夏太守、大將軍曹爽附絹二十匹令交市于吳」）。馬匹と南方物産を直接交換するのではなく、絹を媒介として交易を行ったものと思われる。
(58) 注（1）前掲論文。
(59) 同右。
(60)『晉書』巻一五地理志下・交州条「赤烏五年、復置珠崖郡」。
(61)『初学記』巻八州郡部・嶺南道条所引『交広二州記』「珠崖在大海中、南極之外。吳時復置太守、住徐聞縣、遥撫之」。
(62)『漢書』巻九六西域伝下・賛「能睹犀布・瑇瑁則建珠崖・七郡、感枸醬・竹杖則開牂柯・越嶲、聞天馬・蒲陶則通大宛・安息」。
(63) 原田淑人「『魏志』倭人伝から見た古代日中貿易」(『東亜古文化説苑』原田淑人先生米寿記念会、一九七三)。
(64) 王仲殊「日本出土の呉鏡」(尾形勇・杉本憲司編訳『三角縁神獣鏡』学生社、一九九二)、西川寿勝「鏡がうつす邪馬台国体制の成立と崩壊」(水野正好・白石太一郎・西川寿勝『邪馬台国:唐古・鍵遺跡から箸墓古墳へ』雄山閣、二〇一〇)、今尾文昭「忘れてはならない呉鏡」(奈良県立橿原考古学研究所附属博物館編『海でつながる倭と中国』新泉社、二〇一三)等。
(65) 注（4）前掲論文。
(66)『梁書』海南諸国伝・扶南国条「蔓姉子旃、時爲二千人將、因簒蔓自立。……蔓死時、有乳下兒名長、在民間。至年二十、乃結國中壯士襲殺旃。旃大將范尋又殺長而自立」。
(67) 注（3）前掲論文、岡崎敬「南海をつうずる初期の東西交渉」(護雅夫編『東西文明の交流1漢とローマ』平凡社、一九七〇)、注（7）前掲論文等。

(68) 金文京『中国の歴史03三国志の世界』(講談社、二〇〇五、一五五頁)、渡邉義浩『三国志事典』(大修館書店、二〇一七、二九五頁)といった概説書も、この説を採用している。

(69) 注(36)前掲論文。

(70) この矛盾については杉本氏も指摘しているが、氏は「尋国」とあるのは晉代に范尋が遣使を行った(『梁書』海南諸国伝・扶南国条「晉武帝太康中、尋始遣使貢獻」)ことからくる誤記であると述べる(注(3)前掲論文)。ただ、これでは陳氏の指摘する佚文における范尋の登場を説明することが出来ない。

(71)『梁書』海南諸国伝・扶南国条「出金・銀・銅・錫・沉木香・象牙・孔翠・五色鸚鵡」、『南斉書』巻三九南夷伝・扶南国条「有甘蔗・諸蔗・安石榴及橘、多檳榔」。

(72) 注(4)前掲論文。

(73) 注(1)前掲論文。

(74)『梁書』海南諸国伝・序「及呉孫權時、遣宣化從事朱應・中郎康泰通焉。其所經及傳聞、則有百數十國。因立記傳」

(75) 康泰らが残した記録については、渡部武「朱應・康泰の扶南見分錄輯本稿―三国呉の遣カンボジア使節の記録の復原」(『東海大学紀要文学部』第四三輯、一九八五)が詳細な検討を行っている。

(76) 巻四魏書陳留王紀・咸熙元年条「詔曰、「……呉將呂興因民心憤怒、……驅逐太守長吏、撫和吏民、以待國命。……其以興爲使持節都督交州諸軍事南中大將軍、封定安縣侯」。

孫呉政権下の嶺南情勢に関する一考察
――「ポスト士燮」なき嶺南情勢と趙嫗の扱いを中心に――

川手　翔生

はじめに

めまぐるしい成長を遂げている中国は、同時にかつての偉大な「中華」の領域を回復すべく、「一帯一路」を掲げて国境地帯や海上で膨張政策を展開している。殊に、かつての海上シルクロードの玄関口である南シナ海への進出は強引とも言え、これにより東南アジアの近隣諸国とは大きな摩擦を引き起こしている。

その中でも、中国南部と国境を接するベトナムは、一九七四年の中国による西沙諸島占領や、一九八八年の南沙諸島の一部占領を経て、今もなお東南アジア諸国の中でも最も反中意識の強い国家のひとつとなっている。

そもそも、ベトナムと中国の対立の歴史は根深い。秦の始皇帝の治世より約一〇〇〇年間もの長きにわたり、ベトナム北部の紅河デルタ地帯は中国領となっていたこともあり、ベトナム史に見られるベトナム人のアイデンティティは、一般的には「中国に対する抵抗と勝利」という点が強調される。たとえば、ベトナム史の大家であるチャン・チョン・キムの代表的なベトナム通史『ベトナム史略（Việt Nam sử lược）[1]』において、五代十国のひとつである南漢から独立を勝ち取り呉朝を築いた九三九年から、一五二七年の黎朝滅亡までを「自主時代（Tự Chủ Thời Đại）」と誇りを持って呼び、それ以前の「北属時代（Bắc Thuộc Thời Đại）」すなわち、北方政権である中国諸王朝に服属した時代と明確に区分している。

このため、当然ベトナム人は、自身を支配していた中国人統治者のことごとくを嫌い、いかに自分たちを苦しめてきたか、そして、いかにして彼らと立ち向かってきたかを、ベトナム史に書き連ねているものとばかり思ってきた。

ところが、そのような考えではおよそ理解しがたい評価をベトナム人から下された人物の発見により、ベトナム人のアイデンティティの複雑さが見えてきたのである。

その人物の名を「士燮《ししょう》」と言う。『三国志』巻四九呉書士燮伝の記述によれば、士燮は、後漢末期から三国時代初期にかけ、紅河デルタ地帯を管轄する交趾郡の太守を務めた人物である。彼は洛陽に遊学した経験を持つ卓越した経学者であり、その名声を慕って南方に逃れた多くの人士を保護した。また同時に、辺境経営に明るく、巧みな外交手腕で一族を南シナ海沿岸の主要な郡太守に据え、「百越を臣服」せしむる人望を併せ持っていた。

そして、隣接する孫呉政権に臣従したのちも交趾太守であり続け、中国西南地域との交易路を通じて入手した珍品や馬匹などをもって孫権の歓心を買い、二二六年に死去するまで南方の権益を独占した。同年、士燮の子の士徽は、国替えを断って孫呉に抵抗し処刑され、ここに士燮政権は潰えた。

その後、士燮はベトナム人により歴代君主の座に据えられた。一四七九年、後黎朝の史官である呉士連により編纂された、ベトナム王朝最初の正史『大越史記全書』において、彼は「士王」という王号を与えられている。中国に本籍を持つ漢人の中で、ベトナム人から王号・帝号を与えられているのは、秦末に当地に南越国を建国した趙佗以下五代の君主のみであり、士燮自身が一度も王を名乗らず、後漢から明確に自立しようとしていないことを考えると、これは異例のことである。

士燮に対する研究[2]を通し、筆者は、ベトナムが中国から独立する以前において、当地を支配していた統治者に対し、当地の人間はどのように考えていたのか、ということに強く興味を持つようになった。「中国に対する抵抗と勝利」という単純明快なアイデンティティ像は、士燮に対する複雑な評価の変遷を見ると、どうにも矛盾しているように感じたのである。

そこで筆者は、士燮以降の嶺南地域に登場する、統治者や反乱指導者など、現地住民の生活に関わる人物について、その評価の変遷を追うことで、ベトナム人が自立するアイデンティティを模索していこうと考えた。

本稿では、まず嶺南地域が中国領となり、士燮を迎えるまでの時代について、これまでの研究結果を再構築する形で概観し、士燮の台頭の意義を問い直す。そして、やがて紅河デルタ地帯が迎える、六世紀中葉の越人・李賁の「万春国」建国に至る過渡期として、孫呉政権下の嶺南情勢がどのように展開したのかについて、「ポスト士燮」が存在しなかった時代と定義して見つめ直す。

さらに、そのような嶺南情勢の中に現れた、一人の女性にスポットを当てたい。彼女の名は「趙嫗《ちょうおう》」と言い、中国正史の上では全く登場しない人物である。後述するように、唐宋期に成立した類書にわずか数例見られる彼女の短い事跡を見る限り、「異様に長い乳房を持つ」という身体的特徴を除けば、目立った点の見えない「群盗」の一人という評価しか与えられていない人物である。

ところが、ベトナムでの彼女は、一般的に「バー・チェウ（Bà Triệu）」の名で知られ、後漢初期に紅河デルタ地帯で反乱を起こした「ハイ・バー・チュン（Hai Bà Trưng）」、すなわち徴姉妹と並んで語り継がれる国民的英雄の一人である。彼女が拠点としたとされるタインホア省のヌア山（Núi Nưa）には、彼女を祀る廟が建っており、ハノイ市内などの通りにも彼女の名が冠せられるなど、ベトナム人の彼女に対する尊崇の念は強い。

実は、士燮や徴姉妹は、ベトナム王朝から公的に「神」に列せられたとする史料が残っている。ベトナム人にとってはこれ以上ない英雄視と考えられるが、その列の中に趙嫗の姿は見えない。徴姉妹と並ぶ女性英雄でありながら、なぜ彼女は「神」となれなかったのか。この点から、ベトナム人が自立するアイデンティティがいかに変遷してきたのかを探るきっかけを見つけたい。

第一節　「ポスト士燮」なき嶺南情勢

まずは、士燮という人物について簡潔に説明したい。彼の本貫は「魯国汶陽県」、すなわち現在の山東省泰安市西南である。ところが、先祖が新末後漢初期の混乱を避け、蒼梧郡広信県（現在の広西壮族自治区梧州市）に移り住み、士燮で七代目となったという。士燮の父は士賜と言い、後漢・桓帝期に日南郡（現在のベトナム中部）の太守を勤めた。

士燮自身は、一八四年頃、おそらくは嶺南情勢に明るい家系であることを見込まれ、交趾太守に任命された。そして身内を近隣三郡（南海郡・合浦郡・九真郡）の太守に据え、交州七郡を監督する権限を朝廷より認められるなど、順調に交州の支配権を確立していった。

ところが、二一〇年になると、長江流域に台頭してきた孫権率いる孫呉政権が西進を続ける中、彼の派遣した交州刺史歩騭に帰順を申し出、ここに士燮の一州支配は終わりを迎えた。その結果士燮は、海上交易や西南シルクロード経由の産物が集積する交趾郡を安堵され、最も重要な経済基盤を保持することに成功したのである。

その士燮の交趾太守在任期間において、史書に見える当地の反乱記事は一件のみとなっている。その一件というのも、『三国志』巻五三薛綜伝に見える、九真太守の儋萌《たんほう》が部下の恨みを買って反乱を起こされ、毒矢により死去したという、士燮の統治がいまだ及んでいない時期のものである。ちなみに士燮は隣郡の騒乱として鎮圧に赴き、その討伐に失敗している。

そもそも、嶺南地域というのはほとんど安定した時期のないところである。秦の始皇帝が罪人や商人ら漢人移民を引き連れ、最初にこの地を併合し、南海郡・桂林郡・象郡の三郡を設置した紀元前二一四年以降、たびたび現地住民の抵抗にあってきた。

【史料1】『淮南子』人間訓

又た越の犀角・象齒・翡翠・珠璣を利《むさぼ》らんとし、乃ち尉屠睢をして卒五十萬を發し、五軍と爲し、一軍は鐔城の嶺を塞ぎ、一軍は九疑の塞を守り、一軍は番禺の都に處り、一軍は南野の界を守り、一軍は餘干の水に結ばしむ。三年甲を解き弩を弛めず、監祿をして以て轉餉を無からしむ。又た卒を以て渠を鑿ちて糧道を通じ、以て越人と戰い、西嘔君の譯吁宋を殺す。而れども越人皆な叢薄の中に入り、禽獸と處り、肯えて秦の虜と爲る莫し。桀駿を相置き以て將と爲し、夜に秦人を攻め、大いに之を破り、尉屠睢を殺し、伏尸流血數十萬なり。乃ち適戍を發し以て之に備う。

【史料1】は、始皇帝が発した軍隊に対し、「越人」がゲリラ活動を展開してこれを撃破したことを示す史料である。拙稿(3)において、この苛烈な抵抗活動の影響もあり、秦は嶺南地域の完全な統治を実現できなかったことを検証したが、漢人による本格的な嶺南統治は、趙佗の南越国建国まで待たねばならない。

紀元前二〇三年、南海郡龍川県の県令であった、常山郡真定県（現在の河北省石家荘市の東）を本貫とする趙佗が、秦末の混乱に乗じて南越国を建国するに至る。南越は統治範囲をおよそ三つの地域に区分した。(4)一つ目は、秦の統治と漢人の定着が比較的スムーズに展開した、都の番禺を中心とする地域であり、ここには郡県支配と、諸侯王に領地を与える封建制を組み合わせた、いわゆる郡国制が布かれた。

二つ目は、現在の海南島と雷州半島の一部であり、ここでは戦国楚の制度や文化が根付いていたことを受け、楚制に基づく間接統治が行われた。

そして三つ目は、紅河デルタを中心とするベトナム地域である。ここでは当地の支配層を用いた間接統治が行われた。

【史料2】『史記』南越列伝の『索隠』引東晉・裴淵『広州記』

交趾に駱田有り、潮水の上下するを仰ぎ、人、其の田を喰らい、名づけて駱人と爲す。駱王・駱侯有り。諸縣自ら名づけて駱將と爲し、銅印青綬たり。卽ち今の令長なり。後に蜀王の子兵を將いて駱侯を討ち、自稱して安陽王と爲し、封溪縣に治す。後に南越王尉他、安陽王を攻め破り、二使をして交阯・九眞二郡の人を典主せしむ。

【史料2】は当地の「駱人」と呼ばれた人々による独自の統治体制について述べた記事である。ここに登場する「駱王」「駱侯」「駱将」といった階級の人々は、越人の一派である「西甌駱」の「王」「侯」「将軍」を指すものと考えられている。(5)

趙佗は、併呑後の西甌駱地域の鎮静化を図るために「二使」を派遣し、また、当地に「西于王」を設置した。『史記』巻二〇建元以来侯者年表には、南越滅亡後、「甌駱左将」の黄同という人物に「西于王」が斬られたという形で見える。この西于という地名は、『漢書』巻二八地理志下・交阯郡条に見え、その位置はベトナム北部となり、西甌駱地域と合致する。西于王という名は、【史料1】に見える越人首長「西嘔君」とおそらくは重なる存在であり、現地の駱人首長を西于王として間接統治をしたと見ることが出来る。

このような巧妙な統治政策の効果からか、南越統治時代においては、当地での反乱記事は、見受けられない。趙氏が王号・帝号を称したという事実とあいまり、趙佗以下五代の南越国君主は、『大越史記全書』などの正史やその他のベトナム側の史書において、趙佗は「武帝」、漢の冊封を受けた後の君主は「王」として列せられている。

だが、前漢・武帝による紀元前一一一年の南越滅亡以降、再び嶺南情勢は悪化する。武帝は、蒼梧郡・鬱林郡・南海郡・合浦郡・交趾郡・九真郡・日南郡・儋耳郡・珠崖郡の九郡を設置し、中央集権的な郡県制を布いた。

そして再び嶺南地域は反乱の嵐に呑まれた。郡設置後すぐに海南島で、前漢皇帝四代にわたって反乱が相次ぎ、ついには海南島の放棄という決断を元帝が下すに至った。また、後漢期に入ると反乱記事が群を抜いて増え始めた。

【史料3】『後漢書』巻三一賈琮列伝

舊と交阯は土に珍産多く、明璣・翠羽・犀・象・瑇瑁・異香・美木の屬、自づから出ださざるは莫し。前後の刺史、率ね多く清行無く、上は權貴を承け、下は私賂を積み、財計盈ち給れば、輒ち復た遷代せられんことを求め、故に吏民は怨み叛く。

【史料3】は、嶺南諸反乱の要因について簡潔に示している。嶺南地域の貴重な珍品を賄賂に使用した地方官吏による暴政と、その賄賂を用いて官吏が中央へ栄転し、当地を正しく治める者がいないことに対し、現地住民が怒っているのである。その状況を変えようと立ち上がった交趾刺史の賈琮も、その功績によりやはり中央へ赴くこととなり、なかなか嶺南地域の安定は続かなかった。

そのような状況の中、士燮が登場したのである。その約四十年間におよぶ統治時代は、嶺南地域、そして紅河デルタ地帯に住む人々にとっては、久々の安定期だったのである。彼の統治政策については、具体的なことが史書に記されていないため、どのようにして当地に安寧をもたらしたのかはわからない。

だが、彼の統治が優れたものだったことは、士燮が三郡統治を放棄させられ、嶺南地域の大半が孫呉政権に接収された直後、再び反乱が頻発するという史実により反証されるだろう。

【史料4】『三国志』巻六〇呂岱伝

延康元年、歩騭に代わり交州刺史と爲る。州に到り、高涼の賊帥錢博、降るを乞い、岱、承制に因りて、博を以て高涼西部都尉と爲す。又た鬱林の夷賊、郡縣を攻圍し、岱、之を討ち破る。是の時桂陽湞陽の賊王金、衆を南海の界上に合し、亂の首たりて害を爲し、權又た岱に詔して之を討たしめ、金を生縛し、傳送して都に詣り、斬首し獲生せしもの凡そ萬餘人なり。安南將軍に遷せられ、假節せられ、都鄉侯に封ぜらる。

【史料4】には、延康元年（二二〇）に呂岱が歩騭に代わって交州刺史となった当時の嶺南情勢が記されている。高涼は高涼郡を指し、後漢・桓帝期に合浦郡から高興郡が分置され、霊帝期に高涼郡と改名された。その後は一度廃置され、『續漢書』郡国志五によれば建安二五年（二二〇）、『宋書』巻三八州郡志四・広州条によれば建安二三年（二一八）に、孫権によって再び合浦郡から分置された。

その高涼郡では歩騭の頃から反乱が発生し、孫呉政権を悩ませてきた。たとえば、『三国志』薛綜伝には、「今日の交州、名は粗ぼ定むと雖も、尚お高涼の宿賊有り」と、『三国志』巻六〇呉書鍾離牧伝の裴松之注引西晉・虞預『会稽典録』には、「高涼の賊、仍弩等を率いて百姓を破略し、吏民を殘害す」と、そして『三国志』巻六一呉書陸凱伝附陸胤伝には、「高涼の渠帥黃呉等の支黨三千餘家、皆な出降す」とある。

また、鬱林郡や南海郡といった、それまでには反乱記事のあまり見えなかった地域でも反乱が発生している。特に鬱林郡の反乱は現地の非漢人によるもので、郡や県を包囲するような大規模な反乱であったようである。いずれも平定されたものの、この後も続く嶺南諸反乱の序章に過ぎないものであった。それは、『三国志』薛綜伝に、「南海・蒼梧・鬱林・珠官（黄武七年（二二八）に合浦郡が珠官郡に改名）の四郡の界未だ綏からず、依りて寇盜を作し、専ら亡叛逋逃の藪と爲る」と記されていることからもわかる。

嶺南地域の安定に大きく寄与した士燮は、二二六年に死去する。その地盤を継いだのは、士燮の嫡男の士徽である。孫権は、士燮存命中は手が出せなかった紅河デルタ地帯を掌握すべく、以下のような行動をとり、士氏勢力の解体を図った。

【史料５】『三国志』士燮伝

權、交阯の縣遠なるを以て、乃ち合浦以北を分かちて廣州と爲し、呂岱を刺史と爲し、交阯以南を交州と爲し、戴良を刺史と爲す。又た陳時を遣わして燮に代えて交阯太守と爲す。岱、南海に留まり、良、時と倶に前に行きて合浦に到るも、而るに燮の子徽、自ら交阯太守に署《つ》き、宗兵を發して良を拒がしむ。良、合浦に留む。交阯の桓鄰、燮の擧げし吏なり。叩頭して徽を諫めて良を迎えしめんとするも、徽怒り、鄰を笞殺す。鄰の兄治・子の發、又た宗兵を合わせて徽を撃ち、徽、閉門して城守す。治等、之を攻むること數月なれど下すこと能わず、乃ち和親を約し、各ゝ兵を罷《しりぞ》きて還る。而して呂岱、詔を被りて徽を誅せんとし、廣州自り兵を將いて晝夜して馳せ入り、合浦を過ぎ、良と倶に前む。壹の子の中郎將匡、岱と舊有り、岱、匡を師友從事に署かしめ、先づ交阯に移書し、禍福を告喩し、又た匡を遣わして徽に見えしめ、罪に服さば、郡守を失うと雖も、他の憂い無きを保すを説かしむ。岱、匡に尋《つ》いで後に至り、徽の兄祗、弟の幹・頌等六人、肉袒して奉迎す。岱、謝して復た服《き》さしめ、前みて郡下に至る。明旦早く帳幔を施《し》き、徽の兄弟に請いて以て次いで入らしめ、賓客坐に滿つ。岱起し、節を擁して詔書を讀み、徽の罪過を數え、左右因りて反縛し以て出し、即ち皆な誅に伏し、傳にて首は武昌に詣る。壹・䵋・匡後に出で、權、其の罪を原し、燮の質子廞に及び、皆な免じて庶人と爲す。數歳、壹・䵋、法に坐して誅せらる。歙、病にて卒し、子無く、妻は寡居し、詔して在所に月に俸米を給し、銭四十萬を賜う。

まず、それまで交州として一体であった嶺南地域について、合浦郡以北の四郡（合浦・鬱林・蒼梧・南海）を広州、以南の三郡（交阯・九真・日南）を交州として二分割し、前者の刺史に呂岱を、後者の刺史に戴良を派遣した。また、死んだ士燮に代えて陳時を新たな交阯太守に据え、士徽を九真太守とした。

だが、先遣隊である戴良と陳時が合浦郡へ到着した時、士徽が交阯太守を自称し、一族を挙げて武装蜂起し、戴良らの入郡を阻んだ。前述したように、交趾郡は交易により豊富な物産がもたらされる集積地であり、この地を失うことは、士氏政権の権益を喪失することと同義である。一族を束ねる士徽の立場としては、一太守の地位を保全されるだけでは不十分であった。

こうして始まった士徽による抵抗を薛綜は「士氏の変」と表現している(6)。士徽は一族を挙げて挙兵したが、これに対し、士燮が推挙した官吏である桓鄰がこれを諫めた。士徽は桓鄰を殺害したため、一時士徽と桓氏との内紛状態に入ったが、和解するに至った。

士徽軍の挙兵は、討伐軍総帥である呂岱にとって驚異であったようである。

【史料6】『三国志』呂岱伝

良を遣わして時と與に南に入るも、而るに徽、命を承けず、擧兵して海口を戍り以て良等を拒む。岱、是に於いて上疏して徽の罪を討つを請い、兵三千人を督して晨夜海に浮かぶ。或いは岱に謂いて曰く、「徽、累世の恩を藉《か》り、一州の附す所と爲り、未だ易く輕んずべからざるなり」と。岱曰く、「今徽、逆計を懐くと雖も、未だ吾の卒かに至るを慮《はか》らず、若し我軍を潛ませて輕擧し、其の備うる無きを掩《おそ》わば、之を破るは必なり。稽留して速やかならざれば、生心を得しめ、城を嬰《めぐ》らして固守し、七郡の百蠻、雲合響應し、智者有りと雖も、誰ぞ能く之を圖らんや」と。

【史料6】によれば、討伐軍を率いる呂岱に対し、ある者が慎重に行軍するように進言したという。その理由は、士徽が士燮の威光を借り、交州「一州」が彼に従っているためとする。これに対し呂岱は、進軍が遅れれば籠城の兵力を厚くするばかりでなく、「七郡の百蠻」が「雲合響應」する事態となるとし、士徽軍に速攻をかけた。ここから、両者の危惧が、士氏の現地社会に対する絶大な影響力にあることがわかる。また、「一州」と「七郡」という交州を表す同一の言葉を使用していることから、士氏の影響力が交州全域に及ぶことも示している。

だが、呂岱の策略により、士徽をはじめとする主立った人物は処刑され、人質となっていた士廞も庶人に落とされ、ここに士氏は滅亡したのである。

しかし、「士氏の変」の余波は続く。士徽の命令に逆らって処刑された桓鄰の兄の桓治ら、士燮が登用した将は、士氏の変が終結した後、孫呉政権に対する抵抗運動を起こしている。

【史料7】『三国志』呂岱伝

徽の大將甘醴・桓治等吏民を率いて岱を攻め、岱、奮撃して之を大破し、進みて番禺侯に封ぜらる。

後藤均平氏は、士徽の反抗により訪れる戦火を憂えたために士徽に抗い、「より好ましい郡県支配者」を求めたが、孫氏政権が「より始末の悪い新たなる収奪者」であることを知った彼らは、ただちに呂岱に刃向かったと言う見方をしている。(7)確かに、桓鄰が士徽を諫めたのは、無謀な抵抗により戦火の及ぶことを避けたかったためとも考えられるが、桓治・桓発が士徽を攻撃した理由は、親族が処刑されたことへの怨恨である。そこには現地社会を代表するような理想は見えない。実際、籠城戦により膠着状態となった後、彼らは和解して兵を引き上げている。後藤氏の見解はやや飛躍しているように感じる。

だが、より悪質な収奪者の出現を受けて、彼らは「吏民」を率いて呂岱の統治を拒んだという後者の見解は正しいと思われる。私的な動機で士徽に抗った彼らは、孫呉政権の本格的な進出を前に、ようやく現地社会を糾合した抵抗運動を行ったのである。つまり、この「士氏の変」こそが、嶺南地域の、というよりは紅河デルタ地帯の自立運動の契機であると筆者は確信している。

広州と交州、すなわち現在の嶺南と紅河デルタ地帯とが統治者の政策により分裂したことにより、それまで曲がりなりにつながっていた共通意識が途切れた。士徽の死により糾合された紅河デルタ地帯の人心は、その分断された交州という地域区分と密接につながり、「士氏の変」後に再び統合されるも、以降は「旧交州」の地域において反乱が絶えず続いていくことになる。

第二節　「趙嫗」について

「士氏の変」以降の嶺南地域の混乱の中で、交趾・九真の二郡において非漢人による大規模な反乱が発生する。

【史料8】『三国志』巻六一陸凱伝附陸胤伝

後に衡陽督軍都尉と爲る。赤烏十一年、交阯・九眞の夷賊、城邑を攻没し、交部騒動す。胤を以て交州刺史・安南校尉と爲す。胤、南界に入り、喩すに恩信を以てし、務むるに招納を崇ぶ。高涼の渠帥黄呉ら支黨三千餘家皆な出降す。軍を引きて南のかた、宣を重くすること誠に至り、遺るに財幣を以てす。賊帥百餘人、民五萬餘家、深く幽《かく》れて羈せざれど、稽顙《けいしょう》せざる莫く、交域清泰なり。

二四八年、その反乱によって二郡の街が攻め落とされ、交州は騒然となった。その鎮圧を命じられたのが、交州刺史に任ぜられた陸胤である。彼は武力によらず賊に投降を呼びかけ、まずは前述の高涼郡の反乱軍を解体し、次いで二郡の平定に成功した。越人は礼法を解さないが古式に基づく拝礼で陸胤をもてなしたと言う。

この記事を引用する形で、『大越史記全書』は以下の記事を載せている。

【史料9】『大越史記全書』外紀巻之四　属呉晋宋斉梁紀

戊辰〈漢の延熹十一年、呉の永安元年。〉、九眞複た城邑を攻陥せられ、州郡騒動す。呉主、衡陽督軍都尉陸胤を以て刺史兼校尉と為す。胤入境するや、諭すに恩信を以てし、降る者三萬餘家にして、州境復清す。後に九眞郡の女趙嫗〈嫗、乳の長さ三尺にして、背後に施《の》ぶ。常に象頭に乗りて敵と交戰す。〉、衆を聚めて郡縣を攻掠す。胤、之を平らぐ。〈『交趾志』に、「九眞の山中に趙妹なる女子有り、乳の長さ三尺にして、嫁がず。結黨して郡縣を剽掠す。常に金の褐《ぬのこ》、齒《はがた》の屣《くつ》を著《つ》け、象頭に據りて闘戰し、死して神と爲る」と。〉

冒頭の「戊辰」はベトナムにおける干支であるが、その注釈には「漢延熹十一年、呉永安元年」とある。「延熹」は後漢の元号（一五八～一六七）であり、時期としてまったく適さない。蜀漢を指すとしても、蜀漢には「延熹」の元号はなく、「延熙十一年」の誤りだとすれば二四八年となり、陸胤伝と合致するが、今度は「呉の永安元年（二五八）」とずれてしまう。

いずれにせよ、正確さに欠ける記事となってしまうが、注目すべきはその過程で発生した事件として、九真郡の女性「趙嫗」が手勢を率いて郡県を略奪し、陸胤により平定されたという記事が付されている点である。この事件は【史料8】にはまったく見えない。この記事には注釈が付されており、その内容を補填して解すると、次のようになる。

九真郡に住む趙嫗という女性は、乳の長さが三尺で、長すぎるので背中にまで乳が伸びている。誰にも嫁いでいない。常に金色の粗布と歯の形をした靴を身につけ、戦うときにはいつも象に乗っている。徒党を組んで郡県を略奪したが、陸胤によって討伐された。死後、彼女は神となった。

中国の正史の上ではまったく登場しない、この趙嫗なる女性は、実は中国側の類書にその名が初めて見える。

【史料10】『初学記』巻八 州郡部 嶺南道第十一 事対 石坻・金屐条 引『南越志』

軍安縣の女子趙嫗、嘗て山中に在り、群黨を聚結し、郡縣を攻掠す。金の箱《にうけ》、歯《はがた》の屐《くつ》を著け、恒に象の頭に居りて鬥戰す。

【史料11】『太平御覧』巻三七一 人事部十二 乳条 引 劉欣期『交州記』

趙嫗は、九眞軍安縣の女子なり。乳の長さは數尺にして、嫁がず、山に入りては群盗を聚め、遂に郡を攻む。常に金の揄《おおい》を著け、屐を蹝《は》き、戰い退くに輒ち帷幕を張り、少男と通じ、數十の侍を側《かたわ》らにす。刺史の呉郡の陸胤、之を平らぐ。

【史料10】は、唐代の類書である『初学記』に収録されている、著者不明の書物『南越志』に記載されたものであるが、その中で「趙嫗」は、九真郡軍安県（西晋設置、現在のベトナム・タインホア省イエンディン県東）に住む女性として登場し、山中で徒党を組んで郡県を略奪し、金でできた車の荷受け（史料によっては「金色の粗布」）と、歯の形をした木製の靴を身につけ、いつも象に乗って戦っていたという。

また、【史料11】は、北宋期の類書『太平御覧』所収の西晋・劉欣期『交州記』の記事である。『太平御覧』には、他条に複数『交州記』の引用が見えるが、内容はほぼ同じであるため省略する。(8)【史料10】と異なるのは、陣幕の中で少年と交わり、数十名の侍従を侍らせていたことが追記されている点である。

これらの趙嫗初出記事を踏まえ、改めて『大越史記全書』の記事を見ると、その内容にベトナム独自のものは見受けられず、すべて中国側の史料の引用であることがわかる。また、それは、阮朝・嗣徳帝期の一八八四年に刊行された正史『欽定越氏通鑑綱目』においても同様である（ただし、年代のずれが解消され、三国ともに二四八年の元号を採用している）。

【史料12】『欽定越史通鑑綱目』巻之三 属呉主権赤烏十一年条

戊辰〈呉の赤烏十一年、漢の延熙十一年、魏の正始九年〉九眞の趙嫗、衆を聚めて郡縣を攻掠す。刺史陸胤、之を撃ち平らぐ。

なお、【史料12】では、趙嫗に関する注釈として、「死して神と爲る」の後、「今、祠は清化美化縣富田社に在り」と付されている点が、【史料9】と異なる点である。

つまり、少なくとも正史の上では、ベトナムは趙嫗を英雄視せず、単なる群盗としか見なしていないのである。だが、歴史を詩で表現する、いわゆる「叙事詩」の中において、「群盗」趙嫗は突如として「英雄」として綴られていくこととなる。

【史料13】『大南国史演歌』内属十三(9)

さるほどに世の兵乱の　渦をまく日数はふりて
はるばると唐よりくだる　陸胤はいま藩臣ぞ
英雄は名にともなわず　世の末の風塵忌めば
手弱女が心を奮い　白き手にもつ弓刀
九真にありし女子の　名をいえば趙嫗といい
豊かなる胸乳三尺　才もまた山河色褪す
女子なる身をかえりみず　征でゆきぬ戦いの野に

かかげふる錦の旗は　象の背や頭のあたり
合戦の庭はいくたび　谷を超え山を越えたり
はるかなる関河は空し　棘荊多き運命や
趙嬌はついに死すとも　魂止む蒲田の里に

【史料13】は、一八七〇年、嗣徳帝期の史官であった范廷倅らによって編まれた長編叙事詩『大南国史演歌』の一節である。『大南国史演歌』とは、固有名詞などのベトナム独自の表現を表す必要性と、中国文化からの独立意識の高揚によって作られたベトナム固有文字「チュノム（字喃）」を用いた詩である。上下二段に分かれた構成となっており、上が六字、下が八字の「六八体」という形態を採用している。「演歌」とは「演音」、すなわち漢文をベトナム語に訳した文章を用いた詩歌という意味である。記されている歴史の範囲としては、ベトナム建国神話における最初の王朝である「文郎国」の始祖である「鴻厖氏《ホンバン》」から、一八〇二年に滅亡した「西山朝」までである。

これを見ると、趙嫗は「趙嬌」という名前を付けられ、迫り来る陸胤の軍勢に果敢に立ち向かう英雄となっていることがわかる。その表現の中には、「豊かなる胸乳三尺」や「象の背や頭のあたり」といった、『大越史記全書』を参考にした箇所が見受けられ、史実をベースとしていることも明らかである。

そもそも、『大南国史演歌』という作品は、それ以前に成立したチュノム詩に詩句を追記したものである。具体的には、一七世紀末頃、すなわち黎朝皇帝の実権を握った「鄭主」と呼ばれる鄭氏政権と、南部に広南国を建てた「阮主」が約二〇〇年間争う紛争期、鄭主の第六代当主鄭根の命を受け、とある史官が編纂した『天南語録』という演歌が原点となっている。これは、「鴻厖氏」から、胡朝が明・永楽帝に滅ぼされ再び中国領となった「属明期（一四〇七～一四二八）」までを綴っており、ベトナム最初の長編叙事詩とされる。

その後、嗣徳帝が史書編纂のために旧書調査を命じた際、この『天南語録』が献上され、黎呉吉らに復興した黎朝と鄭主の歴史について書き加えさせ、全体を整えて『越史国語』として一八五八年に刊行された。さらに、この一九一六行の長編詩に刑部侍郎の范春桂が潤色を加えて『越史国語潤正』が生まれ、また別の史官が一八八七行の『歴代南史国音歌』とし、この内の一〇二七行を活かし、新たな詩句を加えて二〇五四行の大作が完成した。

その編纂意図について、川本邦衛氏は、「漢字を知らない民衆に国朝の民としての自覚をうながす意図」があったとし、「ベトナムの歴史をベトナム語で語るという行為自体に、そうした民族意識を垣間見ることが」できるとしている。また、チュノムもまた複雑な書写体系であったため、一部の知識人層が用いるものであったが、「楽器の伴奏とともに歌うがごとくして、耳から国史を教えようとした」とする。(10)

しかし、それ以前の段階で、なぜ趙嫗は英雄となれず、単なる「群盗」とされたのか。第一節で見たように、孫呉政権下の嶺南情勢はまさに自立機運が高まっている。だからこそ、南朝期の六世紀中葉に、李賁という建国者が現れたのである。

この点を理解するため、これまで筆者が扱ってきた二人の英雄について取り上げたい。彼らはベトナム人から「神」として尊崇され、ベトナムの「守護神」とされたのである。これ以上の英雄視はない。ここにこそ、趙嫗が長く英雄となれなかった理由が隠されていると考える。

第三節　「徴聖王」・「嘉応善感霊武大王」と「趙嫗」

その二人とは、後漢・光武帝期の紀元四〇年、交趾太守の暴政に耐えかね反乱を起こした、「駱将」一族の徴姉妹と、後漢末期の群雄士燮である。まずは、彼らがいかにして「神」となったのかを見ていきたい。

【史料14】『粤甸幽霊集』歴代人君　徴聖王条(11)

王は姓を徴、諱を側、峯州麓泠縣の貉將の女にして、朱鳶の詩索の妻なり。時に交州刺史蘇定は貪暴にして、法を以て詩索を殺す。王、夫の爲に讎に報いんとし、乃ち其の妹徴貳と與に、兵を起こして蘇定を攻め、嶺南六十五城を略取し、自ら立ちて王と爲る。漢帝之を聞き、怒りて蘇定を儋耳に誅し、馬援を遣りて來侵せしむ。之と浪泊に戰う。王、退きて禁溪を保ち、其の妹と與に漢兵を拒むも、勢い孤にして陷没す。

國人之を哀れみ、祠を立て之を祀り、歴代尊びて福神と爲す。祠は喝江の上に在り。李英宗の時、大旱に因り、淨戒禪師に命じて禱雨せしむ。天將に雨ふりて、涼氣人を襲う。帝假寐し、二女の、芙蓉冠を冠し、緑衣束帶し、雨を駕して來るに見ゆ。帝怪しみて之に問う。答えて曰く、「妾即ち徴氏姊妹なり、玉帝の命を奉じ、雨を行《ふ》らせんと來る」と。帝、益を請うに風を作さしめんとし、擧手して之を止む。帝覺め、祠を修え祭りを致せしむるを命ず。尋いで迎えて京師に回らしめんとし、雨彌堂を建てて奉祀せしむるを命ず。後に又た祠を城外に立つるを命じ、敕により「靈貞二夫人」に封ず。陳の重興四年（一二八八）、姊を封じて「威烈夫人」と爲し、妹を「敬勝夫人」と爲す。興隆二十一年（一三一三）、姊夫人に「純貞」二字を、妹夫人に「保順」二字を加う。

【史料15】『粤甸幽霊集』歴代人君　嘉応善感霊武大王条

王は姓を士、名を燮、蒼梧廣信の人なり。……（交）州人皆な王を呼びて「大王」と曰う。

……又た按ずるに、『報極傳』に云う、「王、攝養を善くす。王薨ぜし後、晉末に至り、凡そ一百六十餘年、林邑入寇し、王陵の冢を掘る。王の體壞たれず、面色生くるが如きを見、大いに懼れ、復た埋む。士人以て神と爲し、廟を立て之を祀り、呼びて士王仙と爲す。唐の咸通中（八六〇～八七四）、高駢《べん》、南詔を破り、其の地を經過し、一異人に遇う。面貌煕怡、霓裳羽衣にして、道を遮り相接す。高王之を悦び、延《ゆ》きて幕中に至り、與に語るに、皆な三國の時の事なり。門を出て相送り、忽ち見えず。高駢怪しみて問うに、土人、王陵を指して對うるを爲し、嗟訝《さげん》して已まず。吟じて曰く、「魏呉の初め自り後、今は五百年、唐の咸通八載（八六七）にして、幸いに士王仙に遇う」と」と。陳（朝）の重興元年（一二八五）、敕して「嘉應大王」に封ず。四年、「善感」の二字を加う。興隆二十一年、「靈武」の二字を加う。

【史料14・15】は、それぞれ『粤甸幽霊集』というベトナムの小説集に収録された、徴姉妹と士燮が「神」とされるに至る記録である。

『粤甸幽霊集』は、一三二九年に官僚である李済川が著した、一巻二八篇より成る神話小説集で、李朝期に成立したとされる『報極伝』や杜善『史記』など、現存しないベトナム側諸史料を引用している点において高く評価される。各篇は概ね、略伝、霊験、称号付与の記録という構成を取っており、陳朝の国家祭祀の記録でもある。二〇世紀前半に至るまで各種の補遺や校訂が加えられており、異本は数多い。

本書の性格について佐野愛子氏は、「ベトナムの国内外の脅威を防ぐ神々を記した書」である点に着目し、すなわち「国家祭祀の対象であった神は、ベトナムの安寧、王権を維持するための神」であったとする。[12] また、李済川が仕えた一三〜一四世紀の陳朝は、強大なモンゴル軍を白藤江に撃破したり、南のチャンパを討伐したりと、対外戦争に勝利を重ねた時期でもある。そのため、本書の意図の中に、「対外戦争の勝利」を記念する意味が込められていることは明白である。

それでは改めて記事を見てみよう。まず【史料14】において、徴姉妹は「国人」から反乱の失敗を悲しまれ、「福神」として祀られていたとある。また、李英宗（在位一一三八〜一一七五）の雨乞いに応え、旱害からベトナムを救っており、この霊験への感謝として国家公認の「神」に列せられた。

士燮の場合は、【史料15】の通り、士燮が交州の人々から「大王」と呼ばれていたことと、林邑（チャンパ）が攻め込んできた際、士燮の墓が盗掘されたが、生きているかのごとき遺体の状態を恐れたというエピソード、そして、唐末の安南都護高駢が仙人然とした士燮に遭遇し、これに感銘を覚えて詩を吟じたことが描かれ、民衆の尊崇を承けて「神」に列せられた。

この二つの記事には、ある共通点が見られる。それは、説話のベースが「中国側の史料」に基づいているということである。【史料14】では、前半部に徴姉妹の太守による暴政に対する抵抗活動について綴られているが、その内容は『後漢書』巻二四馬援列伝などに見える徴姉妹の反乱記事を切り貼りしたものが主である。

後半部の雨を降らせる段についてはオリジナルであるが、この部分について佐野氏は、李英宗がベトナム史上はじめて中国より「安南国王」に封じられ、内臣の地位から脱した皇帝であることから、李済川が意図して彼を説話に組み込んだとする。[13] すなわち、武力で中国に挑んだ徴姉妹の記事の中に、外交力で中国から自立を果たした李英宗を組み込み、ベトナム自立のアイデンティティを宣揚する意図である。徴姉妹が「神」となった最大の要因は、あくまでも中国に抵抗し敗れたことに対する国人の悲哀であるので、その意味では中国側史料から逸脱していないことになる。

一方、【史料15】に見える士燮士燮墓の盗掘についても、中国側の小説である南朝宋・劉敬叔『異苑』蒼梧王墓条が元となっている。『粤甸幽霊集』の中に内在する、ベトナム・アイデンティティの高揚により、死してなおチャンパ兵を追い返す偉人としての性格を与えられたが、あくまでも中国側の史料に沿った形でのアレンジと言えるだろう。

その姿勢は、第二節で見たように、『大越史記全書』などの史書でも同様である。『大越史記全書』において、徴姉妹は「徴王」、士燮は「士王」として歴代君主に列せられているが、前者は徴側自身が王位を称したと、後者は前述の「蒼梧王墓」というタイトルが示すとおり、すでに王と人々から呼ばれていたという下地があったために、王号が与えられたのである。(14)

つまり、逆説的に言えば、趙嫗はそもそも中国側により反乱者と見なされず、「群盗」と表現されたために、ベトナムでも長きにわたりそのまま「群盗」として扱われてしまった。「ポスト士燮」なき嶺南情勢が趙嫗を産んだとは言え、題材となる中国側史料にその要素がなければ、ベトナム側もその枠を超えることはできなかったのである。

おわりに

ベトナム紅河デルタ地帯をふくめ、嶺南地域は始皇帝の征服時期から抵抗を続け、南越時代の間接統治策により、しばらくは鳴りを潜めたものの、前漢・武帝の郡県支配以降、再び反乱の時代を迎えた。

士燮はそのような時代に登場し、約四〇年間の安定をもたらした。その統治方法は不明ながら、士燮なき後、現地社会が士徽に従い孫呉政権に抵抗する様や、その後の紅河デルタ地帯で続発する反乱記事を見ると、やはり孫呉政権下の嶺南情勢は「ポスト士燮」がいないがゆえに生まれた状況であると言える。

そのような中で趙嫗は現れた。『大越史記全書』など、主立ったベトナム側の史書は、彼女を中国側の見解と同様に「群盗」と見なし、徴姉妹や士燮のように英雄視しなかった。

その原因を、究極の英雄像と言える「神格化」記事の中に見いだそうと、ベトナムを内外の脅威から守護する神々について記す『粤甸幽霊集』の記事を分析した。結果、趙嫗以前にベトナムに割拠した徴姉妹と士燮の神格化記事は、いずれも中国側の史料をベースとする内容であり、ベトナム・アイデンティティの高揚の影響で、表現に多少の脚色はあるものの、核となる彼らの事跡については、中国の影響を超えることはできなかった。だからこそ、趙嫗は「群盗」として語られ続けたのである。

これで、趙嫗がなぜ『粤甸幽霊集』で神格化されず、『大越史記全書』などで王となれなかったのかが理解できた。ただし、遅くとも『大南国史演歌』以降、趙嫗がなぜベトナム人の英雄となったのかについては、より詳細な検証を重ねなくてはならない。幸いにして、筆者は学習院大学「東アジア学」共創研究プロジェクトに採択され、趙嫗を含め、六世紀中葉にはじめて越人が打ち立てた長期政権「万春国」についてなど、南朝期の嶺南情勢と、それを見るベトナム人のアイデンティティに関して研究していくこととなった。今後の検証結果に沿い、この点について明らかにしていきたい。

注

（1）Tran T.K.（2016）. Viet Nam Su Luoc. *Facsimile Publisher*

（2）拙稿「嶺南士氏の勢力形成をめぐって」（『史観』一六九、二〇一三年）。同「嶺南士氏交易考」（『史滴』三四、二〇一二年）。同「ベトナムの教化者たる士燮像の形成過程」（『早稲田大学大学院文学研究科紀要』五九―四、二〇一四年）。同「南越の統治体制と漢代の珠崖郡放棄」（『史観』一七四、二〇一六年）。同「「士王」考―士燮神格化までの過程と評価の変遷―」（早稲田大学長江流域文化研究所編『中国古代史論集―政治・民族・術数―』雄山閣、二〇一六年）。

（3）注（2）拙稿「南越の統治体制と漢代の珠崖郡放棄」。

（4）吉開将人「南越史の研究」（東京大学博士論文、二〇〇一年）。

（5）桜井由躬雄「雒田問題の整理―古代紅河デルタ開拓試論―」（『東南アジア研究』一七‐一、一九七九年）。

（6）『三国志』薛綜伝に見える。
（7）後藤均平「士燮」（『史苑』三二―一、一九七二年）。
（8）以下に『太平御覧』に収録された『交州記』の記事を挙げる。
○趙嫗者、乳長數尺、不嫁、入山聚群盜。遂北郡常著金蹋踶、戰退輒張帷幕、與少男通、數十侍側。刺史陸胤平之。（『太平御覧』巻四九九　人事部一百四十　盜窃条　引　劉欣期『交州記』）
○趙嫗者、九貞軍安縣女子、乳長數尺、不嫁。入山聚群盜、常著金擒踶屐。（『太平御覧』巻六九八　服章部十四　屐条　引　劉欣期『交州記』）
○趙嫗者、九真人、乳長數尺。入山聚盜、遂攻郡。常著金擒提屐。（『太平御覧』巻八一一　珍宝部十　金条下　引　劉欣期『交州記』）
（9）日本語訳については、川本邦衛『ベトナムの詩と歴史』（文藝春秋、一九六七年）八六頁を参照した。
（10）注（9）川本氏著作、六一～六三頁参照。
（11）以下、『粤甸幽霊集』については、孫遜・鄭克孟・陳益源主編『越南漢文小説集成』二（上海古籍出版社、二〇一〇年）を参照した。
（12）佐野愛子「『粤甸幽霊集録』における神―モンゴルの侵略を通して―」（『立教大学日本学研究所年報』一三、二〇一五年）。
（13）注（12）佐野氏論文参照。
（14）士燮に関する説話については、注（2）拙稿「「士王」考―士燮神格化までの過程と評価の変遷―」参照。

魏晋南朝における死体への制裁と「故事」

水間　大輔

はじめに

国家・皇帝に対する反逆は、前近代中国ではいずれの時代においても、法律上最も重い罪として位置づけられていた。前近代中国では同じ死刑でも等級が設けられ、反逆者はそれらの中でも最も重い死刑、つまりあらゆる刑罰の中で最も重い刑罰に処される。それは往々にして残酷極まりない方法をもって執行されるものであった。例えば、秦及び漢初では「黥」・「劓」・「斬左右趾」・「笞」を加えたうえで、「腰斬」に処した。(1)明清律では「謀反」・「大逆」罪に対して「凌遲處死」が法定刑として設けられるに至る。(2)

また、反逆者本人のみならず、その親族も死刑あるいは何らかの刑罰に処される。例えば、秦以降、謀反などの罪を犯した者は、その「三族」すなわち父母・妻子・同産を「棄市」に処すると定められていた。(3)唐律でも謀反あるいは大逆の罪を犯した場合、罪人の父及び一六歳以上の子を「絞」に処し、一五歳以下の子、及び母・娘・妻・妾・祖父・曽祖父・高祖父・孫・曽孫・玄孫・兄弟姉妹、子の妻・妾、部曲・資財・田宅を没収し、伯叔父、兄弟の子を流三千里に処すると定められていた。(4)

以上のような反逆に対する処罰は法律に定められていたが、実際には往々にして法律の規定を超えた制裁が加えられることもあった。例えば、唐律では謀反の罪を犯した者を「斬」に処すると定められていたが[5]、実際には反逆者に対して腰斬を執行した例がいくつか見える[6]。また、三族など律に定められた範囲を超える親族を皆殺しにすることもよく行われた。それというのも、反逆は国家の存立、皇帝の生命という、当時の為政者にとって最も重大な利益を侵害する行為であって、これを処罰するには法を無視することも辞さなかったのであろう。そういう意味では、反逆に対する処罰規定は、必ずしも厳密には遵守されなかったといえる。

さて、以上の他、反逆に対する制裁の一つに、罪人の死体に対する制裁がある。前近代中国では罪人の頭部や身体を市などで晒したり、死体に対して損壊を加えることがよく行われていた。例えば、秦及び漢初では「夷三族之令」という法規があり、反逆者を腰斬に処した後、頭部を斬り落し、身体を切り刻んで肉醤とし、市で晒すと定められていた[7]。漢初に三族刑が廃止されたことにより、夷三族令も廃止され、後に三族刑が復活しても、夷三族令は復活しなかったごとくであるが、頭部を晒すことはその後も行われた[8]。三国魏に至っては、『晋書』巻三〇刑法志が引く三国魏「新律序略」に、

謀反大逆に至りては、臨時に之を捕え、或いは汙潴にし、或いは梟菹し、其の三族を夷するは、律令に在らず。

とあり、謀反・大逆の罪を犯した場合、罪人の家屋を破壊して汚水池としたり、頭部を晒したり、身体を切り刻んで肉醤としたりするとともに、三族を皆殺しにするが、これらの制裁は律令に規定を設けないとされている。先述の通り反逆に対しては、法律の規定を超えた制裁が加えられることもあったが、三国魏では死体に対する制裁について敢えて規定を設けず、律令に規定のない制裁を加える場合もありうることを、国家が正式に宣言したことになる。

ところが、その一方で注目されるのは、魏晋南朝では死体に対する制裁について、規範化の動きが見られることである。本稿ではこの問題について検討し、その意義と背景について考察したい。

第一節　崔杼・帰生・王淩の故事

三国魏末期、太尉の王淩は外甥の兗州刺史令孤愚とともに、現皇帝曹芳を廃し、楚王曹彪を擁立しようと企てたが、令孤愚は病死し、王淩は事件の発覚により自決した。朝議ではみな次のように主張した。春秋時代、斉の崔杼と鄭の帰生はそれぞれ君主を殺害したため、死後彼らの棺は叩き割られ、死体は晒された。王淩と令孤愚も「舊典」の通りに処置すべきである、と。この意見を受けて、結局王淩と令孤愚の冢墓は発かれ、棺は叩き割られ、死体は近隣の市に三日間晒され、その印綬・朝服は焼かれた。その後、死体は棺に納めず、地面に直接埋められたという[9]。

「崔杼」とは、いうまでもなく春秋時代中期の斉の権臣である。あるとき、崔杼の子成・彊が勝手に棠無咎と東郭偃を殺したので、崔杼は斉の権臣慶封に助けを求めた。慶封は盧蒲嫳に命じ、崔杼の邸宅に立て籠もる成・彊を襲撃し、彼らを殺害した。この襲撃によって邸宅は消失し、崔杼は帰るところがなくなり、みずから縊れて死んだ。崔杼の子明は夜密かに死体を埋葬した。斉国は以前崔杼によって荘公を殺されたため、崔杼の死体を探し出し、市に晒したという[10]。一方、「歸生」(子家)は春秋時代中期の鄭の公子で、公子宋とともに鄭の霊公(幽公)を殺害した。死後、鄭国は霊公殺害の責任を咎め、帰生の棺を叩き割ったという[11]。

朝議では、崔杼と帰生の件は「春秋之義」として挙げられている。春秋の義とは、『春秋』の簡潔な記述の中に込められているとされる、孔子の道徳的価値判断基準をいう。前漢中期以降、春秋の義は国政や治獄において、判断基準として援用されることもあった。王淩と令孤愚の事件では、死体に対する制裁は「舊典」を根拠として行われている。旧典とは昔のしきたり・制度の意であるが[12]、ここでは春秋の義を指しているのであろう。

前代の漢代でも国家が反逆者の死体に対して制裁を加えた例はいくつも見えるが、既に埋葬された死体を掘り出して制裁を加えたという例は極めて少ない。

〔一〕前漢の孺子嬰期、東郡太守の翟義は厳郷侯劉信を帝位に就け、王莽を討伐しようとしたが、敗れて捕えられ、処刑された。王莽は翟義の父方進の墓、及び先祖の墓のうち汝南郡にあるものを発き、棺を焼き払った。(13)

〔二〕後漢の霊帝期、張角は黄巾党を率いて反乱を起こしたが、病死した。黄巾党を討伐した左中郎将皇甫嵩は、張角の棺を叩き割って死体を戮し、頭部を京師へ送った。(14)

〔三〕後漢末期、董卓は車騎将軍何苗の棺を発いて死体をとり出し、バラバラにして道端へ遺棄した。(15)

しかし、〔二〕は一将軍が軍事行動の一環として、現場の判断で行ったことであって、皇帝や中央・地方官庁が下す正式な司法判断によるものではない。また、〔三〕は大将軍何進が宦官によって殺害された原因を何苗が作ったという私憤をはらすためであって、何らかの罪状により執行されたものとは考えがたい。〔一〕は国家による制裁といえるであろうが、反逆者本人ではなく、その父や先祖の棺が危害を加えられている。また、棺ごと焼き払っており、死体をとり出していないという点でも、崔杼・帰生・王淩の故事ことは異なっている。

以上の他、前漢の哀帝の死後、王莽は政敵の董賢を自殺に追い込んだが、本当に死亡したか否かを確認するため、王太皇太后へ上奏のうえ、董賢の棺を発いている。(16) しかし、これはそもそも制裁としての性格を有するものではない。漢代ではむしろ次のような例さえある。後漢の桓帝のとき、寇栄は上書して司隷校尉応奉、河南尹何豹、洛陽令袁騰の苛酷な犯罪取締りを非難し、彼らが罰を死者にも及ぼし、墳墓を削りとって平らにしており、ただ墓坑を掘って死体をとり出し、棺を叩き割って死体を露にすることまではしていないだけと述べている。(17) 苛酷と非難される応奉らさえ、死体を掘り出して制裁を加えることまではしなかったのであるから、このような制裁は、漢代では一般に行われておらず、三国魏末の王淩と令孤愚の事件に至って初めて、崔杼と帰生の死体に対する制裁を範にとったということになる。

しかし、このような制裁は、後に「故事」として踏襲されるに至る。東晋初期、大将軍の王敦は朝廷に対して反乱を起こしたが、その最中に病死した。王敦の養子応は王敦の死を匿して喪を発せず、遺体をむしろで包み、その外側に蠟を塗り、政庁の中に埋めた。その後反乱が鎮圧されると、朝臣たちは「崔杼・王淩故事」により、王敦の棺を叩き割り、死体に刑戮を加え、王敦が元凶であることをはっきりさせるべきだと主張した。その意見の通り、王敦の死体を掘り出し、その衣冠を焼き、死体をひざまづかせて刑戮を加え、頭部を南桁で晒したという[18]。

ここでいう故事とは先例のことで、当時は律令と並ぶ法規範として位置づけられていた。つまり、このような制裁は、律令には規定されていないものの、故事という先例として規範化されたことになる。以下に列挙する通り、東晋ではその後も似たような制裁が行われている[19]。

〔四〕東晋の安帝期、劉牢之は当時朝廷の実権を握っていた桓玄を討伐しようとしたが、部下の離反により逃亡し、みずから縊れて死んだ。将吏は牢之を葬ったが、桓玄はその棺を叩き割り、頭部を斬り落し、市で死体を晒させた[20]。

〔五〕安帝期、劉毅は朝廷への反逆を企てたとして、当時朝廷の実権を握っていた劉裕に討伐されて敗走し、みずから縊れて死んだ。死体は市で斬られた[21]。

これらの制裁もあるいは崔杼・帰生・王淩の故事を根拠とするものかもしれない。

第二節　王莽の事例

南朝宋のとき、臧質は反乱を起こしたが討死し、首級は建康へ送られた。録尚書劉義恭、左僕射劉宏らは皇帝へ上奏し、臧質の罪は通常の処罰規定を超えているので、「漢王莽事例」により、臧質の頭部に漆を塗り、武庫で保管し、後の人々の戒めとすべきであると主張し、詔により裁可された。[22] ここでは「事例」という語を用いているが、先例として参照しているのであるから、「故事」と同義と解してよいであろう。

『漢書』・『後漢書』によると、王莽は三輔の豪傑に攻められ、杜呉によって殺害され、公賓就によって頭部を斬り落され、功を争う兵士たちによって身体を切り刻まれた。[23] 頭部は宛の市で晒され、民の中にはこれを打擲し、その舌を切りとって食べた者もいたとされる。[24]『漢書』・『後漢書』には王莽の死体について、以上のことが記されているだけであって、その頭部に漆を塗って武庫で保管したという記述は見えないが、少なくとも南朝宋ではそのような話が流布していたのであろう。[25]

臧質の事件以降、少なくとも南朝では「王莽事例」が適用された例は見えない。ただし、次のような例がある。すなわち南朝梁のとき、侯景は反乱を起こしたが、最終的には王僧弁・陳霸先の軍勢に敗れ、敗走中に近侍の羊鯤によって殺害された。侯景の身体は建康の市で晒され、頭部は江陵の市で三日晒された後、煮て漆を塗り、武庫で保管したという。[26] あるいは、王莽や臧質の先例に依拠したのかもしれない。

第三節　宋代故事

南朝陳のとき、皇族の陳叔陵は反乱を起こして戦死し、その頭部は朝廷へ送られた。尚書八座は、梟首だけでは不十分なので、「宋代故事」により、死体を川に流し、宮室を汚水池にするよう主張し、裁可されている[27]。

宋代故事とは南朝宋のとき、劉劭や袁顗の死体に対して制裁を加えたことを指すのであろう。劉劭は文帝の子で、挙兵して文帝を殺害し、みずから皇帝に即位したが、弟劉駿らに討伐され、処刑された。劉劭とその弟濬、及び劭の四子、濬の三子はみな頭部を大航で晒され、身体は市で晒された。さらに、劉劭と劉濬の頭部と身体は川に投棄され、また劉劭の東宮は汚水池とされた[28]。袁顗は明帝のとき反乱を起こしたが、逃走中に薛伯珍によって殺害され、頭部は建康へ送られ、死体は川に流された[29]。

国家が制裁として死体を川に投棄することは、少なくとも南朝では以上の三例しか見えない。それ以前においては、春秋時代後期に呉王夫差が伍子胥を自害させ、その死体を馬の皮袋に入れ、川へ投棄したという例が見えるが[30]、漢代では一例も確認できず、三国呉にわずか一例見えるのみである。すなわち、大帝孫権のとき、楊竺が皇帝との会話を外部へ漏洩させたとして処刑されたうえ、死体は川に流されている[31]。

一方、家屋を破壊して汚水地とすることは、前漢末期でも行われていた。すなわち、『漢書』巻九九上王莽伝上に、

劉崇の室宅を汚池にす。後に反せんと謀る者は、皆な汚池にすと云う。

とあり、居摂元年（西暦六年）、王莽は朝廷に対して反乱を起こした安衆侯劉崇の邸宅を破壊し、汚水池とした。以後、謀反の罪を犯した者は、その家屋を汚水池とするようになったという。しかし実際には、少なくとも漢代ではそ

の後翟義の邸宅が汚水池とされたという記録が見えるのみで、[32] 以後も実際に行われていたのかは不明である。劉崇の邸宅を汚水池としたのは、劉崇の族父劉嘉の上奏（実際に作成したのは張竦）に従ったものであるが、具体的には次のように述べている。

臣聞く、古は畔逆の國、既に以て誅討せば、則ち其の宮室を豬《みずた》めて以て汙池と爲し、垢濁を納る、名づけて凶虛と曰う。菜茹を生ずと雖も、人食わず。其の社を四牆にして、上を覆い下を棧《おお》い、通ずるを得ざるを示す。社を諸侯に辨ち、門を出でば之を見て、著《あらわ》にして以て戒と爲す、と。（中略）宗室の居する所或いは遠し、嘉は幸に先に聞くことを得、憤憤の願に勝えず。願わくは宗室の倡始と爲り、父子兄弟籠を負い鍤を荷い、馳せて南陽に之き、崇の宮室を豬めて、古の制の如くせしめんことを。及び崇の社は宜しく亳社の如くし、以て諸侯に賜い、用て永く監戒とすべし。願わくは四輔公卿大夫に下して議せしめ、以て好惡を明らかにし、四方に視《しめ》さんことを。

（『漢書』王莽伝上）

これによると、「古制」では反逆者の家屋を汚水池としていたという。確かに、『礼記』檀弓下には、

邾婁の定公の時、其の父を弑する者有り、有司以て告ぐ。（中略）〔定公〕曰く、「寡人嘗て斯の獄を斷ずるを學ぶ。臣、君を弑するは、凡そ官に在る者は、殺して赦すこと無し。子、父を弑するは、凡そ宮に在る者は、殺して赦すこと無し。其の人を殺し、其の室を壞ち、其の宮を洿《くぼ》めて豬む。」

とある。これによると、臣下が君主を殺害したり、子が父を殺害すれば、その家屋を破壊して汚水池とするという制裁が、遅くとも春秋時代中期には存在していたことになる。定公が本当にこのような発言をしたか否かは定かでないが、少なくとも檀弓篇が編纂された戦国時代には、[33] このような認識が存在していたことになる。晉代以降においても、このような制裁が古制であるという認識が定着していたようである。

孫盛云く、「昔者先王の誅賞を爲すや、將に以て惡を懲し善を勸め、永く鑒戒を彰さんとす。紹、世の艱危に因り、遂に逆謀を懷き、上は神器を議し、下は國紀を干す。社に荐め宅を汙すは、古の制なり。」(『三国志』巻一魏書武帝紀建安九年条裴松之注)

靳康の女なる者は、何許の人なるを知らざるなり。美姿容にして、志操有り。劉曜の靳氏を誅するや、將に靳の女を納れて妾と爲さんとす。靳曰く、「陛下既に其の父母兄弟を滅ぼす、復た何ぞ妾を用いん。妾聞く、逆人の誅せらるるや、尚お宮を汚し樹を伐る、況んや其の子女をや」と。(『晉書』巻九六列女列伝)

さらに、『宋書』によると、秦の始皇帝が東方へ巡幸したとき、五〇〇年後この地に天子となる者が現れる気が出ているると望気者がいったため、始皇帝は囚徒一〇万人余りを動員し、その地に汚水池を掘らせたという。[34] この話は到底史実と考えられず、三国呉以降に成立した説話であろう。[35] このような説話が成立したのも、古くは反逆者の家屋を汚水池としたという認識によるものと考えられる。

そして、前掲「新律序略」に「謀反大逆に至りては、臨時に之を捕え、或いは汙瀦にし、或いは梟菹し、其の三族を夷するは、律令に在らず」、『晉書』巻七八孔坦列伝に、

〔元帝〕又た問う、「姦臣賊子、君を弑せば、宮を汚し宅を瀦むるは、莫大の惡なればなり。」

などとあることからすると、反逆者の家屋を汚水池にすることは、三国魏以降ではほぼ常識となりつつあったようである。

以上のように、国家が反逆者の死体を川へ投棄すること、反逆者の家屋を破壊して汚水池とすることは、南朝宋以前でも行われた例がある。ただし、「宋代故事」は両者を同時に加えるという点で、それまでにはなかった制裁であったのであろう。また、死体を川へ投棄することは、呉王夫差が行ったこととして有名であるが、これは忠臣である

伍子胥を死に追いやったという暴政に属することであり、故事として見習うべきことではなく、それゆえ「伍子胥故事」などとは称される余地もなかったのであろう。

第四節　規範化の背景

以上、三種の故事を見てきたが、故事を根拠として制裁を加えるということは、これらの制裁は律令に定められていなかったことになる。そもそも反逆の罪を犯した場合、律令では反逆者の死体に対していかなる制裁を加えることが定められているのかというと、先述の通り少なくとも三国魏では律令に規定が設けられておらず、適宜頭部を晒したり、身体を切り刻んで肉醤とすると国家がみずから宣言している。国家が宣言している以上、それはもはや法に準じるものと考えることもできるが、そのような制裁を実施するかどうかは、毎回適宜判断するのであって、必ず実施するわけではない。そういう意味で、律令に定められている正式な処罰とは性格が異なる。

もっとも、既に知られている通り、頭部を晒すこと自体は、法律にも正規の刑罰として設けられていたし、一部の犯罪に対しては法定刑として設けられていた。例えば、『宋書』巻五四孔季恭列伝に、

律文に、子、父母を賊殺傷毆するは、首を梟す。

とあり、南朝宋の律では子が故意に父母を殺傷したり、毆ったりすれば、梟首に処すると定められている。また、『隋書』巻二五刑法志に、

棄市已上を死罪と爲し、大罪は其の首を梟し、其の次は棄市。

とあり、天監二年（五〇三年）に公布された梁律では、大罪に対しては梟首を加えるものとされていた。すると、反

逆の罪も律令にこそ規定はないものの、当然梟首が加えられたことであろう。現に南朝宋のとき、臧質の死体に対する制裁について、劉義恭らは、

梟首の憲は、國の通典有り。（『宋書』巻七四臧質列伝）

と述べている。また、南朝陳のとき、陳叔陵の死体に対する制裁について、尚書八座は、

時に應じて梟懸すと雖も、猶お未だ憤怨を攄せず。臣等參議すらく、請う、宋代の故事に依り、尸を中江に流し、其の室を汙瀦にし、幷びに其の生む所の彭氏の墳廟を毀ち、謝氏の塋を還さんことを。（『陳書』巻三六始興王叔陵列伝）

と述べている。つまり、梟首だけでは不十分なので、宋代故事により死体を川へ投棄し、家屋を汚水池にしようというこである。逆にいえば、反逆罪には梟首を加えることが当り前とされていたことが知られよう。あるいは、三国魏より後の時代では、反逆罪には梟首を加えることが律令に定められていたのかもしれない。

にもかかわらず、魏晋南朝では死体に対して梟首のみならず、他にもさまざまな制裁を加えることもあった。以上三種の故事に見える制裁の他、死体を焼いたという例もある。例えば、三国呉の孫晧は何定の讒言を受け、少府の李勖とその家族を嬰児に至るまで誅殺し、死体を焼いたという。(36) また、南朝宋の劉劭は皇太子のとき、巫婆の厳道育、東陽公主の侍女王鸚鵡らとともに「巫蠱」を行い、文帝を呪い殺そうとした。後に劉劭が処刑されると、厳道育と王鸚鵡は街頭にて鞭で打ち殺され、死体は焼かれた。(37)

死体に対して梟首の他にも制裁を加えるのは、梟首だけでは不十分と判断されたからであろう。尚書八座も陳叔陵の死体を川へ投棄し、家屋を汚水池とする理由について、「時に應じて梟懸すと雖も、猶お未だ憤怨を攄せず」と述べている。特に、反逆者が病死あるいは自害・戦死した場合、刑罰を受けていないので、死体に対して相応の制裁を

加えるしかなかったのであろう。崔杼・帰生・王淩故事の崔杼・帰生・王淩・令孤愚・王敦、王莽事例の王莽・臧質、宋代故事の袁顗・陳叔陵が死亡したのは、いずれも刑罰が原因ではなかった。つまり、死体に対して梟首以外の制裁が加えられるのは、反逆者が刑罰以外の原因によって死亡した場合がほとんどであった。

それでは、何が不十分なのかというと、二つの要素が考えられる。まず一つは、みせしめとしての効果である。頭部を晒すのも見せしめとしての効果があるが、他にも死体に対して制裁を加えれば、その効果はなお増すことであろう。『宋書』巻七四臧質列伝に、

録尚書江夏王臣義恭・左僕射臣宏等奏して曰く、「(中略)臣等參議すらく、辜の日限の意を須《もち》い、漢の王莽の事例に依り、其の頭首を漆《うるしぬ》り、武庫に藏せしめん。庶わくは鑑戒と爲し、昭らかに將來に示さんことを」と。

とあるように、臧質の頭部に漆を塗り、武庫で保管するのは、これを戒めとして将来に示すためとされている。前近代中国においては、死刑は見せしめのため一般に公開で執行されたが、中でも罪人が刑罰以外の原因で死亡した場合、見せしめの機会は罪人の死後しかない。もちろん、反逆者の親族を皆殺しにするという方法も採られたが、反逆者本人に対する制裁は死体に対して行うしかない。

そしてもう一つは、被害者の怒りを鎮める効果である。尚書八座も「時に應じて梟懸すと雖も、猶お未だ憤怨を攄せず」と述べている通りである。実際、ある者が刑罰以外の原因によって死亡した場合、彼から被害を受けた者などが私的な制裁や復讐として、死体に対して損壊を加えることがあった。このような例は古来より見えるが、魏晋南朝においても以下のような例がある。

〔六〕東晋の成帝期、中書令の庾亮が蘇峻の軍事力を削ごうとしたため、蘇峻は反乱を起こして建康を攻め落したが、後に陶侃の軍勢に敗れて戦死した。蘇峻の軍勢は蘇峻の死体を探したが、見つからなかった。そこで、蘇峻

の子碩は庾亮の父母の墓を発き、棺を叩き割り、死体を焼いた[38]。

〔七〕東晋の司馬丕期、西中郎の袁真は梁国内史の朱憲とその弟汝南内史朱斌が大司馬の桓温と内通していると疑い、彼らを殺害した。後に袁真は病死し、その子瑾が後を継いだが、桓温の討伐を受けて滅ぼされた。朱憲・朱斌の甥朱綽は袁真の棺を発き、死体を戮した[39]。

〔八〕南朝宋の文帝期、張超之は皇太子劉劭の命により、兵を率いて宮中へ乱入し、文帝を殺害した。後に劉劭が処刑された後、張超之は宮中に乱入した兵士によって殺された。兵士たちは張超之の腹部を裂き、心臓をえぐり出し、身体を切り刻み、みんなで食べ、骨を焼いた[40]。

〔九〕南朝梁のとき、反乱を起こした侯景の死体のうち、頭部より下は建康の市で晒された。民は争うようにしてその肉を食べ、骨を焼いて灰にした。かつて侯景より災いを受けた者は、その灰を酒に混ぜて飲んだ[41]。

制裁・私刑を加えたくても、既に死亡している者に対しては加えようがない。それゆえ、やり場のない怒りを死体にぶつけるしかなかったのであろう。国家が死体に対して制裁を加えるのも、反逆によって命を狙われた皇帝や権臣の怒りを鎮めるため、あるいは戦乱などによって命を奪われた民に代わって怒りを鎮めるためという面もあったのであろう。

しかしその一方で、死体に対して制裁を加えることについては、否定的な見方もあった。例えば、後漢・王充『論衡』恢国篇では、

或いは云う、「武王の紂を伐つや、紂、火に赴きて死するに、武王就きて斬るに鉞を以てし、其の首を大白の旗に懸く」と。齊の宣王、釁鍾の牛を憐むは、其の色の觳觫たるを睹《み》ればなり。楚の莊王、鄭伯の罪を赦すは、其の肉袒して形暴《あらわ》なるを見ればなり。君子は惡を惡み、其の身を惡まず。紂の屍、火中に赴き、見る所悽愴、徒

だ色の觳觫たる、祖の形を暴《あらわ》すのみに非ざるなり。就きて斬るに鉞を以てし、其の首を懸くるは、何ぞ其れ忍なるや。高祖の咸陽に入るや、閻樂は二世を誅し、項羽は子嬰を殺すも、高祖雍容として秦に入り、二屍を戮せず。光武の長安に入るや、劉聖公已に王莽を誅し、兵に乗じて即ち害するも、王莽の死に刃せず。夫れ火に赴くの首を斬ると、刃を被る者の身を貰《ゆる》すとは、德虐孰れか大ならんや。

とあり、君子は悪を憎むものであって、その身体を憎まず、具体例として漢の高祖が秦の二世皇帝と子嬰の死体に戮を加えず、光武帝が王莽の死体に刃を加えなかったことを挙げている。また、『三国志』巻五三呉書闞沢伝では、

初め、呂壹の姦罪發するを以て聞し、有司窮治し、奏するに大辟を以てし、或いは以て宜しく焚裂を加え、用て元惡を彰すべしと爲す。權以て澤に訪ぬるに、澤曰く、「盛明の世、宜しく復た此の刑有るべからず」と。權、之に從う。

とあり、大帝孫権のとき、官吏が呂壹の悪事を審理し、死刑に処するべきと上奏したが、ある者は「焚裂」を加えるべきと主張した。しかし、闞沢は孫権に対し、盛明の世ではこのような刑罰があってはならないという意見を述べ、孫権はこれに従ったという。「焚裂」とは身体を焼いたり、引き裂いたりすることであるが、生きたままこれらの刑罰を加えるのか、それとも死体に対して加えるのかは明記されていない。しかし、少なくともこの時代までは、「焚」や「裂」は死体に対して加えられており、生者に対して加えた例は極めて少ない[42]。それゆえ、ここでもやはり死体に対して加えることを想定していると見るべきであろう。闞沢はそれを批判していることになる。さらに、『三国志』巻五八呉書陸抗伝では、

武昌の左部督薛瑩徵せられて獄に下るを聞き、抗上疏して曰く、「(中略)故と大司農樓玄・散騎中常侍王蕃・少府李勖、皆な當世の秀穎、一時の顯器たり。既に初寵を蒙り、從容として位に列す。而るに並な旋りて誅殛を受

け、或いは族を圮《やぶ》り祀を替え、或いは荒裔に投棄せらる。（中略）而るに蕃等の罪名未だ定らざるも、大辟以て加えらる。心に忠義を經するも、身は極刑を被る、豈に痛まざらんや。且つ已に死するの刑、固より識る所無し、乃ち焚爍流漂して、之を水濱に棄つるに至りては、懼らくは先王の正典に非ず、或いは甫侯の戒むる所なり。」

とあり、三国呉の孫皓のとき、陸抗は、処刑後の死体を焼いたり、川へ投棄することは、先王の正典にはない措置と非難している。先述の通り、少府の李勖とその家族は孫皓の命によって処刑され、死体は焼かれているが、陸抗はこの李勖の件についても非難している。

それゆえ、梟首では不十分であるからといって、死体に対してその他の制裁を加えると、世のそしりを受けることもありえた。これをわずかながらでも回避するため、故事としての規範化がなされたのであろう。中でも、王莽は平帝を殺害し、漢王朝を乗っとったという大罪、劉劭は父であり皇帝でもある文帝を殺害したという大罪を犯しており、彼らの死体に対して損壊を加えることは、当時の人々にとっては、それほど大きな異議はなかったと考えられる。人々にとってそれほど異議のない先例を根拠とすることによって、制裁の正当化を図ったのであろう。王淩・令孤愚の死体に対して制裁を加える際、崔杼・帰生の件を「春秋之義」と見なし、これを「舊典」として根拠としたのも、経書の権威を借りて正当化を図ったものと考えられよう。

注

（1）『漢書』巻二三刑法志に「漢興るの初め、法三章を約すること有りと雖も、網は呑舟の魚を漏す。然して其の大辟、尚お三族を夷するの令有り。令に曰く、三族に當る者は、皆な先ず黥し・劓し・左右の止を斬り・笞して之を殺し、其の首を梟し、其の骨肉を市に菹にす」とある。本条の「殺」が腰斬をもって執行されることについては、拙稿「漢代「夷三族之令」

考」（朱騰・王沛・水間大輔『国家形態・思想・制度――先秦秦漢法律史的若干問題研究』厦門大学出版社、二〇一四年）参照。

（2）明清律刑律賊盗に「凡そ謀反及び大逆、但だ共に謀る者は、首従を分たず、皆な淩遲して死に處す」とある。

（3）例えば、張家山漢簡二年律令「賊律」に「城邑亭鄣を以て反して諸侯に降り、及び城亭鄣に守乘し、諸侯の人來りて攻盜し、堅守せずして之を棄去し、若しくは之に降り、及び反せんと謀る者は、皆な要斬。其の父母・妻子・同産は少長と無く皆な棄市」（第一簡・二簡）、『漢書』巻五景帝紀景帝三年条の如淳注に「律に、大逆不道は、父母・妻子・同産は皆な棄市」とある。

（4）『唐律疏議』賊盗律に「諸そ謀反及び大逆は、皆な斬。父子年十六以上は皆な絞、十五以下及び母女・妻妾・祖孫・兄弟姊妹若しくは部曲・資財・田宅は並びに沒官、男夫年八十及び篤疾、婦人年六十及び廢疾の者は並びに免ず。伯叔父・兄弟の子は皆な流三千里、籍の同異を限らず」とある。

（5）注（4）参照。

（6）例えば、貞観十七年（六四三年）、劉蘭が謀反の罪により腰斬に処されている。

（7）注（1）参照。

（8）拙稿「漢初三族刑的変遷」（『国家形態・思想・制度』）、「漢代「夷三族之令」考」（同上）参照。

（9）『三国志』巻二八魏書王淩伝に「朝議咸な以爲らく、春秋の義、齊の崔杼・鄭の歸生皆な追戮を加え、屍を陳《さら》し棺を斲ること、載せて方策に在り。淩・愚の罪宜しく舊典の如くせん、と。乃ち淩・愚の冢を發き、棺を剖き、屍を近き所の市に暴すこと三日、其の印綬・朝服を燒き、親土もて之を埋む」とある。

（10）『春秋左氏伝』襄公二十七年・二十八年参照。

（11）『春秋左氏伝』宣公十年に「鄭の子家卒す。鄭人、幽公の亂を討ち、子家の棺を斲り、其の族を逐う。幽公を改葬し、之に諡して靈と曰う」とある。

（12）例えば、『後漢書』巻一〇上皇后紀上には「建初元年、〔章帝〕諸舅を封爵せんと欲するも、太后聽さず。明年夏、大いに旱し、事を言う者は以て外戚を封ぜざるの故と爲す。有司此れに因りて上奏すらく、宜しく舊典に依るべし、と」とあり、後漢・章帝の建初二年（西暦七七年）、「舊典」により、章帝の義母馬太后の兄弟を封建するよう有司が上奏している。これについて李賢注は「漢制に、外戚は恩澤を以て侯に封ず、故に舊典と曰うなり」と述べ、外戚を封建することは「漢制」であったと解している。

（13）『漢書』巻八四翟方進伝に「父方進及び先祖の冢の汝南に在る者を發き、其の棺柩を燒く」とある。

（14）『後漢書』巻七一皇甫嵩列伝に「角先に已に病死す、乃ち棺を剖き屍を戮し、首を京師に傳う」とある。

（15）『三国志』巻六魏書董卓伝裴松之注が引く『英雄記』に「〔董卓、〕何苗の棺を發き、其の尸を出し、節を枝解して道邊に棄つ」とある。

（16）『漢書』巻九三佞幸伝に「即日賢と妻皆な自殺す。家惶恐して夜に葬る。莽其の詐りて死せんことを疑う。有司奏請すらく、賢の棺を發き、獄に至りて診視せんことを、と。（中略）賢既に發かれ、羸《あらわ》に其の尸を診《み》、因りて獄中に埋む」とある。

（17）『後漢書』巻一六寇栄列伝に「〔寇榮〕乃ち亡命の中自り上書して曰く、「（中略）司隷校尉應奉・河南尹何豹・洛陽令袁騰並びに驅せて先を爭うこと、仇敵に赴くが若し。罰は死沒に及び、墳墓を髡剔し、但だ未だ壙を掘り尸を出し、棺を剖き齒を露にせざるのみ」とある。

（18）『晉書』巻九八王敦列伝に「有司議して曰く、「王敦、天に滔り逆を作し、君を無するの心有り。宜しく崔杼・王淩の故事に依り、棺を剖き尸を戮し、以て元惡を彰らかにすべし」と。是に於て瘞を發き尸を出し、其の衣冠を焚き、跽かしめて之を刑す。敦・充の首、日を同じうして南桁に懸けらる」とある。

(19) ちなみに、王敦の件以前においても、晉では既に埋葬された反逆者の死体を掘り起こし、損壊を加えた例がある。すなわち西晉末期、王機が勝手に広州刺史を名乗って反逆したが、督護許高の討伐を受けて敗走し、道中で病死した。許高は王機の死体を掘り出し、頭部を斬り落したという(『晉書』巻一〇〇王機列伝)。ただし、これは現場の一部将の判断によって行われたに過ぎず、また王機の死を確認するという意味もあったのであろう。

(20) 『晉書』巻八四劉牢之列伝に「牢之謂《おもえ》らく、其の劉襲の殺す所と爲ると、乃ち自ら縊れて死す。俄にして敬宣至り、哭するに遑あらず、高雅之に奔る。將吏共に牢之を殯斂し、丹徒に喪歸す。桓玄、棺を斲り首を斬らしめ、尸を市に暴す」とある。

(21) 『晉書』巻八五劉毅列伝に「毅、北門自り單騎にして走り、江陵を去ること二十里にして縊る。宿を經て、居人以て告ぐ。乃ち市に斬られ、子姪皆な誅に伏す」とある。

(22) 『宋書』巻七四臧質列伝に「錄尚書江夏王臣義恭・左僕射臣宏等奏して曰く、「臧質は底棄の下才、而るに藉遇深重。窮愚常に悖り、凶逆を構煽す。變は天に滔るに至り、志は夏を泯《ほろぼ》さんと圖る。恩に違い德に叛き、罪は恒科に過ぐ。梟首の憲は、國の通典有るも、戾を懲すには永きを思い、惡を去るには宜しく深かるべし。臣等參議すらく、辜の日限の意を須《もち》い、漢の王莽の事例に依り、其の頭首を漆《うるしぬ》り、武庫に藏せしめん。庶わくは鑑戒と爲し、昭らかに將來に示さんことを」と。可と詔す」とある。

(23) 『漢書』巻九九下王莽伝下に「商人杜呉、莽を殺し、其の綬を取る。校尉東海の公賓就は、故と大行治禮、呉を見て綬の主の在る所を問う。曰く、「室中の西北の陬の間」と。就識り、莽の首を斬る。軍人、莽の身を分裂し、支節肌骨臠分せられ、爭いて相い殺す者數十人」、『後漢書』巻一上光武帝紀上に「九月庚戌、三輔の豪桀共に王莽を誅し、首を傳えて宛に詣る」

とある。

（24）『漢書』王莽伝下に「莽の首を傳えて更始に詣り、宛の市に縣く。百姓共に之を提撃し、或いは切りて其の舌を食う」とある。

（25）王莽の頭部に漆が塗られ、武庫で保管されたことは、南朝宋以降の文献に見える。『太平御覧』巻三六四人事部五頭下が引く南朝宋・劉敬叔『異苑』に「晉の惠帝元康三年（「五年」の誤りか?）、武庫に火あり、夫子の履・漢の斬白蛇劍・漆王莽頭等を焼く」、『宋書』巻三二・五行志三に「晉の惠帝元康五年閏月庚寅、武庫に火あり。張華、亂有るを疑い、先に固く守り、然る後に災を救う。是を以て累代の異寶・王莽の頭・孔子の履・漢高の斷白蛇劍及び二百萬人の器械、一時に蕩盡す」、『晉書』巻三六張華列伝に「武庫に火あり。華、此れに因りて變を作さんことを懼れ、兵を列ねて固く守り、然る後に之を救う。故に累代の寶及び漢高の斬蛇劍・王莽の頭・孔子の屐等盡く焚く」、巻九八王敦列伝に「尚書令郗鑒、帝に言いて曰く、「昔王莽は頭を漆られて以て車を輗し、董卓は腹を然《もや》されて以て市を照らし、王凌は土に僨み、徐馥は首を焚かる」」とある。以上のうち、最後の史料以外はいずれも西晉の元康五年（二九五年）に発生した武庫の火災について述べたものであるが、この火災が史実とすれば、王莽の頭部に漆が塗られ、武庫で保管された話は、遅くとも西晉のときには流布していたことになる。

ちなみに、後漢・王充『論衡』恢国篇には「光武の長安に入るや、劉聖公已に王莽を誅し、兵に乗じて即ち害するも、王莽の死に刃せず」とあり、光武帝は王莽の死体に刃を加えることをしなかったと記されている。これが史実とすると、光武帝が王莽の頭部に漆を塗って、武庫で保管するよう命じたとは考えがたい。

（26）『梁書』巻五六侯景列伝に「壺豆洲に至り、前の太子の舍人羊鯤、之を殺し、屍を王僧辯に送り、首を西臺に傳う。屍を建康の市に曝すや、百姓爭取して屠膾噉食し、骨を焚き灰を揚ぐ。曾て其の禍を罹る者は、乃ち灰を以て酒に和して之を飲む。景の首、江陵に至るに及び、世祖命じて之を市に梟さしめ、然る後に煑て之を漆り、武庫に付す」とある。

(27)『陳書』巻三六始興王叔陵列伝に「尚書八座奏して曰く、「(中略)時に應じて梟懸すと雖も、猶お未だ憤怨を攄せず。臣等參議すらく、請う、宋代の故事に依り、尸を中江に流し、其の室を汙瀦にし、幷びに其の生む所の彭氏の墳廟を毀ち、謝氏の塋を還さんことを」と。制して曰く、「凶逆梟獍、宮闈を反噬す。宗廟の靈に頼り、時に仆滅に従う。情に撫《したが》い事を語らば、酸憤兼懷す。朝議に章有り、宜しく奏する所に従うべきなり」と」とある。

(28)『宋書』巻九九・二凶列伝に「先ず其の四子を殺す。(中略)乃ち劭を牙下に斬る。(中略)劭・濬及び劭の四子偉之・迪之・彬之・其の一は未だ名有らず、濬の三子長文・長仁・長道、並びに首を大航に梟し、尸を市に暴す。(中略)劭・濬の尸首を江に投ず。(中略)劭の東宮の住む所の齋を毀ち、其の處を汙瀦にす」とある。

(29)『宋書』巻八四袁顗列伝に「旦に及び、伯珍、間を以て言わんと請いて、乃ち顗の首を斬りて錢溪の馬軍主襄陽の俞湛之に詣る。湛之因りて伯珍を斬り、併せて首を送りて以て己の功と爲す。顗死する時年四十七。太宗、顗の違叛するを忿り、尸を江に流す」とある。

(30)『国語』呉語に「乃ち申胥の尸を取り、盛るに鴟鵜を以てし、之を江に投ぜしむ」とある。

(31)『三国志』巻六一呉書陸胤伝裴松之注が引く『呉録』に「初め權、笁の之を泄すやと疑う。服するに及び、以て果して然りと爲し、乃ち笁を斬る」、巻五九呉書孫覇伝に「笁の屍を江に流す」とある。

(32)『漢書』巻八四翟方進伝に「莽盡く義の第宅を壞ち、之を汙池にす」とある。

(33)『礼記』檀弓篇の成立年代をめぐっては諸説あるが、おおむね戦国時代と考えられている。王鍔『『礼記』成書考』(中華書局、二〇〇七年)二五一～二六八頁参照。

(34)『宋書』巻二七符瑞志上に「初め、秦始皇東巡し、江を濟る。氣を望む者云う、「五百年の後、江東に天子の氣、呉より出る有り、而して金陵の地、王者の勢有り」と。是に於て秦始皇乃ち金陵を改めて秣陵と曰い、北山を鑿ちて以て其の勢を絶つ。呉に至るに、又た囚徒十餘萬人をして其の地を掘汙せしめ、表するに惡名を以てす、故に囚卷縣と曰う。今の嘉興縣なり」とある。

(35)『宋書』では三国呉の孫氏こそが、始皇帝のときに望気者が出現を預言した天子とされている。これは呉を正統化する言説であるから、この説話は呉以降に成立したのであろう。もっとも、この説話の起源自体は漢代まで遡る。すなわち、『史記』によると、始皇帝は「東南に天子の気がある」といったという（巻八高祖本紀）。しかし『史記』では、天子の気を出しているのは漢の高祖とされている。また、五〇〇年後江東の地に天子となる者が現れる気が出ていると望気者がいったこと、及び始皇帝がそれを嫌って何らかの大規模土木工事を行ったことを記す文献は、東晉・孫盛『晉陽秋』が最も古く（『芸文類聚』巻一〇符命部所引）、汚水池を掘らせた件については『宋書』が最も古く、それ以前の文献には見えない。ちなみに『晉陽秋』では、五〇〇年後の天子として預言されていたのは東晉の元帝司馬睿とされており、『宋書』の記述と異なっている。

(36)『三国志』巻四八呉書三嗣主伝鳳皇元年条裴松之注が引く西晉・虞溥『江表伝』に「〔何〕定、忿を挾みて勖を晧に譖る。晧尺口まで之を誅し、其の尸を焚く」とある。

(37)『宋書』巻九九・二凶列伝に「道育・鸚鵡並びに都街に鞭殺せられ、石頭の四望山下に於て其の尸を焚き、灰を江に揚ぐ」とある。

(38)『晉書』巻一〇〇蘇峻列伝に「峻の尸を求むるも獲ず。碩乃ち庾亮の父母の墓を發き、棺を剖き尸を焚く」とある。

(39)『宋書』巻四八朱齡石列伝に「壽陽平ぐに、眞已に死す。綽輒ち棺を發き尸を戮す」とある。

(40)『宋書』巻九九・二凶列伝に「張超之、兵の入るを聞き、逆走して合殿の故基に至り、正しく御床の所に於て、亂兵の殺す所と爲る。腹を剖き心を刳り、其の肉を臠剖し、諸將生にて之を噉い、其の頭骨を焚く」とある。

（41）『梁書』巻五六侯景列伝に「屍を建康の市に曝すや、百姓争取して屠膾噉食し、骨を焚き灰を揚ぐ。曾て其の禍を罹る者は、乃ち灰を以て酒に和して之を飲む」とある。

（42）沈家本『刑法分考』巻二では、中国歴代における「焚」の例が集められている。それによると、隋より前の時代において、刑罰として明らかに生者を焼き殺したと見られる例は、前漢に一例（建徳）、新莽期に一例（陳良ら四人）見えるのみである。一方、死体を制裁として焼いた例は、本稿でも紹介した通り、いくつか見える。『周礼』秋官掌戮には「凡そ其の親を殺す者は、之を焚く」とあるが、これもあるいは処刑後に死体を焼くことをいうのかもしれない。また、『春秋左氏伝』昭公二十二年には「辛卯、鄩肸、皇を伐つ。大いに敗り、鄩肸を獲う。壬辰、諸を王城の市に焚く」とあるが、これも鄩肸を処刑した後、死体を焼いたという可能性がある。

一方、身体を引き裂く刑罰として「車裂」や「轘」があるが、冨谷至氏は、これらの刑罰は死体に対して執行されるものであって、生者の身体を引き裂いて死に至らしめる刑罰ではなかったとする。「究極の肉刑から生命刑へ――漢～唐死刑考――」（同氏『漢唐法制史研究』創文社、二〇一六年。二〇〇六年、〇八年原載）参照。

〔付記〕本稿は二〇一七年一一月二五日に第三届「中国法律史前沿問題」暨『法律史訳評』創刊五週年国際学術会議（於厦門大学）にて行った研究報告に基づく。

南朝劉宋時代における鋳銭とその背景

柿沼　陽平

はじめに

西暦二八〇年に三国を統一した晋（以下、西晋）は、その後の身内争いにより、大混乱をきたした。八王の乱の勃発である。そして戦乱の最中、中原に散在していた異民族が決起し、北方異民族も中原に侵攻し、西晋は滅亡する。これに対して西晋の皇族の一人であった司馬睿は新たに長江流域を中心に東晋を創始し、晋の再興を宣言する。

東晋には、華麗な貴族文化が花開くと同時に、それを支える独特な貨幣経済が展開した。別稿で論じたように、西晋と東晋には、従来漠然と指摘されてきた自然経済や物々交換経済でなく、漢代と比べても遜色ない貨幣経済が展開した。それは銭と布帛を主たる貨幣とし、弱体化した国家的物流（＝中央政府主導の徴税・支払・鋳銭に基づく物流）でなく、地方的物流（＝地方勢力主導の徴税・支払・鋳銭に基づく物流）をおもな推進力とする経済であった。銭は国家的決済手段（＝国家への納税や国家による支払の手段）としてよりも、むしろ経済的流通手段（＝民間の市等で商品を購入する手段）として重視された。ここでいう国家的決済手段と経済的流通手段は、宮澤知之氏のいう「財政的物流」と「市場的流通」[1]を各々媒介する手段であるとも換言できる。また晋代貨幣は各々経済的流通手段以外の独特な用途も有し、それは晋代独自の経済・制度・習俗を背景とした。全体的な傾向として、晋代では後漢同様に黄金があまり用いられず、後漢以上に絹帛が多用された。[2]

中原では、西晉崩壊後に五胡十六国がしのぎを削り、東晉滅亡後も戦乱が続いたのに対し、江南では、東晉末期に桓玄が軍事権を握り、西暦四〇三年に楚を建国した。楚は長続きせず、数ヶ月後には東晉が復興されたが、東晉皇帝にもはや実権はなく、十数年後に劉裕が東晉皇帝から帝位を禅譲され、宋（以下、劉宋）を建国した。本稿では、この劉宋時代の貨幣経済史について検討する。

劉宋経済に関しては従来、岡崎文夫・陶希聖・武仙卿・何茲全諸氏がそれを貨幣経済と再評価して以来、彭信威・川勝義雄・越智重明・安田二郎・陳彦良諸氏が当該時期の銭幣史を時系列順に整理している。[3] とくに川勝氏は、南朝で良銭と悪銭が並存した点、前者が富裕層、後者が貧困層に集中した点、前者が不足気味、後者が数量過剰であった点を指摘している。また宮澤知之氏は六朝貨幣経済の特徴として、貨幣の地域的分裂、悪銭・小銭の大量流通、国家造幣権の未確立、年号銭の登場、短陌の出現等を挙げる。[4] さらに王怡辰氏は、当時の銭と布帛の使用例を簡略に分類している。[5] 以上の指摘のうち、年号銭は「漢興」銭（西暦三三八年造）に遡り、短陌の出現も漢代に遡る可能性があるが（奥平昌洪『東亜銭志』）、他の諸点はほぼ適確に南朝貨幣経済の存在と通時代的特徴をのべたものといえる。ただし、六朝各時期の諸貨幣（銭以外も含む）の存在とその相互関係および、それらの具体的用途と当時の制度・経済・習俗との関係に関してはまだ検討の余地もある。その観点からみれば、ひとくちに六朝経済といっても、孫呉と東晉の貨幣経済間には差異があり、[6] 東晉と劉宋の貨幣経済間にも差異がある。また多くの先学は、六朝青銅貨幣の出土量が少ないことから、劉宋銭の流通量を希少とみるが、[7] 出土銭の多寡はじつはあまり参考にならない。現に、たとえば出土銭幣の少ない三国時代の孫呉でも、長沙走馬楼呉簡によれば、大量の銭が流通していた。それにもかかわらず、銭の陪葬量が少ないのは、それが当時の喪葬の習俗だからであって、必ずしも銭の流通総量が希少だったからではない。むしろ劉宋では、東晉以上に銭の鋳造・改鋳や、盗鋳銭禁止の是非が問題となっており、問われるべきはその理由である。本稿では以上の問題意識に基づき、劉宋時代における鋳銭の歴史を詳細に辿りたい。

第一節　劉宋初期の銭幣改革

劉宋は、銭の鋳造・改鋳に力を入れた。これは、銭の鋳造・改鋳を行わなかった東晉とは対照的である。[8] 陳明光氏はその理由として、劉宋期に銭の使用範囲が東晉より拡大した点を指摘し、①戸調の銭納化、②銭納税（商税・雑税）の増加、③役の銭納化、④銭による売官の増加、⑤銭による俸禄・送故の増加を挙げる。[9] 陳説は、劉宋期と蕭斉期の史料をともに論拠とし、劉宋期の説明としては正確でない点もあるが、大局的には的を射ている。現に①・④の進展具合はともかく、②には渡邊信一郎氏、③には越智重明氏の指摘もあり、官吏の労役の一部も銭（＝邮）で代納できたことが知られる。[10] ⑤に関しても、中村圭爾氏が劉宋期における俸禄の銭納化現象（東晉時代は布帛中心）を詳論している。[11] また劉裕～文帝期には「三五門（庶民）」を対象とする徴兵制が布かれ、元嘉末に裕福となった三五門が徴兵を回避し始めると、代わりに募兵制が施行された。[12] 募兵制には莫大な費用がかかり、元嘉末の北伐失敗・人口減少時には負担率がさらに向上した。[13] ゆえに募兵時には民爵も頻繁に賜与された。[14] 軍功褒賞時には布・銭も支払われ、元嘉一七年に孔熙先が広州で「六十萬錢」を用いて募兵したごとく（『宋書』巻六九范曄列伝、以下『宋書』から引用する場合には書名を省略する）、募兵時には銭も使用された。これも劉宋の銭支出を増大させたろう。このように、劉宋時代に銭の使用範囲が拡大したことは間違いない。後掲史料12の「用は彌《いよいよ》〃廣くして貨は愈《いよいよ》〃狹《すくな》く」の一句もその一証である。そこで以下本稿では、銭の使用範囲の拡大を念頭に置きながら、時系列順に鋳銭の歴史を辿ることにする。

まず劉宋成立直後の永初二年（四二一年）に、「議者」は早くも民間の青銅原料を買い上げ、五銖銭を増鋳する旨を提案している。その目的は「國用」不足の解消である。「國用」とは、たとえば巻八四鄧琬列伝に「時に軍旅大いに起こり、國用足らず、民に募りて米二百斛・錢五萬・雜穀五百斛を上らしむ」とあるごとく、国家が必要とする物資のことで、穀物や銭をさす。

（1）高祖、命を受け……明年（永初二年）……時に事を言う者、多く、錢貨減少し、國用足らざるを以て、悉く民の銅を市《か》いて、更めて五銖錢を造らんと欲す。（范）泰、又た諫めて曰く、「流聞すらく、將に私銅を禁じ、以て官銅を充たさんとす。民、器を失うと雖も、直を獲るに終る。國用足らずして、其の利は實に多からん、と。臣愚意異なり、寢默するに寧んぜず。臣聞くならく……王者は有無を言わず、諸侯は多少を言わず、食祿の家は百姓と利を爭わず。……今の憂うる所、農民尚お寡く、倉廩未だ充たず、轉運已む無く、食に資する者衆く、家に私積無く、以て荒を禦し難きに在るのみ。夫れ貨は貿易に存し、少多に在らず、昔日の貴、今者の賤、彼此之を共にし、其の揆は一なり。但だ官民をして均しく通ぜしめば、則ち足らざるを患うる無し。必資の貨もて廣めて以て國用を收めしむるが若きは、則ち龜貝の屬の古より行う所なり。尋《おも》うに銅の器を爲し、用に在るや博《ひろ》し。……今、必資の器を毀ち、而して無施の錢を爲らば、貨に於いては則ち功は勞を補せず、用に在りては則ち君民倶に困しむ。之を校《くら》ぶるに實を以てせば、損多く益少し。……伏して願わくは、久しくすべきの道を思い、速くせんと欲するの情を賖き、山海の納を弘《ひろ》め、芻牧の説を擇び、則ち嘉謀日〃陳べ、聖慮廣くすべし。其の亡、心に存し、然る後、苞桑、繫るべし。愚誠一至、用て寢食を忘れん（巻六〇范泰列伝）。

本史料は、それ以前に銭がなかったことを意味しない。漢代以来の五銖銭は劉宋にも継受された。現に本史料の「錢貨減少し」の一句は、永初二年以前に銭の流通があったことを裏書する。ゆえに本史料は、漢代以来の五銖銭に加え、さらに五銖銭を増鋳するか否かを議論したものと解される。ちなみに後掲史料24で孝建三年（四五六年）の幣制改革案の提出時に顔竣が「五銖・半兩の屬は一年に盈たずして、必ず盡くるに至らん」と反対していることから推せば、孝建三年以前には五銖銭のみならず、半両銭もなお残存していたらしい。[15] とはいえ、後掲史料11に「(劉宋時代の四銖銭・五銖銭について）則ち文は皆な古篆にして、既に下走の識る所に非ず」とあるのによれば、劉宋時代にすでに「文」（＝銭文）は空文化しており、諸銭は原則一枚「一錢」とみなされていたようである。つまり劉宋時代の人びとは、漢代以来の半両銭一枚も一銭、五銖銭一枚も一銭と数えていたわけである。

さて前掲史料1によれば、永初二年（四二一年）の鋳銭策に対して、范泰なる人物が反対している。すなわち、官（王者・諸侯・食録の家）は民と利益を争うべきではない。喫緊の課題は、銭の多寡でなく、穀物不足のほうである。また「必資の貨もて廣めて以て國用を收めしむるが若きは、則ち龜貝の屬の古より行う所」であり、銭を増鋳して「國用」を満たす試み（すなわち銭を増鋳し、さらにその銭を用いて穀物等をも購入する試み）は古来行われてきたが、そのためにはただ銭を増やせばよいというわけではない。国家が鋳銭用に買い上げようとしている青銅器物には本来各々の用途がある。ゆえに既存の銭をうまく活用し、「官民をして均しく通ぜしめ」るに越したことはない、と。劉裕がこの批判をどう受け止めたかは史料に明記されていないが、このとき五銖銭が増鋳されたとする史料は皆無ゆえ、おそらく范泰の反対意見が通ったのであろう。

その後、高祖劉裕は崩御し、首都建康に皇太子劉義符、京口に劉裕の弟劉道憐、江陵に劉裕の第三子劉義隆、寿春に第二子劉義真が配された。首都には後見役として徐羨之・傅亮・檀道済・謝晦が配された。だが劉義符（少帝）はすぐに退位を迫られ、劉義真とともに殺害され、劉義隆が皇帝に即位した。これが文帝である。彼は「元嘉」を年号

とし、三〇年間にわたり世を治めた。『南斉書』巻三七劉悛列伝に

（2）宋代に太祖（＝文帝）輔政するや、意有りて銭を鋳んと欲するも、禪譲の際を以て、未だ施行するに及ばず。

とあるのによれば、文帝は即位当初に鋳銭を計画したが、禅譲の時期と重なったため、施行せずに終わったらしい。文帝は即位当初、徐羨之・傅亮・檀道済・謝晦の制約下にあった。しかし数年後には四臣を制し、元嘉六年（四二九年）には荊州刺史・彭城王の劉義康を輔政に当たらせた。そして元嘉七年（四三〇年）に鋳銭を開始した。「四銖錢」の鋳造である。

（3）冬十月……戊午、錢署を立て、四銖錢を鑄る（巻五文帝本紀元嘉七年条）。

（4）是（＝元嘉七年）より先、貨の重きを患い、四銖錢を鑄る。民間頗る盜鑄し、多く古錢を翦鑿して以て銅を取り、上、之を患う（巻六六何尚之列伝）。

この「四銖錢」に関しては論理上、「規定重量（法律上の基準重量）＝四銖」説と、「銭文（銭表面の文字）＝四銖」説がありうる。たとえば漢代四銖銭は「銭文＝半両」かつ「規定重量＝四銖」の銭だった。だが元嘉年間の「四銖錢」は「銭文＝四銖」の銭であった（実質重量が鋳造当初より四銖と定められていたか否かには諸説ある）。このことは、「宋大明九年」の墓銘を有する墓や[16]、それ以後の劉宋時代のものとおぼしき墓から「四銖」銭が出土していることから裏づけられる[17]。出土した四銖銭には周郭がある。つまり中央政府は、銭不足と大型古銭の流通により発生した貨幣価値の上昇（貨の重き）を患い、それを四銖銭の鋳造によって是正しようとしたのである。なお唐・許嵩『建康実録』巻第一二太祖文皇帝条に

（5）戊午、初めて錢署を置き、四銖錢を鑄る。

とあるのによれば、劉宋ではこのときに「初めて銭署」が置かれた。史料27には「孝建（四五四年）以來、又た銭署を立てて銭を鑄」たともあるが、銭署の設置自体は元嘉七年（四三〇年）に遡るわけである。

結果、前掲史料4によると、民は古銭を「翦鑿（方孔円銭の外周と方孔の中間部を円周状に切り取ること。広義には銭を削ること）[18]」して銅原料を取るようになった。その理由は、四銖銭が古銭より軽いのに名目上同価値ゆえ、民が古銭を四銖銭と同じ重量になるまで「翦鑿」し、その分の銅原料を利鞘としたからであろう。現に、元嘉九年（四三二年）の仁儀里王仏女買田磚券には「雇銭卅九……」とあり、「銭＋数字」という枚数による価値表示法が採られていた。[19]これは漢代の価値表示法と同じで、当時の銭一枚一枚が名目上同価値であったことをしめす。

ちなみに巻七五顔竣列伝には

（6）是（＝孝建元年）より先、元嘉中、四銖銭を鑄、輪郭形制は五銖と同じ。費を用いること損にして、利無く、故に百姓は盜鑄せず。

とあり、元嘉中～孝建元年に「盜鑄」はなかったとあり、元嘉七年以後に「盜鑄」が起こったとする前掲史料4と一見矛盾する。これについて岡崎文夫氏は、元嘉七年に四銖銭の鋳造と盗鋳がはじまり、元嘉二四年から孝建元年にかけて盗鋳はやんだとする。[20]王怡辰氏や陳彦良氏は逆に、元嘉七年当初に盗鋳はなく、のちに激化したとする。他方、越智重明氏は史料4を「貨の重きを患い、四銖銭を鑄る」と「民間頗る盜鑄し、多く古銭を翦鑿して以て銅を取り」に分け、後者を「古い銭の盗鋳を示すもの」とし、四銖銭自体は一貫して盗鋳対象とならなかったと解しているようである。私見では、後掲史料8をみるかぎり、元嘉二四年以前にすでに「盜鑄」と「剪古銭」は起こっている。また四銖銭自体は良質で、表面に「輪郭（＝周郭。銭の削り取りを防止する凸型部分）」があるので、「翦鑿」しえない。一方、古銭の「翦鑿」は元嘉七年以来発生し、許容されていた（史料7）。さらに注目すべきは、当時古銭も四銖銭も名目上一枚一銭であったものの、川勝義雄氏の指摘するように、実際の古銭は四銖銭より高額だった点である。すると、古銭を翦鑿し、余剰の青銅原料で銭を盗鋳することはありうることになる（史料4）。四銖銭の盗鋳には利益がないので（史料6）、越智説が妥当であろう。だが実際にはすぐに沈静化したようで、次節で詳論するように、元嘉二四年時点で最大の問題は古銭の「翦鑿」であって、朝廷内で盗鋳問題が議題にのぼることはなかった。史料8には元嘉二四年に「民、或いは盗鑄し」とあるが、これも「或」字があるように、限定的な現象であったとみられる。

第二節　元嘉二四年の大銭鋳造計画

大型古銭に対する「翦鑿」はその後も続き（史料10）、銭不足も続いたと思われる。陳彦良氏は、四銖銭発行とともに銭不足が解決したとする陶希聖氏や武仙卿氏の説を批判し、四銖銭の鋳造量はきわめて少なかったとする。[21]陳氏はその論拠として、四銖銭の出土量が少ない点や、後掲史料12に「貨は愈《いよいよ》〃狹《すくな》く」とある点を挙げる。本稿冒頭で論じたように、ある銭が副葬されやすいか否かは習俗や宗教に関わる現象で、必ずしも当該銭の流通量と連動するとは限らない。また史料12は「貨」（銭全般）の用途拡大と数量不足を対比するもので、四銖銭の銭全体に占める割合をしめすものではない。むしろここでは、『資治通鑑』巻一三七斉紀三武帝永明八年条所載の蕭斉建元末（四八二年頃）の孔顗の上言に注目される。

（7）按ずるに、今、錢文は率ね皆な五銖にして、異錢、時に有るのみ。文帝の四銖を鑄るより、又た民の剪鑿を禁ぜず、禍を爲すこと既に博く……。

これより、元嘉七年の四銖銭以降、蕭斉期に至るまで、民間では五銖銭がいまだに圧倒的多数であり、五銖銭に比して四銖銭の発行量は多くなかったことが窺える。すると劉宋成立以来、四銖銭を発行をしてもなお、銭の総量はそれほど増えておらず、銭不足問題は依然として継続していたと考えざるを得ない。

実際に、劉裕の五男にして文帝の信頼厚い劉義恭は、銭不足と「剪鑿」問題の解決のため、元嘉二四年（四四七年）に「大錢」鋳造計画を発案した。これは、「大錢」と大型古銭を等価とし、それらを四銖銭と区別する案であった。本案に基づくと、大型古銭は四銖銭二枚分の価値をもつことになり、これに「大錢」も加わるため、銭の流通総量は理論上増加する。[22] また大銭（新規の大銭と大型古銭）と四銖銭との重量差が公的に認められ、一銭分の格差が生じるので、大銭の「翦鑿」はなくなると期待できる。ゆえに『建康実録』巻第一二太祖文皇帝元嘉二四年六月条にも

（8）初めて大錢を行し、一もて細錢二に當てんとす。是の時、民、或いは盜鑄し、始めて古錢を剪れば、其の禁を議す。沈演之、議すらく、「龜貝、上古に行せられ、泉刀は周世より興る。豐財を豐にし利を通ぜしめ、國を實たし民を富ます所以なり。若し大を以て兩に當てば、則ち國は朽ち難きの貨を用い、家は一倍の利を贏《あま》し、憲を加うるを俟たずして、巧の源は自ら絶たん」と。

とある。史料10にも、もともと大銭が「翦鑿」防止を目的の一つとして鋳造されたことが明記されている。

（9）是の月（＝六月）、貨貴きを以て、大錢を制し、一もて兩に當つ（巻五文帝本紀元嘉二四年（四四七年）条）。

（10）（元嘉）二十四年、録尚書江夏王（劉）義恭、一大錢を以て兩に當て、以て翦鑿を防がんことを建議す。議者多く同じ（巻六六何尚之列伝）。

もっとも、大銭の鋳造をめぐっては、朝廷内で事前にはげしい議論が交わされた。とくに何尚之はそれに次のごとく反対する（巻六六何尚之列伝。類似の文は『通典』巻第九食貨銭幣下にもみえる）。

（11）（何）尚之、議して曰く、「伏して明命を覽るに、錢制を改めんと欲す。採鑄に勞《つか》れずして、其の利は自ら

倍せん。實《まこと》に幣を救するの弘算にして、貨を増すの良術なり。……（而るに）夫れ泉貝の興るや、估貨を以て本と爲し、事は交易に存す。豈に數の多きを假《なや》まんや。數少くば則ち幣重く、數多くば則ち物重く、多少異なると雖も、用を濟《な》すに殊《こと》ならず。況んや復た一を以て兩に當て、徒《いたずら》に虚價を崇ぶ者をや。凡そ制を創め法を改むるには、宜しく民の情に從うべし。未だ衆に違い、物を矯めて久しかるべきこと有らざるなり。……自《いやし》くも急病の權時に非ずんば、宜しく久長の業を守るべし。……且つ貨偏《かたよ》らば則ち民に病あり。故に先王、井田を立てて以て之を一《もっぱ》らにし、富をして淫侈《いんし》せず、貧をして匱《とぼ》しきを過ぎざらしむ。……若し今の制遂行《ついこう》せば、富人の貲貨《しか》は自ら倍し、貧者は彌〃其の困《くる》しみを増し、以て均を欲する所の意に非ざるを懼る。又た錢の形式に大小多品あり、直《ただ》大錢と云わば、則ち未だ其の格を知らず。若し四銖・五銖に止まらば、則ち文は皆な古篆にして、既に下走の識る所に非ず。加えて或いは漫滅し、尤も分明し難し。公私交亂し、爭訟必ず起こらん。……命旨兼《か》ねて翦鑿日〃多く、以て消盡するに至るを慮るも、鄙意復た謂《おも》えらく、殆んど此の嫌い無し、と。民の巧は密なりと雖も、要《もと》めば蹤跡《あしあと》有り。且《も》し錢を用い銅を貨とせば、事は尋檢《じんけん》すべし。直《た》だ屬所《ぞくしょ》怠縱にして、糾察《きゅうさつ》精たらざるに由り、制を立てて以來、發覺者寡《すくな》きに致《いた》る。今、懸金の名有りと雖も、竟に酬與の實無し。若し舊科を申明し、禽獲せば即ち報ぜば、法を畏れ賞を希《こいねが》い、日あらずして自ら定まらん。……」と。

何尚之は、大錢鋳造計画が銭不足と財政の問題の解消に一定程度有効であることを認めつつも、別案を提出する。すなわち、銭の多寡は常なく、いちいち問題視する必要はない。銭幣制度は「民の情」に沿って改革すべきで、よほどの急事でない限り、「久長の業」を堅持し、むやみに幣制改革を行なうべきではない。貨幣の偏在をこそ解消し、井田制のごとき「均（物財の平等な配分）」を目指すべきである。既存の流通銭の形式は多様で、「大錢」の範疇も曖昧である。民は銭文が読めず、銭文が摩滅した古銭も現存するため、そもそも新規大銭と四銖銭・五銖銭とを区別することもできまい。むしろ「翦鑿」にはすでに法律があり、問題はそれが遵守されていない現状にある等々。

この主張は、かつての永初二年（四二一）における范泰の立場と近い。庾炳之・蕭思話・趙伯符・何承天・郗敬叔らも何尚之に同調した。何尚之の意見に関しては臧凝之も腹案をもっていたらしいが、詳細は不明である。(23) だが沈演之が劉義恭に加担し、大銭を鋳造すれば銭不足と「翦鑿」の問題が解消できる点、領土拡大と経済成長に対処するには増銭しかない点を強調し、結局大銭は鋳造された。元嘉二四年（四四七年）のことである。沈演之の上言の詳細は以下の通り。

（12）（元嘉）二十四年……中領軍沈演之、以爲えらく、「龜貝、上古に行せられ、泉刀は有周より興る。皆な財を阜にし利を通じ、國を實たし民を富ます所以の者なり。歴代遠きと雖も、資用彌〃便なり、但《ただ》採鑄久しく廢せられ、兼ねて喪亂累仍《るいじょう》し、靡散湮滅し、何ぞ計うるに勝うべけんや。晉、江南に遷り、疆境未だ廓せず、或いは士は其の風に習い、錢は普く用いられず。其の數、本より少なく、患を爲すこと尚お輕し。今、王略開廣《おうりやくかいこう》し、聲敎遐《とお》く曁《およ》び、金鏹の布く所、爰《ここ》に荒服に逮《およ》び、昔及ばざる所、悉く已に之を流行す。用は彌《いよいよ》〃廣くして貨は愈《いよいよ》〃狹《すくな》く、加うるに復た競いて竊《ひそか》に翦鑿し、銷毀は滋《ますます》〃繁く、刑禁重しと雖も、姦は方の密なるを避け、遂に歳月を使いて増貴す……誠に貨貴く物賤く、常調未だ革《あらた》めず、釐改を思わず、弊を爲すこと轉た深きに由る。斯れ實に親敎の良時、通變の嘉會なり。愚謂えらく、若し大錢を以て兩に當てば、則ち國は朽ち難きの寶を傳え、家は一倍の利を贏《あま》し、憲を加うるを俟たずして、巧の源は自ら絶たん。一令を施さば、衆美《しゅうび》兼ね、興造《こうぞう》の費無く、茲より盛んなる莫し」と。上、演之の議に從い、遂に一錢を以て兩に當つ。之を行して時を經、公私便に非ず、乃ち罷む。二十五年……（巻六六何尚之列伝）。

大銭鋳造の件について、史料9や『泉志』巻二所引の蕭梁・裴子野『宋略』は元嘉二四年の六月とする。なお『泉志』

所引『旧譜』は「大錢」を重量八銖の「五銖」銭とし、その説を批判する彭信威氏は「翦鑿できない分厚い銭」とするが、(24)ともに確証はない。「大錢」の銭文・重量・形状はなお不明といわざるを得ない。

かかる大銭の鋳造は、もとより文帝の意図に即したものであったと思われる。現に史料11には、それが「明命」（文帝の意志）であり、「命旨」（皇帝の命令）であったと明記されている。また元嘉六年以降の朝廷では、劉義康（劉裕の四男）が実権を握っていたが、文帝の寵臣の殷景仁が劉湛《りゅうたん》と対立し、劉湛が劉義康を頼るに及び、両者は党派争いへと発展した。結果、元嘉一七年一〇月、劉湛らは誅殺され、劉義康は江州刺史に左遷された。これ以降、もともと劉義康らを藩屏として尊重していた文帝は態度を一変させ、逆に皇族を敵視するようになった。(25)ゆえに皇族の劉義恭は元嘉一七年以降、「義康の失」を戒めとし、「佞人」と称されるほどに文帝に阿諛追従した（巻六一武三王列伝、巻九九二凶列伝）。また沈演之も文帝側の人間である。こうした時期に、文帝派の劉義恭と沈演之が提起したのが、前掲の大銭鋳造計画であった。このことからも、当該計画は文帝の意図に即したものであったと考えられる。

以上の経緯をみると、大銭鋳造の賛成側と反対側は、いずれも貨幣経済の規模拡大・銭不足問題・「翦鑿」問題の三点を現状認識として共有していたことがわかる。また何尚之が井田制のごとき「均」（物財の平等な配分）を目指すべきだと主張していることから、大銭鋳造の背景にも穀物不足（もしくは穀物の偏在）の問題があったことが窺える。永初二年の貨幣論争もふまえるならば（史料1）、大銭鋳造計画立案者も民間の穀物不足や、中央財政（國用）の補填を意識していたのではないか。また四銖銭が一枚一銭、大銭（大型古銭と新規大銭）が一枚二銭になることで、銭不足は大幅に回復するはずである。だからこそ大銭の鋳造は「公私」（史料12）の利益になるものと期待されたのであろう。

だが史料12によると、現実的には大銭は「公私」に益なく、結局は元嘉二五年（四四八年）五月に廃止された。

（13）五月己卯、大銭もて兩に當つるを罷む（巻五文帝本紀元嘉二五年条）。

大銭停止の理由は史料13に明記されていないものの、反対論者の何尚之が指摘したように、「大銭」の定義が曖昧で、公私ともに混乱をきたしたためであろう。実際に、「大錢」鋳造に関する史料を節略し収録する『建康実録』巻第一二太祖文皇帝元嘉二四年六月条には

（14）既にして錢形一ならず、民、之を便とせず。

とあり、同書二五年条に「當兩大錢」が廃止されたとあり、宋・洪遵（一一二〇～一一七四年）『泉志』巻二所引の裴子野『宋畧』にも

（15）既《す》而《で》にして錢形一ならず、民、之を便とせず。

とあり、いずれも「銭形不一」が大銭廃止の原因であったとある（陳彦良氏は「銭形不一」に言及するとともに、このとき四銖銭を熔かして古銭を偽造する者が増えたことをおもな原因として重視するが、そのことを明示する史料はない）。かくして銭不足と「翦鑿」問題、そして「国用」不足は次世代に引き継がれた。

第三節　孝武帝期の銭幣改革

文帝以後の皇帝は、以上の諸問題をどう解決しようとしたのか。おりしも文帝末期の元嘉二七年（四五〇年）には北伐が失敗し、つづいて北魏太武帝拓跋燾の来寇があり、劉宋は衰退期に入りつつあった。元嘉三〇年（四五三年）二月に、文帝が皇太子劉劭に殺されると、劉劭は寒門層を味方につけ、皇族を次々に殺した。これに抗い、江州から建康に進撃して劉劭を滅ぼしたのが孝武帝劉駿であった。彼は「貪欲」「奢侈」と評される一方で、「才藻甚美」とも

評される人物で、貨幣政策に対しても無為無策であったわけではない。孝武帝は劉義恭の推戴を受けて即位するや、さっそく銭不足と「翦鑿」の問題解決に乗り出す。

(16) 孝建元年（四五四年）春正月……壬戌、更めて四銖錢を鑄る（巻六孝武帝本紀）。

(17) 世祖の即位するに及び、又た「孝建四銖」を鑄る（巻七五顔竣列伝）。

(18) 世祖（＝孝武帝）踐阼し……（蔡興宗）還りて廷尉卿と爲る。……又た司徒の、前に劾送せる武康令謝沈及び郡縣尉の職司を還すもの十一人、仲良の鑄錢するに坐するも禽えず……（巻五七蔡廓列伝付蔡興宗列伝）。

劉宋では元嘉年間以来四銖銭が流通していたので、これは一見すると四銖銭の増鋳をしめすごとくである（史料16）。だが実際に鋳造されたのは、「四銖」でなく、「孝建四銖」を銭文とする銭であった（史料17）。「孝建四銖」銭は、表に「孝建」、裏に「四銖」とある銭で、その存在は出土銭の存在からも裏づけられる。[26] 史料18によれば、孝建四銖銭は官鋳による。

もっとも、次の史料によれば、その後しばらくして裏の「四銖」の二字を削った「孝建」銭が流通するようになったらしい（本稿では以下、「孝建四銖」銭と「孝建」銭の双方を孝建四銖銭とよぶ）。

(19) 徑は八分、重さは四銖。文に孝建と曰い、背文に四銖と曰う。其の後、稍《ようや》く四銖を去り、專ら孝建に爲《つく》る。漸《ようや》く薄小に至り、文字は夷漫《いまん》す。明帝の泰始三年に焉を罷む（洪遵『泉志』巻二引『旧譜』）。

(20) 孝武の孝建の初め、四銖を鑄、文に孝建と曰い、一邊を四銖に爲り、其の後、稍く四銖を去り、專ら孝建に爲《つく》る。三年（＝孝建三年）、尚書右丞徐爰議して曰く……（『通典』食貨九銭幣下）。

孝建四銖銭の廃止時期について、史料19は明帝泰始三年（四六七年）とする。一方、越智重明氏はあえて孝建二年（四五五年）の春とする。越智氏は、後掲史料23の「去春（＝孝建二年春）に禁ずる所の新品（＝孝建四銖銭）もて、一時施用せよ」の一文を引用し、これを孝建三年の沈慶之の上言と解する。その上で本文を、孝建二年春（去春）に孝建四銖銭（新品）が一度禁止され、沈慶之がその復活を図ったものとする。さらに越智氏は、後掲史料24も孝建三年の史料とし、「此の新禁初めて行わるるや、品式の未だ一ならざるは須臾にして自ら止む」の文に注目し、「孝建四銖」銭が孝建二年春の禁止後にすぐ流通しなくなったとする。[27]王怡辰氏もほぼ同様の解釈をする。実際には、宋・洪遵『泉志』巻二「余按ずるに、此の銭（＝孝建四銖）は徑七分、重さ二銖にして、今の世に尚お之有り」によれば、孝建四銖銭は両宋時代にも残存していた可能性があるが、ともかく越智氏や王氏の解釈によれば、孝建四銖銭は孝建二年春に制度上、一旦廃止されたことになる。

では結局、孝建四銖銭の廃止時期は泰始三年（四六七年）か孝建二年（四五五年）か。まず注意すべきは、徐爰・沈慶之・劉義恭・顔竣の議論が同一年内（孝建三年、四五六年）に行なわれたとは限らない点である。董国新氏は諸説を詳細に検証し、孝建三年（四五六年）に徐爰の提言で「禁斷」がなされ、次年の大明元年（四五七年）に沈慶之・劉義恭・顔竣の論争があり、「去春」（孝建三年春）に禁じられた「新品」（「薄小無輪廓」の孝建四銖銭）の復活が議論されたと結論付ける。[28]越智説が史料に明記なき「孝建二年春」の孝建四銖銭禁止説を掲げるのに対し、董国新説は史料21の「禁斷」と史料23の「去春に禁ずる」を関連づけ、現存史料による説明に成功している。ゆえに筆者は董国新説に従う。また後述するように、孝建四銖銭には有輪廓銭と無輪廓銭が含まれる。よって董国新氏が論ずるように、孝建三年春には無輪廓銭のみが禁止された。そして私見では、有輪廓の孝建四銖銭は孝建三年春以降も残存し、それが最終的に泰始三年に禁止された。こう考えることによって、はじめて全史料を整合的に解釈できる。

ここで前後の状況を確認すべく、孝建三年における貨幣政策論争の推移を確認したい。まずは孝建三年における尚書右丞徐爰の上言で、これは史料17に続く文である。

（21）（孝建）三年（四五六年）、尚書右丞の徐爰、議して曰く、「……貨薄く民貧しく、公私倶に困む。革造有らずんば、将に大乏に至らんとす。謂《おも》えらく、應に古典に式遵し、銅を收めて繕鑄すべし。贖を納れ刑を刊《のぞ》くは、著けて往策に在り。今、宜しく銅を以て刑を贖わしめ、罰に隨いて品を爲すべし」と。詔すらく「可なり」と。鑄る所の錢の形式は薄小にして、輪郭は成就せず。是に於いて民間の盜鑄者も雲起し、雜うるに鉛錫を以てし、並な牢固たらず。又た古錢を剪鑿して、以て其の銅を取る。錢轉た薄小にして、稍〃官式に違う。制を重くし刑を嚴にし、民・吏・官長の坐して死・免せらるる者、相係《つ》ぐと雖も、而るに盜鑄彌《いよいよ》〃甚し、百物踊貴し、民人は之に患苦す。乃ち品格を立てて、薄小にして輪郭無き者は、悉く禁斷を加う（巻七五顔竣列伝）。

本文前段は、徐爰の提言に基づき、贖銅制度を復活させ、それによって回収した銅原料を用いて銭を鋳造したことをしめす。陳彦良氏は「鑄る所の錢」を孝建四銖銭とする。これは陳氏所引『資治通鑑』に明記されているほか、『南史』顔竣列伝にもそう記されている。

ところが本文後段によれば、孝建四銖銭は質が悪く、輪郭も不明瞭で、盗鋳が急増した。また古銭（五銖銭・半両銭・四銖銭）の「剪鑿」も増加した。そこで政府は「薄小にして輪郭無き」銭の禁止を図った。ここで注意すべきは、現在出土している孝建四銖銭には有輪廓銭と無輪廓銭の両方がある点である[29]。史料21の「輪廓は成就せず」という表現も、孝建四銖銭に本来「輪廓」がなければならないことを示唆する（さもなくば「無輪廓」と書くはずである）。よってこのときの禁止対象は、「剪鑿」された古銭と、無輪廓孝建四銖銭であったと考えられる。

だが、これに対して始興郡公の沈慶之はこう論ずる。

（22）……今は耕戰（＝耕戰之器）用いず、采鑄廢せらるること久しく、鎔冶の資《よ》る所は、多く器を成すに由り、功艱《かた》く利薄し。呉（前漢呉王劉濞）・鄧（鄧通）の資（銅原料等）を絶ち、農民習わず、耒を釋《す》つるの患無し。

方今……復た甲を偃《や》め戈を銷《とか》すと雖も、而るに倉庫未だ實たず。公私の乏しき所は唯だ錢のみ。愚謂えらく、宜しく民の錢を鑄るを聽し、郡縣に錢署を開置し、鑄を樂《ねが》うの家は皆な署内に居らしめ、其の准式を平らかにし、其の雜僞を去り、官は輪郭を斂《あつ》め、之を藏めて以て永寶と爲すべし。去春、禁ずる所の新品は、一時施用し、今よりの鑄は悉く此の格に依らしめよ。萬ごとに三千を税し、嚴しく盜鑄を檢し、并びに剪鑿を禁ず。數年の間に、公私は豐贍にして、銅盡き事息《や》み、姦僞自ら止まん。且し鑄を禁ぜば則ち銅は轉じて器を成し、鑄を開かば則ち器は化して財と爲る……（巻七五顔竣列伝）

つまり沈慶之は、以下の手順に則り、民間鋳銭を許可すべきと主張した。①郡県に銭署を設置し、民間の鋳銭希望者を招致する。②銭の「准式（公定規格）」を設け、「輪郭」のある良銭を集め、「永寶」として国庫に保管する（同時に無輪郭銭の公的流通を認める）。③孝建一年～二年に流通した孝建四銖銭（とくに輪廓不成就銭のみ）を再度流通させ、今後鋳造する銭もそれに準拠させる。④民間鋳銭者には一万銭を鋳造するごとに三千銭を課税する。⑤「盗鑄（銭署外での民間鋳銭）」と「剪鑿」を厳格に取締まる。

これは、孝武帝の「爪牙（『南史』巻三四顔師伯伝）」とされる武人沈慶之の提言であるが、このときは皇帝の独占的鋳銭権よりも、銭不足の方を慮ったらしい。だが太宰・江夏王の劉義恭は、孝建四銖銭の流通再開に賛同する一方で、民間鋳銭には反対する。

(23) 伏して沈慶之の議を見るに、「民の私鑄するを聽し、鑄を樂《ねが》うの室は、皆な署に入れて居せしめよ。其の準式を平らかにし、其の雜僞を去れ」と。愚謂えらく、百姓、官と相關するを樂《ねが》わざるは、由りて來たること甚だ久し、又た多くは是れ人士にして、蓋し署に入るを願わず。凡そ盜鑄は利の爲にして、利は僞雜に在るも、僞雜既に禁ぜられ、入るを樂うは必ず寡なからん。云わく「斂めて輪郭を取り、藏して永寶と爲せ」と。愚謂えらく、上の貴ぶ所は、下必ず之に從う。百姓、官の輪郭を斂むるを聞かば、輪郭の價百倍し、大小對《ひと》しく易《か》わり、誰か之（＝無輪郭錢）を爲るを肯んぜん。強制して換えしめば、則ち状は逼奪《ひよくだつ》するに似る。又た「去春の禁ずる所の新品もて、一時《ひとときに》施用せよ」と。愚謂えらく、此の條は在《ほしいまま》に開許すべし。又た「今、鑄するに宜しく此の格に依り、萬ごとに三千を税すべし」と云い、又た「嚴しく盜鑄を檢し、更造するを得ざらしめよ」と云う。愚謂えらく、禁制の設は、惟《ただ》一旦に非ず。利を味《むさぼ》り憲を犯すは、羣庶の常情なり。制の輕きを患《うれ》えず、患いは犯を冒すに在り。今、署に入れて必ず萬ごとに三千を輸せしめんとするも、私鑄には十三の税無くんば、利を逐い禁を犯すは居然にして斷ぜざらん。又た云う「銅盡き事息《や》み、姦僞自ら禁《や》まん」と。愚謂えらく、縣内の銅を赤《むなし》くしても、卒に盡くすべきに非ず、銅の盡くるに及ぶ比《ころあ》い、姦僞已に積まん。又た「鑄を禁ぜば則ち銅轉じて器を成し、鑄を開かば則ち器化して財を爲さん」と云う。然るに頃《このごろ》患う所は、形式の均しからざるを患い、加うるに剪鑿を以てす。又た鉛錫衆《おお》く雜《まじ》う。銅を盜鑄する者を止めんとするも、亦た須《つい》に苦禁《くきん》する無し（巻七五顔竣列伝）。

ここで劉義恭が主張しているのは以下の点である。①民間鋳銭者を銭署に招致しても、民は官と関わりを持ちたがらない。とくに多くは「人士」で、労働現場の銭署に入りたがらない。②「盜鑄」の旨味は「僞雜」にあるので、それを禁ずれば民間鋳銭希望者は少ないはずである。なお文中で「僞雜」は「雜僞」にも作り、「盜鑄（鋳銭禁止の命令に背いて鋳銭すること）」や「剪鑿（銭の外周と方孔の中間部を円周状に切り取って銭を二枚に加工する意。広義には銭を削る意）」と区別される。漢代貨幣史関連史料では青銅以外の鉛等の混入を「雜」、官鋳か民鋳かに関係なく規格外の銭を全て「僞錢」というので[30]、本文の「僞雜」も、官銭より悪質な銭（＝鉛等の混入量が多い銭）や、規格より小さい銭を偽造する意であろう。③官が輪郭銭を集めていると知られれば、輪郭銭の価値は暴騰する。その際に輪郭銭と小銭を強引に等価交換すれば、それは強奪も同然である。④銭署の民間鋳銭者に課税すれば、課税を逃れて銭署外で盗鋳する者も出現するであろう。

劉義恭はかの大銭鋳造立案者で、かつて文帝の「佞臣」として国家的独占的鋳銭による皇帝権力確立に貢献し、このときも国家的独占的鋳銭の重要性を主張したのである。また顔竣も、民間鋳銭案を批判する。

(24)……輕重の議は、漢の世に定まる。魏・晉以降、未だ之を改むる能わず。誠に物貨既に均しく、之を改めば僞生ずるの故を以てするなり。世代漸く久しく、弊《ママ》(幣)の運頓《みだ》れ至る。因革の道には、宜しく其の術有るべし。今云う「署を開き放に鑄せしめよ」と。誠に欣《よろこ》ぶ所は同じ。但だ慮るに、採山の事は絶え、器用は日〃耗《へ》り、銅は既に轉〃少なく、器も亦た彌〃貴し。設《も》し器の直一千ならば、則ち之を鑄ること半を減ず。之を爲《つく》るも利無くんば、令すと雖も行われず。又た云う「去春に禁ずる所もて、一時施用せよ」と。是れ天下をして財を豐かにせしむるを欲するなり。若し細物必ず行われ、而して公鑄に從わずんば、利已に既に深く、情僞極まり無く、私鑄・剪鑿は盡く禁ずべからず、五銖・半兩の屬は一年に盈たずして、必ず盡くるに至らん。財貨未だ贍らず、大錢已に竭き、數歳の間に、悉く塵土と爲らん。豈に取弊の道をして皇代に基づかしむべけんや。今、百姓の貨轉《うた》た少なしと爲ると雖も、而るに市井の民、未だ嗟怨有らず。此の新禁初めて行わるるや、品式未だ一ならざるは、須臾にして自ら止む。以て聖慮を垂るに足らず。唯だ府藏の空匱のみ、實に重憂を爲す。今、縱《ほしいまま》に細錢を行せば、官に賦を益すの理無く、百姓は贍《た》ると雖も、官の乏《すくな》きを解くなし。唯だ費を簡にし華を去り、節儉を設在するのみ。贍るを求むるの道は、此れより貴爲る莫し。然るに錢には定限有りて、消失には方無し。剪鑄は息むと雖も、窮盡《きゅうじん》を致すに終わる。應に官に銅を取るの署を開き、器用の塗を絶ち、其の品式を定め、日月もて漸《ようや》く鑄るべきこと亡くんば、歳久しきの後、世の爲に益せざるのみ(巻七五顔竣列伝)。

顔竣はこう主張する。民間鋳銭を許可すれば、民は既存の銅器を銭に改鋳するであろう。だが現在銅原料は希少で、新たに採掘もされておらず、銅器はすでに高価である。(31)よって鋳銭しても利益はなく、民間鋳銭は結局停止するであろう。また孝建四銖銭（＝細銭）を再流通させれば、民はさらに大きい既存の銭を「私鑄（改鋳して小銭を鋳造）」や「剪鑿」し、利鞘を稼ごうとするので、既存の良銭が失われる結果となろう。また民間鋳銭は、民間の銭の流通量を充実させる政策であるが、それによって必ずしも国庫の銭不足が解消するわけでもない。そもそも現在、「市井の民」にはまだ「嗟怨」がなく、民間鋳銭をするほどの銭不足には陥っていない。むしろ国家的経費の節約に努めるのが最善である。それと同時に、銭の流通量は時間とともに減少するものなので、一定程度の銅採掘と鋳銭は継続すべきで、そのために「取銅署」を「開（＝設置）」し、「品式」を保って増銭するべきである。以上が顔竣の提案である。つまり顔竣は、強引な幣制改革に反対する一方で、やはり国庫補塡を目的とし、経費節約・「取銅之署」の設置・銭の継続的官鋳を主張したのである。「取銅之署」は、「錢署」や銅山の採掘官とは名称が異なり、既存の銅原料を集める部署であろう。

顔竣の提案とは異なり、「議者」の一部は銭不足を解決するため、小型の「二銖銭」の鋳造を提案する。

(25) 時に議者、又た銅の轉た得難きを以て、二銖錢を鑄んと欲す。……議者、將に爲《おもえ》らく、「官藏空虛なり。宜しく更めて改鑄すべし。天下に銅少なし。宜しく錢式を減じて以て交弊（＝銭・銅不足）を救い、國を賑らし民に紓《ゆる》くすべし」と（顔竣列伝）。

しかし顔竣はこれにも反対する。

(26) 議者、將に爲《おもえ》らく「官藏空虛なり。宜しく更めて改鑄すべし。天下に銅少なし。宜しく錢式を減じて、以て交弊を救い、國を賑《にぎわ》し民に紓《よ》くすべし」と。愚以爲らく、然らず。今、二銖を鑄、恣に新細を行わば、官に乏《とぼ》しきを解く無く、而も民の姦巧大いに興り、天下の貨、將に靡碎《びさい》せられて盡くるに至らんとす。空しく嚴禁を立つるも、利深く絶ち難し。一、二年間を過ぎずして、其の弊、復た救うべからざらん。其れ甚だ不可なるの一なり。今、鎔鑄して利を獲るも、頓に一、二億を得るの理有るを見ず、縱に復た此れを得るも、必ず待つこと彌年《びねん》ならん。歳暮れて税登り、財幣暫く革《あらた》まるも、日用の費、數月に贍《た》らず、權《ほしいまま》に助《じょ》を徴すると雖も、何ぞ乏しきを解せんや。徒らに姦民の意をして騁《は》せ、貽厥《いけつ》して謀を愆《あやま》らしむ。此れ又た甚しく不可なるの二なり。民、大錢の改まるに懲り、兼ねて近日の新禁を畏れ、市井の間、必ず喧擾を生ぜん。遠利未だ聞かず。切患猥りに及び、富商志を得、貧民困窘せん。此れ又た甚だ不可なるの三なり……（巻七五顔峻列伝）。

顔竣が二銖銭鋳造に反対する理由は以下の通り。細小な二銖銭を流通しても、懸案の「官藏空虚」は改善せず、民の「姦巧（大銭を二銖銭に即して剪鑿する行為）」が増加するであろう。一、二億銭を増鋳したところで、焼け石に水である。民は先年、大銭鋳造計画がすぐに頓挫したのに鑑み、二銖銭もすぐに廃止されるものと予想し、その使用を拒むであろう。使用を強制すれば、どさくさに紛れて利益を得るのは裕福な商人で、貧民は益々貧乏となろう。以上が顔竣の見解である。

では孝武帝は、最終的に誰の政策を採用したのか。『宋書』にその点は明記されていない。王怡辰氏は、上記提言直後の大明三年（四五七年）に顔竣が丹陽尹から東揚州刺史に転任し、さらに現存する出土孝建四銖銭の重量が画一的でなく、急激的に減少している点をふまえ、おそらく顔竣の提言は却下され、軽銭の鋳造が進んだとする。王氏はさらに巻七前廃帝本紀大明八年（四六四年）条を引用する。

（27）去歳及び是歳、東の諸郡大いに旱し、甚しきは米一升ごとに數百、京邑も亦た百餘に至り、餓死者は十有六、七。孝建以來、又た錢署を立てて錢を鑄、百姓、此れに因りて盜鑄し、錢轉《うた》た僞小にして、商貨行われず。

王氏によれば本史料は、孝武帝の貨幣政策が軽銭を生んだ点と、大明六年（四六二年）と大明七年（四六三年）の穀価急騰の背景にも貨幣政策の失敗があった点をしめす。本史料に基づけば、顔竣の提言に反して、孝建三年以後に軽銭の流通が進んだことになる。たしかに本史料がのべるとおり、大明年間には盗鋳が進んだようで、次の史料もその裏づけとなる。これは小説類であるが、歴史的背景を説明するものとして一定の史料的価値をもつ。

（28）宋の呉興の沈僧復は、大明の末に、本土飢荒すれば、食を逐いて山陽（現在の江蘇省淮安市。劉宋の版図内(32)に至る。晝に村野《そんや》に入りて食を乞い、夜に還りて寺舎の左右に寄寓す。時に山陽に諸〃の小形の銅像甚だ衆し。僧復、其の郷里の數人と與《とも》に積漸《せきぜん》して竊取《せっしゅ》し、遂に嚢篋《のうきょう》の數四、悉く滿ち、復た因りて將に家に還り、共に鑄て銭を爲《つく》らんとす。事既に發覺し、執えられ都に送り出され……（『太平広記』巻一一六報應十五沈僧復引『冥祥記』）。

だが既述のとおり、銭署の設置は元嘉七年に溯り、その点で史料27は精確さを欠く。また史料27は前廃帝本紀大明八年条の末尾に位置し、前後の文章と必ずしも繋がらない。ゆえに越智氏は「後人の注記が混入したもの」と推測している。よって本史料を論拠に、顔竣の提言が却下されたと断言することはできない。むしろ史料21～26が全て顔竣列伝を出典とする点を鑑みれば、顔竣の提言が全く採用されなかったとは考えにくい。現に、南宋・王応麟『玉海』巻一八〇食貨銭幣・宋四銖条には、

（29）徐爰議すらく「銅を收めて繕鑄せよ」と。詔して之を可とす。銅を以て刑を贖わしむ。又た以て銅轉た得難しと爲し、二銖銭を鑄んと欲するも、顔竣、不可なる者三ありと言えば、聽さず。

とあり、本文末尾に「聽さず」（不聽）と付記されている。これは、顔竣の提言のうち、少なくとも二銖銭反対案が採可されたことをしめすものである。『玉海』にのみ見える二字であるが、活かすべきであろう。

それでは、以上の長々とした討論の末に導き出された結論によって、銭の諸問題は全て解決したのかといえば、そうはならなかった。次の史料によれば、数年後の大明年間（四五七〜四六四年）には各地で「盗鑄」と「翦銭」が発生しているのである。

(30)（劉）亮、世祖の大明中、武康令と爲る。時に境内、多く銭を盗鑄し、亮、掩討して禽《とら》えざる無く、殺す所は千を以て數う（巻四五劉懐慎列伝）。

(31)（大明）三年（四五九年）……（顧）琛、仍《よ》りて呉興太守と爲る。明年、郡民の多く翦銭する及び盗鑄するに坐し、免官せらる（巻八一顧琛列伝）。

これは、大明三年の時点で民間鋳銭が不許可であり、「翦鑿」問題も未解決であったことをしめす。民間鋳銭が不許可であったという点は、孝建三年（四五六年）に顔竣の見解が採用されたとする私見を裏づけるものである。

ちなみに、多くの先学は大明三年の時点で「大明四銖」銭が鋳造されたとする。一九八七年に江蘇省常州市郊外で「大明四銖」銭が出土したとの伝聞があり、(33)「大明四銖」銭の伝世品も散見するが、管見のかぎり、正式な考古学的調査に基づく出土例はない。とはいえ、大明三年に何らかの新銭が鋳造された点は、つぎの史料からも裏付けられる。

(32) 王瑤、宋の大明三年に、都に在りて病もて亡す。瑤亡するの後、一鬼有り、細長くして黒色。袒ぎて犢鼻褌を著け、恒に其の家に來りて或いは歌嘯し、或いは人語を學び、常に糞穢を以て人の食中に投ず。又た東鄰の庾家に於いて人に犯觸すること王家の時と異ならず。庾、語る、「鬼、土石を以て投ずるも、我、甚だ畏るる所に非ず。若し銭を以て擲たば、此れ真に困しめらる」と。鬼、便ち新錢數十を以て正しく庾の額に擲つ。庾、復た言う、「新錢は痛めしむる能わず。唯だ烏錢を畏るるのみ」と。鬼は烏錢を以て之に擲つ。前後六、七たび過ぐ。合して百餘錢を得（『太平広記』巻三二五引『述異志』）。

本史料は脚色豊かな小説類であるが、時代背景に関する説明は信頼してよかろう。これによると大明三年には「新錢」が鋳造された。それは軽銭で、それ以前から存在する「烏錢」のほうが高価値であった。「烏錢」の正体はわからない。悠久の時を経て烏色（黒色）に変色した古銭の意ではないか。ともかく当時民間では良銭と悪銭を使い分けていた。本稿前節で論じたように、大明年間をさかのぼること随分前に、すでに「錢形不一」との理由で大銭は廃止され、国内には単一の銭しかないはずであるにもかかわらず、じっさいにはなお民間で銭を使い分けていたわけである。

第四節　劉宋末期の銭幣改革

このように貨幣政策がうまく機能しない状況にしびれを切らしたのが前廃帝である。そもそも歴代の皇帝や官吏は、銅の増量が見込めない実情に鑑み、慎重かつ漸次的に幣制を改良し、時には敢えて改革派を押さえ込み、事態の沈静化を目指した。だが銭不足・銅不足・剪鑿という開国以来の桎梏を解決しない限り、「國用不足」は解決しない。そこで前廃帝は一挙に問題を解決すべく、孝武帝期に問題視された二銖銭の鋳造を断行した。

（33）永光元年（四六五年）春正月……諸州の臺傳を省く。……二月乙丑、州郡縣の田の祿の半を減ず。庚寅、二銖錢を鑄る（巻七前廢帝本紀）。

（34）永光元年（四六五年）……太宰江夏王義恭を誅殺す……。改元して景和元年（四六五年）と爲す。……始興公沈慶之を以て太尉と爲す……九月戊午、百姓の鑄錢を開く（巻七前廢帝本紀）。

史料33と34によると、「二銖錢」は永光元年（四六五年）二月に鋳られ、同年八月には永光から景和に改元され、同年九月に民間鋳銭も許可された。『泉志』所引の梁・顧烜『錢譜』によれば、景和元年には重量二銖の「景和」銭が鋳造されたものの、はじめから信用がなく、古銭の方が用いられた。なお『玉海』食貨銭幣宋四銖条は、景和元年でなく景和二年に「景和」銭が鋳造されたとするが、『銭譜』のほうが古い史料である。

このように諸史料は、四六五年（永光元年、景和元年）に銭の改鋳があったことをしめす。しかしその詳細は判然としない。史料33と34には「二銖錢」の銭文が明記されていない。『泉志』・『旧譜』はその銭文を「二銖」とするが、それにもつとに批判がある（清・金邠居『洪氏泉志校誤』等）。このほかにも諸説あり、たとえば彭信威氏は、永光・景和年間に「二銖」銭と「兩銖」銭の両方が鋳造されたとする。[35] 千家駒氏・郭彦崗氏は、表に「二銖」、裏に「永光」、「孝建」、もしくは「景和」とある三種の銭を二銖銭とし、永光元年に前者、景和元年に後二者が鋳られたとする。[36] 呉大林氏は「孝建」を表、無文を裏とする軽銭を二銖銭とする。[37]

では、一体どう考えればよいのか。そこで注目すべきが、近年、劉宋時代のものとおぼしき墓から「永光」銭・「景和」銭・「兩銖」銭が出土している点である。[38] またその一方で、正式な考古発掘による「二銖」銭の出土は一枚もなく、「二銖」銘の銭は本来存在しなかったと考えられる。以上の二点をふまえるならば、まず彭説の成立する余地はあるまい。また新年号（永光や景和）を掲げる前廃帝が、別の皇帝の年号（孝建）を銘とする銭を鋳るはずがないので、千・郭両氏や呉氏の説にも疑問が残る。呉氏は「永光」銭と「景和」銭の出土にも配慮していない。また蕭清氏は、史料中の「二銖錢」に、永光元年二月に政府の専鋳した「永光」銭と、景和元年九月（民間鋳造許可期間）の「景和」銭が含まれるとし、[39] これは一見合理的な解釈であるが、劉宋墓出土の「兩銖」銭に対する説明を欠く。「兩銖」銭の存在は古来知られ、梁代にすでに由来不明とされているが、[40] 出土状況から劉宋銭と判断され、鐘治氏・唐飛氏は史料中の「二銖錢」を「兩銖」銭のこととする。[41] 既存の文字史料と出土銭をみるかぎり、この説が妥当である。しからば、永光元年二月には「兩銖」銭と「永光」銭が、景和元年九月には「景和」銭が鋳造されたのであり、[42] それら全てが重量二銖程度で、「二銖錢」とも通称されたと考えるべきであろう（後述するように後掲史料38・39で景和銭の停止を「二銖錢を罷む」と表記しているのがその一例である）。なお『資治通鑑』巻一三七斉紀三武帝永明八年条所載の孔顗の上言に、

（35）宋の文帝、四銖を鑄、景和に至り、錢益〃輕し。周郭有りと雖も、而るに鎔冶は精ならず、是に於て盗鑄紛紜として起こり、復た禁ずべからず。

とあり、永光銭には周郭があったが、史料36によると周郭なき小銭もあり、「耒子」と呼ばれたらしい。現に、劉宋時代のものとおぼしき墓から出土した「永光」銭・「景和」銭・「兩銖」銭にはいずれも輪廓が確認できる。[43]

ともあれ前廃帝は以上のような手順で二銖銭を鋳造した。その背景には、民間鋳銭奨励派の沈慶之の昇進があったと考えられる。すなわち前廃帝は、二銖銭の鋳造直前に、国家的鋳銭体制擁護派領袖の劉義恭を誅殺し、民間鋳銭奨励派領袖の沈慶之を太尉に昇進させた。劉義恭の誅殺自体は沈慶之との政争によるものではなく、柳元景とともに前廃帝の退位を画策したことによるものであったが、結果的に朝廷は民間鋳銭奨励派一色となった。これは、国家的鋳銭体制擁護派の顔竣による二銖銭反対論（前掲）の軽視にも繋がったであろう。これこそ前廃帝期に二銖銭鋳造論が再燃した遠因と思われる。だがすでに論じたように、二銖銭には多くのデメリットが想定され、現実に甚大な被害をもたらした。

（36）前廢帝即位するや、二銖錢を鑄る。形式轉《うた》た細し。官錢出づる毎に、民間は即ち之を模効するも、大小厚薄皆な及ばざるなり。輪郭無く、磨鑢《まりょ》せられず、如今の剪鑿する者は之を耒子と謂う。景和元年（四六五年）、沈慶之、私鑄を啓通し、是に由りて錢貨亂敗す。一千錢は長さ三寸に盈たず。大小は此に稱《かな》い、之を鵝眼錢と謂う。此より劣るは之を綖環錢と謂う。水に入れども沉《しず》まず、手に隨いて破碎す。市井は復た數を料《はか》らず、十萬

錢は一掬に盈たず、斗米ごとに一萬なり。商貨は行われず。太宗（＝明帝）の初、唯だ鵝眼・綖環を禁じ、其の餘は皆な通用す。復た民鑄を禁じ、官署も亦た工を廢す。尋《つ》いで復た並な斷たれ、唯だ古錢のみを用う（巻七五顔竣列伝）。

（37）泰始二年（四六六年）……三月庚寅、撫軍將軍殷孝祖、赭圻《しやき》を攻め、之に死す。……壬子、新錢を斷ち、専ら古錢を用いしむ。癸丑、揚・南徐二州の囚繫を原赦《ゆる》し、凡そ逋亡するは一《すべ》て問う所無し（巻八明帝本紀）。

しかも史料36によれば、景和元年（四六五年）には二銖銭の「私鑄（民間鋳銭）」も許可された。これは、当時の朝廷が民間鋳銭奨励派一色であった以上、当然であった。だがその結果、流通銭の質は急激に低下し、それらの小型銭は鵝眼銭や綖環銭などと揶揄された。なお史料36には「一千錢は長さ三寸に盈たず」・「十萬錢は一掬に盈たず」とあるが、さすがにかくも微細な銭は存在しえず、[44]これらは誇張表現である。

ところが、当該体制も長くは続かなかった。前廃帝は、即位後に孝武帝以来の恩倖を排斥し、各地に鎮守していた孝武帝の諸弟を建康に召還して拘禁し、直属の寒人等を採用して親政を行なった。だが周囲から暴逆とみなされ、景和元年（四六五年）十一月二九日夜に殺された。そして孝武帝以来の旧臣と結託した劉彧が、同年十二月に明帝として帝位に即いた（泰始元年に改元）。『南史』宋本紀明帝泰始元年十二月戊寅条には、

（38）二銖錢を罷む。

とあり、まさに明帝即位と同時に二銖銭（景和銭を含む）が停止されたことになる。なお『建康実録』巻第一四太宗明皇帝泰始元年十二月条にも、

（39）壬戌、二銖錢を罷む。

とあり、日付が異なっている。だが泰始元年十二月に「壬戌」の日はない（校勘記参照）。よって『南史』のいう「戊

寅」が妥当であろう。このとき景和から泰始への改元がなされた以上、景和銭が停止されるのは至極自然と思われる。だが当時、すでに尋陽では晋安王劉子勛が前廃帝に反旗を翻しており、明帝即位後も鄧琬らは劉子勛を奉戴し続けた。しかも劉子勛は当初明帝側を圧倒する勢力を有し、泰始二年一月に皇帝を名乗り、年号を義嘉元年とした。両者の対立は数ヶ月にわたり、最終的に赭圻・鵲尾洲の戦いで明帝に軍配が上がるまで続いた[45]。かかる状況下で明帝は、大戦直前に「新錢を斷ち、專ら古錢を用いしむ」という新政策を打ち出した（史料37）。これは超小型化の進んだ銭と、それに伴う銭の価値の急落を元に戻すための思い切った政策であった。ただし、泰始元年に二銖銭（永光銭を含む）を罷めている以上、ここでいう「新錢」は、永光銭ではない。詳細は不明だが、おそらく民間鋳銭だけでなく、官営鋳銭をも禁止し、徹底的に銭の量的・質的規制を行なったのであろう。とくに官官・官民間取引では小型の鵝眼錢や綖環錢を受領せず、古銭（半両銭・五銖銭・四銖銭等の大銭）の使用を奨励したと思われる。ちなみに『建康実録』巻第一四太宗明皇帝泰始二年三月条は、

（40）雜錢を斷ち、專ら古文錢を用う。

に作るが、「新錢」を意味する「雜錢」は複数の銭をさし、「古文錢」も「銭文が古文の銭」でなく「古の銭文の銭＝半両銭・五銖銭・四銖銭等の大銭」と解釈でき、やはり私見と矛盾しない。これらの改革を継続することで、明帝は銭の質的向上を目指したようである。しかも泰始三年には有輪郭の「孝建」銭も停止された（既述）。だが川勝義雄氏も指摘するとおり、それはまたもや国庫の銭・銅不足と銭の「剪鑿」を招いた[46]。これは、銅不足の中での銭の操作と国家による銭の名目化が当時いかに難航したのかを物語る。

おわりに

以上本稿では、劉宋時代における鋳銭の歴史について細かく検討した。まずは徹底的に関連史料を収集・読解し、鋳銭の歴史を時系列順に丁寧に復元することを試みた。それによると劉宋では、東晋以上に銭の鋳造・改鋳や、盗鋳銭禁止の是非が問題となっており、その背景には銭の使用範囲の拡大があった。それは、銅不足問題・銭不足問題・剪鑿問題・「國用」不足・盗鋳問題を抱えながらの改革であった。度々行われた銭関連の政策論争は現状打破を目指したものであったが、どれも問題解決に至る道筋ではなかった。諸問題はつぎの王朝へと持ち越されたのである。

注

（1）宮澤知之「中国貨幣経済論序説」（『宋代中国の国家と経済』創文社、一九九八年、三～二九頁）。

（2）拙稿「晉代貨幣経済と地方的物流」（『中国古代貨幣経済の持続と転換』汲古書院、二〇一八年、三三五～三六五頁）。

（3）岡崎文夫「南朝の銭貨問題」（『南北朝に於ける社会経済制度』弘文堂書房、一九三五年、一二〇～一四一頁）、陶希聖・武仙卿『南北朝経済史』（商務印書館、一九三七年）、何茲全「東晉南朝的銭幣使用与銭幣問題」（『何茲全文集第一巻　中国社会史論』中華書局、二〇〇六年［一九四八年初出］、一六一～二〇三頁）、彭信威『中国貨幣史』上海人民出版社、二〇〇七年［初版は一九五八年］、一五八～二一三頁）、川勝義雄「貨幣経済の進展と侯景の乱」（『六朝貴族制社会の研究』岩波書店、一九八二年、三四九～四〇五頁）、越智重明「梁の武帝と貨幣流通」（『魏晉南朝の人と社会』研文出版、一九八五年、二八四～三四一頁）、安田二郎「東晉・南朝初期の通貨問題をめぐって」（安田二郎編『昭和六二年度科学研究費補助金（一般研究

（B））研究成果報告書　中国金融史の基礎的研究』一九八八年）、陳彦良『通貨緊縮与膨張的双重肆虐：魏晋南北朝貨幣史論』（国立清華大学出版社、二〇一三年、一〇九～一四六頁）等。
（4）宮澤知之「魏晉南北朝時代の貨幣経済」（『鷹陵史学』第二六号、仏教大学鷹陵史学会、二〇〇〇年、四一～八二頁）。
（5）王怡辰『魏晉南北朝貨幣交易和発行』（文津出版社、二〇〇七年）。
（6）拙稿注（2）前掲論文、拙稿「孫呉貨幣経済の構造と特質」（『中国古代貨幣経済の持続と転換』汲古書院、二〇一八年、二八九～三三四頁）。
（7）陳注（3）前掲書、一〇九～一四六頁。
（8）蕭斉は余剰の穀物や布帛を銭で買い上げ、災害対策用等として常平倉に蓄えており（『通典』巻十二食貨軽重）、一見すると劉宋もそのために銭を増鋳したとも想像できなくはないが、東晉にも常平倉はあり（『晉書』食貨志等）、劉宋にはない（巻五四沈曇慶列伝）。劉宋も貧民への倉庫開放による穀物支給策を講じたようだが、東晉に常平倉がある以上、常平策の有無を鋳銭の有無と結びつけることはできない。
（9）陳明光『六朝財政史』（中国財政経済出版社、一九九七年、一四三～二一二頁）。これは、「六朝は則ち錢帛兼ね用い、而して帛の用較〃多し」とする趙翼『陔餘叢考』巻三〇「銀」条の説と異なる。だが趙翼の引証する史料は北朝に関するもので、適切でない。
（10）越智重明「宋斉時代の郵」（『中国古代の政治と社会』中国書店、二〇〇〇年、四七八～四九六頁）。
（11）中村圭爾「晉南朝における官人の俸禄」（『六朝貴族制研究』風間書房、一九八七年、四五八～五三七頁）。
（12）「三五門」については越智重明『魏晉南朝の貴族制』（研文出版、一九八二年、二三三～二七三頁）等、徴兵制から募兵制への移行については越智注（3）前掲書、一一九～二二八頁等。

（13）巻九後廢帝本紀元徽四年五月条「尚書右丞虞玩之、表陳時事曰、「天府虚散、垂三十年。江・荊諸州、稅調本少、自頃以來、軍募多乏。其穀帛所入、折供文武。豫・兗・司・徐開口待哺、西北戎將裸身求衣。委輸京都蓋爲寡薄。天府所資唯有淮・海。民荒財單不及曩日。而國度弘費、四倍元嘉」。

（14）戸川貴行「魏晉南朝の民爵賜与について」（『九州大学東洋史論集』第三〇号、二〇〇二年、六一〜八五頁）。

（15）南宋・洪遵『泉志』巻二は「今（＝南宋初期）」も後漢霊帝期の所謂四出五銖銭（表に「五銖」、裏に四本線）、蜀漢の「直百五銖」銭・所謂伝形五銖銭（通常の漢五銖銭と違い、「五」字を左、「銖」字を右に配した銭）、孫呉の「大泉五百」銭・「大泉當千」銭が流通し続けているとし、劉宋も同様だったと考えられる。

（16）朱活『古銭新典』（三秦出版社、一九九一年）。

（17）馬飛海総主編『中国歴代貨幣大系二　秦漢三国両晉南北朝貨幣』（上海辞書出版、二〇〇二年）等。

（18）劉宋銭には、打ち抜かれて二枚になった銭の出土例が多く、狭義の「翦鑿」が盛んに行なわれた。だが陳注（3）前掲書、一〇九〜一四六頁は史料中の「翦鑿」を全て「銭を削る」意に解し、議論に混同がみられる。

（19）池田温編「中国歴代墓券略考」（『東洋文化研究所紀要』第八六冊、一九八一年）。羅振玉『貞松老人遺稿』甲四『石交録』巻二に「二十数年前に徐州の農民が得た」墓券とする。

（20）岡崎注（3）前掲論文、一二〇〜一四一頁。

（21）陳注（9）前掲書、一一六頁。

（22）川勝注（3）前掲論文、三六〇頁は「政府は法貨の価値を二倍に引き上げた（これは法貨の品位の下落を意味する）」とするが、四銖銭の価値は現状維持なので、全ての法貨の価値が二倍になったわけではない。

（23）『宋書』巻五五臧燾列伝「[臧]凝之……年少時、與北地傅僧祐倶以通家子、始爲太祖所引見。時上與何尚之論鑄錢事。凝之便于其語、上因回與論之。僧祐引凝之衣令止、凝之大言謂僧祐曰、「明主難再遇、便應正盡所懷」。上與往復十餘反、凝之詞韻銓序、兼有理證、上甚賞焉」。

(24)　彭注（3）前掲書、一八七頁。

(25)　安田二郎「元嘉次代政治史試論」（『六朝政治史の研究』京都大学学術出版会、二〇〇三年、二三七～二七四頁）。

(26)　馬飛海注（17）前掲書等。

(27)　越智注（3）前掲書、二八四～三四一頁。

(28)　「去春所禁新品」について袁濤「談大明四銖銭」（『中国銭幣』一九九三年第四期）は、永光銭とする羅伯昭説を紹介した上で、関連論争参加者の徐爰・沈慶之・劉義恭・顔竣の没年を調べ、大明二年以前でなければならぬことから、羅伯昭説を退け、大明四銖銭とする。また「去春」を大明元年春とする。一方、董国新「南朝劉宋貨幣的幾個問題」（『中国銭幣』二〇〇四年第三期）は、後掲史料（21）の「禁斷」が孝建三年の出来事で、次年が大明元年であること、顔竣が大明元年六月に揚州刺史とされ、政治的窮地に陥り、それ以後に論争に加わるわけがないこと、「新禁」対象が無輪廓銭なのに対し、伝世大明四銖銭が有輪廓であることに基づき、袁濤説を退け、「「薄小無輪廓」である一種の「孝建四銖」銭」とする。また沈慶之らの論争時期を大明元年、「去春」を孝建三年春とする。

(29)　鐘治・唐飛「重慶忠県出土劉宋銭幣考」（『中国銭幣』一九九九年第三期）によれば、出土した孝建四銖銭の正面は無輪廓で、背面は有廓・無輪である。

(30)　拙稿「戦国秦漢時代における「半両」銭の国家的管理」（『中国古代貨幣経済史研究』汲古書院、二〇一一年、一七一～二一六頁）。

(31)　顔竣列伝「今耕戰不用、採鑄廢久」・「採山事絶、器用日耗」によれば、劉宋期に民間・官営の鉱業は一見停止したごとくである。全漢昇「中古自然経済」（『中国経済史研究』上冊、稲郷出版社、一九九一年）」は漢代以来の鉱山開発で掘削箇所が深くなり、掘削費用が増加したため、鉱業は衰退したとする。だが林寿晉「東晉南北朝時期鉱冶鋳造業的恢復与発展」（『歴史研究』一九五五年第六期）所引の諸史料や『太平御覧』巻四八地部一三引『江夏図経』「自雉山……西出金、南出銅鑛、自晉・宋・梁・陳以來、常置立爐冶烹煉」、『読史方輿紀要』巻七六湖広二大冶県鉄山条「山南出銅鑛。晉・宋以來具置銅場・銭監、後廢」によれば、劉宋時代には官営鉱業があった。そのうえで林氏は、仏像製造が盛んとなり、銅の消費量が増したこと、当時の技術では浅い鉱床しか掘削できず、掘削量の増加が望めないことを挙げ、当時の銅生産量は限られていたとする。陳注（3）前掲書も、揚州周辺に明清時代の鉱山遺跡があることや、『新唐書』地理志・『隋書』食貨志・『通典』食貨九に鉱山の記録があることから、劉宋時代にも鉱山はあったとし、それにもかかわらず全漢昇氏のいう掘削費用の増加と、税収不足による官営鉱業の資金不足により、青銅原料生産高は減少したとする。陳注（3）前掲書所引史料は劉宋時代の状況をしめすものではなく、「税収不足による官営鉱業の資金不足」説を裏づける論拠もない。だが劉宋が鉱山採掘に苦労をしていたことは史料（11）に「採鑄に勞れず」とあることから裏付けられる。これより、劉宋時代に鉱山があったこと、それにもかかわらず掘削技術もしくは掘削費用の問題により、青銅原料生産高が高まらなかった点を指摘することはできよう。

(32) 胡阿祥『六朝疆域与政区研究』（学苑出版社、二〇〇五年、四四六頁）。

(33) 袁注（28）前掲論文。

(34) 一部の論者は前廃帝本紀「庚寅鑄二銖銭三月甲辰罷臨江郡五月……」を「庚寅、鑄二銖銭。三月甲辰、罷。臨江郡、五月……」と断句し、「二銖銭」は同年三月甲辰に「罷」められたとする。董注28前掲論文は前廃帝本紀を「庚寅、鑄二銖銭。三月甲辰、罷臨江郡。五月……」と断句すべきとし、「二銖銭」は同年三月甲辰に「罷」められていないとする。前廃帝本紀の断句は董説が正しい。だが『泉志』や『玉海』食貨銭幣・宋四銖条注にも「二銖銭」が同年三月甲辰に「罷」められたとあり、

『泉志』・『玉海』を誤りと断じうる根拠はない。現時点では解釈を保留したい。
(35) 彭注（3）前掲書、一八八頁。
(36) 千家駒・郭彦崗『中国貨幣発展簡史和表解』（人民出版社、一九八二年、七一頁）。
(37) 呉大林「劉宋〝二銖銭〟考」（『六朝貨幣与鋳銭工芸研究』鳳凰出版社、二〇〇五年、二六九～二七一頁）。
(38) 鐘・唐注（29）前掲論文。なお近年、骨董市場で「二銖」銭を散見するが、来歴不明で信ずるに足りない。
(39) 蕭清『中国古代貨幣史』（人民出版社、一九八四年、一五六頁）。
(40) 『泉志』巻六「右兩銖錢。顧烜曰、劉氏錢志所載奇異。稀有原始未聞」。
(41) 鐘・唐注（29）前掲論文。
(42) 董注（28）前掲論文は、前廃帝がまず「兩銖」銭し、のちに前廃帝の朝代の独自性を出すべく、永光元年二月に「永光」銭が鋳造され、のちに「景和」銭が鋳造されたとしており、私見にもっとも近い。だが董氏はさらに、「景和」銭鋳造時に所謂孝建二銖銭（「孝建」銘あり）も補鋳されたとするが、前廃帝が別の皇帝の年号を鋳造するとは考えにくく、この点には従えない。
(43) 鐘・唐注（29）前掲論文。
(44) 陳明光「東晉南朝銭幣的「私鋳」与「翦鑿取銅」辨析」（『六朝貨幣与鋳銭工藝研究』鳳皇出版社、二〇〇五年）。
(45) 劉子勛の乱の詳細と、その背後に排他的な門閥貴族体制に対する地方豪族層の思惑が交錯していたことについては、安田二郎「晋安王劉子勛の反乱と豪族・土豪層」（『六朝政治史の研究』京都大学学術出版会、二〇〇三年、二七五～三〇五頁）。
(46) 川勝注（3）前掲論文、三四九～四〇五頁。

［付注］本稿は、研究報告「中国南朝劉宋貨幣経済的結構及其特点」（第六届中国中古史青年学者聯誼会、二〇一二年八月二六日、於復旦大学）に基づく。

土司統治の変遷から見る高坡苗族の伝統文化[1]
――中曹長官司長官謝氏を中心に――

張　勝蘭

はじめに

本論文は、貴州省中部の苗族の代表的なサブグループである高坡苗族を研究対象とする。明清期以来、高坡苗族を統治してきた主な土司の一つは中曹長官司長官謝氏である。この謝氏に焦点を当て、中国王朝及び周辺の土司との関係が変化する中で、その勢力の消長が高坡苗族の伝統社会や伝統文化にどのような影響を与えたのかを検討する。

『元史』によると、貴州の「苗」の中で最初に中国王朝に朝貢したのは、貴州省中部の「苗」である。[2] 元代以来、貴州中部の様々な「苗」が記録されているが、その中でも明代の文献に「諸種蠻夷の首[3]」と記され、「東苗」と呼ばれたグループはその代表であり、現在の高坡苗族がその子孫とされている。高坡苗族は貴州の政治・経済・文化の中心地である貴陽一帯に分布し、また貴陽に最も近い聚居地が貴陽市花渓区高坡苗族郷一帯（以下高坡郷一帯と記す）である。[4] この地域は現在でも伝統文化の同一性をよく保っていると言われている。

しかし、高坡郷一帯には「卡上」・「卡下」という内部地域区分が存在しており、更にこの地域区分に対応する祖先祭祀や年中行事等の伝統文化にそれぞれ違いがみられる。特に苗族の伝統文化の核心とも言える祖先祭祀の違いは明確である。この地域は中心地と隣接し、同化圧力が強かったはずなのに、なぜ統一した文化的特徴が色濃く残ってきたように見えるのか、またなぜその内部に「卡上」・「卡下」という「文化的境界」が存在しているのか。

実は高坡郷一帯には、明代から「哨」が設置され、清代に入って「塘」が設置された。この「哨」・「塘」の設置と関連し、「卡上」・「卡下」に分けられ、それぞれの区域に合わせるかのように、明清以来の土司統治が大きく変化したことが確認できる。高坡郷一帯は貴州の中心地にあるだけに、中国王朝と貴州宣慰使安氏・宣慰同知宋氏のような大土司のはざまにあって、いくつもの小土司に統治された。中でも中曹長官司長官謝氏は高坡郷一帯と最も長く広く関わっており、明清期においては徐々に「卡上」を重点的に管轄するような変化も見える。高坡郷一帯の伝統文化のあり方を理解するには、このような土司統治による影響を考察することが重要である。

これまで、高坡郷一帯の高坡苗族に関する詳細な調査報告などがあるものの、「卡上」・「卡下」に関しては、その存在を記すだけで、伝統文化の違いに関してもあまり論じられていない[5]。一方、近年、貴州を中心とする中国西南地域における土司統治と特定の地域社会の変遷との関係について、示唆に富んだ研究成果が発表されているが[6]、苗族に関しては、自民族の文字による文献がなく、史料不足の問題もあり、特に末端土司の統治から見るサブグループ次元の伝統文化の変遷を考察する研究が十分に行われてきたとは言えない。

このような状況の中で、本論文で取り扱った高坡苗族と謝氏土司は、それぞれ史料記載が比較的詳細で連続性がある。謝氏を中心とする土司統治の変遷を辿ることは、一サブグループとしての高坡苗族の文化的相違を解明する重要な手がかりを得ることができ、貴州中部の苗族の独自性と多様性を理解するのにも有用である。

以下では高坡苗族と高坡郷一帯を概観し、当該地域における関連土司の統治と「卡上」・「卡下」の形成過程について考察してから、謝氏土司を中心に検討する。

第一節　高坡苗族と高坡郷及びその内部における地域区分について

（一）高坡苗族

高坡苗族は西部方言の恵高土語に属するサブグループであり[7]、現在の貴陽市、龍里県、惠水県、貴定県、平塘県の間に分布している。貴陽とその周辺に居住する高坡苗族は、文献史料においても、現地の口頭伝承においても、大きな移転の痕跡はみられない[8]。従って、貴陽周辺地域の「苗」（貓・猫）に関する文献史料を整理することで、高坡苗族の歴史がある程度見えてくると思われる。

『元史』によれば、至元二十九年（一二九二）頃から貴陽周辺の「貓蠻」が招撫されるようになった[9]。また、本稿冒頭で述べたように、貴州で最初に朝貢した「平伐苗」も「八番苗蠻」もこの地域にいた。このように、元の高坡苗族の分布地域の「苗」に対して、「貓蠻」、「苗」、「苗蠻」の前に地名を冠して表記している。明代に入ると、天順年間に「東苗の乱」が起こり、貴陽一帯の「苗」は「諸種蠻夷の首」とされる「東苗」と呼ばれ[10]、また「貴州苗」とも呼ばれた[11]。清代に入ると、「苗」に対する分類も徐々に細かくなった。地名だけでなく、そのグループの特徴による命名も増えた。そして、貴陽一帯の「苗」は「白苗」と呼ばれるようになった[12]。清道光年間の『貴陽府志』では高坡郷一帯の苗族を「白苗」と呼び、更に「高坡苗」の呼び方も現れた[13]。『貴州苗夷社会研究』の編著者呉澤霖氏は、高坡郷一帯の苗族を「紅毡苗」と呼んでいる[14]。このような歴史から、高坡郷周辺地域の民族事務委員会は、現在でも「高坡苗」のほかに、「白苗」、「紅毡苗」の呼び方を使っている[15]。楊庭碩氏をはじめとする高坡郷一帯に対する民族調査が行われた後では、「高坡苗族」が比較的一般的な呼称となっている。

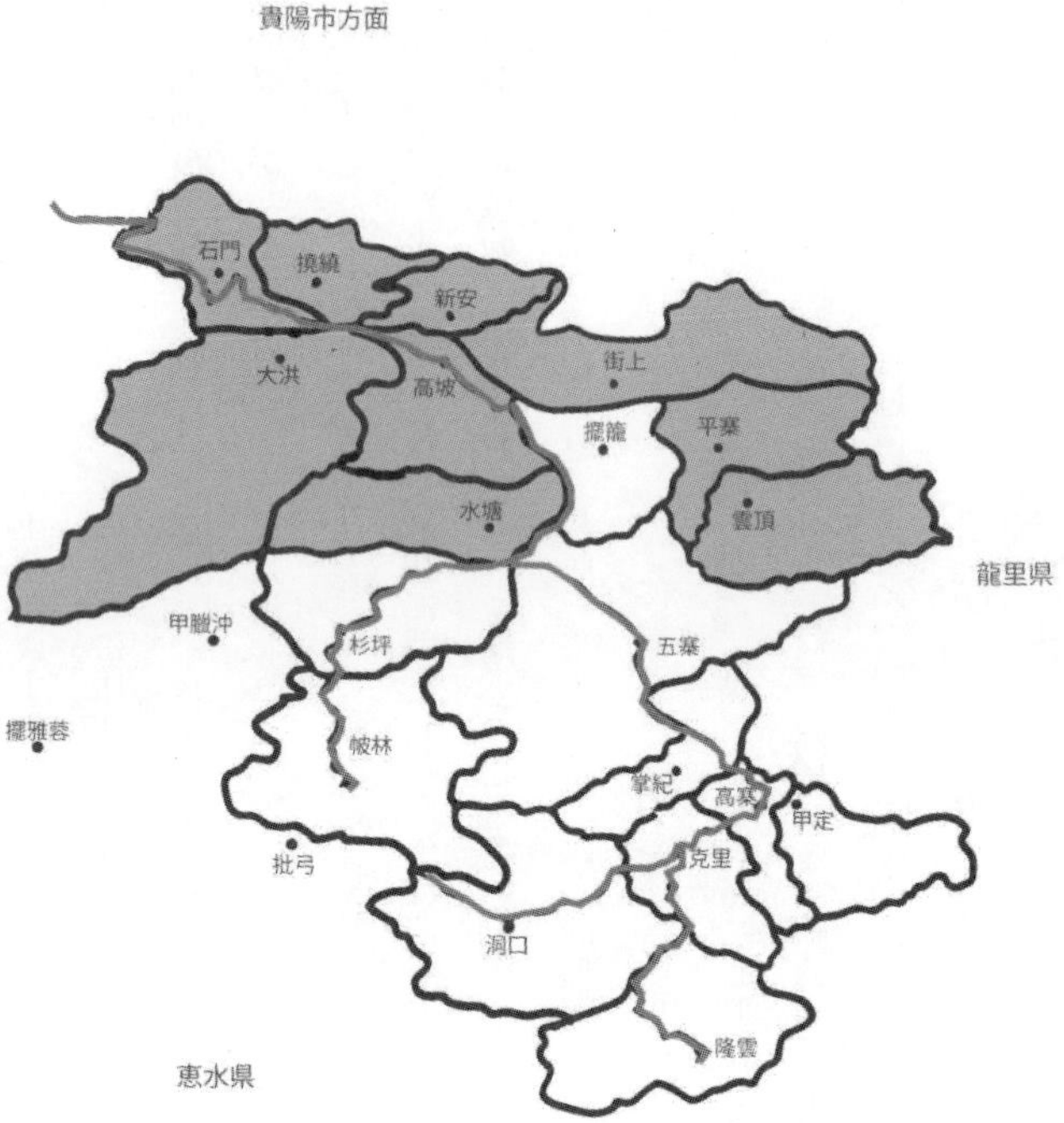

図１　高坡郷地図（高坡文化服務センター長の羅廷開氏が提供したデータを基に作成）

以上のように、貴陽一帯の「平伐苗」などは、元代で地名を冠して記載されていても、漠然と「苗」や「苗蠻」として認識されていた。明代に入り、中国王朝の統治が深く入り込むにつれて、大きな反乱が起き、「東苗」としてグループ化された。清代に更に細分化され、「白苗」の呼称も現れた。清代中後期になって「高坡苗」の呼称が現れ、その居住地域もより明確に限定された。要するに、高坡郷一帯の高坡苗族は、明清以来貴陽一帯に分布していた「東苗」の一部であり、後に「白苗」とも呼ばれ、更に細分化されて「高坡苗」と呼ばれるようになった貴州中部苗族のサブグループなのである。(16)

（二）高坡郷一帯の内部区分と伝統文化における主な相違点

高坡郷の東と北は龍里県の擺省郷、西は黔陶郷、南は恵水県の甲腊郷・大垻郷と隣接している。高坡場はその重要な市で、亥の日に市が開かれる。現在八十七の自然寨が十九の行政村となり、全体約二万人の中で苗族は七割弱を占め、他に漢族とプイ族がいる[17]。

現在の高坡郷における「卡上」・「卡下」の区分、及び『貴陽府志』に基づく土司統治状況については、以下の通りである[18]（図１参照）。

「卡上」は、石門村（中曹長官司長官謝氏、以下謝氏と称す）、摐繞村（謝氏）、新安村（謝氏）、街上村（謝氏）、高坡村（謝氏）、大洪村（謝氏）、水塘村（謝氏）、擺籠村（青岩外委土弁班氏　以下班氏と称す、謝氏）、平寨村（中曹副長官劉氏　以下劉氏と称す）、雲頂村（劉氏）である。これより、卡上はほぼ中曹長官司の管轄であったことが分かる。

「卡下」は、杉坪村（班氏）、皷林村（白納長官司長官周氏、班氏）、洞口村（?）、隆雲村（?）、克里村（?）、甲定村（班氏）、高寨村（大平伐長官司長官宋氏）、掌紀村（?）、五寨村（?）である。「卡下」は確認されていないところ以外は、ほぼ白納長官司（恵水）、大平伐長官司（龍里）、青岩外委土弁の管轄であった。

このように、明代以来、高坡郷一帯を統治した主な土司は、以上に挙げた土司であるが、とりわけ明清以来、貴州最大の土司である貴州宣慰使水西安氏（イ族）は、貴州の西北部に本拠を置きながら、中部の貴陽一帯までにその勢力を伸ばしていた[19]。そのため、安氏の統治による影響は看過できない。そして、高坡郷一帯は最初に貴州宣慰同知宋氏及びその属下の中曹謝氏の管轄下にあったが、明末には主に中曹謝氏の管轄下にあった。清朝に入ると徐々に「卡上」が中曹謝氏の管轄下となり、「卡下」が青岩班氏、白納周氏、大平伐宋氏などの管轄下となったのである。

次に高坡郷一帯の「卡上」・「卡下」における主な伝統文化の相違点を見てみる。

①祖先祭祀に対する考え・態度についての違い

高坡苗族の祖先祭祀は、「敲巴郎」と言う。巴郎は水牛のことで、即ち「敲牛祭祖」である。「敲牛祭祖」を行う者は「介東」(jek dlongf) という尊称が与えられる。「介東」は「黒の身(身分)」の意味で、儀式を行う際に「介東」を行う人の額に必ず黒の十字を描く。また「敲巴郎」の回数によって、その尊称が異なる。

この「敲牛祭祖」に関して、「卡下」では「介東」が死後の世界における絶対的な権威であり、「介東」の身分を持っているか否かが祖先に認められるかどうかの条件である。「敲牛祭祖」を行う回数によって、身分が上がる。また「介東を行う」という言葉さえ口にしてはならない。もし誰かに「介東をやれ」と言われたら、必ずやらなければならない。祭祀用の牛は丁寧に飼育され、必ず「敲牛祭祖」に用い、絶対に転売してはならない。さもなければ祖先に呪われる。儀式の時に使う重要な「砧板」[20]は、その「房族」[21]が代々伝えてきたものを使い、もし壊れたら、鬼師に儀式を行ってもらい、祖先に認められた木材を使って新しいものを作る。

これに対して「卡上」では「介東」の尊称がなく、「敲牛祭祖」を行う回数によって身分が上がることもない。身分に関しては zhak(未婚)、baf(既婚、子持ち)、youk(孫持ち)であるかどうかを重んじる。祭祖用の牛は転売してもよい。「砧板」は同宗族のほかの房族から借りてもよい。

②吃新節

吃新節[22]について、「卡上」は大洪村から雲頂村辺りまで、江西武功山区の客家人と同じ旧暦の七月十五日に行う。「卡下」では行わない。

以下では、中国王朝の介入に伴い、高坡郷一帯と関係する土司を整理しつつ、中曹謝氏を中心に考察する。

第二節　高坡郷一帯における関連土司の統治と「卡上」・「卡下」の形成

それ以前のこの一帯における「苗」の状況、中国王朝の介入に伴う周辺の土司の変遷を概観する。

（一）明代以前

高坡郷一帯に関して、具体的な記載が文献に登場してきたのは明代であるが、明清の土司統治を検討するために、それ以前のこの一帯における「苗」の状況、中国王朝の介入に伴う周辺の土司の変遷を概観する。

前述したように高坡郷一帯は、現在の恵水県と隣接している。恵水一帯は宋代の南寧で、元代の「八番」の地である。至道元年（九九五）、南寧の龍氏が朝貢で連れて来た「蛮」の中に、苗族の重要な伝統文化の「瓢笙（蘆笙）」を演奏する「蛮」がいた記載が残っている。[23]これは恵水一帯に宋代から「苗」が存在していたことを示唆する。高坡苗族は恵水支系に属し、高坡苗族の先祖も宋代からこの一帯にいた可能性があると思われる。

宋代はまだ羈縻政策が実施されており、高坡郷一帯の実態は不明だが、後にこの地域に勢力を伸ばした貴州最大の土司水西安氏の前身である羅氏鬼国は、当時の一般著作による詳細な記載があるように、貴州の西北部を中心に小国家群を建てていた。[24]（道光）『大定府志』巻四七・水西安氏本末第四上・旧事志三に、唐代以前、その先祖である妥阿哲の十八代目に当たる阿納が既に貴陽辺りまで勢力を拡張していた様子が確認できる。

元代に入ると、羅氏鬼国を含むイ族小国家群は元王朝との間で招撫と背反が繰り返され、徐々に土司制度に組み込まれていた。至元十五年（一二七八）羅氏鬼国の亦溪不薛の地（後の水西）は降伏することを拒んだため、翌年討伐された。十九年（一二八一）に再び反叛し、討伐された後、順元路軍民宣慰司（貴陽一帯）が設置された。翌年七月に亦溪不薛宣慰司が設置された。二十九年（一二九二）に亦溪不薛・順元・八番羅甸の三つの宣慰司を併せて、八番順元等処宣慰司兼都元帥府を設置し、その治所は貴州、即ち現在の貴陽である。[25]

元貞元年（一二九五）に再び亦渓不薛宣慰司だけを雲南に隷属させた。その後、大徳五年（一三〇一）に亦渓不薛女土官奢節と順元土官宋隆濟らの蜂起が起きた。これによって、亦渓不薛宣慰司が廃止され、酋長阿晝が宣撫使となった。その管轄下の「水外六目」[26]は貴陽の一部を含む。[27]以上のように、少なくとも元代から後に水西と呼ばれたイ族土司亦渓不薛が貴陽辺りに強い影響力を持っていたことが分かる。

一方、至元二十一年（一二八四）に管番民総管府が設置され、その属下にあった末端土司の一つとして、最も高坡郷に近い中曹百（白）納蠻夷軍民長官が設置されたが、[28]この時点で高坡郷一帯がこの行政区にどのように所属していたのは不明である。しかし、この辺りには既にイ族土司の影響が及んでおり、また末端土司も設置されたと推測される。

（二）明代

明代に入ると、安氏の統治体制は明王朝に組み込まれていきながらも、貴陽一帯に多大な影響を与えていた。駅道の開通、衛所の設置に伴い、高坡郷一帯の記載も正史に現れ、謝氏も登場した。このように、「卡上」・「卡下」が形成される環境は徐々に整えられていくこととなる。

洪武五年（一三七二）、亦渓不薛酋長靄翠が明王朝に帰順し、「貴州宣慰使を世襲せしむること、故の如し」[29]と命じられた。翌年、明は靄翠に対して「位は各宣慰の上に居る」[30]とした。これはその管轄区域に雲南に入るための東西二つの滇黔駅道が通っており、四川・雲南・貴州の軍事的要所となっているからである。[31]明は貴州宣慰司を中心に管理していたが、安氏は改土帰流を実施しようとする中国王朝に利用されながらも、王朝に策略的に抵抗し、[32]崇禎年間までにその強大な勢力を持ち続けていた[33]。

安氏の貴陽一帯の支配について、まず、貴陽一帯における駅道の開通と衛の設置から少し見てみる。貴州宣慰司において、洪武十七年（一三八四）までに十一の駅站が設置された。洪武十五年（一三八二）に水西衛も置かれたが、遅くとも弘治年間に廃止されていた[34]。このように、衛所制度は崇禎三年（一六三〇）に安位が降伏するまで水西に浸透していなかったとされている[35]。

次に徴税・徴兵のための「里甲黄冊」制は、多くの土司の地域と同じく貴州宣慰司においても実施されなかった[36]。万暦六年（一五七八）にようやく貴陽辺りで田地を測量し始めたが[37]、水西はその影響を受けず、領有する多くの土地は保全されていた[38]。戸籍の調査（黄冊作成）も清の改土帰流後に初めて行われた[39]。こうして、水西は貴州の要所を占拠し、広く豊かな土地を保有して他の土司と土民に支配を及ぼしていた[40]。

明は衛所を中心に「衛学」・「司学」のような儒学を設置した。しかし、貴州宣慰司には司学が開設されたものの、水西などの土司はあまり関心がなく、原住民が儒学に入るのを禁止していた[41]。崇禎年間まで、水西の各夷は氈を羽織り、弩を背負い、礼を知らなかったという[42]。この時代、高坡郷に隣接する青岩哨一帯の夷漢雑居地域において、市が多く、イ族との経済交流などが盛んであった[43]。このように、水西の支配により、貴陽一帯の原住民までイ族の影響を受けたと思われる。

以上のような水西の支配は、高坡郷一帯の高坡苗族とどのように関係していたのか。実は高坡郷一帯の高坡苗族の口頭伝承によると、彼らの多くは明代から徐々に黒羊箐（現在の貴陽市雲岩区一帯）—燕楼—党武—恵水—高坡というルートで移住してきたという[44]。水西安氏の管轄地域である「水外六目」はまさに貴陽市の西北に位置する清鎮・修文・息烽及び貴陽市の雲岩区と隣接する烏当区と白雲区を含む[45]。「水外六目」は安氏にとって重要な穀倉地帯であったため、[46]この一帯に対する管理に重きを置いたと思われる。一方、安氏は宣慰使として衙門を現在の貴陽市内に構え、官印を管掌していたが、当初明王朝は公務がないときに勝手に水西に還らないように、[47]安氏を常に省城（現在の貴陽市内）に駐在させていた。

温春来氏が指摘したように、安氏はイ族の血縁関係に基づく政治制度、独自の文字・伝統により、王国に類似した政治共同体を維持し、その配下の中下層に「イ（権）威」を浸透させていた。[48]明は水西が企てる度に必ず「東苗」をはじめとする「水外苗仲」と結託すると認識しているように、[49]崇禎三年（一六三〇）に「水外六目」の地を失うまでに、高坡苗族を含む貴陽一帯の原住民にとって、軍事・政治・経済・文化等様々な面において、安氏の権威が保たれていたと思われる。

イ族は「尊黒賎白」の伝統がある。貴族・土司などの支配層は「黒イ」で、その支配下にあるものは「白イ」と呼ばれた。また佃戸、奴隷となった漢人や他の民族もいた。（民国）『大定県志』に清代初期に水西の支配下の部族に白苗がいたことが記載されている。[50]第一節（一）で述べたように、貴陽一帯の苗は明代に「東苗」と呼ばれ、清代に入って「白苗」の呼び方も現れた。その服飾の特徴として、明代の「東苗」は浅い藍色で、清代の「白苗」は白色である。[51]明代「東苗の乱」で鎮圧された東苗の寨が後に「白苗」の居住地となったことから、[52]イ族安氏の部族となった一部の東苗は、その衣装の色も部族に相応する「白」に変えさせられ、「白苗」と呼ばれるようになった。そして「白苗」（高坡苗族）にとって、「上」のイ族が尊ぶ「黒」も権威を示す「シンボル色」となり、牛を供犠にする祖先祭祀で得た「黒の身」という意味の「介東」を尊び、それを絶対的権威だと思うようになったと推測するに難くない。

実際、筆者は高坡郷一帯の祖先祭祀に関する調査中に、しばしば「白馬祭天、烏牛祭祖」という言い伝えを耳にした。[53]イ族文献『西南彝志』に水西の遠祖が行う三種の祭祀について、「白馬祭天、烏牛祭地、白羊祭祖」と類似の記載をしている。[54]また、高坡苗族の祖先祭祀の際、シャーマンが羽織る「毛氈」は、前述した明の崇禎年間まで水西の「各夷」が羽織っていたイ族の羊毛披氈とよく似ている。[55]以上述べたように、安氏の統治下の「イ（権）威」による伝統文化要素は、特に嘗てそこにいた高坡苗族の祖先祭祀に与えた影響が大きいと思われる。

一方、駅道の開通・衛所制度の確立は、高坡郷一帯の「卡上」・「卡下」の形成背景となった。謝氏も登場した。前述したように、元代に中曹百（白）納軍民長官が設置されていた。明洪武五年（一三七二）に中曹蛮夷長官司が新たに設置された。[56]中曹を分離させたことは、この地域の行政上の重要性を物語っていると思われる。中曹謝氏については、第三節で詳しく考察する。

洪武二十六年（一三九三）に貴州前衛を増設し、多くの屯堡及び哨・舗も設置された。高坡郷一帯に関係する哨は、貴陽に近い順に、花仡仡哨（花渓区花渓鎮）、桐木嶺哨（桐木嶺村）、青岩哨（青岩鎮）、打鐵哨（黔陶郷）などが設置され、[57]明朝の管轄が徐々に現在の「卡上」一帯に入り込んでいったことがわかる。

そして、明代から高坡一帯と関わっていた駅道や舗を見てみると、主に貴陽、定番（恵水）、龍里辺りに設置されている。貴陽から定番までの駅道は、貴陽と定番の間に位置する高坡一帯に影響を与えたと思われる。明洪武年間に設置された龍里駅は、高坡郷の東南部に位置する。その維持には水東宋氏、中曹謝氏が関わっており、[58]謝氏はこの一帯の管轄に参入していたことが分かる。

実際、明の駅と現在の高坡郷一帯に残っている古道との関連について、筆者は二回のフィールド調査を行った[59]（図2参照）。まず青岩鎮から高坡郷方面へ行く途中の黔陶郷に通ずる古道があり、また黔陶郷―高坡郷の石門村―高坡村―水塘村―甲臘沖（恵水県）の順に古道がある。つまり、貴陽から恵水までの間に、貴陽市―花渓鎮―青岩鎮の要路と合わせると、貴陽―花渓―青岩―黔陶―石門―高坡―水塘―甲臘沖―恵水という交通線となる。また雲頂村の東

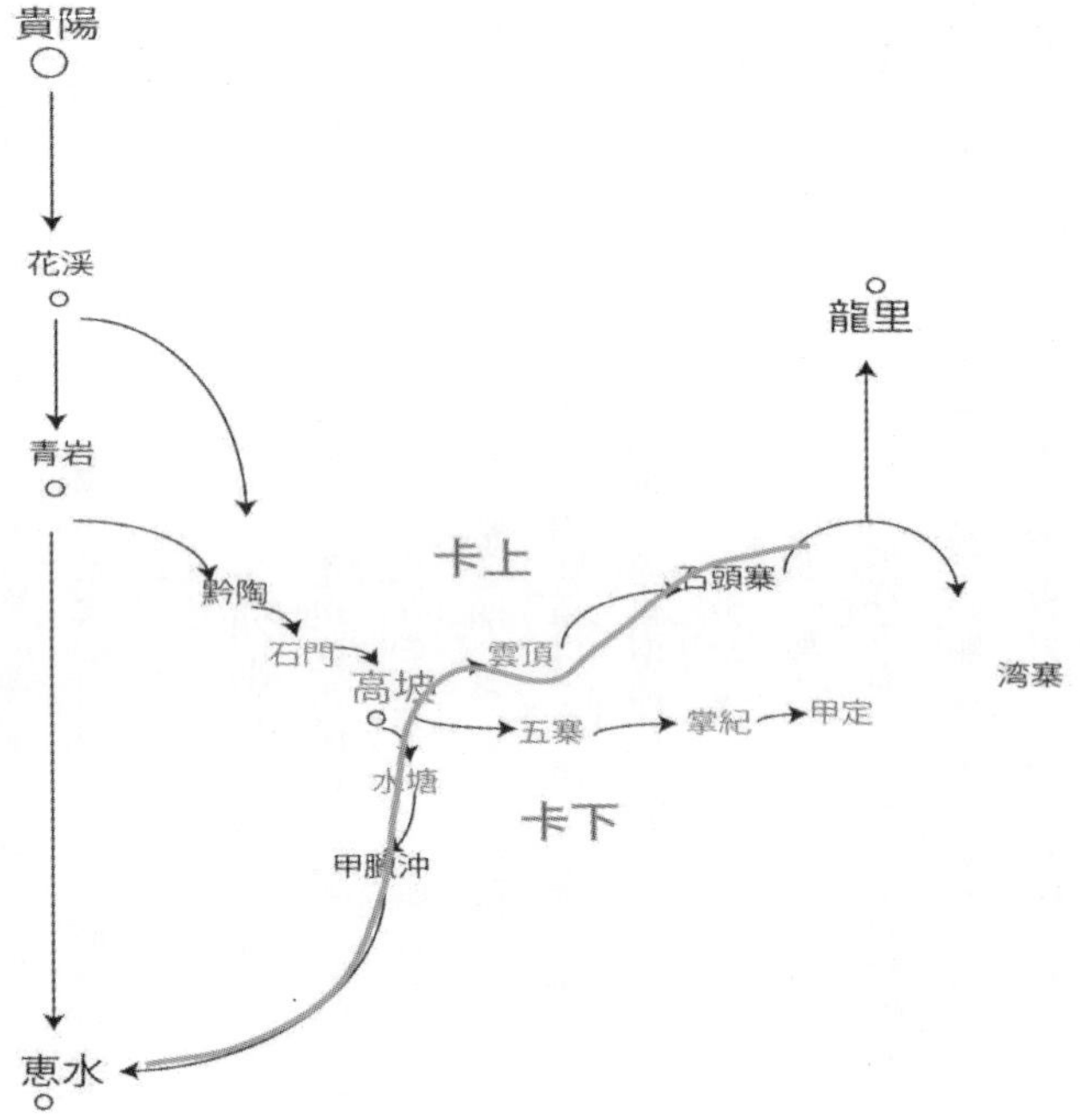

図2　高坡郷駅道図（二〇一六年三月、二〇一七年四月の調査データを基に作成）

側に古道があり、これは龍里県境域内の石頭寨まで繋がっている。これは龍里と恵水の間に龍里—石頭寨—雲頂—高坡—水塘—甲臘沖—恵水という交通線があることを意味する。貴陽、恵水、龍里に通ずる駅道の管理を考えると、図2のように、「官用」の可能性の高い「龍里—恵水」交通線は、丁度「卡上」・「卡下」の境界線と一致している。更に高坡村（亥の市）—五寨村—掌紀村—高寨村—甲定村（子の市）の間にも古道があり、市との繋がりを考えると、主に「民用」あるいは「商用」の古道であった可能性が高い。要するに、明代の駅道の設置は、多かれ少なかれ高坡郷一帯の交通に影響を与え、後に地域区分が形成される一因となったのではないか。

　こうして、明朝の統治が深く入り込むようになると、高坡郷一帯は「反乱」という形で中国王朝とかかわることになる。前述のように、天順年間に「諸種蠻夷の首」と呼ばれた東苗は「東苗の乱」を起こし、戦火は高坡郷一帯の寨まで波及した。そのため、高坡郷一帯の寨も正史に登場するようになる。

『明英宗実録』巻三〇二には、天順三年（一四五九）の「東苗の乱」を鎮圧するため、四月から明軍が高坡郷一帯のどの苗寨まで攻めたかが具体的に記載されている。最初の四つの進攻標的である谷種・青崖・牛皮箐・鬼山は、全て高坡苗族の分布地域である。その後、明軍は青岩から再び現在の高坡郷の奥まで攻め、攻め落としたのは石門村、街上村、恵水の大塡郷、掌紀村、甲定村である。つまり明軍は「卡上」に入り、「卡下」まで攻めたことになる。最後には恵水の羨塘、龍里の金配などまで到達した。この時「東苗の乱」で鎮圧されたのは、まさに高坡郷一帯である。つまり、「東苗の乱」以降、高坡郷辺りは確実に明朝の統治下に入ったと言えよう。

この時、水西の安隴富は、明朝に軍馬を納めるなど、「東苗の乱」の鎮圧と関わっていた[60]。その後、水東の宋昂は弘治年間に再び反乱を起こした東苗を鎮圧し、弘治庚申の年（一五〇〇）に石門村の崖に「永鎮邊夷」の四文字を刻み、この一帯に対する自らの支配権を示した[61]。高坡郷一帯において、謝氏が登場してきたが、安氏と宋氏の勢力はまだ強かったであろう。

高坡郷一帯における土司の統治に再び大きな変化が見えるのは、天啓元年（一六二一）に「奢安の乱」が起こってからである。この反乱では首謀者である四川永寧奢崇明と水西安邦彦が、烏撒安氏、水東宋氏と共に九年間に亘って明朝に対抗した。前述のように「奢安の乱」が鎮圧された後、水西の場合、崇禎三年（一六三〇）に安邦彦の後継者である安位が降伏を申し入れ、「水外六目」が明王朝に没収された。明王朝は水西を版図に収めようと試みたが、失敗に終わり、崇禎十年（一六三七）に安承忠が宣慰使を継承した[62]。しかし、水西安氏は「水外六目」の領地を失い、高坡一帯に対する影響も小さくなったと思われる。また、水東宋氏が改土帰流され、その勢力も滅亡した[63]。

「奢安の乱」が謝氏に与えた影響は不明だが、『貴陽府志』巻八八・土司伝下によると、宋氏の属下にあった中曹長官司長官謝氏は改土帰流されず、清代初期まで土司を継承し、清朝に帰順した。道上峰史氏によれば、明は「奢安の乱」を鎮圧した後も徹底的に改土帰流をせず、土司の領土を細分化して再配置し、功績のある漢人と漢の法を取り入れるような新支配体制を採用した。[64] 要は、崇禎末期に水東宋氏の失脚と共に、高坡郷辺りは確実に中曹長官司のような末端土司の管轄下となった可能性が高く、その統治体制も漢的要素に影響されていた。

一方、「奢安の乱」では、青岩土人班氏が明に協力し、班麟貴が貴州前衛指揮同知に任命され、高坡郷辺りと関わり始めた。崇禎四年（一六三一）に高坡苗族が反乱を起こし、班氏は再び功績を立て、開花（擺籠村の一部）、蒋呆（杉坪村）、甲定（甲定村）を統治するようになった。[65] 明末に高坡郷一帯において、謝氏以外に班氏の勢力も浸透してきた。しかし、班氏は本拠が要衝の青岩であり、高坡における勢力は決して大きくなかったと思われる。

（三）清代

清朝に入り、王朝は貴州の改土帰流に大いに力を入れた。安氏が衰退し、謝氏の勢力が確実に強固されつつも、他の土司の参入も見られる。このような変遷は高坡郷一帯に変化をもたらしてきた。また、高坡郷に塘が設置され、「卡上」・「卡下」という境界がより明確となった。

清康熙初期、反乱を起こしたとされる安坤が討伐され、水西は更に弱められた。その後、宣慰使を継承した安勝祖は民事軍事に勝手に干渉できず、有名無実の存在となり、康熙三十七年（一六九八）に宣慰司は廃止された。[66]

清代の高坡郷一帯は貴陽から「苗」の奥地に入るための要塞となりつつあっただけに、多くの小土司が統治するようになった。雍正五年（一七二七）、貴州巡撫何世璂は貴陽・安順府などが「造冊」しに来ることを奨励し、これを機に徹底的に改土帰流を進めるべきと上奏した。[67] これに対して、貴州の改土帰流を主導してきた鄂爾泰が各地の状況に配慮すべきことを進言し、雍正帝の賛同を得た。[68] この時は貴陽南側の長寨を武力征服した直後で、安順・貴陽辺りより、黔東南に重きを置き始めていた。そして、鄂爾泰は貴州の統治について、きちんと田地を調査し、それぞれの所属を明確に規定することを上奏した[69]。こうして、高坡郷一帯に対する統治は、貴陽の状況に鑑み、一部の末端土司に頼り、更に土司の勢力を互いに牽制させるものとなったと思われる。

実際、順治十五年（一六五八）に中曹長官司長官謝正倫（九代目）が帰順した[70]。康熙二十三年（一六八四）に劉承興が中曹副長官を継承したが、雍正七年（一七二九）に改土帰流された[71]。また中曹謝氏、青岩班氏、白納周氏による管轄以外に、現地で発見された碑文によると、雍正九年（一七三一）に大平伐長官司が高寨村辺りを管轄していたことが明らかとなった[72]。

そして、『貴陽府志』によれば、謝氏は高坡を統治するため、その衙門を高坡郷に隣接する現在の黔陶郷半坡寨に移した。そして謝氏が管理した四十七の寨の一部は現在の黔陶郷に属しているが、残りの大半は「卡上」の寨である[73]。清朝に入ってから、謝氏は清王朝の改土帰流、及び各土司に対する牽制により、このような状況となったと思われる。

一方、清代の高坡郷一帯に「塘」が設置され[74]、「卡上」・「卡下」の境界線はより明確になってきた。ここの「塘」は明代の塘を継承したもので、戦略上の要所に点在し、見張り所と軍事情報伝達の拠点を兼ねる[75]。一方、清代の「卡」に関しては「碉卡」、「卡座」、「苗卡」などの表記があり、これらは「苗」を監視するための見張り場だったようである[76]。つまり、「苗地」と「民（漢人）地」の境にある「塘」はある種の関所で[77]、漢語でいう「関卡」・「卡」である。高坡塘が設置されたことで、「苗」と「民」を管理する「卡」ができ、「卡」（「塘」）という概念が生まれたと想定される。

「卡上」と「卡下」の呼び方の出現については、より確実な史料的証拠はまだ見つけていないが、少なくとも「高坡塘」という「卡」は現地の「苗」と深く関わっていたと思われる。故に「卡」が置かれた貴陽により近い区域が「卡上」で、その反対の区域は「卡下」と呼ばれたのも不思議ではない。

第三節　文献史料から見る中曹長官司長官謝氏

中国王朝及び関連土司の統治が高坡郷一帯に与えた影響を見てきたが、何故「卡上」と「卡上」において、文化的な相違が生じてきたのか、謝氏を中心に検討していく。まず文献史料からその統治実態をまとめる。

（一）明代

最初に「中曹」と「謝」が一緒に確認できるのは、『明太祖実録』巻二二六に、洪武二十六年（一三九三）、貴州中槽（曹）蠻夷長官謝阿梭が朝貢した、という記載である。この漢人の輩行字に使用することのない「阿」は、「梭」と組み合わせて、非漢民族語の音訳を表すものと思われる。また『明太宗実録』巻三八に、永楽三年（一四〇五）、中曹・水東が共に朝貢したとする記載が見える。そこには中曹と水東の従属関係は必ずしも認められず、むしろ並列に近いものであったように思われる。更に興味深いのは、『明孝宗実録』巻四九に、弘治四年（一四九一）に謝氏と水西安氏が共に朝貢した記載があり、両者の関係は緊密に見える。同書巻九六に、弘治八年（一四九五）、中曹謝氏が八番の方番と共に朝貢したことが見える。そして、『明世宗実録』巻二一〇に、嘉靖十七年（一五三八）に中曹謝氏の単独の朝貢が確認できる。『明穆宗実録』巻四八に、隆慶四年（一五七〇）に、貴陽付近及び思州、黎平一帯の、中曹長官司を含めて計三十三の土司が穆宗に謁見したことが見える。同書巻六一に、隆慶五年（一五七一）に、明代の謝氏の朝貢を最後に確認できる。

以上のように、明朝では中曹謝氏は比較的地位が低い割には、積極的に中国王朝に朝貢していたことが分かる。また水東宋氏の属下にあった謝氏は、実際水西安氏、八番土司とも関係を保持していたと思われる。

謝氏に関係する明代の史料は、実は文献以外に碑文中にも残っている。それは高坡郷の街上村の拐蘇寨で発見されたものである。筆者の現地調査の案内人兼通訳である羅万府氏は、楊庭碩氏が八十年代に高坡郷（当時の高坡公社）を調査した時の通訳であった。彼は一九八四年頃にこの碑文を発見し、その内容を記録した。残念ながら、筆者が調査した時には、この碑文は壊されていたが、羅氏の記録によるとその碑文は以下の通りである。

拐蘇生貓、蒙承□□□□□□、準伐木□□□□□、悉寨墾山爲土…洪武壬子…[78]

これによると、その内容は拐蘇一帯の伐採及び開墾に関する明側の指示のようである。では、なぜ伐採を許可すると記したのか、また開墾以外に特別な意味があったのか。『黔記』巻四・輿図志によると、高坡よりずっと西に位置する安南衛では、当時防御などのために、樹木の伐採が行われていたとある。[79]現在、街上村から雲頂村一帯は「雲頂草原」があるような平野となっているが、嘗ては樹木の茂った森林であった。第二節（二）で述べたように、明洪武年間に貴陽から龍里まで駅道が開通された。そして雲頂村の東側には龍里県に繋がる古道が確認されている。つまり、「苗」の地区に駅道の開通と共に、明朝の統治がこの街上村辺りまで入った可能性がある。雲頂村と隣接する街上村で発見されたこの碑文に見える「洪武壬子」は「洪武五年」に当たり、中曹蛮夷長官司の設置と同年である。これを裏付ける直接の文献史料はないが、元王朝の「中嶆百納蠻夷軍民長官」から新たに明王朝の「中曹蠻夷長官司」となった謝氏は、駅道開通のため、森林という物理的な障害とそこに住む「未知の苗蠻」という障害を取り除くための伐採と何らかの形で関わっていたのかもしれない。

（二）清代

清代に入り、中曹謝氏は順治十五年（一六八五）の帰順後、あまり正史に記載が見えなくなるが、他の史料中に謝氏と高坡苗族（東苗）との関連記述が少し見られる。

第二節（三）で述べたように、雍正七年（一七二九）に中曹副長官劉氏が改土帰流された。大規模な改土帰流が行われた雍正年間に、中曹長官司長官謝氏はどうなったのであろうか。『黔南職方紀略』巻一・貴陽府及び（嘉慶）『欽定大清会典事例』巻二三によると、貴陽府の直接管轄となった謝氏にまだ実権が残っているようにも見えるが、実際には改土帰流の影響によってその勢力も縮小されていたのではないか。

一方、清光緒年間の『黔南苗蛮図説』三十四・東苗には、東晋に牂牁太守に任命された謝氏が登場し、その部族は東苗・西苗とされている[80]。東苗の分布地域において、唯一中曹司に謝氏という土司が存在するので、中曹謝氏を指していること以外に考えにくいが、これは謝氏が東苗・西苗と関係していること、そして何より謝氏が漢人の祖先を持つと主張していたことを示している。

また二〇一六年十月九日に黔陶郷半坡寨謝氏の後裔である謝啓渭氏（六十二歳）から蒐集した謝氏の後裔が作った三種の族譜、即ち民国十一年（一九二二）の『謝氏瓜瓞譜序』、一九八二年の『家樹家声』、二〇一二年の『謝氏家譜』は、共に「原籍は江西吉安府盧陵県大水橋、白熹公自り進士に由り江南應天府刺史に選授せらる。…遂に應天府金陵県烏衣巷に家す。前の明洪武二年の歳、西公（石寶）に在りては千戸を以て奉調し、征に随いて黔に入る[81]」と記されている。確かに明代の「調北征南」によって、江西などから大規模な徴兵が行われた。また、実際に筆者が調査した高坡郷一帯の苗族の中には、本籍を江西と主張する人も少なくなかった。しかし、謝氏に関しては『黔記』巻五八に「土人」と記されている。以上のように、民国年間の『謝氏瓜瓞譜序』は謝氏の本籍を江西と強調し、特に第四節で検討する信憑性の高い康熙二十二年（一六八三）の「印冊」にも始祖が南京應天府の人としているのが、中曹謝氏は清順治十五年（一六五八）に帰順し、改土帰流などの影響によってより漢化され、漢人の祖先を持つように附会したものと言えよう。

これについては、中曹謝氏の族譜を更に分析し、現地で収集した口頭伝承を併せて、その実態を解き明かしていきたい。

第四節　中曹長官司長官謝氏の族譜及び口頭伝承

三種の族譜の中で最も古い『謝氏瓜瓞譜序』をメインにして、更に検討を重ねたい。この族譜は①咸豊八年（一八五八）に書き写した清康熙二十二年（一六八三）の「印冊」、②「跋」（清道光十五（一八三五）、明洪武九年（一三七六）、清同治元年（一八六二）の順）、③民国十一年（一九二二）に族譜を新たに修訂する経緯を記した文、④「宝塔式図譜」（始祖は系図全体の最上段の中央に位置し、子孫はそこから左右対称に下方に向かって広がる形で配され、父子間の系譜関係を縦線で直結する形式）、⑤「源流備考」（有名な祖先の経歴、功績等についての情報を個別に記述）の五つの部分から成る。

その内容に関して、洪武年間の記載は信憑性を欠く。それ以外の清代の跋の大半は祖先を称えたものである。しかし、最初の清康熙年間の「印冊」は、ある程度清代初期の謝氏の統治実態を示すものと思われる。

そこで、謝氏における管轄地域の変遷、中国王朝及び水西安氏との関係を覗ける「輿図」と「職官」の部分を検討する（原文については適宜注を参照されたい）。

「輿図」（管轄範囲について）[82]：ここでの記載により、明代末期から清代初期までの謝氏は主に中曹を管轄し、更に高坡地方も管理していたことが分かる。その範囲は今の高坡郷一帯、「卡上」と「卡下」を含める地区で、つまり元々高坡郷全体を統治していたことを意味する。そして、清代初期まで高坡一帯には白苗とプイ族がいた。白苗は紅毡條を使用していたようで、これは現在の高坡苗族が「紅毡苗」と呼ばれていることと関連しているのであろう。また高坡の市（猪場）が、清代初期に存在していたことも分かる。

「職官」（長官司の継承の状況などについて）[83]：謝氏は明代から印信（土司の文武衙門が使う方印で、公文書に署名捺印して威信を示す）を受け、清康熙初期にも印信と號旨（土司の任命書）を受けた。『貴陽府志』巻八八・土司伝下に「中曹蠻夷長官を授かること九世より正倫に至り…正倫より天恩に傳う」とあるように、この「印冊」を書いた謝天恩は十世である。謝正倫までの墓は現在の中曹郷大寨付近で確認できるが、謝天恩の墓は高坡に隣接する半坡寨にあり、そこで「熙朝開駿業、累代沐鴻恩」扁額の存在も確認した。つまり、謝天恩が康熙年間に衙門を半坡に移し、新たな官途に就いたようである。

謝氏は明代以来、高坡郷を含む貴陽の南方に対して「招撫南邊」を行ってきたため、高坡郷一帯を「兼至」のような形で管理していたと主張する。実際、改土帰流を通して清王朝の支配は更に「苗地」に浸透し、謝氏の管轄も徐々に縮小され、やがて主に「卡上」となり、衙門も半坡に移ったと思われる。また「天啓年間安酋、叛を作し」により衙門が焼かれたという表現は、水西安氏との関係が「奢安之乱」で対立するようになったことを示唆するように思われる。

次に口頭伝承から謝氏の影響力を見ていきたい。「卡上」における謝氏の統治では、他の土司との確執も見え隠れする。筆者は聞き取り調査中に以下のような口頭伝承を収集した[84]。謝氏は「卡上」の擺籠村在住のある王氏老人と兄弟の契りを結び、擺籠一帯の穀物の徴収、租税の勘定を王氏に依頼した。当時、擺籠と大洪の苗族は同宗で、現在の高坡村に「牛打場」[85]を持っていたが、漢族と土地問題で争った。王氏はそのことを謝氏に相談したところ、謝氏は兄弟分の王氏の宗族に、自分の管轄域内の半坡にある深冲という場所に新たに「牛打場」を作らせたという。その後も謝氏の管轄領内に擺籠王氏の「牛打場」はずっと保たれていた。これは約一一〇年前の光緒後期から宣統初期の間のことだという。つまり、実際、宣統初期まで謝氏は「卡上」を管理していたことになる。また前述のように、擺籠の一部は明の崇禎年間から青岩土弁班氏の管轄のはずであったが、実は青岩で保存されていたある碑文から、その半世紀以上前の道光年間に入ってから、班氏の土官としての勢力が次第に弱体化していたことが窺える[86]。光緒後期の擺籠における班氏の勢力の実態を示す史料は欠けているが、謝氏が擺籠の王氏とうまく関係を結んで味方にし、租税などを徴収していたことは、嘗て班氏との間に利害関係をめぐる争いがあったこと、また清末期において「卡上」の謝氏の影響力が依然として大きかったことを示している。更に貴州の文学者張畢来氏の「高坡苗民小学創辦紀実[87]」によると、一九三五年頃の民国期においても謝氏の協力で小学校建設を成功させたほど、その影響力はなお大きかったようである。

以上みてきたように、高坡郷一帯では、明末から少しずつ安氏統治の影響から謝氏統治へと切り替わり、民国期までに特に「卡上」では謝氏の支配力が強かった。その結果、「卡下」より「卡上」のほうが「イ」的要素から「漢」的要素へ転換した部分が多かったと思われる。

こうして、特に「イ」的要素を持つ「敲牛祭祖」に関しては、「卡上」と「卡下」の違いが徐々に形成されてきた。更にもう一つ改土帰流と関連する興味深い史料を見つけた。貴州巡撫張廣泗は雍正八年（一七三〇）頃、雍正四年（一七二六）に討伐した貴陽南側の長寨一帯が再び「敲牛祭賽」を行うようになり、それを引き続き禁止し、警戒すべきと上奏した。[88]彼は上奏文の中で長寨を平定して以来、貴陽・安順が攪乱されなくなったと主張した。大勢の苗が集まる牛を供犠とする祭祀を大きな不安要素として捉え、恐らく貴陽を含むその近辺の「敲牛祭祖」を取り締まっていた。これは謝氏の統治方針にも反映された可能性が高く、「卡上」に対する影響も大きかったと思われる。

そして、「吃新節」についても、謝氏の統治と共に濃くなった「漢」の要素との関連を考えたい。まず、「卡上」と同じ日に祭祀を行う江西武功山区の客家人に注目したい。現在漢族と識別されている客家人は、その民族的出自について諸説あるが、学術的客家研究としては、「正統漢族論」[89]にせよ、「多様な客家論」[90]にせよ、漢族的文化要素を持っていることは否定できない。そして、武功山は江西省の萍郷市、宜春市、吉安市に跨っている。「卡上」を管轄していた中曹長官司長官謝氏は出自を漢人とし、原籍が江西省吉安市辺りとも主張しており、実は「卡上」の中曹副長官劉氏も同じように主張する。[91]つまり、謝氏と劉氏の出身地に対する主張と「卡上」の吃新節とは、「漢」という要素において共通点があり、何らかの関連性がある可能性を完全には否定できないと思われる。

おわりに

以上論じてきたように、元代から貴陽一帯に行政区域が設置され、この地域に聚居する「苗蛮」は招撫されるようになった。水西安氏の強大な支配力は貴陽にも及んでいた。明代以降になると、高坡郷一帯に中曹蛮夷長官司が新たに設置され、「哨」・「塘」（「卡」）が置かれ、駅道も開通した。高坡苗族の居る地域では、異なる土司を介して中国王朝との政治的な関係が生じ、特に清朝に入ってから、改土帰流により一層多様な変化があった。言い換えれば、土司という「他者」がもたらしてきた様々な政治的「境界線」が存在し、それによって異なった政治・経済・文化空間が生まれた。このような空間の分割が、高坡苗族の伝統社会と伝統文化に差異をもたらしたと思われる。

謝氏と中国王朝及び周辺の土司との関係変化については、次のようにまとめられる。

①謝氏は元代から貴陽辺りにいた「土人」である可能性が高い。しかし、明朝との朝貢関係を保ちながら、徐々に漢化されていった。

②明代の謝氏は水東宋氏の管轄下にあったように見えるが、水東宋氏とも水西安氏とも微妙な同盟的関係にあったのではないか。そして、現在の貴陽市の中心地までその勢力を伸ばした水西安氏は、同盟関係にあった水東宋氏及びその管轄下の地域に影響を与えた。

③明末に謝氏は水西・水東との関係が「奢安の乱」によって大きく変わった。水東宋氏が失脚し、水西安氏の勢力も弱まったため、謝氏はその代わりに高坡郷一帯を直接統治するようになり、安氏と対立的な立場を取った可能性が高い。青岩班氏も高坡郷一帯と関わり始めたが、謝氏の勢力とは匹敵できなかった。

④清朝雍正年間の改土帰流により、謝氏の漢化は更に進んだ。一方、謝氏は「卡上」を中心に管轄するようになった。「卡上」に対する謝氏の影響力は民国期まで維持されていたため、「卡上」は一つの政治空間として保たれた。

以上のような変化は高坡苗族に大きな影響を与えた。まず少なくとも明末の「奢安の乱」までに、高坡郷一帯はイ族的な要素の影響を受けた。部族となった高坡一帯の「苗」は「下」の「白苗」となったが、その「上」に対する憧れから、彼らの祖先祭祀で得る尊称を「介東」（「黒の身」）とするのはその名残と思われる。しかし、「奢安の乱」の後、ますます漢化した謝氏は、高坡郷一帯を確実に支配し、「黒」を尊ぶイ族の安氏と対立的な立場を取り、一番長くその統治下にあった「卡上」において、「介東」という認識が薄れて消え、その代わりに「不孝に三有り、後無きを大とする」儒教的な考え方が現れた可能性を完全には否定できない。また「卡上」の「吃新節」も謝氏の漢化と少し関連性があるように思われる。逆に他の土司による統治が多くなっていった「卡下」は、謝氏の影響が少ないため、「介東」を保ち、「卡上」のような「吃新節」もない。しかし、謝氏をはじめとする土司の統治だけで、このような伝統文化が生成したとは言えない。

今回は紙幅の都合上、謝氏を中心に論じたが、今後更に「卡上」の副長官劉氏、漢人移民の楊氏を加え、「卡下」の土司統治を含めて、地域集団としての高坡苗族サブグループの形成史を検討する。よって、貴州中部の苗族の独自性と多様性を具体的に解明するための事例を更に考察し、王朝・土司・漢人・非漢民族の交錯的影響から「苗族」の形成史を再考したいと思う。

注

（1）本論文は第10回「未来を強くする子育てプロジェクト——スミセイ女性研究者奨励賞」の成果である。
（2）『元史』巻二九・泰定帝本紀・泰定二年条。『元史』巻三六・文宗本紀・至順三年条。
（3）『明英宗実録』巻二九三・天順二年七月辛卯条。
（4）楊庭碩・張恵泉「貴陽市高坡苗族的地理分布」（『貴陽志資料研究』第三期（高坡苗族調査専輯）、一九八三年九月）。
（5）注（4）前掲論文集以外に、羅栄宗『貴陽高坡苗族』（西南民族学院・藍印本、一九五三）、潘年英『百年高坡—黔中苗族的真実生活』（貴州人民出版社、一九九七、二九頁）、羅康隆『族際関係論』（貴州民族出版社、一九八八、一九二頁）などがある。
（6）温春来『従「異域」到「旧疆」—宋至清貴州西北部地区的制度、開発与認同』（三聯書店、二〇〇八）、John E Herman *Amid the Clouds and Mist: China*ʼ*s Colonization of Guizhou, 1200-1700*, Cambridge (Massachusetts) and London: The Harvard University

Asia Center, Distributed by Harvard University Press, 2007. 陳賢波『土司政治与族群歴史—明代以後貴州都柳江上游地区研究』(三聯書店、二〇一一）など。

（7）サブグループの分類については、その分布地域と言語を基準とする。王輔世『苗語古音構拟』(国立アジア・アフリカ言語文化研究所出版、一九九四、一四頁）参照。

（8）大規模かつ長距離の移動に関する記載は、正史、地方志以外に、呉澤霖『貴州苗夷社会研究』(文通書局、一九四二)、注（4）前掲論文集、注（5）前掲先行研究においても言及されていない。筆者が現地調査で収集したオーラルヒストリーなどにもそのような内容がない。

（9）『元史』巻一七・世祖本紀・至元二九年条。

（10）(弘治)『貴州図経新志』巻一・貴州宣慰司上・風俗、巻一一・龍里衛・風俗、同巻・新添衛・風俗。

（11）『明英宗実録』巻三〇八・天順三年十月甲寅条。

（12）(康熙)『貴州通志』巻三〇・土司・蛮獠。

（13）(道光)『貴陽府志』巻八八・苗蠻伝・白苗、同巻・土司伝下・青岩外委土舎班氏。

（14）楊庭碩「貴陽市高坡苗族的名称」(注（4）前掲論文集所収)。

（15）注（14）前掲論文。

（16）張恵泉は「雍正「碑記」及「永遠存照」両碑史料価値簡述」(注（4）前掲論文集所収）の中で、高坡苗族が嘗て「東苗」と呼ばれた証拠の一つとして碑文を挙げている。

（17）貴陽市花渓区地方志編纂委員会編纂『貴陽市花渓区志』(貴州人民出版社、二〇〇七、六七頁)。

（18）『貴陽府志』巻二五・疆里図記第一之二、注（17）前掲書（六七～七〇頁)、及びフィールド調査のデータを参照した。自然寨で確認したため、複数の場合もある。確認できない村は「?」で表記する。
(19)（清）蒋攸銛『黔軺紀行集』貴州考（顧久主編『黔南叢書』第九輯所収、貴州人民出版社、二〇一〇）。
(20)祖先に奉げる米飯・肉を置く、取っ手の付いている木製の板。
(21)高坡苗族は同じ祖父を持つ一族のことを房族というが、その範囲は厳密なものではなく、より広い範囲を指す場合もある。
(22)苗族の吃新節は豊作を祝う祝日で、主に貴州の山間部において、旧暦の六月から七月までの間で祝う。
(23)『宋史』巻四九六・蛮夷列伝四。
(24)（宋）范成大『桂海虞衡志』志蛮（文学古籍刊行社、一九五五）、（宋）周去非『嶺外代答』巻三・外国門下（文殿閣書荘、一九三七）など。
(25)『元史』巻一七・世祖本紀、（道光）『大定府志』巻四五・旧事志一。
(26)鴨池河の東側の一部を「水外六目」と呼ばれていた。
(27)『大定府志』巻四七・水西安氏本末第四上・旧事志三。
(28)『元史』巻六三・地理志六。
(29)『明太祖実録』巻七一・洪武五年正月乙丑条。
(30)『明太祖実録』巻八四・洪武六年八月戊寅条。
(31)（清）彭而述『讀史亭文集』巻九・水西記（四庫全書存目叢書編纂委員会編『四庫全書存目叢書・集部』第二〇一冊所収、荘嚴文化事業有限会社、一九九六）。
(32)注（6）前掲 **Herman** 書. **pp71-102.**
(33)『大定府志』巻四八・水西安氏本末中、旧事志四。（清）羅繞典『黔南職方紀略』巻三・大定府（季羡林・徐麗華主編『中国少数民族古籍集成』第八十八冊所収、四川民族出版社、二〇〇二)。
(34)『大定府志』巻一八・古城墓塚第七・黔西。『貴州図経新志』巻三・貴州宣慰司下・古跡。
(35) 注(6)前掲温書、八七頁。
(36)(万暦)『明会典』巻二〇・戸口二・黄冊。
(37)『万暦会計録』巻一四・貴州布政司田賦。(万暦)『貴州通志』巻一九・経略志上・丈田疏。
(38) 注(6)前掲温書、八七頁。
(39)『大定府志』巻四〇・経政志二。
(40)(明)劉錫玄『黔牘偶存』圍城日録・叛逆縁起(注(33)前掲叢書第九十冊所収)。
(41) 注(6)前掲温書、九八頁。
(42)(明)朱燮元『朱少師奏疏鈔』巻八・蜀黔疏(『四庫全書存目叢書・史部』第六十五冊所収)。
(43) 胡慶鈞『明清彝族社会史論叢』(上海人民出版社、一九八一、一二頁)。
(44) 注(5)前掲先行研究以外に、筆者は二〇一六年から二〇一七年まで高坡郷一帯での聞き取り調査でも同じ口頭伝承を確認した。
(45) 翟玉前・孫俊『明史・貴州土司列伝考証』(貴州人民出版社、二〇〇八、四五~五〇頁)。
(46)『明熹宗実録』巻三九・天啓三年十月丁卯条。
(47)『明史』巻三一六・貴州土司列伝・貴陽。
(48) 注(6)前掲温書、一〇七~一二五頁。
(49)『明熹宗実録』巻八三・天啓七年四月辛亥条。

(50)（民国）『大定県志』巻二一・芸文志。
(51)『貴州図経新志』巻一・貴州宣慰司上・風俗。（康熙）『貴州通志』巻三〇・土司・蛮獠。
(52)『明英宗実録』巻三〇二・天順三年四月己巳条。前掲注（13）白苗の居住地と合わせて参照されたい。
(53)二〇一七年四月に蒐集した「卡下」の洞口寨王氏、板長寨楊氏、甲腊沖羅氏の族譜にも記載している。
(54)畢節地区彝文翻訳組『西南彝志』（九～十巻）（貴州民族出版社、一九九八、二三五～二三六頁）。
(55)森川登美江「彝族の歴史と服飾」（『大分大学経済論集』二〇〇八―〇一）。
(56)『明史』巻四六・地理志七。
(57)（明）郭子章『黔記』巻二一・兵戎志。
(58)（万暦）『貴州通志』巻四・宣慰使司・郵傳。（嘉靖）『貴州通志』巻四・徭役・駅馬鋪陳。
(59)二〇一六年三月及び二〇一七年四月。
(60)（嘉靖）『貴州通志』巻一一・芸文・安氏家伝序。
(61)楊庭碩「「永鎮邊夷」考」（注（4）前掲論文集所収）。
(62)『大定府志』巻四八・水西安氏本末中、旧事志四。
(63)『貴陽府志』巻八八・土司伝上・水東宋氏。
(64)道上峰史「明末奢安の乱再考」（川越泰博編『様々なる変乱の中国史』汲古書院、二〇一六）。
(65)『貴陽府志』巻八八・土司伝下・青岩外委土舍班氏。
(66)『大定府志』巻四九・水西安氏本末下、旧事志五。
(67)国立故宮博物院編『宮中档雍正朝奏摺』（国立故宮博物院、一九七八～一九八〇）第九輯、一九四～一九六頁、雍正五年十月二十八日、何世璂奏。
(68)『宮中档雍正朝奏摺』第九輯、七九三～七九四頁、雍正六年正月十九日、鄂爾泰奏。
(69)『宮中档雍正朝奏摺』第十二輯、八七二頁、雍正六年正月十九日、鄂爾泰奏。
(70)『清史稿』巻五一五・土司列伝四・貴陽府・中曹長官司。
(71)『欽定大清会典則例』巻一一〇。
(72)注(16)前掲論文。
(73)『貴陽府志』巻二五・疆里図記第一之二・中曹正司。
(74)『貴陽府志』巻四八・武備畧第六上。
(75)殷晴「提塘からみた清朝中央と地方の情報伝達」(『東洋学報』九九巻三号、二〇一七)。
(76)花沙納『徳壮果公年譜』巻四(廣文書局、一九七一)。鄂輝『平苗紀略』巻三二(注(33)前掲叢書第八十四冊所収)。
(77)『清史稿』巻一三五・食貨志一。
(78)羅万府「紅饗苗簡史」(花渓区苗学會・花渓区菊林書院編『花渓苗族』黔新出「圖書」二〇〇八年一次性内資准字第六二号、六七頁)。
(79)(明)郭子章『黔記』巻四・輿図志。
(80)(清)桂馥『黔南苗蛮図説』三四・東苗(李徳龍『『黔南苗蛮図説』研究』所収、中央民族大学出版社、二〇〇八)。
(81)『謝氏瓜瓞譜序』跋に「原籍江西吉安府盧陵県大水橋、自白熹公由進士選授江南應天府刺史……遂家於應天府金陵県烏衣巷。前明洪武二年歳在酉公(石寶)以千戸奉調、随征入黔」とある。
(82)『謝氏瓜瓞譜序』に「一輿圖…卑司治邑距省十里、地名中曹……東至王武寨界、南至上下大水溝界、西至濫泥溝・猪場場界、北至四方河匾担關界。兼至高坡地方、東至龍里司界、南至平伐司界、西至廣順州界、北至白納司界。其民有二種。一係白苗……皆係白布細摺、包頭自織花帕用紅毡條拴髪……一種係犾家……乃設一場名曰猪場」とある。

(83)『謝氏瓜瓞譜序』に「一職官……洪武三年題設中曹正長官司世襲土官之職、頒給印信一顆……大清朝初闢黔疆率領卑司於順治十五年投誠。経略閣部　洪併繳原領明頒印信一顆、随蒙賜給袍肩（帽）靴帯帯並發明示、即令招撫南邊一帯地方……於康熙六年二月十四日領頒康字一千一百七十號印信一顆、随即拜領開用任事。訖康熙九年十一月十四日領到部頒題準。卑司奉旨承襲號旨一張。其衙署……因天啓年間安酋作叛盡行焼燬無存今坐居如民房而已、並無建置衙門理合登明」とある。

(84) 二〇一七年四月二十六日に擺籠村の村民李国英氏（五十一歳）に対するインタビュー。また擺籠村の村民の間ではよく知られているという。

(85) 高坡苗族の「敲牛祭祖」の一環である「牛転場」を行う空地である。

(86) 張恵泉「青岩地区的三塊碑刻簡介」(『貴陽文史資料選輯』第十三輯（少数民族資料専輯）、一九八四年八月)。

(87)『貴州文史叢刊』一九九〇年第二期。

(88)『宮中档雍正朝奏摺』第十七輯、二七七～二七八頁、雍正八年十二月初一、張廣泗奏。

(89) 羅香林『客家研究導論』衆文図書再版、一九三三（一九八一）。

(90) 瀬川昌久「漢族の中の多元と一体」（瀬川昌久編『近現代中国における民族認識の人類学』昭和堂、二〇一二）。

(91) 二〇一六年十月十九日に孟関郷劉氏の後裔である劉向前氏（七十六歳）が提供してくれた族譜に「江西吉安府盧陵県大水橋塘金子牌坊劉家村、是洪武元年入黔来到来中曹司」とある。

あとがき

本書「序」にもある通り、本書に収録されている各論文の執筆者は、早稲田大学大学院において、工藤元男先生より直接教えを受けた者が大半である。本書の「あとがき」として、我々が工藤先生より具体的にいかなる学恩を蒙ったかを述べ、改めてここに謝意を表したい。

我々の中には学部学生のときより工藤先生の教えを受けた者もいれば、他学部や他大学を卒業した後、先生のご高名を慕って大学院生となり、その薫陶を賜った者もいる。先生はいずれの出身であるとを問わず、分け隔てなく厳しく教育して下さった。

大学院では「研究指導」や「演習」などの授業を通して先生の教えを受けた。研究指導では大学院生が毎週一人ずつ、日頃の研究成果を発表し、その内容について大学院生間で討論し、先生よりご指導を賜る、という方法で行われた。修士課程の学生はそれを基に修士論文を作成し、博士後期課程の学生は学会発表や論文執筆を行い、博士論文さらには出版へと繋げていった。先生は正規の「研究指導」以外にもお時間をとって下さり、夜遅くまでご指導下さったこともあった。

演習の授業では先生のご指導のもと、数多くの伝世文献と出土簡牘を読んだ。前者は『後漢書』南蛮西南夷列伝、同西羌伝など、後者は銀雀山漢簡「守法守令等十三篇」、尹湾漢簡などである。演習以外にも研究会という形で、張家山漢簡「二年律令」、睡虎地秦簡なども読んだ。これらの文献はただ読むだけではなく、訳注として整理し、学術

誌や書籍などで発表した。原稿作成の際には細部にわたるまで、文字通り一字一句先生のご指導を賜り、改訂が十数版まで及んだこともあった。

以上のような先生の教育を通して我々は鍛えられた。学問の内容はもちろんであるが、それと同時に研究者として生きる力と精神を教わった気がする。

最後に、出版に際しては汲古書院の三井久人社長と小林詔子女史に多大なご助力を賜った。深甚に謝する。

令和元年十二月

工藤元男先生退休記念論集編集委員会

執筆者紹介（論文配列順）

工藤元男（くどう・もとお）
一九五〇年生
早稲田大学文学学術院教授
『睡虎地秦簡よりみた秦代の国家と社会』（創文社、一九九八年）
『二年律令与奏讞書』（共編、上海古籍出版社、二〇〇七年）
『占いと中国古代の社会――発掘された古文献が語る――』（東方書店、二〇一一年）

小澤正人（おざわ・まさひと）
一九六三年生
成城大学文芸学部教授
『中国の考古学』（同成社、一九九九年）
「新石器時代華北袋足器的演変及其背景」（『考古学研究』九、二〇一二年）
「江漢地域における秦墓の成立」（飯島武次編『中華文明の考古学』同成社、二〇一四年）

盧丁（ろ・てい）
一九六三年生
四川大学芸術学院教授
「阿嵯耶観音造像源起考」（『南京芸術学院学報』二〇一六年第六期）
「漢佩雑考（一）・（二）」（『芸術設計研究』二〇一七年第三期、二〇一八年第四期）
「解析「南詔図伝」背後的歴史隠情」（南京芸術学院学報』二〇一八年第三期）

平林美理（ひらばやし・みさと）
一九八九年生
早稲田大学大学院文学研究科博士後期課程
「春秋時代における「烝」婚の性質」（『史観』一七二冊、二〇一五年）
「「息嬀説話」考――その変遷から見た春秋時代における女性の再婚の位置づけ――」（早稲田大学長江流域文化研究所編『中国古代史論集――政治・民族・術数――』雄山閣、二〇一六年）

劉胤汝（りゅう・いんじょ）
一九九二年生
早稲田大学大学院文学研究科博士後期課程
「覇者の「礼」――「礼也」「非礼也」からみる『左伝』の「礼」観念――」（『史観』第一八一冊、二〇一九年）

曹峰（そう・ほう）
一九六五年生
中国人民大学哲学院教授
『近年出土黄老思想文献研究』（中国社会科学出版社、二〇一五年）
『中国古代〝名〟的政治思想研究』（上海古籍出版社、二〇一七年）
『老子永远不老：〈老子〉研究新解』（中国人民大学出版社、二〇一九年）

小林文治（こばやし・ぶんじ）
一九八二年生
北京師範大学歴史学院博士後
「里耶秦簡よりみた秦の辺境経営」（『史観』第一七〇冊、二〇一四年）
「秦・洞庭郡遷陵県の郷里構成――徭役体系との関係を中心に――」（『早稲田大学大学院文学研究科紀要』第六〇冊、二〇一五年）

「里耶秦簡よりみた秦辺境における軍事組織の構造と運用」（早稲田大学長江流域文化研究所編『中国古代史論集──政治・民族・術数──』（雄山閣、二〇一六年）

陳偉（ちん・い）

一九五五年七月

武漢大学教授、簡帛研究中心主任、《簡帛》及び Bamboo and Silk 主編

『楚〃東国〃地理研究』（武漢大学出版社、一九九二年）

『包山楚簡初探』（武漢大学出版社、一九九六年）

『秦簡牘校読及所見制度考察』（武漢大学出版社、二〇一七年）

川村潮（かわむら・うしお）

一九七九年生

早稲田大学文学研究科博士課程単位取得退学

『『儀礼』に見える「筮」について」（『中国古代論集』早稲田大学長江流域文化研究所、二〇一六年）

楯身智志（たてみ・さとし）

一九八〇年生

早稲田大学文学学術院非常勤講師・中央大学文学部兼任講師

『前漢国家構造の研究』（早稲田大学出版部、二〇一六年）

「前漢諸侯王墓よりみた王国支配の実態──満城漢墓と中山靖王劉勝──」（『東洋史研究』第七六巻第三号、二〇一七年）

「日本漢初政治史与政治制度史研究動態」（『中国中古史研究』第六巻、二〇一八年）※渡邉将智氏との共著、中文訳：劉萃峰

小倉聖（おぐら・せい）

一九八一年生

早稲田大学長江流域文化研究所招聘研究員

「出土資料に見える刑徳七舍とその運行理論の相異について」（早稲田大学長江流域文化研究所編『中国古代史論集――政治・民族・術数――』雄山閣、二〇一六年）

「帛書「刑徳」乙篇の「刑徳小遊」」（武田時昌・麥文彪編『天と地の科学――東と西の出会い――』京都大学人文科学研究所、二〇一九年）

「馬王堆漢墓帛書に見える刑徳小遊と三合説」（『中国出土資料研究』第二三号、二〇一九年七月）

森和（もり　まさし）

一九七四年生

成城大学民俗学研究所研究員

「子弾庫楚帛書の天人相関論について」（『中国出土資料研究』第十一号、二〇〇七年）

「告地書と葬送習俗」（早稲田大学長江流域文化研究所編『中国古代史論集――政治・民族・術数――』、雄山閣、二〇一六年）

「放馬灘秦簡「日書」に見える音律占について」（中國古代史研究会編『中国古代史研究』第八、研文出版、二〇一七年）

渡邉将智（わたなべ・まさとも）

一九七八年生

就実大学人文科学部講師

『後漢政治制度の研究』（早稲田大学出版部、二〇一四年）

「後漢における側近官の再編」（『東方学』第一三〇輯、二〇一五年）

「後漢桓帝の親政と宦官の国政関与」（『東洋史研究』第七七巻第一号、二〇一八年）

廣瀬薫雄（ひろせ・くにお）

一九七五年生

復旦大学出土文献与古文字研究中心副研究員

『秦漢律令研究』(汲古書院、二〇一〇年)
『簡帛研究論集』(上海古籍出版社、二〇一九年)
「一九九八年敦煌小方盤城出土簡牘初探」(『周縁領域からみた秦漢帝国2』、六一書房、二〇一九年)

伊藤光成(いとう・みつなり)
一九九三年生
早稲田大学大学院文学研究科博士後期課程
「三国呉の孫権による対外政策についての考察――馬匹獲得戦略を中心に――」(『史観』一七七、二〇一七年)

川手翔生(かわて・しょう)
一九八七年生
朋優学院高等学校非常勤講師、早稲田大学長江流域文化研究所招聘研究員
「ベトナムの教化者たる士燮像の形成過程」(『早稲田大学大学院文学研究科紀要』五九―四、二〇一三年)
「南越の統治体制と漢代の珠崖郡放棄」(『史観』一七四、二〇一六年)
「「士王」考――士燮神格化までの過程と評価の変遷――」(早稲田大学長江流域文化研究所編『中国古代史論集――政治・民族・術数――』雄山閣、二〇一六年)

水間大輔(みずま・だいすけ)
一九七三年生
中央学院大学法学部教授
『秦漢刑法研究』(知泉書館、二〇〇七年)
「張家山漢簡『奏讞書』と岳麓書院蔵秦簡『為獄等状四種』の形成過程」(『東洋史研究』第七五巻第四号、二〇一七年)
「秦・漢における里の編成と里正・里典・父老――岳麓書院蔵秦簡「秦律令」を手がかりとして――」(但見亮ほか編『中国の法と社会と歴史　小口彦太先生古稀記念論文集』成文堂、二〇一七年)

柿沼陽平（かきぬま・ようへい）

一九八〇年生

帝京大学文学部准教授

『中国古代貨幣経済史研究』（汲古書院、二〇一一年）

『中国古代貨幣経済の持続と転換』（汲古書院、二〇一八年）

『劉備と諸葛亮』（文藝春秋社、二〇一八年）

張勝蘭（ちょう・しょうらん）

一九七八年生

早稲田大学長江流域文化研究所招聘研究員、東京農業大学農学部非常勤講師

「苗族服飾与苗族自我認同意識——以清朝至民国時期的貴州苗族改装運動為中心——」（『民族学刊』第二十五期、二〇一四年）

「清朝の対「苗」政策と「苗」伝統社会のリーダーについて」（『WASEDA RILAS JOURNAL』NO. 4、2016）

「貴州高坡苗族「敲牛祭祖」について——高坡郷一帯を中心に——」（『WASEDA RILAS JOURNAL』NO. 6、2018）

中国古代の法・政・俗

二〇一九年十二月二十四日　発行

編　者　工藤元男先生退休記念論集編集委員会
発行者　三井久人
整版印刷　富士リプロ㈱
発行所　汲古書院
〒102-0072　東京都千代田区飯田橋二-五-四
電話　〇三（三二六五）九七六四
FAX　〇三（三二二二）一八四五

ISBN978-4-7629-6654-5　C3022